NAPOLÉON

L'HOMME, LE POLITIQUE, L'ORATEUR

NAPOLÉON

L'HOMME, LE POLITIQUE, L'ORATEUR

D'APRÈS

SA CORRESPONDANCE ET SES ŒUVRES

PAR

ANTOINE GUILLOIS

TOME DEUXIÈME

PARIS
LIBRAIRIE ACADÉMIQUE DIDIER
PERRIN ET Cie, LIBRAIRES-ÉDITEURS
35, QUAI DES GRANDS-AUGUSTINS, 35
1889
Tous droits réservés.

LIVRE II

DE LA POLITIQUE DANS LES ŒUVRES DE NAPOLÉON

Dans le livre précédent nous avons vu quels étaient les principes et les sentiments de l'Empereur : ses opinions et ses idées générales sur les hommes et sur les événements. Voyons maintenant ce grand génie aux prises avec les réalités et les nécessités de la vie, c'est-à-dire pour lui de la politique. Car, dès 1796, sa vie devient publique; c'est à peine s'il peut dérober quelques rares instants à la politique, cette maîtresse exigeante, pour s'abandonner, toujours à la hâte, à ce qui fait le bonheur ou l'occupation des existences ordinaires.

Vouloir rappeler toutes les théories de l'Empereur sur la politique intérieure ou extérieure, sur la législation, sur les grandes fondations de son règne, ce serait faire pour chacun de ces sujets un traité spécial. La chose a été tentée ; si elle n'a pas réussi, cela dépend moins de la faiblesse des auteurs, dont plusieurs étaient d'une compétence rare, que du défaut des documents dont ils n'avaient pas encore la possession complète.

D'autre part, agir ainsi, ce serait aussi s'écarter du but de cet ouvrage, qui veut montrer, dans ses grandes lignes, toute la physionomie morale de l'Empereur ; sans relever dans chaque question le détail minutieux qui n'a d'intérêt que pour le spécialiste, l'auteur croit avoir cependant réuni tous les éléments qui permettent au lecteur de porter sur l'œuvre de Napoléon une appréciation d'ensemble qui fera connaître d'une façon très complète les pensées et les actes de l'Empereur dans les situations les plus diverses.

De là, cette nouvelle étude où nous suivrons Napoléon dans la pratique de son gouvernement ; où nous le trouverons toujours égal à lui-même, laissant fléchir ses actes, précisément dans ces circonstances où nous avons remarqué qu'il avait laissé suivre à sa conscience une pente dangereuse et immorale ; se relevant, au contraire, avec toute la lucidité de son bon sens et l'immensité de son génie, quand les événements l'exigeaient et quand il laissait la droiture instinctive de son caractère prendre le pas sur ses passions que les événements avaient singulièrement développées.

CHAPITRE PREMIER

POLITIQUE INTÉRIEURE

Napoléon se plaisait à dire que l'idéal du pouvoir c'est de gouverner avec gloire et de mériter l'amour de la nation qui vous a confié ses destinées (1); traduisant pratiquement cette pensée, il disait à sa fille adoptive Stéphanie : « Traitez bien vos peuples, car les souverains ne sont faits que pour leur bonheur. On ne vous aimera et estimera qu'autant que vous aimerez et estimerez le pays où vous êtes. C'est la chose à laquelle les hommes sont le plus sensibles (2). »

Dieu n'a établi les princes que pour rendre « les peuples heureux (3) ». Aussi, « régner sur des peuples et des pays que la nature se plaît à embellir, à enrichir des plus abondantes productions ; commander aux hommes industrieux, spirituels et braves qui les habitent, n'est-ce pas là la plus belle des destinées (4)? »

Sans doute, le pouvoir a ses charmes ; mais il comporte aussi de nombreux devoirs. Le rôle des souverains n'est pas seulement d'exercer l'autorité dans ses manifestations extérieures ; il a quelque chose de supérieur, de providentiel. Napoléon le fait bien ressortir dans ces conseils, qui sont en même temps une leçon sévère pour Ferdinand, prince des Asturies, fils révolté du pauvre Charles IV : « Ce que je sais bien, lui dit-il, c'est qu'il est dangereux pour les rois d'accoutumer les peuples à répandre du sang et à se faire justice eux-mêmes. Je prie Dieu que Votre Altesse Royale n'en fasse pas un jour elle-même l'expérience. Les peuples se vengent volontiers des hommages qu'ils nous rendent. Misérables hommes que nous sommes, faiblesse et erreur, c'est notre devise !... Roi à son tour, Votre Altesse Royale saura combien les droits du trône sont sacrés ; toute démarche auprès d'un souverain étranger, de la part d'un prince héréditaire, est criminelle (1). »

Si, de ces sphères élevées où Napoléon considère le chef d'État comme revêtu d'une autorité supérieure et presque inviolable, ayant en même temps une véritable charge d'âmes, nous descendons avec lui dans le détail des règles qu'il impose aux gouvernants, nous voyons qu'il leur recommande de n'avoir ni défiances, ni préjugés, ni passions. Ils devront, dit-il, s'adresser à tous les hommes de bonne foi ; et, dans les partis adverses, c'est la masse du parti dont ils chercheront à faire la conquête, afin de pouvoir dédaigner les chefs, dont les prétentions sont souvent excessives et l'appui toujours précaire.

Prenant dans sa carrière personnelle un exemple à l'appui de sa thèse, il disait à Sainte-Hélène, qu'il n'avait pas à se repentir de la politique intérieure qu'il avait suivie. S'il avait été trahi, c'était par ceux-là mêmes qu'il avait élevés ; les nobles et les émigrés qui étaient rentrés sous son règne lui étaient, au contraire, presque tous restés fidèles : d'ailleurs, ajoutait-il, ce ne sont pas eux qui ont ramené la Restauration, mais c'est bien plutôt la Restauration qui a ressuscité les nobles et les émigrés. Puis, portant un jugement d'ensemble sur sa carrière politique, tout en reconnaissant qu'il n'avait pu être qu'un Washington couronné et que la dictature avait été pour lui une nécessité, il résumait ainsi sa carrière : « J'ai refermé le gouffre anarchique et débrouillé le chaos. J'ai dessouillé la Révolution, ennobli les peuples et raffermi les rois. J'ai excité toutes les émulations, récompensé tous les mérites et reculé les limites de la gloire ! »

Il faut relever dans cet éloge ce qu'il a d'excessif. Les moyens de gouvernement qu'a employés Napoléon ont-ils eu tous pour résultat d'ennoblir les peuples ? Ne laisse-t-il pas volontairement dans l'ombre bien des effets de ce gouvernement, dont il s'attache à ne nous montrer que le côté brillant ? C'est ce que le reste de cette étude va nous montrer.

Napoléon reconnaissait sans difficulté les caractères de l'autorité civile ; sa prééminence nécessaire sur le pouvoir militaire. Il faut en savoir gré au général qui avait ainsi le courage, assez méritoire au lendemain d'une révolution, de reconnaître la supériorité de l'esprit sur la force.

C'est dans la séance du Conseil d'État du 4 mai 1802 que rappelant le « Cedant arma togæ » des anciens, Napoléon s'exprimait en ces termes sur le sujet qui nous occupe : « Dans tous les pays, dit-il, la force cède aux qualités civiles. Les baïonnettes se baissent devant le prêtre qui parle au nom du ciel et devant l'homme qui impose par sa science... Ce n'est pas comme général que je gouverne, mais parce que la nation croit que j'ai les qualités civiles propres au gouvernement. Je savais ce que je faisais lorsque, général d'armée, je prenais la qualité de membre de l'Institut. J'étais sûr d'être compris par le dernier tambour. Les soldats eux-mêmes ne sont que les enfants des citoyens. L'armée, c'est la nation... » Et il terminait son discours par cette sortie et par ces conclusions formelles : « Si l'on considérait le militaire, abstraction faite de tous ses rapports, on se convaincrait qu'il ne connaît point d'autres lois que la force, qu'il rapporte tout à lui, qu'il ne voit que lui. L'homme civil, au contraire, ne voit que le bien général. Le propre des militaires est de tout vouloir despotiquement; celui de l'homme civil est de tout soumettre à la discussion qui produit la lumière. Je n'hésite donc pas à penser, en fait de prééminence, qu'elle appartient incontestablement au civil. »

A la séance du 1er brumaire an XIII, Napoléon y revenait encore : « L'ordre civil, disait-il, c'est surtout dans les pays qui ont une puissance militaire considérable qu'il convient de l'organiser fortement, afin que, dans tous les temps, il arrête le torrent de la force. » Cela lui tenait beaucoup à cœur, car, sous le Consulat, il disait à l'un de ses confidents, le conseiller d'État Thibaudeau, non sans une certaine amertume de sentir qu'il n'était pas compris: « Il faut donc que toute l'Europe croie que j'ai un conseil de *caporaux;* il n'y a pas en France, un homme plus civil que moi. »

Avec les années, cette doctrine conserve, sous une forme plus énergique encore, la même solidité ; en 1806, au Conseil d'État, lors de la discussion qui précéda la fondation de l'Université, Napoléon répète, avec plus de force, ses paroles de 1804 et de 1805: « Je veux, dit-il, constituer l'ordre civil : Il n'y a eu jusqu'à présent dans le monde que deux pouvoirs : le militaire et l'ecclésiastique. L'ordre civil sera fortifié par la création d'un corps enseignant; » et quelques instants après : « Il n'y aura pas de corps politique fixe, dit-il, s'il n'y a pas un corps enseignant avec des principes politiques fixes. «

Quand, en 1808, Fontanes vint présenter à l'Empereur les premiers membres de ce corps universitaire dont Napoléon semblait avoir deviné toutes les puissantes qualités, l'auguste interlocuteur répondit au grand maître de l'Université par ces paroles qui révèlent une fois de plus toute la pensée impériale : « Savez-vous ce que j'admire le plus dans le monde ? C'est l'impuissance de la force pour organiser quelque chose. Il n'y a que deux puissances dans le monde : le sabre et l'esprit. J'entends par esprit *les institutions civiles et religieuses*. A la longue, le sabre est toujours battu par l'esprit (1). »

Si de cette donnée supérieure de la prééminence de l'ordre civil, nous entrons dans les applications de détail qu'en faisait l'Empereur, nous allons voir qu'il avait la prétention de mettre ses actes d'accord avec ses principes : « La subordination civile, disait-il, n'est point aveugle et absolue ; elle admet des raisonnements et des observations, quelle que puisse être la hiérarchie des autorités. Je n'exige d'obéissance aveugle que dans le militaire... Les préfets ne sont que trop enclins à un gouvernement tranchant, contraire à mes principes et à l'esprit de l'organisation administrative... Je ne reconnais pas d'obéissance aveugle dans l'ordre civil... L'autorité des Préfets est trop considérable. Il y a à en craindre l'abus plutôt que le relâchement (1). »

De là, aussi, cette lettre à Murat, du 3 mai 1808 : « Vous autres militaires, vous ne voulez vous assujettir à aucune forme. Vous avez tort de croire que j'ai fait une chose mauvaise pour vous. J'ai fait une chose de règle et qui doit être ainsi. Vous êtes un enfant de vous en affliger. » Et à Junot, gouverneur de Parme et de Plaisance : « L'autorité militaire est inutile et déplacée dans l'ordre civil ; il ne faut donc point agir comme un caporal (2). »

Junot était, sans doute, rebelle à ces conseils que son militarisme ne pouvait pas comprendre, car, à la date du 4 janvier 1809, nous trouvons cette lettre à Fouché : « Le duc d'Abrantès est un militaire : il n'a rien de commun avec l'administration intérieure. Je ne sais, mais il me semble que vous connaissez bien peu mon caractère et mes principes. »

Toutes les décisions qu'il prend sont empreintes

du même esprit. S'agit-il des jeunes officiers-élèves de l'École de Metz, voici ce qu'il dira : « Le premier devoir de ces jeunes gens est le respect de l'autorité civile. Qu'ils ne se croient point autorisés à commettre les impertinences et à imiter l'insolente pétulance que se permettaient autrefois les jeunes officiers ; qu'ils sachent que les citoyens sont leurs pères et qu'ils ne sont que les enfants de la famille (1). »

Mais cette prééminence reconnue à l'autorité civile sur l'élément militaire était-elle suffisante ? Et ne peut-on pas dire qu'en maintes circonstances, surtout quand son initiative personnelle se trouvait en jeu, Napoléon ne s'est pas assez préoccupé de l'assurer dans la réalité de sa politique ?

S'il s'agit des qualités constitutives qui sont indispensables à tout gouvernement, Napoléon dira que ce qu'il faut avant tout, ce qui est indispensable, c'est d'abord la fermeté, puis la pratique d'une politique nationale, c'est-à-dire que le pouvoir doit avant tout se rendre capable de maintenir son autorité intérieure sans avoir jamais besoin de recourir à l'intervention d'une force étrangère. C'est dans ce sens qu'il écrivait le 11 novembre 1797 au gouvernement de la République Ligurienne : « Il en est des États comme d'un bâtiment qui navigue et comme d'une armée ; il faut de la froideur, de la modération, de la sagesse, de la raison dans la conception des ordres, commandements ou lois et de l'énergie et de la vigueur dans leur exécution. »

Qu'il s'adresse à Lebrun ou à Taverna, le président du Corps Législatif italien, c'est toujours le même conseil (1); de la fermeté, de l'énergie : « Avec de la faiblesse, on ne gouverne point les peuples et on attire sur eux des malheurs : je crains que vous n'en montriez plus que votre caractère n'en est susceptible. Vous savez bien qu'en fait de gouvernement, justice veut dire force comme vertu. Serais-je déjà assez décrépit pour qu'on put me faire peur du peuple de Gênes ? » Et à Taverna : « Un prince ne doit jamais souffrir que l'esprit de cabale et de fiction triomphe de son autorité, qu'un misérable esprit de légèreté et d'oppositon déconsidère cette autorité première, fondement de l'ordre social, exécutrice du Code civil et véritable source de tous les biens des peuples (2). »

On sent bien qu'avec lui la France n'aura jamais à redouter le manque d'énergie ; il l'affirme dans maintes circonstances. Il ne veut pas plus des émeutes que des réactions : « Sous aucun prétexte, dit-il, je ne veux de réaction d'aucun parti et je saurai mettre à la raison celui qui se comporterait différemment (3). »

C'est qu'anarchie et réaction sont les deux termes alternatifs de cette situation terrible pour un pays : la faiblesse du pouvoir. Alors, le peuple tombe dans la servitude ; il est sous le joug d'une faction sans principes ; cet état peut durer longtemps et « jusqu'à ce que l'instinct du peuple l'avertisse des circonstances qui peuvent le délivrer. »

C'est ce que Napoléon exprime dans un style magistral au début du chapitre de ses *Mémoires*

qu'il consacre à la journée du 18 brumaire :
« Lorsqu'une déplorable faiblesse et une versatilité sans fin se manifestent dans les conseils du pouvoir ; lorsque, cédant tour à tour à l'influence des partis contraires et vivant au jour le jour, sans plan fixe, sans marche assurée, il a donné la mesure de son insuffisance, et que les citoyens les plus modérés sont forcés de convenir que l'État n'est plus gouverné ; lorsqu'enfin, à sa nullité au dedans, l'administration joint le tort le plus grave qu'elle puisse avoir aux yeux d'un peuple fier, je veux dire l'avilissement au dehors, alors une inquiétude vague se répand dans la société, le besoin de sa conservation l'agite, et, promenant sur elle-même ses regards, elle semble chercher un homme qui puisse la sauver. Ce génie tutélaire, une nation nombreuse le renferme toujours dans son sein ; mais, quelquefois, il tarde à paraître. En effet, il ne suffit pas qu'il existe, il faut qu'il soit connu : il faut qu'il se connaisse lui-même. Jusque-là toutes les tentatives sont vaines, toutes les menées impuissantes ; l'inertie du grand nombre protège le gouvernement nominal et, malgré ses impérities et sa faiblesse, les efforts de ses ennemis ne prévalent point contre lui. Mais que ce sauveur, impatiemment attendu, donne tout à coup un signe d'existence, l'instinct national le devine et l'appelle, les obstacles s'aplanissent devant lui, et tout un grand peuple volant sur son passage semble dire : Le voilà ! »

Cette page éloquente, où Napoléon plaide la cause du 18 brumaire et qui semble encore si vraie aujourd'hui, nous rappelle ce que Napoléon ne cesse de penser des fautes, des erreurs et des faiblesses du Directoire. Le XXIX° volume de ses œuvres est rempli de ces appréciations : l'incapacité du gouvernement avait éveillé son ambition naissante : si, à Léoben, il n'a pas voulu de la reconnaissance de la République, c'est qu'il pensait déjà secrètement à fonder une monarchie dont il serait le chef ; il signale les défauts de la Constitution de l'an III ; cette erreur du partage du pouvoir entre cinq directeurs ; cette nécessité pour le Directoire d'un état de guerre perpétuel qui permettait de tenir les généraux éloignés de Paris ; il n'est pas jusqu'au nouveau système des poids et mesures qui n'ait été l'objet de ses critiques (1). Ajoutez à cela ce jugement qu'il portait à Sainte-Hélène : « Le système de bascule du Directoire, qui frappa à tour de rôle chaque parti, était injuste, faux et immoral ; il porta au plus haut degré le dégoût et l'exaspération dans tous les esprits. Les partis s'accrurent et s'aigrirent chaque jour davantage ; il s'opéra même entre eux une espèce de rapprochement. » Ne résulte-t-il pas de tous ces documents que l'opinion de Napoléon sur l'impuissance des gouvernements faibles et sur la nécessité des pouvoirs solides était chez lui le résultat de principes raisonnés et étudiés, d'après les événements eux-mêmes.

De ce besoin d'énergie qu'il réclame comme une qualité essentielle de l'autorité ressort la nécessité de la centralisation du pouvoir. C'est à Napoléon que revient l'honneur d'avoir traduit dans la pratique cette théorie qui, pour être vraie, ne doit pas être trop absolue. Voici la doctrine de l'Empereur avec les tempéraments que, de lui-même, il y admettait : « J'ai cru, dit-il, qu'il fallait centraliser le pouvoir et accroître l'autorité du gouvernement, afin de constituer la nation. C'est moi qui suis le pouvoir constituant. » Mais, il ajoutait au Conseil d'État ce paliatif : « Il y a en France trop d'influence centrale, je voudrais moins de force à Paris et plus dans chaque localité. »

Cette centralisation modérée, dont Napoléon laissait à l'avenir le soin de tempérer encore les excès, a permis à l'administration française de subsister malgré toutes les révolutions et tous les changements de gouvernements ; et si la patrie a survécu aux crises les plus terribles de son histoire en ce siècle, c'est grâce à la constitution de l'an VIII qui est restée la base inviolée de nos institutions administratives.

Napoléon réclamait de ceux qui veulent s'occuper des affaires publiques, « une forte pensée, une analyse profonde et la faculté de pouvoir fixer longtemps les objets sans en être fatigué. » Il leur demandait aussi un grand détachement du pouvoir; et c'est à ce propos qu'il faisait cette réflexion qui menace de rester éternellement juste : « L'amour des places est, dans un peuple, le plus grand échec que puisse éprouver sa moralité. C'est le dégoût des places qui signale le véritable retour à la morale. »

Une observation très caractéristique et qu'il est indispensable de faire parce qu'elle montre bien qu'à côté d'immenses défauts, Napoléon possédait les plus vastes qualités, c'est que ce qu'il réclamait du pouvoir pour le bien des peuples, ce qu'il demandait aux peuples de respect pour l'autorité, il le faisait dans un but plus élevé que celui de son intérêt ou même de sa dynastie. On ne doit pas oublier que, partant pour son premier exil, il recommanda à ses généraux comme à ses soldats de servir avec zèle et sans arrière-pensée le gouvernement nouveau : la France avant et par-dessus tout, disait-il ; puis le souverain, *quel qu'il soit*, qui sera à sa tête (A).

Sans ce respect de l'autorité, c'est la Révolution qui triomphe. « Déplorables effets des commotions politiques qui déplacent le premier pouvoir de la société ! La vertu, l'honneur sont renversés de dessus leurs bases ; chaque parti se voue avec fureur au culte de ses dieux et se croit innocent en lui sacrifiant même des victimes humaines ! Qui est à plaindre alors ? La nation. Qui est à blâmer parmi les hommes ? Un bien petit nombre si l'on réfléchit que, dans ces conflagrations universelles, les circonstances quelquefois les plus minimes précipitent nos destinées, indépendamment de

---

(A) Qu'on lise au tome XXVII, p. 361, comment Napoléon recommande au général Corbineau de bien servir son nouveau souverain. — En retour, la Restauration, qui ne cessait de produire de faux documents et qui le reconnaissait implicitement (V. T. XXIV, p. 441 et la note), ne pensait qu'à soudoyer des assassins pour aller tuer Napoléon à l'île d'Elbe. J'affirme que la preuve de ce fait se trouve dans les Archives du Ministère des affaires Etrangères, d'où, jusqu'à présent, aucun gouvernement ne l'a laissée sortir. — Voilà ceux qui ont reproché à l'Empereur l'exécution du duc d'Enghien !

notre volonté, de notre caractère et des résolutions prises la veille d'un événement inattendu (1). »

Ces principes supérieurs et nécessaires à tous les gouvernements une fois posés, suivons Napoléon dans le détail de ses vues et de ses actes politiques.

La constitution du pouvoir et sa division naturelle; l'hérédité du trône sont les deux questions qui s'imposent tout d'abord à lui.

Unité de commandement militaire, unité du pouvoir civil sont les deux termes d'un même problème auquel Napoléon attachait la plus grande importance ; c'est de là que découlent toutes les idées qu'il professait sur le pouvoir législatif et son effacement devant le pouvoir exécutif.

Napoléon se montra toujours énergiquement opposé au système parlementaire. Il voulait un corps législatif muet, afin de ne pas y rencontrer de ces oppositions qui détruisent tous les efforts et toute la politique suivie qui est l'avantage incontestable des pouvoirs autoritaires.

Il faut voir dans les mémoires dictés à Sainte-Hélène, la façon dont il étudiait le rôle qu'avait joué l'Assemblée constituante : « Les constitutions, disait-il, sont l'ouvrage du temps et on ne saurait laisser une trop large voie aux améliorations. » « Toutefois, ajoutait-il, la constitution anglaise, — et c'était déjà la constitution parlementaire par excellence, — était inapplicable à la France, parce que le caractère des deux peuples est essentiellement différent. » Dès le 19 septembre 1797, alors que cette question n'était encore pour lui que purement théorique, le général Bonaparte écrivait au Ministre des relations extérieures : « Nous n'avons pas encore défini ce que l'on entend par pouvoir exécutif, législatif et judiciaire.

« Montesquieu nous a donné de fausses définitions, non pas que cet homme célèbre n'eût été véritablement à même de le faire, mais son ouvrage, comme il le dit lui-même, n'est qu'une espèce d'analyse de ce qui a existé ou existait ; c'est un résumé des notes prises dans ses voyages ou dans ses lectures (1). »

Quoi qu'il en soit, à toutes les époques de sa carrière, Napoléon s'éleva toujours avec énergie contre le régime parlementaire: il insistait volontiers sur les inconvénients qu'il aurait pour la France. Il n'y voyait que de la théorie, une théorie prêchée par les idéologues, par Sieyès « un songe creux, un homme médiocre. »

C'est que, pour lui, les grandes assemblées sont toujours ou turbulentes ou inintelligentes dans leurs délibérations : et il faisait cette réflexion dont on ne saurait contester l'exactitude : « De guerre lasse, elles finissent par adopter des termes moyens qui ne signifient rien du tout. » De plus, en cas de péril national, les assemblées parlementaires présentent un immense danger : et, à Sainte-Hélène, Napoléon revenait sur cet argument, en rappelant qu'en 1814, il avait été obligé de proroger le Corps Législatif.

Mais, quelque puissant que l'on suppose un homme, il trouve toujours des limites à son pouvoir ; et il fallut que Napoléon fît une concession nécessaire aux idées de son époque.

L'exposition de celles de ses théories qui nous restent à connaître sera très succincte ; nous étudierons après cela, avec le plus grand intérêt, comment il organisa ce pouvoir législatif et la constitution de la France, lorsque son élévation au Consulat l'eût revêtu du plus grand pouvoir qui ait été jamais donné à un souverain moderne.

Napoléon voulait bien admettre la nécessité de corps intermédiaires entre le peuple et le pouvoir ; il les reconnaissait indispensables. Toute la question, pour lui, consistait dans leur mode d'élection et dans l'amoindrissement progressif de leurs attributions ; une idée, cependant, qu'il est très important de noter ici, c'est que Napoléon, tout en tenant compte du mouvement populaire qui se produisit lors de l'acceptation de la nouvelle Constitution, déclarait formellement que la politique de la France ne saurait être calquée sur les opinions mouvantes du peuple de Paris, et que « parce que Paris aurait fait une mauvaise liste, ce ne serait pas une raison pour compter les départements pour rien (1). »

Au cours de ces travaux préparatoires de la constitution, Napoléon eut-il jamais l'occasion de fournir son idée sur un sujet où son opinion serait des plus intéressantes à connaître, sur le suffrage universel? On ne saurait l'affirmer ; on trouve simplement dans certaines de ses paroles la preuve qu'il n'y était pas hostile. Sans cela, que signifieraient ces mots, lorsque, parlant des notabilités, Napoléon disait : « Pour la stabilité du gouvernement, il faut que le peuple ait plus de part aux élections, et qu'il soit réellement représenté : alors, il se ralliera aux institutions ; sans cela, il y restera toujours étranger ou indifférent. » L'indication est un peu nuageuse ; cependant, elle paraît formelle et rien n'autorise à dire que Napoléon qui a jeté sur l'avenir un regard toujours prophétique n'a pas eu la perception des conditions du suffrage moderne.

Là où Napoléon se montre plus explicite, c'est dans la question de la dualité parlementaire ; dès le 16 juin 1797, il écrivait au gouvernement de Gênes : « Un gouvernement est faible, un État est déchiré par les factions, lorsque plusieurs centaines de citoyens s'organisent *en assemblée exclusive*, prennent part dans toutes les discussions, jouent la popularité, sont sans cesse animés par l'exagération, et n'ont jamais en but que la destruction ! » C'était une critique de main de maître à l'adresse de la Convention ; c'était aussi l'affirmation par le futur Empereur de son opinion convaincue en faveur des deux Chambres. — Cette dualité, nous la trouvons dans la constitution de l'an VIII avec le Sénat conservateur et le Corps Législatif ; elle subsiste sous l'Empire, — toujours avec les conditions précaires d'existence que Napoléon se bornait à reconnaître aux grandes assemblées. Elle reparaîtra, dans les conditions nouvelles que l'acte additionnel de 1815 va faire à la Constitution de la France, et il est assez curieux de remarquer qu'à cette époque, l'Empereur, qui conservait, en l'élargissant, le principe des deux Chambres, se trouvait précisément au moment de sa carrière où il était le plus désillusionné sur l'importance de cette institution. Il le disait, dès le début des Cent-Jours ; il ne croyait pas à une majorité stable dans la Chambre de 1815 et il ajoutait : « Est-ce la Chambre des Pairs qui défendra la couronne ? Non. C'est moi qui serai obligé de la soutenir contre la Chambre des représentants. » Il en reparlait à Sainte-Hélène ; il n'admettait pas, disait-il, sa Pairie de 1815, parce qu'elle n'était fondée, ni sur les souvenirs ni sur l'histoire ou sur les grandes propriétés : « D'ici à trente ans, ajoutait-il, mes champignons de pairs ne seront que des soldats ou des chambellans ; l'on ne verra qu'un camp ou qu'une antichambre. »

Pour en revenir aux idées théoriques de Napoléon sur la nouvelle Constitution, rappelons que le Premier Consul constatait, non sans raison, que c'étaient les ennemis de la Révolution qui plaidaient le plus chaleureusement, en l'an VIII, en faveur de la liberté publique. Quant à la Constitution en elle-même, à laquelle il ne reprochait guère que cette lacune de ne pas avoir admis certains non-propriétaires dont l'admission aurait assuré des places au talent et au génie, Napoléon la dépeignait ainsi : « Je ne peux mieux comparer une constitution qu'à un vaisseau. Si vous abandonnez votre vaisseau au vent avec toutes ses voiles, vous ne savez où vous allez, vous changez au gré du vent qui vous pousse. Mais, au contraire, si vous vous servez de votre gouvernail, vous allez à la Martinique, malgré le vent qui vous mène à Saint-Domingue. »

Le gouvernail que demandait Napoléon et qu'il obtint, c'était le pouvoir consulaire, cette unité de direction qui, partant d'une théorie de son esprit, entrait triomphalement dans le domaine de la pratique et des réalités.

Voyons maintenant ce que fut cette Constitution de l'an VIII, régénératrice de la France, et son port de salut dans toutes les tempêtes.

Le Conseil d'État, sous ce régime, est le véritable législateur, car c'est lui qui discute et arrête le texte des projets de loi présentés par le gouvernement. Le Tribunat approuve ou désapprouve, mais sans amender et sans droit de rejet. Le Corps Législatif adopte ou rejette, mais sans discussion. Ce mutisme, dans la conception législative de Napoléon, a pour but de détruire le germe de toutes les ambitions.

Le Conseil d'État, comme le disait M. Thiers, « c'était son gouvernement représentatif à lui. Il y supportait les objections et les contradictions qui l'irritaient quand elles venaient du Tribunat. »

C'est que, comme Napoléon aimait à le dire, il avait, dans ce Conseil d'État des « conversations de famille ». Par une tendance toute naturelle et qui n'était qu'un hommage rendu à son génie, souvent ce corps oubliait ses fonctions et sa responsabilité pour s'en remettre à Napoléon du soin de toutes les décisions qui lui incombaient. Napoléon le constate dans une lettre du 3 juillet 1807 : « Le Conseil d'État, disait-il, au lieu d'être mon conseil, m'établit le sien. C'est à moi à lui demander ce qu'il convient de faire et c'est lui qui veut que je le lui dise. »

Napoléon aurait désiré que, dans certains cas, le Conseil d'État pût être organisé en tribunal de haute administration. Il admettait très bien les restrictions qui en seraient résultées pour son pouvoir; c'est une des rares circonstances où l'Empereur se soit montré libéral en politique. Que le Conseil soit ainsi un tribunal suprême d'administration, et, « alors, disait Napoléon, je ne devrai pas, ce me semble, présider le Conseil, puisque je serai pour ainsi dire partie dans l'affaire. » La section du contentieux devait être, d'après lui, un tribunal où il citerait divers fonctionnaires : « Je trouverais très commode, disait-il, de pouvoir renvoyer au Conseil les abus commis par les Préfets ; cette crainte contiendrait le petit nombre de ceux qui me donnent des sujets de plaintes... » Il y voyait même une sorte de garantie donnée à la nation contre l'autorité excessive du prince et alors, il s'exprimait ainsi : « Je veux qu'on gouverne par des moyens légaux et qu'on légalise par l'intervention d'un corps constitué ce qu'on peut être obligé de faire hors de la loi. »

S'agit-il du Sénat conservateur qui tient dans la Constitution une place toute spéciale, Napoléon rappelait au Conseil d'État que, pour prix de son adhésion à l'Empire, le Sénat avait demandé un remaniement de ses attributions, qui aurait fait de ce corps un législateur, un électeur et un juge. « C'était, disait Napoléon, une réminiscence de la Constitution anglaise et, à ce propos, voici la comparaison qu'il établissait entre les deux nations : « Le sang des deux peuples n'est pas composé des mêmes éléments ; leur caractère ne saurait être non plus le même. L'un est vain, léger, audacieux, amoureux par-dessus tout de l'égalité ; l'autre a de l'orgueil plutôt que de la vanité, il est naturellement grave et ne s'attaque pas à des distinctions frivoles, mais aux abus sérieux. L'Anglais est à la fois fier et humble, indépendant et soumis. »

Comme le Sénat, dans sa liste des candidats aux sénatoreries, avait affecté de n'y porter aucun de ceux qui avaient voté contre l'Empire, Napoléon prononça ces paroles dont les événements de 1814 devaient montrer toute la vérité : « Les lâches ont eu peur de me déplaire. Qui les a chargés de ma querelle? Ne suis-je pas assez fort pour me défendre? Quel fond pourrai-je faire sur des hommes qui abandonnent ainsi leurs collègues et leurs amis, ceux à qui ils doivent, pour la plupart, d'être ce qu'ils sont? »

Quant au Tribunat dont il ne pouvait supporter l'opposition, Napoléon avait, contre ce rouage du pouvoir législatif, une colère que les Tribuns semblaient prendre plaisir à exciter; le 1er janvier 1802, ils repoussèrent le titre de la jouissance et de la privation des droits civils, comme ils avaient déjà rejeté le titre préliminaire. C'est alors que Bonaparte s'écria : « Ils sont douze ou quinze métaphysiciens bons à jeter à l'eau. C'est une vermine que j'ai sur mes habits, mais je ne me laisserai pas traiter comme Louis XVI. Il vaut mieux perdre quelques voix et prouver que l'on sent les injures et qu'on ne veut pas les tolérer. Ces gens-là sont comme le peuple qui a, quelquefois, des vapeurs ; je ne m'en inquiète guère. » Ce serait mal connaître Napoléon que de prendre à la lettre cette dernière parole ; en effet, à quelques jours de là, il écrivait de Lyon aux consuls : « Portez une grande attention à ce que les mauvais membres du Tribunat soient ôtés. La volonté de la nation est qu'on n'empêche pas le gouvernement de faire le bien, et que la tête de Méduse ne se montre plus dans nos assemblées. »

Cette opposition, — si aveugle et si coupable, d'ailleurs, — entraîna des modifications. Le Tribunat, réduit à cinquante membres, fut épuré ; il fut partagé en sections correspondant à celles du Conseil d'État. Celle de législation reçut, d'abord, communication officieuse des projets et put présenter ses observations dans des conférences secrètes. Le Conseil d'État arrêtait alors la rédaction ; le projet était officiellement communiqué au Tribunat en assemblée générale, d'où il passait à la Chambre des députés. C'est ainsi qu'on put arriver au vote du Code.

Mais il est facile de remarquer que cette réforme faisait du Tribunat un rouage inutile ; aussi, lorsque sa suppression fut prononcée, ce fut beaucoup plus par suite de cette inutilité que par la crainte d'une opposition qui, depuis longtemps, avait été vaincue et qui, d'ailleurs, n'aurait pu être d'aucun effet.

A son tour, le Corps Législatif fut l'objet des critiques et des observations de Napoléon. Le jugement de l'Empereur n'est pas sans intérêt, encore aujourd'hui ; ce serait une faute grave pour une Constitution de donner une grande puissance au Corps Législatif: « Il ne doit pas être, disait-il, au pouvoir du Corps Législatif d'arrêter le gouvernement par le refus de l'impôt ; les impôts, une fois établis, doivent pouvoir être levés par de simples décrets ; on ne peut pas rester dans l'intervalle des sessions sans aucun moyen de faire les lois que les circonstances exigeraient. » Puis, passant aux seules attributions qu'il reconnaissait à ce corps, il ajoutait : « Le Corps Législatif ne doit s'occuper que de l'impôt et des lois civiles générales... La politique intérieure ou extérieure ne le regarde pas. Le long séjour des députés dans les provinces les rend impropres à ces sortes d'affaires. » Mais, il y avait là précisément un cercle vicieux dont Napoléon ne semblait pas assez préoccupé de sortir : il voulait que les sessions fussent d'un mois ou de six semaines au maximum par an. Pendant ce temps, où les députés pouvaient-ils aller, sinon dans leurs départements ? Quant à ces députés eux-mêmes, voici quels étaient les desiderata de l'Empereur : « Je voudrais des propriétaires âgés, mariés en quelque sorte à l'État par leur famille ou leur profession, attachés par quelque lien à la chose publique. Ces hommes viendraient toutes les années à Paris, parleraient à l'Empereur dans son cercle et seraient contents de cette petite portion de gloriole jetée dans la monotonie de leur vie. » Napoléon, qui ne refusait comme législateurs ni les fonctionnaires, ni surtout les magistrats, créait, cependant, une incompatibilité pour les secrétaires généraux de préfecture : « Un secrétaire général, disait-il, doit rester éternellement dans sa préfecture, comme un chef de division dans un ministère, pour y conserver les traditions. »

En un mot, nous retrouvons toujours chez Napoléon le même désir de fuir l'opposition des assemblées parlementaires ; il la déteste sous toutes ses formes, cette opposition dont il dit : « Avant de crier contre le gouvernement, il faudrait se mettre à sa place. » Puis il en revenait à parler de l'opinion « des gros paysans », qui ne ressemble pas à celle des salons, mais qui n'en est pas, pour cela, moins importante (1), et il complétait sa pensée par ces paroles qu'il prononçait une autre fois : « L'opposition, en Angleterre, n'a aucun danger. Les hommes qui la composent ne sont point des factieux. Chez nous, c'est bien différent. Ce sont les anciens privilégiés et les Jacobins qui forment l'opposition. Ces gens-là ne briguent pas seulement des places ou de l'argent : il faut aux uns le règne des clubs, aux autres l'ancien régime (2). »

Quant à l'opinion publique, il était bien obligé d'en tenir compte et d'en reconnaître la valeur : dès le Consulat, il disait : « Le jour où le gouvernement serait tyrannique, il perdrait l'opinion publique, il serait perdu (3). » Et à Sainte-Hélène, il déclarait qu'il avait toujours évité de marcher contre l'opinion ; qu'il avait cherché à la diriger et qu'il y était presque toujours arrivé, mais qu'il y fallait beaucoup d'adresse : « C'est ainsi qu'à la

Restauration, en s'y prenant mal, on était venu à bout de rendre les régicides populaires, eux que la masse de la nation proscrivait un instant auparavant. Tout consiste tellement dans les circonstances et dans les formes que Carnot n'aurait pas osé écrire un mémoire sous mon règne pour se vanter de la mort du roi et il l'a fait sous les Bourbons. C'est que j'eusse marché avec l'opinion publique pour l'en punir, tandis que l'opinion publique marchait avec lui pour le rendre inattaquable. »

Quant à l'hérédité qui est la base de certaines constitutions politiques et que Napoléon semblait vouloir mettre à la base de l'Empire, on trouve chez l'Empereur les divergences les plus curieuses; au moment du Consulat à vie, il se déclare, « dès ce moment, au niveau des autres souverains, car, au bout du compte, ils ne sont aussi quelque chose qu'à vie. Eux et leurs ministres me respecteront davantage (1). » Et, comme dans la discussion préparatoire, Truguet avait demandé qui remplacerait le Premier Consul, en cas de maladie, celui-ci avait fièrement répondu : « Personne. Autrement, on dirait toujours que je suis malade. »

On sent que la question l'a toujours préoccupé. Témoin cette sortie au Conseil d'État, en 1804 : « J'entends exclure, pour le moment, de ma succession politique deux de mes frères... On a dit que si je prononce des exclusions, elles peuvent n'être point respectées ; on a cité le testament de Louis XIV. Les circonstances n'auront rien de semblable. Louis XIV avait eu le tort d'appeler à la régence un prince non guerrier, fruit d'un commerce illégitime; il fut aisé au duc d'Orléans d'effrayer le duc du Maine en le menaçant, s'il résistait, de le faire déclarer adultérin et de le priver de son rang de prince. Louis XIV, d'ailleurs, quand il mourut, avait perdu le respect et l'amour du peuple; de là, le mépris qu'on montra pour ses dernières volontés (1). »

Pour en terminer avec cette question de l'hérédité, nous rappellerons que, bien que, sous l'Empire, Napoléon s'en soit montré partisan convaincu, non seulement dans ses paroles, mais même dans ses actes, il vaut mieux reprendre, en cette matière, la sage opinion qu'il formulait au début du Consulat : « L'hérédité dérive du droit civil; elle suppose la propriété; elle est faite pour en assurer la transmission. Comment concilier l'hérédité de la première magistrature avec le principe de la souveraineté du peuple? Comment persuader que cette magistrature est une propriété ? »

L'argument est sans réplique; et il faut regretter que Napoléon n'ait pas cru devoir y conformer sa conduite.

Entrons maintenant dans le vif de cette constitution de l'an VIII pour voir comment Napoléon avait organisé l'administration de la France; les instruments qu'il avait forgés devaient l'avoir été dans le but de répondre à toutes les conceptions gouvernementales de son esprit. Il était tellement dans l'essence de Napoléon de créer, d'organiser; son esprit possédait pour cela de telles aptitudes que, jusqu'à l'île d'Elbe, il les manifesta dans ce joujou d'administration qui aurait pu servir de modèle à bien des monarchies de cette époque.

En cette matière, la tendance qui domine toujours chez Napoléon, c'est le désir de n'admettre personne au partage du pouvoir ; s'il tolérait les deux consuls, ses collègues, c'est parce qu'il savait qu'ils seraient incapables de lui résister et, qu'en prenant une très faible partie du côté décoratif du pouvoir, ils lui en laisseraient toutes les charges sérieuses et importantes.

Les ministres ne seront donc, dans l'esprit de l'Empereur, que ses premiers agents, il s'en vantait, d'ailleurs, quand il disait qu'il avait fait de ses ministères des emplois à la portée de tous, sauf, disait-il, pour les affaires étrangères où il fallait quelqu'un qui fut capable « d'improviser et de séduire ». Le peu d'importance qu'il leur laissait ne l'empêchait pas cependant de se montrer très exigeant avec eux : « La première année d'un ministère est une année d'apprentissage, » et il ajoutait dans une autre circonstance : « Si un ministre signait des instructions contraires à son opinion et à son expérience, ce serait le plus bas et le plus vil de tous les hommes. »

Les changements de ministres furent très rares sous son règne, parce que, avec sa grande habitude des hommes, il prenait immédiatement l'auxiliaire qu'il savait devoir lui être utile et qui répondait à ses désirs. Aussi Napoléon écrivait-il à Joseph pour l'engager à choisir ses agents dans la catégorie des hommes laborieux, sans s'adresser à des personnages, plus brillants peut-être, mais dont les inconvénients étaient signalés dans cette boutade : « Je regarde, lui disait-il, les savants et les hommes d'esprit comme des coquettes ; il faut les voir, causer avec eux, mais ne prendre ni les unes pour sa femme, ni les autres pour ses ministres (1). » Cette idée était depuis longtemps très arrêtée dans l'esprit de l'Empereur. Alors que Lebrun était gouverneur de Gênes, où il avait commis quelques maladresses, Napoléon écrivait à Cambacérès : « Bon Dieu ! Que les hommes de lettres sont bêtes ! Tel qui est propre à traduire un poëme n'est pas propre à conduire quinze hommes. Rien ne m'étonne depuis que je suis né, comme la conduite de M. Lebrun, depuis qu'il est à Gênes (2). » La chose l'a certainement beaucoup choqué ; car c'est dans les mêmes termes à peu près qu'il écrit à Fouché le même jour : « Bon Dieu ! Que les hommes de lettres sont bêtes ! Ce n'est que d'aujourd'hui que je suis convaincu de l'incapacité d'un homme qui a, d'ailleurs, de si beaux talents et si une belle plume. » Ce ne serait pas connaître Napoléon que de s'imaginer que Lebrun n'a pas reçu le contre-coup direct du mécontentement de l'Empereur : « En vérité, je ne vous reconnais plus, lui écrit celui-ci, permettez-moi de vous le dire avec franchise. » Mais, comme si Napoléon craignait d'avoir trop vivement peiné son ancien collègue, il lui écrit deux jours après, le 27 janvier 1806, pour tâcher d'adoucir l'amertume de ses reproches : « J'ai blâmé vos paroles, mais je loue beaucoup votre zèle. » Le coup n'en avait pas moins été porté ; c'est ce que voulait l'Empereur et c'est aussi ce qui l'enracinait dans cette pensée que les hommes de lettres ne sauraient faire de bons gouvernants : nous verrons qu'il le pensait même du grand Corneille. C'est que, au début du Consulat, il avait fait une expérience dont le résultat fâcheux l'avait rendu intraitable sur cette matière. Il la raconte ainsi dans ses *Mémoires :* « Laplace, géomètre du premier rang, fut nommé au ministère de l'intérieur ; mais il ne tarda pas à se montrer administrateur plus que médiocre. Dès son premier travail, les consuls s'aperçurent qu'ils s'étaient trompés. Laplace ne saisissait aucune question sous son vrai point de vue ; il cherchait des subtilités partout, n'avait que des idées problématiques et portait, enfin, l'esprit des infiniment petits dans l'administration. »

Maintenant que Napoléon avait choisi ses collaborateurs, il semble qu'aucune plainte ne devait plus sortir de sa bouche ; et cependant, ce grand homme qui avait réorganisé la France, vaincu l'Europe, se déclarait impuissant en face de la routine et de la bureaucratie. Sans doute, il cherchera à s'en affranchir, Réussira-t-il toujours ? C'est ce que nous allons voir.

On raconte que, après une de ces promenades matinales qu'il aimait à faire avec Duroc dans les rues de Paris, comme il rentrait aux Tuileries il s'aperçut que, en dépit de la saison, — (on était en juillet,) — de toutes les cheminées du palais sortait une fumée abondante, étonné de ce fait, Napoléon rentre dans le château et il s'informe. Un des régisseurs, paraît-il, avait le droit d'ajouter à ses émoluments le produit de la vente des cendres du palais.

Sans doute, Napoléon fit réformer cet abus séance tenante. Mais il ne fut pas toujours aussi heureux ; nous n'en voulons pour preuve que cette lettre où, à propos d'un Préfet dont il était mécontent, il paraît hésiter à frapper : « Ce Préfet, dit-il, ayant beaucoup de protections dans les bureaux (1) ». Le fait est étrange pour qui connaît le caractère de Napoléon ; il fallait le signaler.

Si nous passons des Ministres à des fonctionnaires d'un rang moins élevé, mais que Napoléon cependant considérait comme très importants puisqu'il les appelait, « des Empereurs au petit pied, » nous retrouvons toujours les mêmes principes. Sans doute, Napoléon dira du Préfet que c'est un magistrat essentiellement populaire, tandis que le maire est plus particulièrement le magistrat de la ville (2), mais il ne lui reconnaîtra qu'un pouvoir limité et qui doit être restreint par celui des tribunaux judiciaires. On dirait que Napoléon se méfie de cette ombre de pouvoir qu'il est obligé de leur laisser. Que de fois n'a-t-il pas prononcé, sous l'Empire, cette parole qui est en opposition manifeste avec tous ses actes et qui ne saurait s'expliquer autrement que par cette espèce de méfiance qu'il pratiquait vis-à-vis des Préfets : « Je veux, disait-il, qu'on jouisse en France d'autant de liberté qu'il est possible... Que l'autorité se fasse sentir le moins possible et ne pèse pas inutilement sur les peuples (3) ». Il revient encore sur cette méfiance, dans ses lettres au grand juge des

21 août et 7 septembre 1809, il s'agissait des expropriations. Napoléon termine ainsi : « Je crains les abus ; nos lois me paraissent un assemblage de plans mal assortis, inégaux, irréguliers, laissant entre eux de fréquentes lacunes et j'attache une grande importance à joindre entre eux ces différents éléments, à n'en faire qu'un tout, afin de *réprimer les abus de l'administration* qui, dans un si grand Empire, peuvent être plus fréquents (A). »

Et ailleurs : « S'il prend fantaisie à un Préfet d'augmenter d'une aile ou d'un jardin la préfecture, la prison ou l'hôpital, ce ne doit pas être une raison pour exproprier aucun citoyen ; il faut qu'un acte de l'autorité supérieure dise que cela est utile, et que, en conséquence, les propriétaires sont tenus de faire la cession de leur propriété moyennant les formes voulues par la loi et les usages (1). »

Ce respect de la propriété qui rappelle l'histoire du grand Frédéric et du meunier de Sans-Souci est, il faut le reconnaître, une des qualités essentielles de l'Empereur ; ce qu'il ne veut pas tolérer chez les Préfets, Napoléon ne s'en rendra pas coupable lui-même. M. de Lescure, dans son histoire de la Malmaison, a raconté qu'une vieille demoiselle, dont la propriété avait des vues sur le parc du château, s'était toujours refusée à céder sa mai-

(A) Il est bien entendu que la critique qu'adresse Napoléon à l'ensemble de la législation n'est pas applicable aux lois civiles qu'il avait si admirablement codifiées et dont, comme nous le verrons plus loin, il se montrait, à juste titre, aussi satisfait qu'orgueilleux. Il s'agissait de lois générales, administratives, parmi lesquelles la législation sur l'expropriation était encore tout entière à fonder.

son au Premier Consul et à l'Empereur. Celui-ci attendit patiemment et ce n'est qu'en 1809, après le décès de la vieille propriétaire, qu'il put enfin se rendre acquéreur de cette maison à laquelle il tenait beaucoup.

C'est aussi, dans la constitution de l'an VIII que se trouve la création des secrétaires généraux de préfecture. Napoléon, nous le savons, déclarait ces fonctions incompatibles avec le mandat de député; il en parlait encore, une autre fois, pour dire que ces fonctionnaires ne devaient pas être parents des préfets. « Cela, disait-il, serait contraire au bien du service (1). »

Mais la véritable innovation de la constitution, c'est l'organisation des conseils de préfecture, dont Napoléon résumait ainsi l'utilité : « Si j'ai placé auprès des Préfets un conseil pour le contentieux, c'est afin de me conformer à ce principe qui veut que l'administration soit le fait d'un seul et que la décision des objets litigieux soit le fait de plusieurs (2) ». C'est sur ce principe : « Agir est le fait d'un seul, délibérer est le fait de plusieurs », que repose en effet toute la Constitution de l'an VIII.

L'organisation de la commune devait aussi préoccuper l'esprit toujours en éveil du Premier Consul et de l'Empereur. La Révolution lui avait légué là une institution complètement désorganisée. Aussi voyons-nous qu'au Conseil d'État Napoléon s'occupe à plusieurs reprises de la juridiction qu'il convient d'attribuer aux magistrats municipaux. Le maire, dit-il, doit avoir la connaissance de tous les délits de minime importance, concernant la voirie et ce qui est le propre de la vie intime de la cité. Quant à l'administration des biens des communes, il disait encore au Conseil d'État que cela lui semblait une question de la plus haute importance. Il reconnaissait que cette organisation demanderait beaucoup de temps et de nombreux règlements (1) : et le fait est qu'après l'ébauche tentée par Napoléon, il faut aller jusqu'aux lois de 1831 et de 1837 pour trouver une règlementation suffisante de la matière.

De la sévérité que Napoléon montrait pour les Préfets et, en général, pour tous les fonctionnaires, il ne faudrait pas conclure qu'il ne reconnaissait pas leurs services et leurs mérites. Après avoir constaté dans le sein du Conseil d'État que les pensions militaires étaient suffisamment assurées, il avouait qu'il existait de ce côté une grande lacune pour les carrières civiles. « Il en faut, disait-il, pour les hommes qui ont rendu des services, comme les Préfets, les juges supérieurs, les Conseillers d'État ; leurs veuves. Quand il n'y a point d'avenir pour les fonctionnaires publics, ils abusent de leurs places. Le Directoire, ne pouvant pas donner de pensions, donnait des intérêts dans les affaires, chose immorale ».

Mais Napoléon trouvait qu'il y avait des cas qui méritaient une autre récompense ; son message du 28 mai 1808 traite de cette matière : « Les honneurs permanents, y disait-il, la fortune légitime, honorable et glorieuse que je veux donner à ceux qui me rendent des services éminents contrasteront avec la fortune illégitime, cachée, honteuse, de ceux qui, dans l'exercice de leurs fonctions, ne chercheront que leur intérêt, au lieu d'avoir en vue celui de mes peuples et le bien de mon service. Sans doute, la conscience d'avoir fait son devoir et les biens attachés à mon estime suffisent pour retenir un bon français dans la ligne de l'honneur; mais l'ordre de la société est ainsi constitué qu'à des distinctions apparentes, à une grande fortune, sont attachés une considération et un éclat dont je veux que soient environnés ceux de mes sujets grands par leurs talents, par leurs services et par leur caractère, ce premier don de l'homme. »

Nous connaissons les instruments que Napoléon avait sous la main; nous savons ses principes; voyons l'usage et l'application qu'il en fit pour le gouvernement de la France.

Ce qu'il pratique lui-même, ce qu'il demande avant tout, c'est l'énergie à tous les degrés du pouvoir: « Le temps où le peuple délibérait dans les sections est passé » dit-il (1). Si la France lui a remis l'autorité absolue, c'est qu'elle veut jouir de l'ordre et de la tranquillité: Napoléon les lui donnera. Et pour le faire, il n'épargnera pas plus les Jacobins que les émigrés, si les uns ou les autres tentent quelque entreprise contre le gouvernement. Dans cette lutte, comme dans celles qu'ils engageront contre les malfaiteurs de toute espèce, les agents de l'Empereur sont assurés d'être soutenus par lui contre toutes les critiques et toutes les attaques. Pour lui ce courage civil vaut bien le courage militaire et c'est plaisir de l'entendre le constater avec l'éloquence que donne seule la sincérité : « Je ne mets pas de différence, dit-il, entre ceux qui défendent la patrie contre les ennemis extérieurs de l'État et ceux qui montrent du courage contre les ennemis de la société et de la tranquillité intérieure. » (1)

Le chef du pouvoir, dans tous les temps et dans tous les pays, a toujours eu le droit de grâcier les condamnés : « C'est, disait Napoléon, une prérogative essentielle du souverain ; » mais, il ajoute aussitôt cette recommandation « toutefois, il ne doit pas l'appliquer à tort et à travers. » Et l'Empereur donne là-dessus des règles de conduite à son frère Louis : « La clémence a sa raison d'être quand c'est contre le souverain qu'a eu lieu l'offense. L'intérêt public s'attache, alors, au coupable; il est retourné, si le monarque fait grâce. » C'est assurément là une des applications les plus sagaces qui aient été faites de l'intelligence politique à la conduite des souverains. Là où l'Empereur ne se montre pas moins bon politique, c'est en 1813, au moment de la régence de Marie-Louise ; — il écrit à Cambacérès qu'il faudrait procurer à l'Impératrice le moyen de faire quelques actes de clémence de son propre mouvement, « ce qui est sans inconvénient pour la justice, dit-il, et qui serait d'un bon effet sur l'opinion publique (2). »

Voyons maintenant la conduite que tint Napoléon vis-à-vis des Bourbons et des émigrés. Les deux principes qui dominent toute sa politique dans cette matière, c'est d'abord la suppression des privilèges, puis le respect des acquisitions de biens nationaux. Napoléon s'en est expliqué formellement. Dès 1797, il écrivait : « Il n'est plus de privilèges dans l'Etat, parce que la loi a pour but le bonheur de tous. »

Quant aux biens nationaux, il disait an Conseil d'État : « Le premier devoir du peuple français, la première politique de la République sera toujours de maintenir intacts et sans aucune espèce de distinction les acquéreurs de biens nationaux. En effet, avoir eu confiance dans la République lorsqu'elle était attaquée par l'Europe entière, avoir uni son sort et son intérêt privé au sort et à l'intérêt général, ce sera toujours un acte mémorable aux yeux de l'État et du peuple. »

Napoléon était absolument convaincu de l'impossibilité du retour des Bourbons : c'était un gouvernement antinational et qui, par là même, était condamné à l'impuissance. De là, cette fameuse lettre au comte de Provence : « Vous ne devez pas souhaiter votre retour en France, il vous faudrait marcher sur cent mille cadavres. Sacrifiez votre intérêt au repos et au bonheur de la France. L'histoire vous en tiendra compte. Je ne suis pas insensible aux malheurs de votre famille. Je contribuerai avec plaisir à la douceur et à la tranquillité de votre retraite (1). »

De là aussi, ce souverain mépris pour toutes les tentatives des Bourbons sous son règne ; Louis XVIII avait protesté contre le sénatus-consulte de l'Empire. Fouché voulait empêcher la publication de cette protestation ; Napoléon en décida autrement et c'est, sur son ordre formel, que la publication en fut faite dans le *Moniteur* du 30 juin 1804.

Pendant toute la durée de l'Empire, le nom des Bourbons se retrouve souvent sous la plume de Napoléon ; quelquefois, il montre une rancune et une petitesse d'esprit qui sont indignes de son génie ; plus souvent, presque toujours, c'est pour leur rendre des services qui l'honorent et dont ils n'ont pas assez gardé le souvenir.

C'est ainsi que nous le voyons appeler avec affectation, le comte de Provence « cet individu » (1) ou que nous trouvons des lettres comme celle-ci : « Il est assez ridicule que le journal de l'Empire nous parle sans cesse d'Henri IV et des Bourbons. Pourquoi chercher à occuper le public de choses auxquelles il ne pense plus (2) (A). » Une autre fois : « L'épée de François Ier ne valait pas la peine qu'on en fît de l'éclat dans cette circonstance. François Ier était roi de France ; mais il était Bourbon (3). Il n'a pas été pris, d'ailleurs, par les Espagnols, mais par les Italiens (4). »

Une autre fois, son langage est plus élevé ; quelle mélancolie, mais quelle grandeur dans ces paroles : « Vous parlez toujours des Bourbons. Je préférerais voir les Bourbons en France avec des conditions raisonnables, aux infâmes propositions que vous m'envoyez (5). »

Mais si la politique se tait un moment pour faire

(A) Cependant, Napoléon avait une réelle prédilection pour la mémoire d'Henri IV. Parcourant, en 1801, la Normandie, il avait fait rétablir une colonne commémorative des victoires de ce prince. La Restauration ne voulut pas accepter cet hommage de *l'usurpateur* et fit détruire l'inscription gravée sur le monument par ordre de Bonaparte.

place aux sentiments du cœur, nous voyons Napoléon qui fait une pension aux nourrices de Louis XVI et de la duchesse d'Angoulême ; une dame a été attachée à la famille de Bourbon, elle aura une pension ; les duchesses d'Orléans et de Bourbon en recevront aussi (1). Sont-ce là des actes d'un ennemi violent et haineux ? On sait comment la Restauration y répondit.

Mais qu'attendre d'un parti et d'une famille où le père du duc d'Enghien avait, à juste titre, le droit de reprocher au comte d'Artois d'avoir été, par ses trames, la cause de la mort de son fils (2) ?

Nous savons déjà ce que Napoléon pensait de la chouannerie ; il la regardait comme une maladie du corps social. Cela ne l'empêchait pas de rendre hommage au courage des chefs de cette insurrection qui étaient des braves égarés. Il expliquait pourquoi les paysans aimaient cette guerre de partisans et de brigandage : « Ils y trouvaient leur profit, dit-il, sans courir des dangers réels, » et il reconnaissait que cette insurrection avait une réelle organisation.

Pour les émigrés, Napoléon se montre moins indulgent. Au début du Consulat, il prononçait au Conseil d'État ces paroles : « Ceux du dehors sont plus intéressants que ceux de la même classe qui ne sont pas sortis, car ils ont eu le courage de faire alors la guerre et de faire aujourd'hui la paix. » Mais l'Empereur ne devait pas tarder à revenir de cette confiance excessive ; les émigrés rentrés ne lui donnèrent que des tracas. Ils cherchaient tous les moyens de combattre le gouvernement. Mme d'Escars, au mois d'avril 1806, passant par Aix pour se rendre en exil, tous les légitimistes de la ville profitèrent de cette occasion pour organiser une manifestation assez déplacée. Le fait est signalé à l'Empereur qui demande les noms des manifestants, parmi lesquels les émigrés qui avaient mendié leur radiation étaient nombreux. Napoléon prescrit une répression sévère ; les cinq ou six plus coupables seront exilés à trente lieues d'Aix. La même lettre demandait aussi les noms des légitimistes de Bordeaux qui ne perdaient pas une occasion de s'agiter (1).

Aussi, Napoléon avait-il parfaitement le droit de se plaindre à Sainte-Hélène de ce que les émigrés rentrés s'étaient montrés incorrigibles ; cela tenait, disait-il, à ce que les listes avaient été mal faites. On y avait rayé les gros personnages, laissé les petits. Et cependant cette radiation des émigrés est un des titres de gloire de Napoléon : il rouvrit la France à tous ceux qui demandèrent l'autorisation d'y rentrer. De nombreux transfuges qui, même, ne furent pas rayés, furent tolérés en France par le gouvernement qui fermait les yeux. C'était une belle contre-partie de la révocation de l'Édit de Nantes qui avait chassé de leur patrie près de trois cent mille Français !

Si maintenant nous passons à la police et à l'administration proprement dite de la France, sous le règne de Napoléon, nous remarquerons combien l'Empereur se regardait lui-même comme l'esclave des formes administratives. « Il faut observer soi-même toutes les formes ; je m'en rends esclave plus que qui que ce soit ; on ne payerait pas à Paris un sou sur mon ordre, sans une ordonnance du Ministre. Il y a des formes dont moi-même je ne suis pas exempt et c'est là le palladium de l'État (1). »

Tout le préoccupe, jusqu'aux détails les plus infimes de l'administration : c'est ainsi qu'on peut dire qu'il est le précurseur des courses de chevaux en France; car, c'est en vertu d'une décision du 31 août 1805 que les premières courses furent organisées dans certains départements.

L'état des routes attire vivement son attention ; au mois de juillet 1805, il écrit : « Il est impossible d'être plus mécontent des chemins que je ne l'ai été de Lyon jusquà Roanne. J'ai cru me retrouver à l'époque de la désorganisation de la France. Comment seront donc les chemins l'hiver? »

D'ailleurs, pour s'assurer que toutes ses prescriptions sont bien observées, un auditeur du Conseil d'État ne part pas en mission, un officier d'ordonnance n'est pas chargé de porter un ordre qu'ils ne doivent en même temps rendre compte à l'Empereur de tout ce qu'ils ont vu et remarqué sur leur route ; ils doivent signaler les progrès réalisés comme les abus persistants. Ce sont les véritables *missi dominici* de Napoléon (2).

La question de la mendicité l'occupe aussi tout particulièrement. Le 7 avril 1806, à propos de la multitude de vagabonds qui infestaient l'Italie, Napoléon donne à Junot l'ordre de former trois ou quatre maisons de force, où l'on aurait des ateliers de travail. Il faudra les placer de préférence à Parme et à Plaisance, parce que c'est là que le mal de la mendicité est le plus dangereux. Quant au principe, voilà comment il l'établissait plus tard : « La mendicité est un objet de première importance. Arrêter un mendiant pour le mettre en prison serait barbare ou absurde. Il ne faut l'arrêter que pour lui apprendre à gagner sa vie par son travail (1). » Le 24 novembre 1808, Napoléon écrivait au Ministre de l'intérieur : « J'attache une grande importance et une grande idée de gloire à détruire la mendicité. » Puis, entrant dans les détails, il recommandait de ne pas laisser traîner la chose en longueur : « N'allez pas encore me demander trois ou quatre mois pour avoir des renseignements ; vous avez de jeunes auditeurs, des Préfets intelligents, des ingénieurs des ponts et chaussées instruits, faites courir tout cela et ne vous endormez pas dans le travail ordinaire des bureaux. » Et, au Conseil d'État, il s'exprimait ainsi : « Le nœud de cette affaire est tout entier dans la stricte séparation du pauvre qui commande le respect et du mendiant qui doit exciter la colère. Nos travers religieux mêlent si bien ces deux classes qu'ils semblent faire de la mendicité un mérite, une espèce de vertu, qu'ils la provoquent en lui présentant des récompenses célestes. Au fait, les mendiants ne sont ni plus ni moins que des moines au petit pied, car, dans leur nomenclature, se trouvent les moines mendiants. Comment de telles idées ne porteraient-elles pas la confusion dans l'esprit et le désordre dans la société ? On a canonisé grand nombre de saints dont le mérite apparent était la mendicité. On les a placés au ciel pour ce qui, en bonne police, n'eût dû leur valoir sur la terre que le châtiment et la réclusion. »

Pour les enfants trouvés, comme pour les enfants assistés, Napoléon montre une véritable sympathie. Il disait au Conseil d'État que, lors de leur envoi à l'hospice, il fallait dresser un procès-verbal détaillé et complet : « Car si on n'explique pas de suite ce que devient l'enfant, on fait disparaître les traces de son état, et on rend difficiles les recherches que ses parents pourront en faire un jour. » Le décret du 9 janvier 1811 est une nouvelle preuve de cet intérêt de Napoléon pour le sort des enfants trouvés.

C'est à propos de l'établissement dit des *Enfants de Paris* et qui servait de refuge à l'enfance, que Napoléon émettait ce principe de charité et de bienfaisance intelligentes : « Il faut éviter tous les gaspillages, parce qu'il y a tant d'infortunés qu'on ravit aux uns ce qu'on donne de trop aux autres (1). »

Napoléon avait fait de la tolérance un des principes de son gouvernement : il en faisait l'application dans toutes les circonstances, même les moins importantes. C'est ainsi que nous trouvons cette décision : « La fête de saint Jean-Baptiste, dans les mœurs génevoises est non seulement une fête publique, mais aussi une fête populaire. Ces objets ne sont pas tellement importants qu'il ne faille montrer de la tolérance (2). » Et cependant, Napoléon se montra toujours opposé aux grandes réjouissances qui sont si dispendieuses, sans profit réel pour la population.

S'agit-il de la police proprement dite, il faut distinguer dans la conduite de Napoléon les principes et les actes. « Pour faire de la bonne police, dit-il, il faut être sans passions, se méfier des haines, écouter tout et ne se prononcer jamais sans avoir donné à la raison le temps de revenir. »

Il reprochera aussi à la police de s'occuper de trop de choses, témoin cette lettre : « Si la police se mêlait de moins de choses, elle éviterait bien des inconvénients. En général, vous ne devez pas perdre de vue que tout homme à qui la police fait des insinuations, se regarde comme insulté, et, dès lors, comme un homme suspect (1). »

Mais, si nous entrons dans la pratique du pouvoir, nous verrons que Napoléon était le premier à donner à la police cette importance qu'il qualifiait d'excessive. Le 21 septembre 1804 (2), il écrivait à Fouché, à propos de la conspiration de Pichegru, qu'il fallait faire parler Rivière, en introduisant auprès de lui un agent habile qui lui remettrait de l'argent et une fausse lettre du comte d'Artois. « Il est vrai qu'il ne faudrait pas s'embarrasser de la question de la signature et du cachet... De cette manière, on aurait une correspondance entre le comte d'Artois et Rivière qui serait extrêmement curieuse. » Tout cela ne dénote-t-il pas chez Napoléon un véritable sentiment de policier accompli ?

La police lui servira à tout; sans doute, à Sainte-Hélène, il se déclare hostile à la violation du secret des lettres, mais il serait imprudent d'affirmer que, sous l'Empire, la police n'y ait, au contraire,

POLITIQUE INTÉRIEURE

cherché maintes fois des renseignements ; il s'en sert aussi bien pour la surveillance des maisons de jeu que dans son projet d'organisation intérieure des prisons. Partout et toujours la police est pour lui une force puissante : il ne dédaignera pas d'indiquer la manière dont elle doit faire ses informations et d'en parler jusque dans le sein du Conseil d'Etat (1). Il en fait un ministère. Elle lui servira à se débarrasser des importuns ; ainsi, un sieur Marceaux ayant proposé un plan de descente, et soumettant encore un plan de pacification générale, Napoléon répond : « Renvoyez au Ministre de la police pour faire dire à cet homme de rester tranquille et de s'occuper de ses affaires (2). »

Elle lui servira aussi et surtout pour désarmer les ennemis de son gouvernement. Il écrit à Fouché : « Comment l'abbé Lefranc soupçonné comme un ennemi prononcé du gouvernement, dont vous avez ordonné l'arrestation, reste-t-il libre, parce qu'il est à la tête d'une maison d'éducation ? N'est-ce pas tolérer un empoisonnement, parce qu'il est dans une hôtellerie (3) ? »

Napoléon aura beau écrire au même Fouché, ce Ministre désigné par la nature pour les fonctions qu'il remplissait, il aura beau lui dire : « Pour l'exil des personnes qui ont émigré et que le bien de l'Etat veut qu'on éloigne de Paris, il faudrait adopter des formes plus douces que celles de la police ordinaire (4), » on ne peut nier qu'il ait été fait, dans ces cas, un étrange abus de la police.

L'ordre du 14 août 1806 est caractéristique : M. de Narbonne sera exilé à quarante lieues de

Paris, à cause de ses relations avec Lord Landerlale ; — Mme de Balbi se retirera à la même distance de la capitale : c'est la suite de l'accueil qu'elle a fait à un émigré non amnistié, venant de Londres : « Il est temps que ces manèges-là cessent », dit Napoléon ; — Mme Beaugard ira à Menton, où elle sera placée en surveillance.

Un gouvernement a le droit et même le devoir de se défendre, parce que, en le faisant, il défend la société ; mais il doit se garder des abus. Et qui pourrait affirmer que dans les exils prononcés par l'Empereur, il n'y a pas eu bien des cas où pas plus la société que le gouvernement n'étaient en péril ?

Après l'exil, l'état de siège ; mais là, Napoléon se montre plus sage et plus libéral : il n'a, d'ailleurs, presque pas usé de ce moyen, parce que la compression était tellement générale qu'il devenait inutile. Voici sa manière de voir, communiquée au Directoire le 2 octobre 1796 : « Quand une ville est en état de siège, il me semble qu'un militaire devient alors une espèce de magistrat, et doit se conduire avec la modération et la décence qu'exigent les circonstances ; il ne doit pas être un instrument de factions, un officier d'avant-garde. »

Napoléon, dans ses dictées de Sainte-Hélène, à propos des prisons d'Etat (1), s'appuyant sur ce fait qu'il n'y avait dans tout l'Empire que deux cent quarante-trois détenus politiques et que le régime des prisonniers d'Etat était de la plus grande douceur, a prétendu que le peuple français avait joui, sous son règne, d'une liberté civile très étendue.

Il y a là plus qu'un paradoxe, car on cherche

vainement un fond de vérité dans les paroles de l'Empereur. Nous avons vu que si l'on avait le malheur de lui déplaire, c'était l'exil ou la détention ; Mme de Staël, au début de ses démêlés avec lui, fut plutôt punie pour ses tendances que pour des actes criminels et ce n'est qu'avec le temps, qu'oubliant sa patrie, elle se rendit indigne de la sympathie publique ; nous verrons aussi ce qu'était la censure pour les œuvres littéraires. De tous ces faits réunis, nous pouvons conclure, dès à présent, en opposition directe avec les allégations de l'Empereur, que jamais la liberté civile ne fut plus effacée, anéantie, que sous son gouvernement.

Napoléon, qui entendait gouverner la France avec cet absolutisme qui ressort de tous ses actes, n'était pas moins autoritaire quand il s'agissait de ses intérêts personnels. Nous savons déjà que la comptabilité de sa cassette était tenue avec une régularité presque commerciale ; pour toute sa maison, il désirait qu'il en fût ainsi et rien n'est étrange comme de le voir entretenir le Conseil d'Etat lui-même des détails les plus infimes et les plus personnels.

Pelet de Lozère nous a raconté avec quelle insistance, Napoléon y demandait la création d'une sorte de tribunal « des parties » auquel il donnerait, par exemple, à juger la contestation entre l'intendant de sa liste civile et son tapissier qui voulait lui faire payer son trône et six fauteuils cent mille écus. « J'ai refusé, disait Napoléon, de payer cette somme exorbitante. »

A cette même séance du 4 mars 1806, l'Empereur se plaignit vivement des architectes : « Ils ruinent, a-t-il dit, l'État et les particuliers : on ne trouverait pas à Paris une famille qu'ils n'aient ruinée. Je voudrais qu'il fut possible de les rendre responsables quand ils excèdent les devis, et d'établir contre eux la contrainte par corps pour le paiement de cet excédent. »

Il n'est pas jusqu'à l'étiquette qui, en apparence, ne devait lui causer aucun ombrage, aucune susceptibilité qui n'ait été, au contraire, de sa part, l'objet des réglementations les plus minutieuses.

Il écrivait à Eugène, à propos des gardes d'honneur qui devaient escorter Élisa au moment de son entrée en Italie : « Vous leur ferez connaître quelle est la marque de confiance que je leur donne en les admettant à accompagner une princesse de mon sang et un prince qui arrive à la souveraineté d'un pays allié du royaume d'Italie. »

Une autre fois, il fait l'observation suivante : « Junot m'écrit toujours sur du grand papier de deuil qui me donne des idées sinistres quand je reçois ses lettres ; faites-lui donc connaître que cela est contraire à l'usage et au respect, et qu'on n'écrit jamais à un supérieur avec le caractère de deuil d'une affection particulière (1). »

La princesse de Lucques voulait mettre sur ses monnaies : « Napoleone protegge l'Italia! » L'Empereur répond : « Ce type n'est pas convenable. Ce qu'on veut mettre en place de « Dieu protège la France » est indécent (2). »

Et à propos d'un bal à la cour : « Toutes les demoiselles dont les mères ou tantes sont invitées peuvent venir. Il serait inconvenant d'inviter des demoiselles dont les mères ne seraient pas priées (1). »

Mais ce qui est le principe fondamental de la politique de l'Empereur, ce qui en fait la gloire incontestée, au même rang que cette création d'une société nouvelle par le Code, le Concordat et la Constitution de l'an VIII, ce qui domine toutes les idées mesquines d'un gouvernement trop absolu, c'est le désir réalisé de voir toutes les classes de la société française, fondues et réunies, dans leurs aspirations comme dans leurs rêves.

Il y eut quelques dissidents, parmi les anciens Jacobins comme parmi les émigrés de la veille ; mais la nation prise en masse subit l'influence bienfaisante des idées conciliatrices d'union générale et de fusion de toutes les classes.

Cette union de la France nouvelle avec la France ancienne fut l'objet de toutes les préoccupations de l'Empereur; il sait que la première ne saurait sacrifier aucune de ses conquêtes, mais qu'elle peut accueillir avec calme, avec modération dans la forme, les regrets de ceux qui sont attachés aux souvenirs respectables du passé. Cet idéal de Napoléon qui n'est pas encore tout à fait réalisé aujourd'hui, mais qu'il avait entrevu et qu'il avait tenté de dégager des premières difficultés, les plus sérieuses, nous en retrouvons l'expression à toutes les pages de ses écrits, à tous les moments de sa carrière.

Un jour, il place auprès de Joséphine, Mme Marco de Saint-Hilaire, une des anciennes femmes de chambre de Marie-Antoinette; puis, c'est Mme Campan, l'ancienne institutrice des filles de France qu'il appelle dans ses conseils pour organiser les maisons d'éducation de la Légion d'honneur. Une autre fois, devenu Empereur, ce sont ses anciens condisciples de Brienne à qui il fera proposer, en vain pour la plupart, de rentrer dans l'armée française avec des grades élevés. Ce sont les Narbonne, les La Rochefoucauld, les de Broglie, les Montmorency qui sollicitent des emplois à la cour ou dans la diplomatie et que l'Empereur admet dans son entourage. En un mot, c'est l'aristocratie attirée par les honneurs de la cour ; les enfants, employés aux armées (1).

De là, aussi, en 1815, l'article 4 du 3ᵉ décret de Lyon, dans lequel Napoléon se réservait de donner des titres « aux descendants des hommes qui ont illustré le nom français dans les différents siècles. »

Mais pour tenir la balance égale entre les partis, il ne fallait pas non plus affecter de mépriser les anciens révolutionnaires. Napoléon les avait rassurés, en garantissant le respect absolu des ventes de biens nationaux ; en prenant contre les conspirations royalistes, contre les agissements des émigrés, des mesures sévères. Napoléon disait qu'il avait eu dans son gouvernement des régicides : « Je n'approuvais pas la doctrine, disait-il, mais je n'avais rien à faire avec l'acte. Les uns avaient agi par conviction, d'autres, par faiblesse. Tous par le délire, la fureur, la tempête du moment. » Et comme, dans son entourage, il y avait des fonctionnaires qui cherchaient à le pousser dans la voie de la réaction, Napoléon disait : « Je ne vois pas pourquoi on rechercherait un homme à l'occasion de circonstances qui sont déjà à des siècles de nous (1). »

Ce ne sont pas des privilégiés qu'il me faut, disait l'Empereur, mais des hommes capables (2). Et plus tard, il ajoutait cette leçon pleine de bon sens : « Si le duc de Rovigo voulait éloigner de la France tous ceux qui ont pris part à la Révolution, il n'y resterait plus personne. Et comment peut-on faire un crime à des hommes de cette classe, de leur exaltation dans la Révolution, lorsque le Sénat, le Conseil d'État et l'armée, sont pleins de gens qui y ont marqué par la violence de leurs doctrines ? » Puis, revenant à son gouvernement, fondé sur la garantie de toutes les opinions, il reprenait : « Au train dont va le duc de Rovigo, je suppose qu'il réagirait bientôt sur tous les généraux qui ont été chauds révolutionnaires (2). »

Ces nobles principes de modération, de tolérance et de fusion, méritent qu'on s'y arrête. Un jour, il dira : « La France, où j'ai besoin de fonder une union de toutes les classes de citoyens et de tous les préjugés (4), » n'est pas seulement la France d'un parti; car, comme il l'écrivait à Louis, le 21 décembre 1809 : « Je ne me sépare pas de mes prédécesseurs. Depuis Clovis jusqu'au Comité de Salut Public, je me tiens solidaire de tout, et le mal qu'on dit de gaîté de cœur contre les gouvernements qui m'ont précédé, je le tiens comme dit dans l'intention de m'offenser. » C'est comme cela aussi qu'il jugeait l'Italie, et c'est de cette idée qu'il partait dans les considérants de l'acte additionnel : « Voulant, disait-il, d'un côté, conserver du passé ce qu'il y a de bon et de salutaire, et de l'autre... »

Quant à l'Italie, voici ce qu'il en disait : « Au xiv° siècle, toutes les petites républiques de l'Italie ont été agitées par la faction populaire et par celle des nobles. Cependant, ce n'est que de la conciliation de ces différents intérêts que peuvent naître la tranquillité et le bon ordre (1). »

Pour en finir avec cet oubli de la Révolution, avec ce respect du passé, citons encore les paroles prononcées par l'Empereur dans deux ou trois autres circonstances (2). A propos de l'arrêté pris par le général Cervoni, au sujet des citoyens détenteurs d'armes à feu, Napoléon écrit : « Tout noble était autrefois en possession du droit de port d'armes ; aujourd'hui, tout français domicilié, tout citoyen qui, dans son existence privée, donne à la société une caution de sa conduite, est noble (3). »

A propos du Morbihan, il écrit : « De toutes les parties de notre Empire, c'est une de celles qui sont le plus souvent présentes à notre pensée, parce que c'est une de celles qui ont le plus souffert des malheurs des temps passés (4). » Et encore : « Parlez de Mirabeau avec éloges... Quand serons-nous donc sages ? Quand serons-nous animés de la véritable charité chrétienne, et quand donc nos actions auront-elles pour but de ne faire de la peine et de n'humilier personne, de ne point réveiller des faits qui sont au cœur de beaucoup de gens ? Qu'a de commun l'Académie française avec la politique ? Pas plus que les règles de la grammaire n'en ont avec l'art de la guerre (1). »

Cependant, son désir de fusion ne va pas jusqu'à permettre ce qui n'aurait pour but que de rappeler le passé : « Je vous prie de témoigner mon mécontentement au Préfet de Troyes pour avoir autorisé, sans votre permission, une espèce de fête qu'on veut faire en l'honneur de Thibault, comte de Champagne. Il est ridicule d'aller réveiller, après plusieurs siècles, la mémoire d'hommes qui n'ont point eu un mérite éclatant... » et, dans la même lettre où il est question d'un monument à élever à Agnès Sorel : « Cela me paraît inconvenant, dit-il; si j'ai bonne mémoire, Agnès Sorel était la maîtresse d'un roi. Elle est plus recommandable par le Poème de la Pucelle qu'à d'autres titres (2). » C'est à la même époque qu'il disait : « Les hommes qui ont servi la politique de Versailles, ne peuvent diriger la mienne (3). » On sent ce qu'il y a de juste dans cette idée. Celle où il déclarait ne vouloir employer que des généraux qui aient passé le temps de la Révolution en France, l'est bien plus encore (4) !

L'histoire de Bourmont, en 1815, prouve combien Napoléon avait raison dans cette circonstance !

Nous avons déjà parlé des jugements que Napoléon portait sur lui-même; mais, nous ne l'avons fait que pour ceux qui avaient un caractère général et qui étaient de nature à donner une idée philosophique d'ensemble sur ce qu'il pensait de lui ; ce chapitre consacré à la politique intérieure de l'Empereur serait incomplet si nous ne reproduisions ce qu'il a dit de sa carrière politique, de son gouvernement personnel, de sa dictature. Pour juger une cause il faut entendre les parties et, puisque l'histoire a la bonne fortune de posséder la défense de Napoléon lui-même, elle serait impardonnable de la négliger.

Napoléon, à Sainte-Hélène, expliquait sa dictature en rappelant les circonstances dans lesquelles il l'avait prise. « Tous les peuples les plus puissants de l'Europe s'étaient coalisés contre la France, pour résister avec succès, il fallait que le chef de l'État pût disposer de toute la force et de toutes les ressources de la nation. »

Quant à la marche progressive de sa carrière, Napoléon nous déclare qu'en fructidor il avait jugé qu'il était pour lui, trop tôt pour agir; d'ailleurs, s'il approuvait la journée du 18, il blâmait énergiquement les proscriptions du 19, ce qui ne l'empêcha pas, du reste, d'en profiter, puisque c'est à cet événement qu'il dût son élection à l'Institut en remplacement de Carnot.

Quant à brumaire, Napoléon avait pour défendre sa conduite dans cette journée un argument irréfutable : « Brumaire, disait-il, avait été fait tout seul par la nation. On a discuté et on discutera encore longtemps pour savoir si nous ne violâmes pas les lois, si nous ne fûmes pas criminels : mais ce sont autant d'abstractions bonnes tout au plus pour les livres et les tribunes et qui doivent disparaître devant l'impérieuse nécessité. Autant vaudrait accuser de dégât le marin qui coupe ses mâts pour ne pas sombrer ! »

Et, de fait, la contenance de Napoléon, dans ces jours-là, n'est pas celle d'un conspirateur ou d'un faiseur de coups d'État. Il a le courage froid et calme de l'homme qui se sent une mission supérieure à remplir et qui ne reculera devant aucune des difficultés de cette œuvre. Le 19 brumaire, se rendant aux Anciens, Bonaparte traversait la galerie de Mars ; il y rencontra Augereau qui se promenait en long et en large, inquiet du résultat de la journée. « Te voilà dans de beaux draps, dit le héros de Castiglione. — Bah ! répondit Bonaparte, c'était bien pis à Arcole ! »

Il est très remarquable que, dans les jugements que l'on porte sur cette journée du 18 brumaire, les lois ordinaires de l'histoire ont été complètement renversées. Habituellement, plus on est près de l'événement, plus les passions sont vives ; plus les critiques sont amères ; avec le temps, le jugement de la raison reprend ses droits et l'histoire prononce avec cette impartialité qui la distingue du pamphlet.

Ici, tout le contraire s'est produit; parmi les contemporains, même les moins favorables à Bonaparte, c'est une acclamation enthousiaste pour cette journée. Lafayette dit bien haut que « le 18 brumaire a sauvé la France » et quand il parle des résultats politiques et du pouvoir de Napoléon, il n'hésite pas à prononcer le mot de « Dictature réparatrice ».

Quant au vieux duc de Broglie, dont on connaît les relations de famille avec Coppet, dont tous les écrits respirent la plus vive antipathie pour le Premier Consul ou pour l'Empereur, voici comment, dans ses mémoires récemment parus, il juge ce grand acte : « Le 18 brumaire fut une délivrance. Il avait ce qui rend les coups d'État excusables, le génie, la sagesse et la gloire. Les quatre années qui le suivirent furent une série de triomphes au dehors sur les ennemis, au dedans sur les principes du désordre et de l'anarchie. Ces quatre années sont, avec les dix années du règne d'Henri IV, la meilleure, la plus noble partie de l'histoire de France. »

Voilà ce que pensent les contemporains les moins bienveillants ; leurs successeurs ont récusé cette autorité et, aujourd'hui, il est classique de réunir dans une même pensée de haine et de malédiction la glorieuse journée du 18 brumaire et le souvenir d'un coup d'État plus récent qui n'avait pas comme l'autre, si l'on peut appeler de ce nom le mouvement unanime d'un peuple qui porte un homme au suprême pouvoir, — la triple excuse « du génie, — de la sagesse et de la gloire. »

Après les quatre années glorieuses du Consulat, c'est la tension excessive de l'autorité impériale, — la liberté obscurcie, — le caprice remplaçant la sagesse, — les fautes succédant aux victoires militaires, aux triomphes pacifiques.

Il n'y a pas besoin d'attendre Sainte-Hélène pour surprendre chez l'Empereur la trace de ses remords ; il sent les fautes qu'il commet ; il est entraîné par son imagination et par la passion toujours plus absorbante du pouvoir, — il pressent les abîmes vers lesquels il court et la France avec lui ; mais son orgueil l'empêche de revenir en arrière. C'est en 1808, alors que son astre n'a pas encore pâli, quand on peut croire qu'aucun nuage ne parcourt son ciel étoilé, qu'il prononce, au Conseil d'État, ces paroles fatidiques : « Les choses ne sont pas solidement établies en France, la Constitution ne donne pas assez de force au gouvernement, et là où le gouvernement est faible, l'armée gouverne. Un caporal pourrait s'emparer du gouvernement dans un moment de crise. » Quatre ans plus tard, la conspiration du général Malet faisait de ces paroles une réalité ; aussi, c'est bien moins au coupable qu'aux institutions que l'Empereur s'en prendra dans une scène de colère restée célèbre : « Je me sentis bien moins choqué de l'entreprise du coupable que de la facilité avec laquelle ceux mêmes qui m'étaient le plus attachés se seraient rendus ses complices. »

Et au Conseil d'État : « L'Impératrice est là ! Le Roi de Rome, mes Ministres et tous les grands pouvoirs de l'État ! un homme est-il donc tout ici ! Les institutions, les serments, rien ! »

Oui, cet homme était tout ! Mais à qui donc avait-il le droit de reprocher cet état de choses ?

Dès ce jour, tenant tête à la mauvaise fortune, Napoléon n'avouera plus les torts et les défauts de son gouvernement ; il faut attendre Sainte-Hélène pour retrouver, dans sa bouche, l'aveu de ses erreurs. Désormais, il va lutter pied à pied contre les publicistes et les hommes politiques qui n'osaient pas l'attaquer avant les revers et qui maintenant ne pensent qu'à s'acharner sur un homme terrassé et dans l'impossibilité de se défendre.

« Ce sont, dit-il, de vaines déclamations propagées par l'ignorance ou la haine qui avaient fait croire à l'Europe, en 1814, qu'il n'y avait plus d'hommes, plus de bestiaux, plus d'agriculture, plus d'argent en France, que le peuple y était réduit au dernier degré de misère ; que l'on ne voyait plus dans les campagnes que des vieillards, des femmes ou des enfants. La France alors était le pays le plus riche de l'univers ; elle avait plus de numéraire que le reste de l'Europe réunie. »

A Sainte-Hélène, c'est dans quelques-unes de ses conversations, mais surtout dans les conseils qu'il dicte pour son fils, que Napoléon fait l'aveu des fautes de son gouvernement ; il excellait aussi à en faire ressortir tous les côtés dont la grandeur et le mérite sont incontestables.

« J'ai donné à la France, disait-il, l'égalité civile et la communauté des impôts ; j'ai garanti les propriétés de toute origine ; j'ai créé l'instruction publique, l'Université ; j'ai entrepris les plus grands travaux ; la moralité publique, grâce au Code et à l'instruction largement répandue, a augmenté sous mon règne. »

Quand il examinait la politique de l'avenir, Napoléon prévoyait les fautes inévitables et fatales de la famille des Bourbons.

Si, avec la France qu'il avait laissée en 1814, la nation avait eu à sa tête un Ministre comme le cardinal de Richelieu, que de fautes eussent été épargnées, disait Napoléon. Sans doute, il ne serait pas revenu, car ainsi qu'il le reconnaissait lui-même : « Le retour de l'île d'Elbe ne fut pas autre chose qu'une révolution provoquée par la réaction légitimiste; » mais, combien la France eût été heureuse si, comme il le disait avec détachement, dans sa proclamation du 1er mars 1815, la Patrie avait eu à sa tête ce gouvernement national qui, seul, pouvait garantir les nouveaux intérêts, les nouvelles institutions, la nouvelle gloire que la France avait conquis depuis vingt-cinq ans.

Mais, il connaissait assez les Bourbons pour savoir que réclamer d'eux ce gouvernement national serait un rêve chimérique.

En 1814, disait-il, Louis XVIII aurait pu s'identifier avec la nation ; en 1815, il était trop tard. Dès lors, il devait compter avec son parti ; il ne pouvait plus essayer que du régime de ses pères. Ceux-ci étaient-ils aussi réellement bons que l'histoire l'a prétendu ? Et alors, prenant des exemples dans l'histoire de chacun, il montrait que ce n'était là qu'une légende sans fondement. Puis, il expliquait qu'il n'avait jamais pensé à se rapprocher d'eux ; n'étaient-ils pas la négation de la Révolution? La France n'aurait pu les supporter trois mois s'ils n'étaient revenus après une lassitude absolue de la nation et dans les fourgons de l'étranger qui restait en France pour les protéger. Aussi Napoléon prédisait-il qu'ils ne pourraient pas conserver leur trône pendant vingt ans. Leurs sentiments religieux exagérés devaient, plus que tout le reste, contribuer à les perdre parce que la France n'aime pas les « cagots ». Et il concluait sur ce sujet en disant : « Qu'il y aurait quelques exécutions juridiques, que la réaction serait assez forte pour irriter, pas assez pour soumettre et que, tôt ou tard, une éruption volcanique finirait par engloutir le trône, ses alentours et ses partisans (1). »

L'éruption eut lieu avant même le terme qu'il lui avait assigné ; et la France donnait le pouvoir au chef de cette famille d'Orléans, dont l'Empereur avait prédit le retour, à Louis-Philippe dont il disait à Sainte-Hélène : « Celui-là au moins a de l'esprit de conduite et du tact. » Après les d'Orléans, « le tour des miens pourrait bien venir, » avait-il ajouté comme pour donner à cette prophétie une précision dont on aurait le droit de s'étonner, si elle n'avait été reproduite dès les premières années qui suivirent la mort de Napoléon, dans les écrits des compagnons de sa captivité.

En résumé, pour tout ramener à lui seul, Napoléon avait dû anéantir la liberté civile (1) ; il avait dû aussi détruire, dans leur germe, toutes les velléités d'indépendance de la part de ceux-là même qui lui étaient le plus dévoués ; de là, cette tension excessive qui aboutit, au jour du malheur, à l'abandon de tous ceux qui l'entourent parce qu'il n'a pas voulu les intéresser au maintien de son pouvoir.

Ces fautes, ces erreurs, il les a généreusement reconnues, et les conseils qu'il dicte pour son fils (2) contiennent des règles bien différentes de la conduite politique qu'il a suivie.

Mais, en retour, que de sagesse, que de grandeur

dans ces idées modérées d'apaisement, de conciliation et de fusion ! Que d'intelligence dans leur mise en pratique ! Que d'efforts louables qui tendent à affirmer la réconciliation de là France ancienne avec la France nouvelle !

Enfin, pourquoi ne pas rappeler à la fin de cette partie spéciale de notre étude, la solidité de cette création administrative qui a fait de la France un rocher contre lequel les lames furieuses des Révolutions se sont toujours montrées impuissantes?

CHAPITRE II

POLITIQUE EXTÉRIEURE

La politique extérieure tient, dans la carrière de Napoléon, une place presque aussi importante que celle de son gouvernement intérieur : mais, une différence capitale les sépare. Si la politique intérieure de l'Empereur ne fut pas exempte de fautes, du moins on y rencontre des idées, des principes, des œuvres qui ont survécu au gouvernement de l'Empire; dans ses relations extérieures, au contraire, Napoléon a connu toutes les extrémités de la gloire et des désastres; il n'a rien fondé. La France qu'il avait reçue de la Révolution, il l'a laissée amoindrie; les alliances éphémères qu'il avait conclues se sont évanouies au premier souffle de la tempête; de ses rêves grandioses de fédération et de monarchie universelles, il n'est resté que le souvenir d'une chimère irréalisable.

Quoi qu'il en soit de cette stérilité de l'œuvre, il faut faire à cette politique extérieure la place qu'elle doit occuper dans l'étude du génie de Napoléon; il paraît y avoir appliqué les meilleures de ses facultés; mais, comme il a laissé son imagination l'emporter dans le domaine des fantaisies et des rêves, il s'est trouvé que ce qui lui avait coûté le plus de peine est ce qui a le moins réussi.

Il faut dire aussi pour expliquer cette impuissance que la dictature de Napoléon, acceptée par la France, lui permettait de marcher sans obstacle au but qu'il s'était tracé à l'intérieur, tandis que l'Europe n'avait pas à reconnaître la suprématie de l'Empereur des Français, et qu'il était, au contraire, dans l'essence des choses qu'elle se révolterait contre ce représentant des idées nouvelles. Les vieilles monarchies ne pouvaient voir d'un bon œil ce jeune gouvernement, tout échauffé encore des grands enthousiasmes de la Révolution. Pour l'Europe, malgré sa politique intérieure, Napoléon resta toujours un grand souverain libéral, et comme le dit Seeley « un successeur des Joseph et des Catherine ». De plus, les succès de Napoléon furent suffisants pour irriter les peuples vaincus; ils ne purent les réduire à l'impuissance.

Dans l'Europe de 1813, on n'entendait de toutes parts que le bruit des esclaves brisant leurs chaînes, et se précipitant avec fureur sur le maître de la veille, en qui s'incarnait pour eux la cause de tous les maux et de toutes les servitudes (a).

(a) C'est bien ce que dit Sainte-Beuve (*Nouveaux Lundis*, X, p. 37) : « Napoléon représentait la Révolution dans son principe d'égalité et de réformes civiles, mais nullement dans son essor de liberté. De là, il se dessaisit d'une arme terrible, celle de la propagande libérale et républicaine. Les peuples appelés par lui à secouer le joug ne sentirent plus que la honte de la défaite et l'aiguillon de la vengeance. »

Napoléon, seul contre l'Europe coalisée, devait fatalement succomber; c'est le secret du joueur qui a gagné les premières parties et qui doit finir par perdre les dernières. C'est aussi la faute immense, inexcusable, impardonnable de Napoléon d'avoir regardé la France comme un enjeu et de ne pas s'être arrêté au moment où l'Europe lassée ne pensait pas encore à secouer son joug.

La diplomatie demande avant tout de la patience et du temps; l'art des nuances y est indispensable. Avec le caractère de Napoléon qui ne savait plus s'arrêter, quand une décision avait été prise dans son esprit, la diplomatie ne pouvait suivre ces préceptes. Ses conseils à ses agents sont parfaits; l'œuvre personnelle de Napoléon, au contraire, toujours originale, consistait à ne pas les laisser agir, à traiter lui-même les choses avec une brusquerie, une franchise militaires qu'il croyait habiles, mais qui, au fond, ne servaient qu'à lui attirer les inimitiés des Cabinets de l'Europe.

L'Empereur menait une affaire diplomatique, comme une campagne militaire; cela peut réussir quand on est victorieux; le jour, où on est vaincu, quand l'épée se brise dans la main du général, la plume du diplomate est brisée du même coup.

Voyons-le donc à l'œuvre.

Au mois de septembre 1805, Napoléon écrivait au Landgrave de Hesse-Darmstadt : « Si des circonstances de Révolution ont mis un instant de l'interruption dans l'ancien système, tout étant revenu aux mêmes principes doit se replacer de même et je me flatte que Votre Altesse et sa mason auront pour moi les mêmes sentiments qu'elles ont eus pour la troisième dynastie. » Napoléon a la faiblesse de renier devant l'Europe la grande œuvre de la Révolution ; et cependant, sans elle, aurait-il le droit de se présenter comme le fondateur d'une nouvelle dynastie?

Avec le roi de Prusse, il fait parade de cette tournure originale qu'il entend donner à sa diplomatie : « Un des plus grands bienfaits que je veux devoir aux succès que j'ai obtenus, lui dit-il, c'est de reconnaître qu'ils m'ont mis au-dessus des préjugés ordinaires et dans le cas de ne consulter que mon cœur et cette tendre amitié que j'ai vouée à Votre Majesté depuis longtemps (1). » Toujours la même préoccupation de traiter directement les affaires dans sa lettre au même prince du 16 mars 1805 ; mais, du moins, nous y trouvons une sagesse et une modération bien rares chez lui : « Quand il serait possible que je pusse obtenir plus de territoire que je n'en ai, dit-il, mon intérêt bien entendu est de borner mon empire et d'employer tous mes moyens pour le consolider par les bienfaits et les prospérités de la paix. »

Il ne reculera devant aucune excentricité. Quand on connaît les traditions diplomatiques, on est étonné de rencontrer sous la plume de l'Empereur, d'ordinaire si soucieux de sa dignité, des lignes comme celles-ci : « Ce qui se passe est une nouvelle preuve que la répétition est la plus puissante figure de rhétorique ; on a tant répété à Votre Majesté que je lui en voulais que sa confiance a été ébranlée (2). »

Et cependant ce que l'Empereur écrivait n'était rien à côté des paroles qu'il prononçait dans les audiences diplomatiques ; ses interlocuteurs qui n'étaient pas habitués à de semblables sorties restaient silencieux ; leur contenance extérieure respirait encore le respect. Ce sang froid devant l'injure, ce silence irritaient l'Empereur qui, plusieurs fois, se montra, au-dessous de sa dignité et de son génie.

Aux Tuileries, quand il interpella lord Withworth devant toute la cour et devant le corps diplomatique ; à Dresde, quand il reçut Metternich dans la solitude de son cabinet, sa colère ne connaissait plus de bornes : on était en face d'un forcené et non pas de l'Empereur des Français (1).

Aussi, les sentiments qui suivaient ces entrevues se ressentaient-ils de la scène qui venait d'avoir lieu ; les puissances se regardaient à bon droit comme outragées par l'insulte faite à leurs ambassadeurs : de là, des colères, des haines sourdes qui n'attendaient qu'une occasion pour éclater avec violence. Napoléon ne se faisait pas d'illusions sur les sentiments de l'Europe à son égard et le 10 avril 1807 il écrivait à Cambacérès: « Rien que l'opinion que j'éprouverais en France la moindre contrariété ferait déclarer plusieurs puissances contre nous. »

Si la diplomatie personnelle de Napoléon était si malhabile, si imprudente, il ne faudrait pas croire, cependant, qu'il ne se rendait pas compte de ce qu'elle aurait dû être. Nous en trouvons la preuve dans les conseils qu'il donne à ses diplomates. « Votre premier devoir, leur dit-il, est de respecter les usages de la nation auprès de laquelle vous êtes accredité. » Et alors, il entre dans des détails qui montrent bien qu'il savait ce qu'il y avait à faire. C'est ainsi que le 28 août 1805, il écrit à Duroc qui se trouvait alors à Berlin :

« Lorsque l'armée apprit qu'elle allait sur le Rhin, la joie fut universelle. Comme vous êtes près du Nord, que votre langage soit modéré et pacifique. Mais, dites, au roi seulement, que l'Autriche m'insulte trop et d'une manière trop évidente. »

Vers la même époque, il écrivait à notre ambassadeur, Didelot : « En cas de bataille devant Stuttgard, si la position était importante, on ne la laisserait pas occuper par l'ennemi ! Le métier d'un ministre est un métier de circonspection surtout dans les circonstances compliquées du moment actuel : Par votre contenance, ne me faites pas avoir tort quand j'ai raison (1). »

Les instructions qu'il donne de nouveau à Duroc, à quelques jours d'Ulm et d'Austerlitz, sont aussi significatives ; voici ce qu'il devra dire au roi de Prusse : « L'Empereur est peu connu en Europe : c'est plus un homme de cœur encore qu'un homme de politique... L'Empereur est l'homme du monde sur lequel les menaces ont le moins d'effet et qui s'en irrite le plus. Il sait bien que Frédéric avec la Prusse a résisté à l'Europe entière ; il vaut mieux que Frédéric, et la France que la Prusse (2). »

Les agents consulaires eux-mêmes reçoivent de Napoléon des règles de conduite : « Dans quelque main, — dit-il en parlant du gouvernement du pays, — que cette autorité soit placée, ils doivent la regarder comme légitime quand elle ne nuit ni à leur agence, ni au commerce que cette agence est destinée à protéger. Dans les changements qui se préparent ou qui s'opèrent dans le gouvernement, il faut qu'ils se conduisent avec prudence. Ils ont besoin d'un peu de dextérité pour pressentir les événements... » Puis, précisant les règles dont ils ne doivent jamais s'écarter, Napoléon inscrit en première ligne qu' « ils ne reconnaîtront l'autorité que lorsque la victoire aura décidé du sort du pays (1). »

La personnalité même des ambassadeurs et agents diplomatiques lui avait inspiré une idée dont les esprits audacieux ont, de nos jours, repris la thèse. Il soutenait au Conseil d'État (2) que les ambassadeurs étaient inutiles. C'était une grosse dépense, disait-il, et il n'y tenait nullement. Quant aux privilèges et aux prérogatives dont ils jouissaient, Napoléon ne voulait pas en entendre parler. Il consentait seulement à leur appliquer une juridiction plus élevée. « Exagérer leurs privilèges, disait-il, c'est en faire des êtres supérieurs pour les badauds, ce qui est non seulement inutile, mais dangereux. »

En entrant dans le détail de la politique extérieure de Napoléon, en commençant l'étude de ses relations avec l'Europe, c'est l'Angleterre que nous trouvons au début de ce sujet.

Aussi bien dans cette lutte de vingt années, c'est l'Angleterre qui se met à la tête de toutes les coalitions; seule, sauf pendant le court entr'acte de la paix d'Amiens, cette puissance n'a jamais désarmé.

C'est l'Angleterre qui supporte avec Napoléon, plus que Napoléon, la responsabilité des hécatombes qui ont marqué le début de ce siècle ; c'est son or, sa politique qui ont ameuté l'Europe contre nous.

Elle a donc droit à la première place ici; car c'est elle aussi qui occupait ce rang dans les préoccupations extérieures de Napoléon.

Tout d'abord, écoutons ce plaidoyer de l'Empereur dans la question de la liberté des mers: « La postérité me saura gré de ce que j'ai voulu rendre libres les mers, et obliger les Barbaresques à ne point faire la guerre aux pavillons faibles, mais à vivre chez eux en agriculteurs et en honnêtes gens. Je n'étais animé que par l'intérêt et la dignité de l'homme. Au traité d'Amiens, l'Angleterre s'est refusée à coopérer à ces idées libérales (1). »

Ce n'est là, d'ailleurs, que le moindre de ses griefs contre l'Angleterre, dont le système de gouvernement était ainsi critiqué par lui: « Un gouvernement collectif a des idées moins simples, est plus long à se décider (2). »

Et cependant, avant d'en arriver avec lui à l'étude de ses plaintes contre l'Angleterre, il importe de bien remarquer qu'en principe, il n'était pas hostile à cette nation. Il avait entrevu la possibilité d'une alliance avec elle; mais il s'y taillait la part du lion, d'où l'impossibilité de s'entendre et les conséquences que l'on sait.

Il vantait cette alliance, « si un Fox eut été là, nous eussions accompli, maintenu l'émancipation des peuples, le règne des principes : il n'y eût eu en Europe qu'une seule flotte, une seule armée ; nous aurions gouverné le monde ; nous aurions fixé chez tous le repos et la prospérité, ou par la force ou par la persuasion. Le projet de l'abbé de Saint-Pierre pouvait se trouver réalisé… Une seule campagne aurait eu lieu dans le commencement (1); celle-là eût donné à la France les belles limites du Rhin, des Alpes et des Pyrénées: c'eût été sa seule conquête. La France eût été le plus grand miracle de la civilisation ; elle eût ressuscité la Rome des Scipions, et la Grèce de Miltiade et de Léonidas ; mais l'Angleterre n'eût été qu'un comptoir, parce que la France aurait été la métropole du monde. La mort de la France fut résolue par l'Angleterre. »

Le jour où cette condamnation fut prononcée dans les conseils du Cabinet Anglais, Napoléon comprit qu'il n'y avait plus que les armes ; c'était un duel où l'un des deux adversaires devait fatalement périr. La France fut vaincue, mais la victoire coûta cher au vainqueur. Napoléon retourna contre l'Angleterre les armes dont elle se servait ; il tenta de coaliser l'Europe contre sa tyrannie ; il lui ferma le continent ; il employa contre elle, contre ses alliés, les admirables ressources de son génie militaire, il tomba, pour avoir trop demandé à la France et à l'Europe ; mais, du moins, dans sa chute, il eut la consolation de penser qu'il avait affaibli ses vainqueurs pour de nombreuses années.

Sa diplomatie cherchait à convaincre l'Europe

des dangers que l'Angleterre lui faisait courir : « Les Anglais, écrivait-il à l'empereur d'Autriche, menacent plus que nous l'équilibre européen ; car ils sont devenus les maîtres et les tyrans du commerce et personne ne peut plus lutter contre eux, tandis que l'Europe pourra toujours contenir la France si elle voulait sérieusement menacer l'indépendance des nations. » Et pour citer un fait, même insignifiant à l'appui de sa thèse, Napoléon rappelait que « Gibraltar ne servait à rien à l'Angleterre. C'était un poste dispendieux pour elle ; de plus, cela froissait l'amour-propre espagnol. » Qu'est-ce que tout cela faisait à l'Angleterre ? La possession d'un rocher lui semblait nécessaire à sa politique, mais plus encore à son orgueil.

Quant à la nécessité de la lutte, à la continuation des hostilités, Napoléon ne se faisait aucune illusion. « Cette guerre, disait-il au Conseil d'État, dure depuis plusieurs siècles : elle durera plusieurs siècles encore à moins que nous n'ayons le bonheur d'abaisser l'Angleterre. Autrement nous serons de fait en guerre, alors même que nous aurons fait la paix. »

Les agissements et les menées de l'ennemi héréditaire sautaient à tous les yeux ; Napoléon n'avait aucun mérite à les constater. Il en avait à pénétrer les ressorts cachés de cette politique de ruse et de duplicité ; derrière Napoléon, c'était la France que la haine de l'Angleterre poursuivait avec tant d'acharnement.

Rien n'est curieux comme de constater la perspicacité de Napoléon dans cette circonstance ;

l'Empereur avait deviné d'instinct ce que des documents tout récents viennent de montrer pour la première fois (1).

Qu'on lise le xxx° volume de la *Correspondance* et la partie de ses *Mémoires* que Napoléon consacre à l'Angleterre. « La convention, dit-il, avait tué Louis XVI. Le grand crime était commis. L'Angleterre était la seule puissance de l'Europe qui n'eût pas le droit de l'en punir. Ce fut elle, cependant, qui entreprit cette vengeance, si naturelle aux maisons d'Espagne et d'Autriche (2). » Etait-ce du moins pour remettre les Bourbons sur le trône? Napoléon va nous répondre avec autant de précision que s'il avait eu entre les mains, les documents récemment découverts : « L'éloignement dans lequel l'Angleterre tint constamment les princes français des armées de la Vendée, où ils étaient sans cesse annoncés et vainement attendus, prouve suffisamment le but de sa politique qui était non le rétablissement du trône des Bourbons, mais la destruction des français par les français. Pitt fut en réalité le banquier de la guerre civile ; il avait à ses gages tous les fléaux comme toutes les défaites. »

Napoléon s'efforcera de répondre à cette haine de l'Angleterre par sa politique d'abord, puis par la réciprocité des sentiments. Sa politique, c'est d'être le maître de la Méditerranée (3) ; c'est d' « éloigner les Anglais du continent, d'y frapper leur commerce, d'y attaquer les bases de leur puissance. C'est là qu'il faut tendre avant tout (4). »

Il veut que l'Europe sache bien que, derrière

les puissances continentales, c'est toujours l'Angleterre qu'il retrouve. Avant la campagne de 1812, il écrivait: « J'ai déjà vu cela si souvent que c'est mon expérience du passé qui me dévoile cet avenir. Tout cela est une scène d'opéra et ce sont les Anglais qui tiennent les machines. » (1)

A la haine farouche de l'Angleterre, il répondra par le mépris tant qu'il sera au pouvoir, par le dédain et la protestation, seuls moyens qui lui restent, quand l'Angleterre s'acharnera sur sa victime. En 1814, il donne l'ordre que si jamais les Anglais arrivent au château de Marracq, près de Bordeaux, on brûle le château et toutes les maisons qui lui appartiennent, « afin qu'ils ne couchent pas dans son lit (2). »

Même dans son exil, il conservera le souvenir amer de Sidney Smith (3); mais le document capital de cette lutte d'un peuple entier contre un seul homme, c'est la protestation indignée du 4 août 1815 dans laquelle il dénonçait à l'Europe et à la postérité « l'hospitalité du *Bellérophon*. » « Je suis venu librement à bord du *Bellérophon*; je ne suis pas prisonnier; je suis l'hôte de l'Angleterre. J'y suis venu moi-même à l'instigation du capitaine qui dit avoir reçu des ordres du gouvernement de me recevoir et de me conduire en Angleterre avec ma suite, si cela m'était agréable. Je me suis présenté de bonne foi pour venir me mettre sous la protection de ses lois.

« Aussitôt que j'eus mis le pied sur le *Bellérophon*, je fus au foyer du peuple Britannique. Si le gouvernement en donnant des ordres au capitaine du *Bellérophon* de me recevoir ainsi que ma suite, n'a voulu que tendre un piège, une embûche, il a forfait à l'honneur et flétri son pavillon.

« Si un tel acte se consommait, ce serait en vain que les Anglais viendraient à l'avenir parler de leur loyauté, de leurs lois et de leur liberté : la foi britannique se trouverait perdue dans l'hospitalité du *Bellérophon*.

« J'en appelle à l'histoire ; elle dira qu'un ennemi, qui fit vingt ans la guerre au peuple anglais, vint *librement*, dans son infortune, chercher un asile sous ses lois ; et quelle plus éclatante preuve pouvait-il donner de son estime, de sa confiance ? Mais comment répondit l'Angleterre à une telle magnanimité ? Elle feignit de tendre une main hospitalière à cet ennemi et, quand il se fut livré de bonne foi, elle l'immola ! »

N'est-ce pas sur ces paroles de Napoléon qu'il convient de terminer l'histoire de cette grande lutte ? Si, dans la suite de sa politique extérieure, nous retrouvons ces fautes qui ont accumulé sur la France et sur lui les plus effroyables désastres, nous pouvons dire du moins qu'ici la politique de Napoléon ne fut qu'une réponse aux attaques incessantes de l'Angleterre. Il fut vaincu dans la lutte. Le rôle de l'histoire n'est pas de condamner les vaincus, d'absoudre les victorieux. Ce serait renier les progrès de l'humanité et revenir aux temps barbares du moyen-âge ou celui-là était déclaré coupable qui avait succombé dans le combat du jugement de Dieu !

Napoléon a, cependant, provoqué, dans une

certaine mesure, les malheurs qui vinrent assaillir les derniers jours de son existence : il avait reconnu à Sainte-Hélène que l'expédition d'Espagne était une des grandes fautes de sa politique ; toutefois, si, dans le *Mémorial*, il avoue qu'il a voulu continuer dans sa propre dynastie le système de la famille de Louis XIV, ailleurs, il cherche pour sa conduite des excuses qu'il fournit ainsi : « Sans leurs querelles, je n'aurais jamais pensé à détrôner les Bourbons. Je ne les ai pas plus suscitées que je n'ai fait venir Georges et Pichegru à Paris pour perdre Moreau. Quand j'ai vu le père et le fils animés l'un contre l'autre, j'ai pensé à en tirer avantage et à les déposséder tous deux. »

L'abbé de Pradt racontait qu'il avait entendu dire à l'Empereur que le seul parti digne de leur nom et de l'Espagne aurait été pour les Bourbons de se retirer en Amérique. Il est difficile d'avouer avec plus de cynisme qu'on s'attaque aux faibles et aux incapables, parce qu'ils sont divisés ; leur demander de se retirer sans une protestation, c'est mettre le comble à cette conduite coupable.

Il faut lire dans tous ses détails, cette tragédie dont Napoléon tient en main tous les personnages ; il les présente au public ; Charles IV est un incapable ; Godoï, — nous n'y contredirons pas, — un lâche et un malhonnête homme, dont Napoléon veut bien se servir, mais pour lequel il ne cache pas son profond mépris. Pour qui voit Ferdinand, « son caractère se dépeint par un seul mot : un sournois (1). »

Puis la pièce commence : d'abord Napoléon

sera cauteleux, rusé, il n'avouera rien. Pendant qu'il cherche en secret le futur roi d'Espagne et qu'il propose cette couronne à son frère Louis (1), ostensiblement il dira qu'il n'a qu'un but, au lendemain de la révolution du 20 mars 1808, provoquée par lui, c'est de réconcilier le père et le fils. Tandis qu'il prépare ses armées et qu'il écrit confidentiellement : « Il ne faut pas chercher ni espérer d'obtenir un grand succès d'opinion, mais se tenir dans une excellente position militaire (2), » il feint de vouloir remettre Charles IV sur le trône.

Mais bientôt, Napoléon se fatigue de ces éternelles duperies : son caractère impatient lui fait brusquer l'événement. « Cette tragédie, si je ne me trompe, est au cinquième acte, le dénouement va paraître (3). » Et comme c'est lui qui tient toutes les ficelles, il amène le dénouement à l'heure fixée par lui; il dévoile enfin ses projets (4). Il les affirme, non sans avoir envoyé en France comme prisonniers le père et le fils : non sans avoir prescrit, — dernier outrage pour ces vaincus de la politique, — d'écrire contre eux des pamphlets, dont il tolérera les turpitudes parce qu'il croira en avoir reconnu l'utilité pour sa cause (5).

Cette affaire d'Espagne est une des grandes taches de la carrière de Napoléon ; elle ne lui porta pas bonheur. Car ce fut le vampire qui rongea nos meilleures armées ; c'est là que se produisirent les premières défaites ; c'est par l'Espagne que l'Europe apprit que Napoléon n'était plus invincible. Le châtiment avait suivi la faute, sans laisser au coupable, entraîné par le vertige, le temps de se reconnaître, de se repentir et de s'amender.

Combien, dans sa politique avec l'Allemagne, la conduite de Napoléon fut plus franche et plus glorieuse : Dès le 26 mai 1797, il écrivait au Directoire : « Si le corps Germanique n'existait pas, il faudrait le créer tout exprès pour nos convenances. » C'est là le début d'une politique raisonnable et suivie pendant quinze ans par Napoléon. Sans doute, il se rendait bien compte de certains vices de la Confédération; ainsi, il disait au Conseil d'Etat : « Il faut interdire aux princes allemands de posséder des immeubles en France : sans cela, ils auront bientôt acquis de l'influence sur la rive gauche du Rhin. Ils nous regardent comme des voisins. Il faut que cette barrière soit entre eux et nous. »

Sans doute, dès le mois de janvier 1806, une note qu'il adressait à Talleyrand nous montre combien il se préoccupait à cette date de l'agrandissement de la Prusse. Mais ses victoires en 1806 et en 1809, mais Tilsitt, — quelque imparfait que soit ce traité, — il le reconnut lui-même, — cadrent toujours avec cette politique dont nous trouverons plus loin l'expression chimérique, mais à coup sûr aussi digne que grandiose.

Au lendemain d'Austerlitz, le 4 décembre 1805, Napoléon écrivait à propos de la défaite des Russes : « Toutefois leur chimère a disparu et ils en ont pour trente ans sans intervenir dans nos affaires. » L'événement ne devait pas donner raison à cette parole et, cependant, Napoléon qui, dans la réalité, commit de si grandes fautes dans sa politique avec la Russie, jugeait cette puissance avec une sûreté de coup d'œil et une indépendance d'esprit fort remarquables. « La politique de la Russie et de l'Autriche, disait-il, leur recommande impérieusement de ne jamais se perdre de vue. Elles avaient adopté un système d'alliance apparente contre la Révolution; mais elles surveillaient réciproquement leur prépondérance et ne pensaient à se rallier franchement que quand il y aurait péril pour chacune d'elles. »

On peut reprocher à Napoléon de ne s'être rendu compte que trop tard de ce que « la situation de la Russie, comme il le disait lui-même, était admirable contre le reste de l'Europe à cause de l'immensité de sa masse d'invasion et de sa situation territoriale qui lui permet à elle seule de faire une guerre de fantaisie. »

En 1812, Napoléon aurait dû tenir compte de cette situation; il aurait dû méditer ces paroles étrangement prophétiques de Montesquieu: « Si, aujourd'hui, un prince faisait en Europe les mêmes ravages, les nations repoussées dans le nord, adossées aux limites de l'univers, y tiendraient ferme jusqu'au moment qu'elles inonderaient et conquerraient l'Europe une troisième fois (1). »

La politique de Napoléon vis-à-vis de la Pologne, après avoir fait l'objet de nombreux commentaires, paraît aujourd'hui définitivement connue. Il est certain que Napoléon regrettait les partages de la Pologne; au début de son règne, il affirme sa sympathie pour ce malheureux pays; peut-être aurait-il été jusqu'à le rétablir, s'il n'avait rencontré dans la conduite légère, insouciante et sans suite des Polonais, un obstacle qu'il regarda dès lors comme impolitique de franchir. Il restera sympathique à la Pologne ; il y reviendra à plusieurs reprises ; ce sera tout ; car, suivant une de ses paroles, « il est très loin de vouloir se faire le Don Quichotte de ce pays (1). »

Suivons un peu dans ses détails la conduite tenue par Napoléon vis-à-vis des Polonais ; dès le mois de septembre 1806, l'Empereur recommande au général Dejean de ne pas prononcer le nom de la Pologne dans ses proclamations ; il veut garder sa liberté d'action tout entière. Au mois de novembre de cette même année, une lettre à Cambacérès le montre satisfait de l'esprit public du pays : « Les Polonais, dit-il, montrent une grande ardeur de recouvrer leur indépendance : la noblesse, le clergé, les paysans ne font qu'un. »

Napoléon en reviendra bientôt. Le 1er décembre 1806, il écrit encore à Cambacérès : « Les dames m'ont été présentées. Elles ont toutes quitté leurs campagnes ; c'est la première fois depuis la destruction de la Pologne qu'elles se sont montrées. »

En vivant de près avec ce peuple, si sympathique, il ne peut s'empêcher de reconnaître certains défauts de caractère qui semblent s'opposer à la reconstitution de son indépendance. Quand il parlera d'une façon publique, ses paroles seront très mesurées ; il ne se prononcera pas définitivement. Au général Andréossy, son ambassadeur à Vienne, il écrit à cette même date du 1er décembre : « Je n'ai jamais reconnu le partage de la Pologne ; mais, fidèle observateur des traités, en favorisant l'insurrection des Pologues Prussienne et Russe, je ne me mêlerai en rien de la Pologne Autrichienne. »

Quant aux lignes qu'il écrit dans le trente-sixième bulletin, elles sont dignes de toute notre attention : « L'amour de la patrie et le sentiment national est non seulement conservé en entier *dans le cœur du peuple*, mais il a été retrempé par le malheur... » Et il ajoute ces paroles qui, dans la circonstance, étaient un chef-d'œuvre de diplomatie : « Le trône de Pologne se rétablira-t-il et cette grande nation reprendra-t-elle son existence et son indépendance? Du fond de son tombeau renaîtra-t-elle à la vie? Dieu seul qui tient dans ses mains les combinaisons de tous les événements est l'arbitre de ce grand problème politique. » C'est qu'il faut ne pas décourager les Polonais et en même temps ne pas trop effrayer l'Europe. En un mot il faut éviter de s'engager sur la question ; il semble que Napoléon y ait réussi.

Maintenant, voulez-vous savoir le fond de sa pensée? Voilà comment le même jour, il va démentir son style officiel : « Les Polonais qui demandent tant de garanties avant de se déclarer, sont des égoïstes que l'amour de la patrie n'enflamme pas. Je suis vieux dans la connaissance des hommes. Ma grandeur n'est pas fondée sur le secours de quelques milliers de Polonais. Je connais Poniatowski mieux que vous, parce que je suis depuis dix ans les affaires de la Pologne. C'est un homme léger et inconséquent plus que, d'ordinaire, ne le sont les Polonais, *ce qui est beaucoup dire.* Faites bien sentir que je ne viens pas mendier un trône pour un des miens; je ne manque pas de trônes à donner à ma famille. »

Dans le trente-septième bulletin, il n'est question que du respect qu'il porte aux sentiments religieux des Polonais.

Puis, à mesure que nous avançons, on sent que la désillusion s'accentue: « Le peuple de Pologne, dit-il, n'est pas un peuple qu'on remue avec des proclamations. Tout cela, vu de la Varsovie, est bien pitoyable (1). » Et, cependant, il continue à garder le plus grand silence sur ses desseins; toujours même soin d'éviter une parole qui, à un moment donné, pourrait devenir compromettante : « Je ne veux pas me déshonorer en déclarant que le royaume de Pologne ne sera jamais rétabli, me rendre ridicule en parlant le langage de la divinité (2), flétrir ma mémoire en mettant le sceau à cet acte d'une politique machiavélique; car c'est plus qu'avouer le partage de la Pologne que de déclarer qu'elle ne sera jamais rétablie (3). »

S'il s'agit des alliances que la France devait rechercher, Napoléon se montre particulièrement silencieux sur cet objet. Les paroles qu'on pourrait rappeler sont presque insignifiantes, ses actes ne sont importants que dans une circonstance, au moment de son second mariage. Ce silence de l'Empereur s'explique très bien par ce fait que la France était politiquement seule en Europe; seule, elle jouissait des bienfaits de la Révolution; seule, elle représentait le monde nouveau en face de l'ancien; ce n'était pas des alliances qu'elle devait chercher, mais l'identification à sa politique de certains peuples qui, appelés à bénéficier des mêmes circonstances, uniraient leur sort au sien : c'était le cas de l'Italie, de la Suisse, des Pays-Bas, de tous les royaumes vassaux dont nous étudierons l'histoire dans quelques instants.

Pour cette alliance autrichienne, un instant pratiquée par l'Empereur, les événements se sont chargés de montrer tout ce qu'elle avait de faux ; au Conseil privé dans lequel fut débattu le choix d'une princesse appelée à monter sur le trône de France, Napoléon se prononça formellement pour une archiduchesse d'Autriche. « On observa que, de toutes les puissances, l'Autriche était celle qui concevrait le plus d'inquiétude sur les intentions de la France à son égard; on représentait que l'alliance qu'il était question de former avec elle dissiperait tous les nuages, donnerait un motif incontestable à la confiance, et serait le gage d'une paix durable. Ces considérations furent décisives, et le mariage avec l'archiduchesse préféré. » C'est Napoléon qui s'exprime ainsi, et qui explique de cette façon le parti qu'il fut appelé à prendre.

Sur la situation générale de l'Europe pendant toute la durée de son règne, les idées de l'Empereur ne sont pas moins intéressantes à connaître : « Il n'y a que deux nations, disait-il, l'Orient et l'Occident. La France, l'Angleterre et l'Espagne ont les mêmes mœurs, la même religion, les mêmes idées à peu près : ce n'est qu'une famille. Ceux qui veulent les mettre en guerre, veulent la guerre civile. » Puis, parlant des évènements de 1814 et de 1815, il disait : « Les alliés n'ont pas bien entendu leurs intérêts. Il fallait affaiblir la France et non la désespérer ; il fallait lui enlever du territoire et non lui imposer des contributions. Les Français, ajoutait-il, devaient au moins racheter la perte de leur gloire par du repos et du bonheur. » Puis, il comparait les pertes de la France à celles de toutes les autres puissances depuis 1800, et il concluait en disant que la France était celle qui avait le moins perdu. Et quand il envisageait son retour de l'île d'Elbe au point de vue de la politique extérieure, il disait que l'Europe aurait gagné à ne pas le provoquer. Ses revers récents, la nouvelle situation faite à la France, étaient, disait-il, des gages de sa prudence.

Dans sa conduite vis-à-vis des peuples vaincus, si, pendant la durée des hostilités, Napoléon se montre sévère et inflexible, après la paix, il devient le plus doux, le plus délicat des vainqueurs.

Il écrit à Lebrun, à Gênes: « Le meilleur tribunal est une commission militaire composée de cinq officiers nommés *ad hoc*. De l'énergie ! de l'énergie ! voilà la grande recette dans le pays où vous êtes (1). » Et ailleurs : « Ce n'est pas avec des phrases qu'on maintient la tranquillité en Italie (2). » Puis, c'est à Junot qu'il prescrit les mesures les plus sévères : il faut brûler, fusiller : « Souvenez-vous de Binasco, lui dit-il ; cela m'a valu la tranquillité dont a toujours joui, depuis, l'Italie, et épargné le sang de bien des milliers d'hommes. Rien n'est plus salutaire que des exemples terribles donnés à propos (1). » C'est que, comme il le recommande très excellemment, « dans un pays conquis, la bonté n'est pas de l'humanité. En général, il est de principe de ne donner bonne opinion de sa bonté qu'après s'être montré sévère pour les méchants (2). »

C'est encore à Junot, et toujours dans le même but des exemples nécessaires qu'il écrit : « Faites faire une grande description de l'incendie du village de Mezzano. Il y aura beaucoup d'humanité et de clémence dans cet acte de rigueur parce qu'il préviendra d'autres révoltes (3). »

Quand les ennemis sont vaincus, la clémence et la bonté reprennent le dessus. En 1807, il écrit à Joséphine : « La reine de Prusse a dîné hier avec moi. J'ai eu à me défendre de ce qu'elle voulait m'obliger à faire encore quelques concessions à son mari, mais j'ai été galant et me suis tenu à ma politique (4). » Sur le même sujet : « La reine de Prusse est réellement charmante. Elle est pleine de coquetteries pour moi ; mais, n'en sois point jalouse ; je suis une toile cirée sur laquelle tout cela ne fait que glisser. Il m'en coûterait trop cher pour faire le galant (5). » Tout ce langage montre bien que si Napoléon ne faisait jamais fléchir sa politique, du moins il ne conservait pas un souvenir de haine, survivant à la lutte elle-même.

Combien ne se montre-t-il pas plus généreux encore, malgré la restriction finale, dans les paroles suivantes : « Pourquoi parler d'Austerlitz ? C'est déchirer le cœur d'un souverain et d'une nation que j'ai, aujourd'hui, intérêt à ménager (6). »

Nous en sommes arrivés à l'étude des traités de

paix signés par Napoléon. Ce qui frappe le plus dans cette matière spéciale, ce sont les graves erreurs commises par l'Empereur; nous verrons qu'il s'en rendait compte, souvent au moment même ; l'explication de ce fait se trouve dans ceci que, sauf pour les dernières négociations qui furent entreprises, sinon signées par lui, Napoléon se crut toujours invincible; l'hypothèse du renversement de sa puissance ne se présenta jamais à son esprit. Cette tendance est sensible dès les premiers traités qu'il prépare.

Napoléon définissait la paix « un mariage qui dépend d'une réunion de volontés (1) ; » nous ne le suivrons pas dans le détail pour ainsi dire technique des opérations d'une paix quelconque. Nous allons le voir à l'œuvre et suivre sa politique dans les circonstances multiples où, de guerrier, il se fit pacificateur. C'est ainsi qu'il faut se référer à la lettre du 10 octobre 1797, adressée au Directoire, où sont exposés en détail les motifs qui ont déterminé Napoléon à conclure la paix de Campo-Formio. Il termine ainsi : « Il ne me reste plus qu'à rentrer dans la foule, reprendre le soc de Cincinnatus et donner l'exemple du respect pour les magistrats et de l'aversion pour le régime Militaire qui a détruit tant de républiques et perdu plusieurs Etats. » Quant à cette paix en elle-même, il en dit, le 18 octobre 1797, au Ministre des relations extérieures : « Jamais, depuis plusieurs siècles, on n'a fait une paix si brillante. Nous acquérons la partie de la République de Venise la plus précieuse pour nous. Le moment actuel nous offre un beau jeu.

Concentrons toute notre activité du côté de la marine, et détruisons l'Angleterre : cela fait, l'Europe est à nos pieds. »

Dès le principe, Napoléon était bien loin de croire à la stabilité de la paix d'Amiens ; à tout instant, il répétait : « Puisque les Anglais veulent nous forcer à sauter le fossé, nous le sauterons (1). » Les polémiques du *Moniteur*, sur lesquelles nous reviendrons en détail, montrent bien que Napoléon ne croyait pas à la durée de cette paix.

Au Conseil d'État, il s'exprimait ainsi à cette date : « C'est un malheur de position. Un gouvernement nouveau-né comme le nôtre, je le répète, a besoin pour se consolider d'éblouir et d'étonner. D'ailleurs, mon principe est que la guerre vaut mieux qu'une paix éphémère ; nous verrons ce que sera celle-ci. Elle est, dans ce moment, d'un grand prix : elle met le sceau à la reconnaissance de mon gouvernement par celui qui lui a résisté le plus longtemps : voilà le plus important. Le reste, c'est-à-dire l'avenir, selon les circonstances ! »

Que dire des conditions d'une paix dont l'un des deux auteurs parlait ainsi ? Quelle critique d'un commentateur équivaudrait à cette condamnation sans appel ?

S'il parle du traité de Presbourg, Napoléon se montre impatient de la pression tentée sur lui par l'opinion publique ; les foules ont parfois du bon sens, comme les individus ; vouloir ne pas en tenir compte, c'est, de gaieté de cœur, s'exposer aux erreurs, aux critiques, à la condamnation de toute une politique. Napoléon dira avec humeur : « La paix est un mot vide de sens. C'est une paix glorieuse qu'il nous faut (1). » Mais cela ne suffit pas à le satisfaire ; la nouvelle de cette paix que l'on prétendait fêter à Paris, comme si elle fut déjà signée, n'avait pour résultat que de le gêner dans les négociations entreprises : sa politique lui ordonnait de feindre pour la paix un profond mépris. De là, ces paroles : « Il est bien ridicule d'avoir annoncé par cent coups de canon l'arrivée de deux malheureux plénipotentiaires (2). »

En septembre 1806, à trois semaines d'Iéna, sa politique lui dicte un autre langage : « Le résultat de tout ceci, dit-il, sera une paix solide ; je dis solide, parce que mes ennemis seront abattus et dans l'impuissance de remuer de dix ans (3). »

Mais Iéna n'a pas suffi pour les abattre ; et c'est là une des grandes fautes de cette confiance superbe et excessive que nous reprochions tout à l'heure à Napoléon. Il s'en rendra compte, mais trop tard. Il a dit à Sainte-Hélène : « Après Friedland, j'aurais dû retirer la Silésie à la Prusse et abandonner cette province à la Saxe : le roi de Prusse et les Prussiens étaient trop humiliés pour ne pas chercher à se venger à la première occasion. Si j'en eusse agi ainsi, si je leur eusse donné une constitution libre et si j'eusse délivré les paysans de l'esclavage féodal, la nation aurait été contente. »

Et cependant, cette paix de Tilsitt qui marque l'apogée de sa grandeur lui apparaissait pleine de promesses ; c'est alors qu'il écrivait au czar Alexandre : « Nous viendrons à bout de l'Angleterre ; nous pacifierons le monde et la paix de Tilsitt sera, je l'espère, une nouvelle époque dans les fastes du monde (1). »

Avec les revers, la conception que l'Empereur se fait de la paix change de forme. En 1813, il déclare qu'il veut bien de la paix, mais à la condition formelle qu'elle sera honorable ; car sans cela, dit-il, ce ne serait qu'une trêve. Tel est, à dater de ce jour, le pivot de toute la politique impériale. Il le répète à tout propos, même quand les désastres s'accentuent : « Si j'avais signé les anciennes limites, écrit-il, j'aurais couru aux armes deux ans après (2). »

D'ailleurs, l'événement semblait lui donner raison. L'armistice de Pleiswitz, accordé par l'Empereur, dans les premiers jours de juin 1813, fut une des grandes fautes de sa politique ; il le dit à Sainte-Hélène : « J'eus tort d'y consentir ; car si j'eusse continué de marcher en avant comme je le pouvais, l'Empereur, mon beau-père, n'eût pas pris parti contre moi. » Les mémoires de Metternich, récemment publiés, montrent que Napoléon avait absolument raison en faisant de sa politique cette critique tardive : nous reviendrons plus loin sur les manœuvres du chancelier autrichien et du prince de Schwartzemberg dans cette circonstance.

Quant aux projets de traité, discutés à Châtillon, Napoléon les déclarait incompatibles avec la dignité de la France ; aussi, plutôt que d'y donner son adhésion, il préféra courir jusqu'à la fin la chance des combats, dut-il aller, jusqu'à l'abdication.

Il est temps d'arriver à l'une des conceptions les plus chères à l'Empereur en fait de politique étrangère.

Il en posait les prémices au Conseil d'État : à Sainte-Hélène, il jugeait les résultats de son système.

« Je ne puis plus, disait-il à ses collaborateurs, avoir de parents dans l'obscurité ; céux qui ne s'élèveront pas avec moi je ne pourrai plus les considérer comme étant de ma famille. J'en fais une famille de rois qui se rattacheront à un système fédératif. ».

Après l'expérience, il ne dissimule pas sa désillusion ; il n'a pas été secondé par ses frères ; il se plaint de ce que tous les efforts de ceux-ci tendaient non pas à l'aider, mais à se rendre indépendants. Il avait choisi ses frères et non pas des étrangers qui auraient pu être plus capables, et cela parce que, au lendemain de la Révolution, il fallait se garder de donner l'idée du concours. « Avec les mœurs modernes, disait-il en terminant, il fallait bien plutôt songer à la stabilité et à la centralisation héréditaires. »

Les conseils qu'il donne à ces souverains, couronnés par lui et dont il regarde le trône comme une des parties intégrantes de son système, sont ceux qu'il ne cesse de prêcher, dans toutes les circonstances, par ses paroles comme par ses exemples.

Que de fois n'adressera-t-il pas à Joseph ou à Louis des appels réitérés à la vigueur (1). Il dira à celui-ci : « Vous allez comme un étourdi, sans envisager les conséquences des choses. Le premier devoir des rois, c'est la justice (1). » A celui-là : « Il ne faut point perdre de vue que la force et une justice sévères sont la bonté des rois. Vous confondez trop la bonté des rois avec la bonté des particuliers (2). » Il rappelle à son frère aîné son propre exemple : « Quelques avantages marqués inspirent une terreur telle que personne n'osera débarquer chez vous. J'ai vu la Vendée qu'on croyait ne devoir pas finir. J'ai vu les Bédouins inquiéter et harceler mon armée en Égypte ; quelques grands échecs ont mis fin à tout. Mais ceux qui vous entourent n'ont point de connaissance des hommes. Vous n'écoutez pas un homme qui a beaucoup fait, qui a beaucoup vu, qui a beaucoup médité... Ma vieille expérience m'éclaire encore plus que tous les renseignements qu'on peut me donner... un roi doit se défendre et mourir dans ses États. Un roi émigré et vagabond est un sot personnage (3). »

Que pourrait-on reprocher à ces règles de conduite qu'il trace pour les rois vassaux : « Aimer, chez les peuples, veut dire estimer ; et ils estiment leur prince quand il est redouté des méchants et que les bons ont en lui une telle confiance qu'il peut, dans tous les événements, compter sur leur secours (4). »

On ne pourrait s'arrêter, si l'on voulait citer toutes les lettres dans lesquelles Napoléon recommande à ses frères l'énergie, l'autorité. Ils doivent aussi avoir cette pensée constante qu'ils sont, avant tout, des Français. Telles sont les recommandations, qui, sous mille formes différentes, ne cessent de revenir sous la plume de l'Empereur.

De leur côté, les frères de Napoléon montrent, tout d'abord, une certaine répugnance pour les grandeurs ; mais, une fois au pouvoir, c'est l'amour de leurs peuples, — ce dont on ne saurait leur faire un reproche, — qui guide toutes leurs actions. Jérôme, nous allons le voir, fut le seul qui se montra toujours soumis à la politique impériale.

L'Italie, dans la pensée de l'Empereur, doit être la puissance la plus unie aux destinées de la France; Napoléon veut qu'il y ait entre les deux nations une fusion absolue dans les intérêts comme dans le gouvernement. C'est ainsi qu'il écrira à son Ministre Gaudin : « La mesure de distinguer ainsi la France et la France ultramontaine (1) est bonne pour moi et pour mon Ministre du Trésor ; mais cela ne doit pas paraître dans le public, puisque la politique est de confondre et non de séparer (2). »

Les conseils qu'il donne à l'enfant de son affection, au prince Eugène qu'il a nommé vice-roi d'Italie, tendent tous à ce but de fusion; le 7 juin 1805, Napoléon lui écrit : « Encore dans un âge où l'on ne connaît pas la perversité du cœur humain, nous ne saurions vous recommander trop de circonspection et de prudence. La dissimulation, naturelle à un certain âge, n'est pour vous qu'une affaire de principe et de commandement. Montrez pour la nation que vous gouvernez une estime qu'il convient de montrer d'autant plus que vous découvrirez des motifs de l'estimer moins. Parlez le moins possible, vous n'êtes pas assez instruit et votre éducation n'a pas été assez soignée pour que vous puissiez vous livrer à des discussions d'abandon. Sachez écouter et soyez sûr que le silence produit souvent le même effet que la science. N'imitez pas en tout ma conduite, vous avez besoin de plus de retenue. On ne mesure pas la force d'un prince qui se tait ; quand il parle, il faut qu'il ait la conscience d'une grande supériorité. Ce qui est indifférent pour moi est pour vous une affaire épineuse et de conséquence. Le français n'est bien nulle part qu'en France. Enfin, soyez inflexible pour les fripons ; c'est une victoire gagnée par l'administration que la découverte d'un comptable infidèle. » Ces conseils sont de la plus haute importance ; mais que de réserves n'imposent-ils pas à l'historien ? Quelle triste science que cette politique qui exige d'un homme honnête la dissimulation de ses sentiments réels ; qui l'oblige à feindre d'autant plus d'estime qu'il en éprouvera moins pour les peuples qu'il gouverne ?

Il faut reconnaître, d'ailleurs, que Napoléon n'a dans son for intérieur, que le mépris le plus profond pour les Italiens. Toutes ses lettres en témoignent. N'écrit-il pas à Eugène : « Je connais mieux les Italiens que vous. Je protégerai ceux qui me professent de l'attachement ; mais je ferai une sévère justice de ceux qui seraient d'une catégorie différente(1). » Tout le dernier paragraphe de cette lettre est relatif à la part d'autorité que le prince doit conserver, sans la partager avec ses Ministres, ce qui amènerait les abus les plus graves. C'est la vraie théorie du gouvernement absolu ; il n'y manque rien, car Napoléon se déclare pour la suppression pure et simple du Corps Législatif Italien, s'il n'obtempère pas à ses vues et à ses désirs.

Il reviendra souvent sur ce système dans ses lettres à Eugène : « J'avais, lui dit-il, trop bonne opinion des Italiens. Je vois qu'il y a encore beaucoup de brouillons et de mauvais sujets. Ne leur laissez pas oublier que je suis le maître de faire ce que je veux ; cela est nécessaire pour tous les peuples et surtout pour les Italiens qui n'obéissent qu'à la voix du maître. Ils ne vous estimeront qu'autant qu'ils vous craindront ; et ils ne vous craindront qu'autant qu'ils s'apercevront que vous connaissez leur caractère double et faux. D'ailleurs, votre système est simple : « L'Empereur le veut. » Ils savent bien que je ne me dépars pas de ma volonté (1). »

Que de fois il y reviendra : « Ce n'est pas en cajolant les peuples qu'on les gagne, écrit-il à son correspondant. Les peuples d'Italie et, en général, les peuples, s'ils n'aperçoivent point de maîtres sont disposés à la rébellion et à la mutinerie (2). »

Napoléon, comme on le voit, est un chef d'État singulièrement désillusionné ; son mépris pour les peuples l'entraîne quelquefois bien loin : « Les peuples de l'Italie me connaissent assez pour ne devoir point oublier que j'en sais plus long dans mon petit doigt qu'ils n'en savent dans toutes leurs têtes réunies (3). »

Pour en finir avec l'Italie, notons cependant une différence que Napoléon voulait établir entre cette nation et la France. On lui avait proposé de créer un Institut à Milan. L'Empereur répond : « En France, tout est à Paris ; en Italie, tout n'est pas à

Milan; Bologne, Pavie, Padoue, peut être Venise, ont leurs lumières propres (1). »

Les peuples du royaume de Naples présentaient les mêmes défauts que ceux de l'Italie du Nord; aussi, Napoléon, dans ses conseils à Joseph, recommande-t-il instamment à son frère de ne jamais faiblir : « Point de demi-mesures, lui écrit-il. Point de faiblesse. Je veux que mon sang règne à Naples aussi longtemps qu'en France. Le royaume de Naples m'est nécessaire (2). »

A quelque temps de là, Napoléon écrit à son frère : « Annoncez mon arrivée prochaine à Naples. Naples est si loin que je n'ose pas vous promettre d'aller jusque-là. Mais, il n'y a pas de mal à l'annoncer, tant pour l'armée que pour les peuples du pays (3). »

Dans deux autres circonstances, on retrouve encore, à propos de Naples, l'originalité des vues de Napoléon : « Je regarderai une révolte à Naples comme un père de famille voit une petite vérole à ses enfants; pourvu qu'elle n'affaiblisse pas trop le malade, c'est une crise salutaire (4). »

Un autre fois, c'est le Pape qui émet la prétention d'investir Joseph du royaume de Naples; mais l'Empereur adresse à la cour de Rome une de ces fières réponses qui l'oblige à courber la tête, en lui montrant que ce n'était de sa part qu'une nouvelle maladresse d'avoir inutilement abaissé sa dignité devant la toute-puissance de l'Empereur (5).

Quand Joseph passe sur le trône d'Espagne, Napoléon continue à lui prodiguer les conseils, les encouragements; c'est que la tâche est difficile; il faudra conquérir le royaume ; il faudra supporter sans se plaindre toute la mauvaise humeur de l'Empereur. Nous avons déjà parlé des dissensions momentanées que cette politique avait amenées entre les deux frères. Au début, cependant, l'Empereur encourage Joseph ; ses conseils ne sont pas encore empreints de cette amertume qu'ils auront plus tard. « Vous ne devez pas trouver trop extraordinaire, lui écrit-il, de conquérir votre royaume. Philippe V et Henri IV ont été obligés de conquérir le leur (1). » Et il ajoute cette réflexion mélancolique, traduction littérale du fameux distique d'Ovide (2) : « On vous applaudira tant que mes armées seront victorieuses ; on vous abandonnera quand elles seront vaincues. » (3) Comme règles de conduite, Napoléon en donne d'excellentes : « Il ne faut rien distraire de ce pays-là... Enfin, ne pas avoir l'air d'être venu pour le gruger (4). » Puis, quand les nuages se montrent, Napoléon agit à sa guise ; il ne discute pas avec Joseph ; c'est son système, « d'ailleurs, le passé est toujours sans remède (5). »

Les démélés de l'Empereur avec Louis sont restés célèbres et nous en avons déjà parlé ailleurs. En voici, choisi parmi beaucoup d'autres, un nouveau témoignage qui ne peut être équivoque. Louis avait abusé des décorations. Napoléon lui écrit : « Un prince dont on dit : « C'est un bon homme » est un roi perdu. Vous qui avez assisté à Paris à tout ce que j'ai fait, vous n'avez donc rien vu (6). »

Quand Jérôme part pour aller occuper le trône

de Westphalie, ce sont toujours les mêmes conseils de gouvernement, nuancés cependant d'une teinte de libéralisme assez curieuse. (1)

Nous trouvons une preuve nouvelle de l'influence que Napoléon prétendait exercer sur la politique générale des puissances vassales, dans le soin qu'il mettait à y introduire le code civil français. Il écrivait à Joseph, alors roi de Naples : « Si le divorce vous gêne, je ne vois pas d'inconvénient à cartonner cet article. Cependant, je le crois utile ; car, pourquoi le Pape prononcerait-il lorsqu'il y a cause d'impuissance ou autre force majeure ressortissant de l'ordre civil? Toutefois, si vous le croyez nécessaire, changez-le (2). » En revanche, nous savons que dès le 27 novembre 1808, comme les relations avec la cour de Rome qui le retenaient encore un peu autrefois, avaient bien changé, Napoléon revient sur cette concession, dans cette lettre à Murat : « La considération la plus importante dans le Code est celle du divorce : elle en est le fondement. Vous ne devez y toucher d'aucune manière. C'est la loi de l'État. »

L'établissement de puissances vassales n'était que le germe d'un système de fédération universelle de tous les peuples. C'était moins le rêve de la monarchie universelle, caressé par Henri IV, que l'aspiration à l'agglomération géographique des peuples ; c'était comme la vision d'une sorte de république générale qui n'aurait pas empêché les constitutions particulières de chaque pays, mais dans laquelle la première place aurait été, tout naturellement, réservée à la France et à son Empereur.

Il est très important de remarquer que c'est en 1806 que cette pensée se fait jour dans les paroles et dans les actes de Napoléon ; il n'y voit pas qu'une satisfaction d'orgueilleuse vanité ; il proclame ce système comme le seul bon pour arriver au but si désirable de la pacification universelle.

Voilà comment il s'exprime à cette date : « D'ailleurs, l'Europe changera ; les haines se calmeront ; les empires nouveaux deviendront établis et consolidés par le temps ; je réduirai mon armée à la moitié (1). »

Le 4 avril 1815, pour donner aux souverains de l'Europe un gage de son désir de la paix, il dira : « Assez de gloire a illustré tour à tour les drapeaux des diverses nations ; les vicissitudes du sort ont assez fait succéder de grands revers à de grands succès. La justice assise aux confins des divers États suffira seule pour en garder les frontières. »

Mais c'est à Sainte-Hélène surtout que ce projet prend une forme dans les entretiens ou dans les écrits de l'Empereur ; il voulait l'agglomération des mêmes peuples géographiques, dissous et morcelés par les révolutions et la politique ; il voyait alors les codes unifiés, les barrières détruites, une sorte de congrès américain présidant aux destinées de la vieille Europe ; c'était, mais avec un tempérament, la politique des nationalités, reconnue depuis si funeste dans la pratique.

Pour la place qu'il comptait tenir personnellement dans ce rêve utopique, Napoléon ne dissimulait pas son ambition : « Les alliés avaient des masses contre moi, leurs frontières assurés. Dans toutes mes campagnes, j'ai été isolé. Après mes victoires, j'ai signé des paix dans lesquelles je n'ai pas écrasé mes ennemis. C'était moins de la magnanimité que le désir de préparer la fusion des grands intérêts européens, comme je l'avais fait à l'intérieur. J'ambitionnais d'arbitrer un jour la grande cause des peuples et des rois. Les peuples, surpris au premier moment, auraient fini par m'approuver. »

Pour arriver à ce résultat, il fallait la guerre. Elle lui réussissait trop pour qu'il ne vît pas avec orgueil ces luttes gigantesques où la victoire lui resta fidèle jusqu'aux derniers jours, où la gloire enveloppa encore de son auréole les suprêmes défaites. Et cependant, Napoléon proclamait la guerre « le premier et le plus grand des fléaux » (A) ; à Sainte-Hélène, il se défendait de l'avoir aimée ; il disait qu'il avait été entraîné par les circonstances ; mais il se vantait aussi, et cela non sans raison, de n'avoir jamais remporté une victoire importante sans avoir proposé aussitôt la paix à ses ennemis.

Il y avait dans les paroles que l'Empereur prononçait pour sa défense une somme de vérité qui ne saurait être contestée. Philosophiquement, la légitimité de la guerre a été soutenue ; malgré les progrès de l'humanité, on range encore dans le domaine de l'utopie irréalisable les doctrines de l'abbé de Saint-Pierre. Le conquérant ne devient

---

(A) XX, p. 29. Il va de soi que l'auteur ne parle ici de la guerre que comme politique extérieure générale ; il réserve pour le chapitre suivant l'exposition des idées de l'Empereur sur l'art militaire, où Napoléon est resté un maître incomparable.

plus dès lors que l'exécuteur des décrets de la Providence : ou si l'on n'admet pas cette Providence, le réalisateur des lois essentielles de la nature humaine. Dans le rôle multiple qui incombe aux chefs d'États peut se trouver la mission de conduire les hommes à ces luttes fratricides.

Joseph de Maistre y a vu la nécessité de la destruction. D'après lui, l'humanité doit expier ses fautes ; elle a besoin de ces larges saignées.

Après le mystique, c'est, malgré sa robe de moine, le philosophe d'une religion plus naturelle tout en restant aussi élevée, c'est Lacordaire qui prononce ces paroles : « La guerre est, après la religion, le premier des offices humains ; l'une enseigne le droit ; l'autre le défend. L'une est la parole de Dieu, l'autre son bras. » « La guerre, dit-il ailleurs, est la servante de Dieu ; on ne calcule pas s'il y a profit ou perte. »

Après ces penseurs qui font de la guerre un dogme nécessaire de l'humanité, voici le philosophe socialiste, Proudhon, qui nous dira : « La guerre donne le relief à notre vertu. Elle consolide les États, elle éprouve les races ; elle communique le mouvement, la vie et la flamme... Elle est inhérente à l'humanité et doit durer autant qu'elle. »

Si la guerre est nécessaire, si elle est légitimée par les ordres de la Providence ou par les règles de la vie universelle, le bras qui l'entreprend ne sera plus responsable que s'il l'a entreprise sans raison et pour la seule satisfaction de son ambition personnelle.

Jugées à ce criterium, les guerres d'Espagne et

de Russie ne seront jamais absoutes par l'humanité ni par l'histoire; Napoléon l'a senti et, sur son rocher, il a condamné lui-même ces deux entreprises insensées qui ont été suivies, comme par un châtiment rapide, des premiers revers de sa fortune.

Tout ce qu'il peut invoquer pour son excuse, ce que l'histoire peut dire pour diminuer le crime de son ambition, c'est qu'il y fut entraîné par la force des événements; n'ayant pas su s'arrêter à temps, il était fatal que Napoléon dut marcher dans cette voie où les expéditions cessent d'être légitimes, parce qu'elles ne sont plus qu'une œuvre d'imagination démesurée et d'égoïsme coupable.

Jusqu'à cette iniquité de la guerre d'Espagne, il y avait eu autre chose qu'une simple collision de peuples ennemis ; c'était la lutte désespérée de l'Europe monarchique contre la société nouvelle, issue de la Révolution française. Jusque-là, le rôle de Napoléon avait été sublime ; jusque-là, il s'était montré le défenseur des grandes idées modernes ; il n'avait pas encore été l'agresseur, dans le seul but d'augmenter son pouvoir personnel et d'illustrer sa gloire d'un rayon éblouissant, mais inutile.

Les monarchies, soldées par l'Angleterre, résistèrent plus longtemps qu'on ne l'aurait cru. Napoléon, après avoir montré la force de la Grande nation, n'aurait-il pas mieux fait, dans l'intérêt même des idées qu'il incarnait en lui, de faire jouir la France, dans une paix respectée, des bienfaits des idées nouvelles? Celles-ci n'auraient-elles pas, comme les grands torrents de la nature, brisé les frontières de nos ennemis ; et ce rayonnement pacifique de la France n'aurait-il pas assuré la suprématie de ces idées avec une force et une puissance que ne pouvaient donner des armées, dussent-elles rester toujours victorieuses ?

C'est là la faute capitale de la politique extérieure de Napoléon ; et la gloire dont il a saturé la France pendant quinze ans ne peut pas faire oublier les dernières et inutiles effusions de sang qui marquent cette période de notre histoire.

La responsabilité qui retombe sur Napoléon ne saurait cependant absoudre les procédés de l'Europe vis à vis de la France vaincue et désormais impuissante.

En 1813 comme en 1814, l'Europe commit une grande faute politique en continuant contre un peuple écrasé une lutte qui ne pouvait amasser que des haines et préparer des réactions. Le rôle de l'Autriche fut particulièrement indigne dans cette circonstance.

M. de Mazade, dans une récente étude sur le prince de Metternich, a parfaitement signalé tout ce que la situation diplomatique de 1813 et de 1814 mettait de duplicité à l'actif des coalisés, en général, et de l'Autriche, en particulier. Il y a deux versions bien différentes : « Il y a une histoire officielle qui a été racontée partout ; qui est dans les livres et dans les protocoles ; il y a aussi une vérité intime qui n'est plus un mystère. L'histoire officielle, c'est ce qu'on a appelé les propositions de Francfort, c'est le congrès de Châtillon ; c'est cette série de négociations, coïncidant avec l'invasion. La vérité toute simple c'est que M. de Metternich continue à Francfort comme à Châtillon, la comédie de Prague ; qu'il ne dit que ce qu'il veut dire ; se réservant jusqu'au bout le dernier mot de ses combinaisons. »

Comme pour ajouter à cette conduite si blâmable un argument nouveau, les mémoires du chancelier nous ont découvert le secret d'une autre indélicatesse ; si l'armistice de Pleiswitz, que Napoléon eut le grand tort de consentir, fut fixé à vingt jours, c'est que le généralissime Schwartzemberg avait déclaré à Metternich qu'il lui fallait ce temps-là pour mettre l'armée autrichienne, hier encore notre alliée, aujourd'hui neutre, — à ce que prétend la diplomatie, — en mesure d'entrer en ligne contre la France.

Dans tous ces événements si tristes de notre histoire, alors que jusqu'au bout l'Autriche fait mine de rester notre alliée, il faut regarder dans les coulisses pour voir ce qui se trame réellement. Schwartzemberg prépare son armée, et la diplomatie de Metternich n'a qu'un but ; c'est de prendre la place prépondérante dans la coalition européenne contre nous.

La dignité de l'Autriche aurait dû, cependant, dissuader son chancelier de jouer un tel rôle ; l'Europe n'avait pas encore oublié le mariage de Marie-Louise. Napoléon, désillusionné, savait depuis longtemps que les liens du sang disparaissent devant les fatalités de la politique ; dès 1808, il écrivait au Czar : « Qui ne sait que les liens de parenté entrent pour peu de chose dans les calculs de la politique et deviennent nuls au bout de vingt ans ? Philippe V a fait la guerre à son grand-père (1). » Il allait en faire lui-même la triste expérience ; mais, du moins, il protesta et dans ce fameux entretien du 23 juin 1813, dont l'Empereur lui-même nous a laissé une version, nous l'entendons dire à Metternich : « N'oubliez pas que je suis un soldat qui sait mieux rompre que plier. Mon beau-père s'abuse étrangement s'il croit qu'un trône mutilé puisse être, en France, un refuge pour sa fille et son petit-fils (2). »

Napoléon ne s'est pas pardonné d'avoir été la dupe de l'Autriche, et à Sainte-Hélène il disait qu'il avait traité toute cette affaire avec les sentiments d'un *bourgeois* et non d'un souverain.

Quand il jetait un regard sur l'avenir de ces questions qu'il avait pressenties comme devant un jour occuper l'Europe, ses réflexions judicieuses, cette sorte de double vue qu'il portait avec lui étaient d'une telle nature qu'elles méritent encore aujourd'hui d'attirer toute notre attention.

A un Anglais qui se trouvait à Sainte-Hélène, l'Empereur prédisait ainsi l'avenir de l'Inde : « Vous perdrez l'Inde par une invasion. La catastrophe ne viendra que du dehors. »

Sur la question d'Orient il est plus explicite, plus lumineux encore. Le 28 juillet 1797, il écrit au Directoire : « On se souvient encore en Albanie et en Grèce de Sparthe et d'Athènes. La Grèce pourrait peut-être renaître de ses cendres. »

Au mois d'août 1805, dans une note diplomatique qui est destinée à l'Autriche, Napoléon s'exprime ainsi : « Une guerre n'a pas le sens commun et on ne peut plus se battre raisonnablement que pour l'Empire de Constantinople ; c'est une pomme de discorde où il est très probable que la France et l'Autriche marcheront réunies. » En juin 1806, Napoléon est plus formel : « Je ne veux point partager l'Empire de Constantinople, voulut-on m'en offrir les trois quarts je n'en veux point. Je veux raffermir et consolider ce grand Empire, et m'en servir tel quel comme opposition à la Russie (1). »

Mais, c'est à Sainte-Hélène surtout, que l'attention de l'Empereur est attirée sur cette question d'Orient, à laquelle la guerre de l'Indépendance et les victoires de Méhémet-Ali allaient donner bientôt une puissante actualité.

Quand il parlait de la Grèce, il disait : « Elle attend un libérateur. Ce serait une belle couronne de gloire ! Il inscrira son nom à jamais avec ceux d'Homère, de Platon et d'Epaminondas ! La Grèce, le Péloponèse du moins, doit être le lot de la puissance Européenne qui possédera l'Egypte. Ce devait être le nôtre. Et puis, au nord, un royaume indépendant. Constantinople avec ses provinces pour servir comme de barrage à la puissance russe. »

Puis, son regard plongeant de plus en plus dans l'avenir, il disait : « Constantinople est une clé précieuse. Elle vaut à elle seule un Empire ; celui qui la possédera pourra gouverner le monde », et il prévoyait que la Russie en serait un jour la maîtresse.

Il y a, dans les mémoires de l'Empereur, une

dictée qui a été soigneusement corrigée par lui ; on dirait qu'il sent toute l'importance de ce qu'il va dire à la postérité. La Turquie sera un jour partagée : « La maison d'Autriche y répugnera, mais elle finira par consentir à ce partage. Elle trouvera doux d'accroître ses vastes états de la Servie, de la Bosnie et des anciennes provinces Illyriennes dont Vienne fut jadis la capitale. Que feront l'Angleterre et la France ? *Une d'elle prendra l'Égypte*, faible compensation ! Un homme d'État de premier ordre disait : « Toutes les fois que j'apprends que des flottes, naviguant sous la croix grecque, mouillent sous les murs du Sérail, il me semble entendre le cri avant-coureur de la destruction de l'Empire du Croissant. »

Pour en finir avec ces prédictions qui montrent à quel point l'Empereur possédait le sentiment de l'avenir de l'Europe, nous terminerons cette étude de sa politique extérieure par ces menaces qu'il proférait, le 21 mai 1806, dans une lettre à Joseph contre les Barbaresques d'Alger : « J'ai déjà commencé à engager la querelle avec les Barbaresques. Un peu plus tôt, un peu plus tard, il faudra en finir avec eux. »

CHAPITRE III

L'ARMÉE ET LA MARINE; PRINCIPES GÉNÉRAUX D'ART MILITAIRE

Le 14 mai 1797, dans une communication qu'il adressait aux gardes nationales de la République Cisalpine, Napoléon proclamait la nécessité des armées; c'était réfuter une des théories les plus chères des partis révolutionnaires. « Sans armée, disait-il, sans forces, sans discipline, il n'est ni indépendance politique, ni liberté civile. Quand un peuple entier est armé et veut défendre sa liberté, il est invincible. » Et passant de là à la situation de la France, il disait qu'elle est obligée d'être en même temps une puissance maritime et une puissance continentale; pour ce motif, elle aura toujours de grands besoins d'argent, parce qu'elle est en butte à la jalousie de l'Europe depuis Henri IV; pour donner à sa pensée une forme plus précise encore, il ajoutait : « Il faut à la France une armée de quatre cent mille hommes... Sans marine, elle resterait exposée à toutes sortes d'insultes. »

Napoléon a donné plusieurs définitions de la guerre; la première est empreinte d'une véritable poésie ; « Achille était fils d'une déesse et d'un mortel : c'est l'image du génie de la guerre. La partie divine, c'est tout ce qui dérive des considérations morales du caractère, du talent, de l'intérêt de votre adversaire, de l'opinion, de l'esprit du soldat qui est fort et vainqueur, faible et battu, selon qu'il croit l'être. La partie terrestre, c'est les armes, les retranchements, les positions, les ordres de bataille, tout ce qui tient à la combinaison des choses matérielles. » Il avait dit au Conseil d'État : « La guerre n'est point un métier de roses. Vous ne la connaissez, ici, sur vos bancs que d'après la lecture des bulletins ou le récit de nos triomphes ; vous ne connaissez pas nos bivouacs, nos marches forcées, nos privations de tout genre, nos souffrances de toute espèce. Moi je les connais parce que je les vois et que, parfois, je les partage. »

Dans ses conseils au Vice-Roi, il dit : « La guerre est un jeu sérieux dans lequel on compromet sa réputation, ses troupes et son pays. Quand on est raisonnable, on doit se sentir et connaître si l'on est fait ou non pour le métier. Masséna a des talents militaires devant lesquels il faut se prosterner ; il faut oublier ses défauts, car tous les hommes en ont... Les rois de France, les Empereurs même régnants, ont souvent commandé un régiment ou une division sous les ordres d'un vieux Maréchal. Si vous saviez l'histoire (1) !... »

Dès sa jeunesse, dès ses premiers commandements, l'opinion de Napoléon est toute faite et ne changera plus : le 14 mai 1796, il écrit à

Carnot : « La guerre est comme le gouvernement, c'est une affaire de tact. » Puis, il exprime ainsi ses désirs : « Il est très essentiel pour l'armée et pour la République de m'envoyer ici des jeunes gens qui apprennent à faire la guerre de mouvement et de manœuvres ; c'est celle qui nous a fait obtenir de grands succès dans cette armée (1). »

Il tient beaucoup à cette opinion que la guerre est une question de tact, c'est-à-dire de coup d'œil avant tout. Qu'on lise plutôt : « L'art de la guerre consiste, avec une armée inférieure, à avoir toujours plus de forces que son ennemi sur le point que l'on attaque, ou sur le point qui est attaqué ; mais cet art ne s'apprend ni dans les livres, ni par l'habitude ; c'est un tact de conduite qui, proprement, constitue le génie de la guerre (2). »

Il ne faudrait pas en conclure cependant que tout doit y être laissé à l'inspiration du moment ; au contraire, Napoléon invoque les campagnes des grands capitaines pour bien montrer que la guerre doit toujours être conduite avec méthode et précision.

« L'art de la guerre, dont tout le monde parle, est un art difficile (3) ; » c'est qu'il y faut nécessairement le coup d'œil et le génie. Les occasions et ce concours de circonstances qui s'appellent le bonheur ne sauraient suffire. Napoléon l'exprime admirablement quand il dit : « A la guerre, l'art d'être tantôt audacieux et tantôt très prudent est l'art de réussir (4). »

De cette définition de la guerre, à l'énumération des qualités qu'on réclame d'un chef d'armée, il n'y a qu'un pas. « Un grand capitaine, écrivait Napoléon, doit se dire plusieurs fois par jour : Si l'armée ennemie apparaissait sur mon front, sur ma droite ou sur ma gauche, que ferais-je ? S'il se trouve embarrassé, il est mal posté ; il n'est pas en règle ; il doit y remédier. »

A ces règles pratiques, l'Empereur en ajoutait d'autres pour les circonstances variées de la carrière des armes : « Le général, c'est la tête, le tout d'une armée, » et, après avoir passé en revue les qualités professionnelles d'un grand général, il étudiait son rôle vis-à-vis du gouvernement de son pays : « Il doit s'y soumettre autant que possible, disait-il ; mais, cependant, dans les cas désespérés, il doit garder son initiative propre. » N'est-ce pas, en effet, l'ingérence de la Convention ou des Clubs de Paris qui fut la cause de presque toutes les défaites essuyées par les généraux de la République ; si Napoléon, dès le début, n'avait pas su s'y soustraire, les campagnes immortelles de 1796 et de 1797 n'auraient pas eu lieu ; son épée aurait été brisée et celle de la France avec elle.

Le choix du général est d'une importance capitale, précisément à cause de cette initiative qu'il faut lui laisser dans certaines circonstances. « Mon Dieu ! disait-il, qu'est-ce qu'une armée sans chef (1) ! » Et à Sainte-Hélène, à propos de Menou, il donnait à cette pensée ce commentaire : « Quelque chose qu'on fasse, quelque énergie que montre le gouvernement, quelque vigoureuse que soit la législation, une armée de lions commandée par un cerf ne sera jamais une armée de lions (1). »

Des chefs, passant à la masse de l'armée, Napoléon exposait ses principes sur l'organisation militaire ; il faut d'abord, pour les troupes de bons cadres ; puis, il indiquait la proportion nécessaire de chaque arme dans la composition d'une armée et il ajoutait : « La force d'une armée comme la quantité de mouvement en mécanique s'évalue par la masse multipliée par la vitesse. »

Quand il parlait de l'artillerie, Napoléon semblait avoir conservé pour cette arme spéciale, où il avait commencé sa carrière, une prédilection toute particulière : « Il faut toujours tirer, sans calculer la dépense des boulets » et il ajoutait : « L'artillerie est toujours indispensable dans une armée. Si l'infanterie avait longtemps à combattre contre une artillerie très supérieure, elle se démoraliserait et serait détruite... Plus l'infanterie est bonne, plus il faut la ménager et l'appuyer par de bonnes batteries. » Terminons sur ce sujet en rappelant une anecdote que l'Empereur aimait à citer et qui prouve combien le penseur avait subsisté sous l'homme de guerre : « On ne pouvait, disait-il, jamais faire tirer les artilleurs sur les masses d'infanterie quand ils se trouvaient eux-mêmes attaqués par une batterie opposée. C'était lâcheté naturelle ; violent instinct de sa propre conservation (A). »

(A) V. aussi XXIX, p. 22, un traité en quatre pages, absolument spécial, sur l'artillerie. On comprendra que, dans notre

Quant à la garde nationale, Napoléon n'admettait cette institution qu'en cas de danger public, et encore, dans la pratique, il hésita jusqu'au dernier moment à en faire usage (1).

Homme de guerre par profession, autant que par goût, obligé de faire tête à l'Europe coalisée contre la France, les questions de recrutement et d'organisation de l'armée devaient tenir une place importante dans les pensées de l'Empereur.

Cette conscription, pour laquelle les premières générations du siècle n'avaient ni assez de haines, ni assez de malédictions, apparaissait à l'Empereur aussi comme « une loi affreuse, mais qui fait la sûreté de l'État. » Ce sont ses propres expressions.

Que de fois n'en a-t-il pas entretenu ses Conseillers d'État ! Thibaudeau et, après lui, Pelet de la Lozère nous ont raconté ces séances où l'Empereur exposait, avec sa lucidité ordinaire, ses principes sur cette importante matière. « Il faut admettre le remplacement, disait-il. Chez une nation où il y aurait égalité de fortunes, chacun devrait servir de sa personne ; chez un peuple où les fortunes sont inégales, il convient de laisser aux riches la faculté de se faire remplacer et d'en tirer seulement quelque argent pour concourir à l'équipe-

---

travail, nous ne soyons pas entrés dans les détails purement techniques ; cela est sans intérêt pour la masse des lecteurs. Quant à ceux que ces questions regardent directement, ils n'ont qu'à se reporter aux dictées de Sainte-Hélène, dont une bonne partie est un véritable traité d'art militaire. C'est ainsi que nous renvoyons à ces mémoires pour savoir ce que Napoléon pensait de la cavalerie, du recrutement, des chevaux, des chevaux arabes, des batailles de cavalerie, etc.

ment de la réserve des conscrits... Il faut aussi songer aux sciences, aux arts, aux métiers (1). » Quant à la durée du service, il rappelait un exemple historique et il assimilait la France aux obligations de l'ancienne Rome : « Pourquoi les Romains ont-ils fait de si grandes choses ? C'est qu'il leur fallait six ans d'éducation pour faire un soldat. »

Napoléon, qui admettait le remplacement comme une nécessité sociale dans un pays tel que la France, se montrait cependant tout particulièrement sévère pour les jeunes gens qui cherchaient à profiter de leur position pour esquiver les dangers de la guerre. Il s'en était expliqué, d'abord, avec le Corps Législatif Italien : « Il est temps enfin, disait-il, que cette jeunesse qui vit dans l'oisiveté des grandes villes cesse de craindre les fatigues et les dangers de la guerre et qu'elle se mette en état de faire respecter la patrie, si elle veut que la patrie soit respectable (2). » Puis, dans une autre circonstance, comme une discussion avait eu lieu au théâtre de Rouen entre des jeunes gens et des militaires, Napoléon ordonne que les jeunes gens non mariés seront envoyés dans un régiment en Italie : « En vivant avec les militaires, ils apprendront à les connaître et verront que ce ne sont pas des sbires (3). »

Napoléon ne se montrera pas plus coulant pour les jeunes gens de la cour que pour les autres : « Ne souffrez pas, écrit-il, que les jeunes gens qui appartiennent à la cour donnent le mauvais exemple d'éviter d'aller à la guerre (4). » C'est que, comme Napoléon le disait avec un légitime orgueil, la carrière des armes, la plus belle de toutes, « est naturelle à tous les Français (1). »

Il est intéressant de voir toute l'attention que Napoléon portait aux écoles militaires.

C'est lui qui a voulu que les futurs officiers commencent par être des soldats. Se rappelant ce qu'il avait souffert à Brienne et à l'Ecole militaire de Paris, en voyant que le manque d'argent était pour lui une cause d'infériorité, l'Empereur établissait cette base fondamentale du Prytanée de Saint-Cyr « qu'il ne doit y avoir aucune différence entre les élèves et que l'égalité doit être le premier élément de leur éducation (2). »

Quant aux idées de l'Empereur sur l'instruction qu'il convient de leur donner, elles portent comme toujours l'empreinte de sa puissante originalité. En parlant de la tenue des professeurs, il dira : « S'ils paraissent dans la société avec un mauvais frac, je ne m'en plaindrai pas. C'est dans leurs classes, au milieu de leurs élèves, que je veux qu'ils se montrent avec des dehors qui imposent (3). »

Pour l'instruction proprement dite, il s'exprime ainsi : « J'ai été obligé de m'instruire moi-même. » Les officiers auront *l'instruction* qui est la *seule cause légitime d'inégalité*. Le Français est tellement disposé à s'engouer pour l'étranger qu'il ne faut peut-être pas apprendre aux élèves les langues étrangères (A). » Et Napoléon, qui ne se montrait

---

(A) Thibaudeau, loc. cit., pp. 114 et 115. Les mots que nous avons soulignés montrent que Napoléon se préoccupait parfois

pas ici en accord avec les idées modernes, terminait son discours en faisant une sortie contre la Prussomanie qui, disait-il, avait amené notre défaite à Rosbach.

Napoléon semblait, d'ailleurs, satisfait des principes qu'il avait fait mettre en pratique, car, un jour, dans un moment d'expansion, il s'écriait : « Il n'y a rien de si brave et de si exemplaire que cette jeunesse de Fontainebleau (1). »

Il entrait dans son système pour rehausser l'armée à ses propres yeux, pour inspirer à la nation tout entière un sentiment de respect légitime, de ne manquer aucune occasion de relever la dignité du costume militaire. C'est ainsi qu'il écrivait à Fouché : « Le garçon boulanger qui a insulté à la grille des Tuileries une sentinelle, mérite une sévère punition. La raison d'ivresse n'est pas une excuse. L'excès auquel il s'est porté est le plus grand crime que puisse commettre un citoyen (2). »

Quand la conscription lui a livré des soldats, Napoléon s'occupe immédiatement de les mettre en valeur ; il connait le prix du temps, surtout à la guerre. Il exige d'abord que les conscrits soient bien traités, « car on doit leur rendre facile le premier pas dans la carrière militaire (3). »

Cette prescription une fois faite, il ne s'occupera plus que de l'instruction qu'il convient de leur donner, des règles de discipline qu'il faudra

---

de la question sociale, et que ses idées étaient d'accord ici avec la doctrine libérale la plus pure et la plus sage.

leur inculquer. Le 16 août 1806, il écrit à Joseph : « Ce n'est pas avec un grand nombre de troupes, mais avec des troupes bien ordonnées et bien disciplinées que l'on obtient des succès à la guerre. » Au prince Eugène, mêmes prescriptions et même leçon : « Songez que le nombre des soldats n'est rien et que ce n'est que lorsque les officiers et les sous-officiers ont conscience qu'ils manœuvrent qu'on peut attendre quelque chose d'eux. Ce sont les camps de Boulogne où les corps ont été exercés constamment pendant deux ans qui m'ont valu les succès de la Grande-Armée (1). »

Mais la discipline, qui doit être sévère, n'est pas inflexible, et Napoléon admet lui-même qu'il est des cas où le général en chef doit, de sa propre autorité, y apporter des tempéraments (2).

Napoléon comprenait bien que plus il se montrait sévère pour les soldats qui sont sous les drapeaux, plus il exigeait d'eux, plus, en revanche, il s'obligeait à assurer l'avenir de ces vieux serviteurs ; il ne manquait aucune occasion de distraire l'armée en campagne ; il lui assurait des retours dont les pompes triomphales sont restées légendaires. Il avait même, nous l'avons déjà dit, de réelles faiblesses pour les soldats dont la conduite sur le champ de bataille avait été héroïque. C'est ainsi que, comme le ministre de la guerre lui proposait de réformer sans traitement un sous-lieutenant d'infanterie soupçonné d'escroquerie au jeu, Napoléon demandait, avant de prendre une décision : « S'est-il battu ? A-t-il été blessé ? Était-il à Austerlitz (3) ? »

S'il se montrait aussi indulgent pour ceux qui étaient coupables, quels ne devaient pas être ses sentiments pour les autres : « Un officier réformé, écrit-il un jour, porte un caractère respectable... Pensez-vous qu'il y ait un seul de ces officiers, fût-il mauvaise tête, qui ne soit prêt à exposer sa vie pour vous donner un avis utile, pour garder un poste ou faire une commission dangereuse (1). »

Ce serait une erreur de croire que sa prévoyance s'arrêtait aux officiers ; elle s'étendait encore aux soldats : « Il n'y a rien de plus malheureux que de voir d'anciens soldats mendier ; cela décourage et nuit beaucoup à l'esprit militaire (2). »

Dans un ordre d'idées moins tristes, s'il s'agit de donner des fêtes en l'honneur du retour de l'armée, c'est Napoléon lui-même qui en tracera le programme : « Quelques combats de taureaux à la mode d'Espagne ou des combats de bêtes féroces seraient, dans ces circonstances, des amusements qui plairaient à des guerriers. Enfin, il faut que tout excite l'enthousiasme et donne un nouvel éclat à l'esprit militaire (3). »

Suivons maintenant l'Empereur dans les principes qu'il donne aux armées en campagne : « Il y a à redouter à la guerre, dit-il dans ses mémoires, les faux rapports sur la marche, sur les forces de l'ennemi. Aussi une armée doit être prête à toute heure à opposer toute la résistance dont elle est capable. Chaque arme sera approvisionnée. Les marches seront ordonnées en prévision d'une bataille immédiate, c'est-à-dire que : 1° les flancs doivent être appuyés ; 2° il faut toujours avoir des avant-gardes et des flanqueurs. »

Napoléon prévient aussi les stratégistes qu'il y a des nécessités malheureuses devant lesquelles on ne saurait reculer en campagne ; c'est la fatalité de la guerre. Il faut s'y soumettre.

S'il blâme l'incendie de Moscou, « parce que cette conduite lui paraît atroce et *sans but* » (1), en retour, il regrettera que le général Bertrand n'ait pas osé employer tous les moyens utiles pour défendre une place forte. Bertrand avait reculé devant la nécessité de détruire une foule de petites habitations qui encombraient les ouvrages extérieurs (2) ; Napoléon ne pouvait comprendre une semblable pusillanimité ; il est élémentaire qu'à la guerre les destructions nécessaires doivent être opérées. Sans cela à quoi servirait la zône militaire.

Les autres nécessités de la guerre, ce sont les réquisitions. Napoléon s'en explique formellement : « Il ne faut pas s'étonner, dit-il, des réquisitions et des moyens violents ; tout est bon, pourvu que mon armée ne manque de rien (3). » Et ailleurs : « Il y a, dans les rêveries du maréchal de Saxe, parmi beaucoup de choses extrêmement médiocres, des idées sur la manière de faire contribuer les pays ennemis, sans fatiguer l'armée, qui m'ont paru bonnes. Lisez-les et mettez-en le contenu dans une instruction qui sera destinée à être envoyée à mes généraux en Espagne (4). »

Quant à la conduite du général dans les pays conquis, Napoléon en a tracé les règles dans ses mémoires; elle devra être, à la fois ferme et douce : C'est là le point difficile. — Il faudra se servir surtout des moyens moraux, rendre les communes responsables, organiser l'Administration et, avant tout, prendre des otages parmi les notables du pays.

Ces prescriptions sur la marche et le cantonnement des armées seraient incomplètes, si Napoléon ne s'était préoccupé de l'hygiène des troupes en campagne : « Des pays sains avant tout. A quoi servent des hommes malades dont on ne peut rien faire quand l'ennemi se présente (1) ? »

En effet, « la moitié de l'art de la guerre consiste dans l'art de reformer rapidement son armée, d'épargner des courses inutiles et, par contre-coup, la santé du soldat (2). »

Nous sommes arrivés à la partie principale des règles posées par Napoléon en fait d'art militaire ; c'est-à-dire à « la tactique qui, d'après lui, doit changer tous les dix ans. » Cette règle contingente ne saurait nous dispenser d'étudier les principes du grand capitaine ; car à côté des modifications que les progrès de la science militaire réalisent tous les jours, il y a dans cette science des principes immuables, posés au temps de César et vrais encore aujourd'hui ; ils font l'objet d'un enseignement spécial dans toutes les grandes écoles militaires de l'Europe (A); à ce titre, et en dehors même de l'in-

---

(A) Au Japon même, à Sandaï, les étudiants de l'Université, lors du voyage du prince Louis-Napoléon, en juillet 1886, ont présenté au petit-neveu du grand Empereur une adresse dans laquelle il était fait un parallèle entre Napoléon et Nidéachi, le héros japonais.

térêt rétrospectif qui s'attache à tous les actes et à tous les écrits de l'Empereur, ces principes supérieurs de stratégie devaient trouver leur place dans cet ouvrage.

Napoléon désirait que les armes fussent à longue portée, « car, le soldat est toujours frappé lorsqu'il voit que les armes de l'ennemi, surtout si éloigné, vont plus loin que les siennes (1). »

Pour les armes défensives, il les proclamait insuffisantes pour parer le boulet, la mitraille et les balles. Non seulement, disait-il, elles sont inutiles; mais encore, elles ont l'inconvénient de rendre les blessures plus dangereuses.

Enfin, on peut signaler Napoléon comme le précurseur de l'aérostation militaire ; car au moment de la réunion du camp de Boulogne, il avait formé des compagnies d'aérostiers et même depuis, en 1808, on trouve dans une de ses lettres la preuve qu'il avait étudié la question de savoir si les mongolfières ne pourraient pas servir de moyen de descente en Angleterre (2).

Un plan de campagne, disait Napoléon dans ses mémoires, doit avoir prévu tout ce que l'ennemi peut faire et contenir en lui-même le moyen de le déjouer. Pour joindre l'exemple à la règle, il étudiait et exposait alors en détails sa campagne de 1815.

La première règle pour ne pas se laisser surprendre par l'ennemi est de toujours être prêt. C'est un principe dont il ne se départira que quand les circonstances désastreuses de 1814 l'en empêcheront. Aussi, lorsqu'en 1806, l'horizon se brouille, alors que la guerre est dans l'air, il écrira à Berthier : « Veillez à ce que mon armée reste en mesure de faire la guerre et d'agir avec la rapidité de la pensée afin que, si le cas arrivait, mes projets ne fussent pas démasqués. » Quelques jours après, il écrit : « Au moindre événement, j'arriverais à Strasbourg comme l'éclair (1). » C'est là sa préoccupation constante; en 1808, il écrivait encore : « Dans la situation actuelle de l'Europe, il faut toujours se tenir en mesure et ne point perdre de vue que, d'un moment à l'autre, on peut avoir besoin de courir aux armes (2). » La même idée le poursuit encore en Russie; au lendemain de l'incendie de Moscou, il écrit: « La guerre peut durer longtemps ; il faut donc préparer tous ses moyens (3).

Malgré les efforts qu'il avait exigés de la France, pendant les premières campagnes, les désastres eux-mêmes ne devaient pas le laisser complètement à découvert. Ainsi, en 1807, on trouve une preuve bien curieuse de son esprit de prévision qui paraissait envisager, dès ce moment d'apogée, la possibilité des revers futurs. Comme on lui proposait de vendre de vieilles armes encombrantes, il répond : « S'il y a des fusils de chasse, pourquoi les vendre ? Il peut y avoir des temps ou peut-être ils deviendraient utiles (4).. »

La préparation comporte le soin et l'étude des détails ; le calcul de toutes les éventualités qui peuvent se présenter. Parler de l'importance que Napoléon attachait aux choses, en apparence, les plus infimes, c'est répéter ce que tous ceux qui ont étudié son histoire connaissent parfaitement ; qu'il nous suffise de rappeler ce fait caractéristique que, même au milieu de ses campagnes, Napoléon s'occupait à ce point du bien-être de ses soldats qu'il parlait de la qualité et du prix de leurs chemises et qu'il examinait lui-même les échantillons de ces objets (1). Ce fait qui pourrait paraître mesquin et indigne de l'Empereur à certains esprits superficiels, n'est au contraire qu'une preuve nouvelle de la perspicacité de son esprit et de la diversité de ses aptitudes.

Aussi bien que le soin des détails, le calcul joue un grand rôle à la guerre. Napoléon nous le dit: « A la guerre rien ne s'obtient que par calcul. Tout ce qui n'est pas profondément médité dans tous ses détails ne produit aucun résultat (2). »

Une autre pensée qui ne doit non plus jamais quitter le général en chef d'une armée, c'est la méfiance vis-à-vis des procédés de l'ennemi. Jamais il ne faudra s'endormir dans les délices de Capoue. C'est ce qu'il dit à Marescot, au lendemain d'Austerlitz : « Que votre surveillance ne se ralentisse pas, sous le prétexte de l'armistice ; l'expérience du passé doit vous convaincre que mes mouvements étant souvent prompts, il faut que tout soit prêt et disposé à chaque corps d'armée. »

A quelques jours de là, il y revient encore: « L'armistice existe il est vrai ; mais on ne doit jamais s'y fier lorsque l'on est dans la capitale de son ennemi (3). »

Qu'on s'étonne après cela de la rare perfection de ses plans de campagne ; ses manœuvres tactiques ainsi préparées, étudiées, calculées devaient porter l'empreinte de son génie.

Tout d'abord, il pose en principe que toute guerre doit être offensive. Cependant, la guerre défensive n'exclut pas l'attaque, de même que la guerre offensive n'exclut pas la défense quoique son but soit de forcer la frontière et d'envahir le pays ennemi. La conséquence de ce principe de l'offensive est qu'il faut toujours marcher en avant, manœuvre pour laquelle Napoléon, dans ses écrits ou dans ses campagnes, n'a jamais dissimulé ses préférences (1).

Quant aux premiers mouvements préliminaires d'une bataille, Napoléon recommande avant tout deux choses : 1° ne faire aucun détachement à la veille d'une bataille parce que la nuit la position de l'ennemi peut changer ; 2° ne jamais faire la réunion des divers corps d'armée auprès de l'ennemi.

Pour la bataille en elle-même que Napoléon définissait d'une façon si pittoresque : « Une bataille est une action dramatique qui a son commencement, son milieu et sa fin, » ce grand capitaine reconnaissait que l'issue de la journée est le résultat d'un instant, d'une pensée. Aussi, on ne peut pas prescrire un ordre de bataille constant (2) ; mais, il est un principe qu'on peut appliquer dans toutes les circonstances : c'est par la concentration sur un point donné de certaines armes spéciales qu'on parvient à produire les plus grands effets. Napoléon mit fréquemment cette doctrine en usage, il suffit de rappeler le rôle des masses d'artillerie dans la plupart des batailles qu'il a données.

Enfin, comme conséquence de ce fait qu'un instant suffit pour décider du sort de la journée, Napoléon recommande aux stratégistes de rechercher toujours, à la guerre, les occasions et de ne jamais les laisser passer sans en profiter.

Il est des procédés qui relèvent encore de la tactique bien qu'ils n'en fassent pas partie intégrante. Dans ce nombre il y a les ruses de guerre, dont la principale est d'exagérer ses forces, au lieu de les diminuer (1). Napoléon disait que cela avait été chez lui une véritable habitude ; « cela a servi mes projets et n'a point diminué ma gloire. Les généraux et les militaires instruits savaient, après les événements, reconnaître tout le mérite de mes opérations, même celui d'avoir exagéré le nombre de mes troupes. »

Il y a aussi la publication des fausses nouvelles qui, comme le disait l'Empereur, dans une lettre du 24 avril 1805, « est un moyen d'un effet incalculable sur les hommes dont les calculs ne sont pas les résultats de têtes froides et dans lesquels chacun apporte les alarmes et les préjugés de sa coterie. »

Enfin, il y a la dissimulation de ses opérations militaires, ruse qui avait si bien réussi au moment de la réunion de l'armée de réserve et dont Napoléon se félicitait encore à Sainte-Hélène (2).

Bien que l'Empereur ne fut pas partisan de la guerre défensive, il ne pouvait pas cependant passer sous silence les règles spéciales de ce mode de stratégie.

Il reconnaissait que les places fortes sont le seul

moyen que l'on ait pour retarder, entraver, affaiblir, inquiéter un ennemi vainqueur (1). Aussi, dès le début de l'Empire, il s'était préoccupé de la défense du sol national ; tout était prévu dans la note qu'il rédigea sur ce sujet (2). A Sainte-Hélène, il y revenait souvent, et nous verrons que sa dernière dictée, malheureusement perdue pour l'histoire, avait pour titre : « Rêverie sur la défense de la France en cas d'invasion. »

Dans son esprit, Paris devait, de toute nécessité, être fortifié ; en principe, il était énergiquement partisan de la fortification des capitales et il prenait des exemples dans celles où il était entré : « C'est qu'une grande capitale est la patrie de l'élite de la nation ; tous les grands y ont leur domicile, leur famille ; c'est le centre de l'opinion, le dépôt de tout. C'est la plus grande des contradictions et des inconséquences que de laisser un point aussi important sans défense immédiate. » Et de là, il passait aux détails techniques de la défense (3).

Le fait est que l'on est en droit de se demander ce qui serait arrivé aux coalisés, en 1814 et en 1815, s'ils avaient trouvé les portes de Paris fermées devant eux, et si la capitale avait été en mesure de leur résister.

Napoléon se montrait particulièrement sévère sur la question de reddition des places : quant à la capitulation des armées en rase campagne, il la déclarait inexcusable et nous verrons tout-à-l'heure qu'il n'avait pas assez de colère pour parler de celle de Baylen.

« A la guerre, disait-il, un commandant de place

n'est pas juge des évènements; il doit défendre la place jusqu'à la dernière heure ; il mérite la mort quand il la rend un moment plus tôt qu'il n'est obligé. »

Déclarant que les capitulations ne sont excusables que dans les cas où se trouvèrent François Ier et le roi Jean (1), il les jugeait toujours au criterium suivant : « Pour être honorable une capitulation doit stipuler de mauvaises conditions pour la garnison. Il y a toujours présomption défavorable contre la garnison qui sort d'une place sur un pont d'or (2). »

Puis, rappelant l'exemple des Romains auxquels il aimait à revenir, il disait : « Les Romains désavouèrent la capitulation faite avec les Samnites ; ils refusèrent d'échanger les prisonniers, de les racheter. Ce peuple avait l'instinct de tout ce qui est grand ; ce n'est pas sans raison qu'il a conquis le monde. »

Si Napoléon se montre ici d'une sévérité qui n'a jamais fléchi, c'est qu'il est obsédé par le souvenir de Baylen « qui fut la perte de l'honneur de l'armée française et d'un effet moral terrible. » Au lendemain de cette journée, il s'écrie : « Dupont a flétri nos drapeaux! Quelle ineptie ! Quelle bassesse! Ces hommes seront pris par les Anglais. » Et à quelques jours de là : « Ces lâches entrèrent dans la capitulation pour sauver leurs bagages. Bon Dieu! des français coupables de tant de lâcheté ! » Ce sera l'échafaud, dit-il dans l'émotion du premier moment, qui punira ce grand crime national. « A la guerre les hommes ne sont rien ;

c'est un homme qui est tout. Jusqu'à ce jour, nous n'avions trouvé ces exemples que dans l'histoire de nos ennemis ; aujourd'hui, il est fâcheux que nous puissions les trouver dans la nôtre (1). »

Si nous quittons les sphères de la tactique proprement dite pour revenir aux conseils de la pratique et au domaine des faits, nous verrons Napoléon conseiller à ceux qui l'intéressent et plus particulièrement à ses frères de ne pas redouter les dangers de la guerre ; mais, au contraire, de se former à cette grande école. Il dit à Joseph : « Croyez à mon amitié. N'écoutez pas ceux qui voudraient vous tenir loin du feu ; vous avez besoin de faire vos preuves. S'il y a des occasions, exposez-vous ostensiblement. Quant au vrai danger, il est partout à la guerre (2). » Et à Jérôme : « Quelle leçon pour vous que ce combat de Fraukenstein ! La guerre ne s'apprend qu'en allant au feu (3) ! »

Le sort des prisonniers de guerre interessa souvent l'Empereur et la plus grande humanité présida toujours à ses décisions en cette matière. Il suffit de se reporter au décret du 23 février 1810 pour s'en rendre compte ; les deux documents suivants en sont une nouvelle preuve: « Il faut prendre les bottes des prisonniers, dit-il, et leur donner des souliers. La nécessité n'a point de loi, et j'ai besoin de remonter ma cavalerie. D'ailleurs, allant à pied, ces souliers seront plus commodes. » Et, une autre fois, à propos de prisonniers prussiens qu'il cédait à l'Espagne: « J'y attache la condition qu'on ne les enverra pas en Amérique travailler aux mines, mais qu'on en fera des soldats en Espagne (1). »

Quant aux pertes de l'armée, nous avons déjà montré combien Napoléon différait de l'homme insensible que l'on a voulu nous représenter. Il faut reléguer dans les pamphlets cette anecdote racontée par le duc de Broglie dans ses mémoires et d'après laquelle, au lendemain de 1812, Napoléon aurait dit à Narbonne : « Au bout du compte, qu'est-ce que tout cela me coûte ? Trois cent mille hommes et encore il y avait beaucoup d'Allemands là-dedans. » Nous demanderons simplement, dans l'intérêt de l'histoire, un autre témoignage que celui du duc de Broglie et nous n'insisterons pas sur le procédé étrange qui prête à Narbonne le récit d'un fait qu'il n'a jamais raconté dans ses écrits.

Cette histoire est en contradiction absolue avec les documents authentiques que nous avons déjà rappelés. Ce n'est pas à dire que Napoléon n'admettait pas comme une nécessité malheureuse les pertes qui suivent les batailles, mais il prenait un soin tout particulier d'effacer l'exagération et l'enflure de certains récits : « Qu'est-ce que c'est que deux mille hommes tués pour une grande bataille ? Il n'y a aucune des batailles de Louis XIV et de Louis XV qui n'ait coûté bien davantage... Il faut bien se figurer qu'on ne sait pas plus ce qui se passe dans une armée que ceux qui se promènent dans le jardin des Tuileries ne savent ce qui se passe dans le cabinet. Ensuite, le plaisir de vanter et d'exagérer le danger que l'on a couru porte à l'exagération (2). »

Tout ce qui est du ressort de l'administration d'une armée trouve dans l'Empereur un législateur autorisé : c'est ainsi qu'il était arrivé à formuler sur le ministre de la guerre idéal une opinion bien personnelle et bien curieuse. « La France, disait-il, était trop grande pour un ministre de la guerre ; c'était au-dessus des forces d'un homme. On avait centralisé à Paris les décisions, les marchés, les fournitures, les confections, et subdivisé la correspondance du ministre en autant de personnes qu'il y avait de régiments et de corps. Il fallait au contraire centraliser les correspondances et subdiviser les ressources, en les transportant dans les localités mêmes. Aussi, j'avais longtemps médité le projet de former en France vingt ou vingt-cinq arrondissements militaires qui eussent composé autant d'armées. Il n'y eût plus eu que ce nombre de dépôts de comptabilité... C'eût été vingt sous-ministres ; il eût fallu trouver vingt honnêtes gens. Le ministre n'eût plus eu que vingt correspondances. Il eût centralisé le tout, et fait mouvoir la machine avec rapidité. »

La solde était proclamée par lui « la dépense la plus sacrée » et il écrivait au mois d'août 1805, à cette époque où nos finances subissaient une véritable crise : « MM. Desprez et Roger ne devraient pas laisser cent cinquante mille hommes manquer de solde. Vous trouverez que j'ai de la mauvaise humeur ; à ma place, qui que ce soit en aurait plus.. Serai-je réduit à Boulogne à perdre quinze jours ou à voir mon armée déserter faute de solde ? Si cela est, mes affaires ont bien empiré depuis l'an VIII. » Et, en effet, quelques lignes plus haut il disait: « Je me trouve dans une situation où je ne me suis pas trouvé au temps de l'armée de réserve (1). »

Plus tard, lors des premiers désastres, en 1813, il écrit encore sur ce sujet : « Le salut public n'a pas de loi. Les ordonnances de l'administration de la guerre et du ministre de la guerre doivent être payées avant les traitements civils et les rentes(2). »

D'ailleurs, en fait d'administration militaire, comme en toute autre matière, il n'est aucun détail que Napoléon ait volontairement négligé : « Les états de situation des armées sont pour moi, disait-il, les livres de littérature les plus agréables de ma bibliothèque et ceux que je lis avec le plus de plaisir dans mes moments de délassement. » On a, maintes fois, répété cet autre mot: « Je prends plus de plaisir à cette lecture qu'une jeune fille n'en prend à lire un roman (3). »

S'il prenait plaisir à cette lecture, il n'en éprouvait pas un moins vif à faire le récit de ses campagnes ; ce fut la consolation de son exil. Nous étudierons plus loin le rôle de l'Empereur comme historien, mais, dès à présent, comme consécration de ses leçons de tactique il convient de citer quelques-uns des exemples qu'il mettait à l'appui de sa théorie.

L'expédition d'Égypte est une de ses campagnes qu'il a racontées avec le plus de verve et de talent; la science militaire n'y est pas effacée par le coloris du récit. Il y reproduit des documents d'une grande importance et entre autres les trois mémoires qu'il adressait au Directoire avant de partir pour cette lointaine conquête (a).

S'agit-il de la campagne de 1805, Napoléon écrira à Joséphine : « J'ai détruit l'armée autrichienne par de simples marches ; j'ai fait soixante mille prisonniers, pris cent-vingt pièces de canon, plus de quatre-vingt-dix drapeaux et plus de trente généraux. Je vais me porter sur les Russes ; ils sont perdus. Je suis content de mon armée ; je n'ai perdu que quinze cents hommes. »

Un des traits particuliers des récits de Napoléon

(a) Quelles sont les traces qui subsistent aujourd'hui en Égypte de notre ancienne domination ? Au nord-ouest d'Alexandrie, le fort Napoléon ; au sud de cette ville, le fort Cafarelli. — Parmi les indigènes, aucun souvenir. — Nulle trace du système administratif introduit par la conquête. — L'Institut d'Égypte actuel ne fait rien de sérieux, il se compose de quelques rares indigènes très ignorants et d'un plus grand nombre d'étrangers parmi lesquels il convient de citer, en première ligne, notre compatriote Mariette-Pacha, Égyptologue distingué. C'est à peine si l'Institut d'Égypte se réunit deux fois par an. Une communication faite par M. Octave Borelli, à l'Institut d'Égypte, dans la séance du 4 mars 1887, et imprimée au Caire en 1888, montre bien la pénurie complète des archives égyptiennes en ce qui concerne les souvenirs restés là-bas de notre conquête.

Sur les antiques constructions de Thèbes, à Karnac et à Louqsor, on retrouve des inscriptions tracées par nos soldats avec la pointe de leurs baïonnettes, de leurs sabres ou de leurs couteaux. Il y a aussi une grande inscription officielle, gravée au nom de l'armée française, sur l'une des faces du grand pylône du temple de l'île de Philœ. Elle est sculptée dans la pierre et vivra autant de siècles que le monument sur lequel elle est profondément et correctement gravée. Elle rappelle le débarquement et les victoires de l'armée française, commandée par Bonaparte, et elle garde pour la postérité les noms des généraux qui l'ont aidé dans cette vaste entreprise. Et voilà tout ce qu'il reste aujourd'hui de cette grande idée ! L'oubli est venu. Le désert n'a pas conservé l'empreinte des pas du *sultan de feu ;* les institutions sont rentrées dans le néant ; son souvenir y est effacé, comme les traces des caravanes sont bientôt recouvertes par le sable éternel et toujours mobile !

c'est qu'il excelle à raconter ses manœuvres avec une clarté qui permet aux esprits légers comme aux natures les moins instruites de comprendre toute sa tactique,-comme si elle avait été conçue par le lecteur lui-même.

Qu'on lise la relation russe d'Austerlitz et les réponses de Napoléon aux allégations de ses ennemis : c'est une véritable leçon d'art militaire à laquelle rien ne manquera : l'orgueil des Russes est rabattu et la conclusion est fournie par une comparaison magistrale entre les deux armées (1).

S'il raconte avec complaisance les difficultés de la campagne d'Eylau, c'est encore pour fournir une leçon et pour bien montrer, comme il le disait à Joseph, que, « la guerre est une chose sérieuse » : « J'ai moi-même été quinze jours sans ôter mes bottes. Au milieu de la neige et de la boue, sans vin, sans eau-de-vie, sans pain, mangeant des pommes de terre. Dans le beau pays de Naples on a du vin, de l'huile, du pain, du drap, des draps de lit, de la société et même des femmes... Ici nous faisons la guerre dans toute sa force et sa rigueur (2). »

A propos de la bataille de Friedland, où il nous montre dans son style lapidaire « l'ennemi confondu, abattu, extrêmement affaibli », j'insisterai sur les mots qui terminent cette lettre à Joséphine : ils empruntent à la langue latine une concision qui n'est pas dans le génie habituel du français : « Mes enfants ont dignement célébré l'anniversaire de la bataille de Marengo, la bataille de

Friedland sera aussi célèbre et aussi glorieuse pour mon peuple. C'est une digne sœur de Marengo, d'Austerlitz, d'Iéna. *J'ai manœuvré l'ennemi* avec succès (1). »

Il faut reconnaître que si Napoléon pouvait à bon droit se féliciter de ses soldats, jamais armée ne fut à meilleure école. Il avait fait de ses conscrits des hommes admirables comme instruction et comme discipline : il ne leur ménageait pas les compliments et c'était justice.

Le 13 août 1805 il écrit : « Je veux que l'Autriche désarme. Si elle ne le fait pas j'irai avec deux cent mille hommes lui faire une bonne visite dont elle se souviendra longtemps. Il faudrait être bien fou pour me faire la guerre. Certes, il n'y a pas en Europe une plus belle armée que celle que j'ai aujourd'hui. » Et, en effet, au début de cette campagne de 1805, à quelques jours de là, il se félicite de nouveau de ses soldats : « Le bon esprit de l'armée, son désir d'en venir à des affaires sérieuses et sa patience à supporter les fatigues sont de très bons présages (2). »

S'il rend justice aux qualités ordinaires de la Grande Armée, il reste toujours impartial et c'est ainsi qu'il constate que les Guérillas ne se sont formés en Espagne que deux ans après son départ et cela par l'effet des désordres et des abus qui s'étaient introduits dans les troupes, excepté dans le corps de Suchet qui occupait le royaume de Valence.

Enfin, Napoléon n'a pas assez d'éloges pour la garde impériale. Les autres nations seraient incapables d'en former une semblable : « Une vieille armée, dit-il, peut recruter une garde comme la garde impériale et rend naturel le bon sort fait à de vieux soldats. C'est une récompense. D'ici à vingt ans le royaume d'Italie n'aura pas de vieille armée (1). »

Il faut entendre Napoléon, quand il parle de la conduite de cette garde à Champaubert, à Montmirail et à Château-Thierry ; c'est un père qui est fier de ses enfants ; « La vieille garde a de beaucoup surpassé tout ce que je pouvais attendre d'une troupe d'élite. C'était absolument la tête de Méduse (2) ! »

Au moment du camp de Boulogne, Napoléon disait : « Je n'ai d'autre intérêt après avoir été général de terre que d'être amiral (3). » Ce serait se tromper étrangement que de croire que Napoléon se soit désintéressé de la marine sous son règne. Il la proclamait « une belle carrière » (4) et, de même qu'il avait tracé les règles tactiques de l'armée de terre, de même il s'était occupé de stratégie navale et à Sainte-Hélène, il en fixait les principes à l'usage des amiraux de l'avenir.

Dès l'Empire, il avait dit à Decrès : « Il me semble que vous n'avez pas l'esprit assez exclusif pour une grande opération. C'est un défaut dont il faut vous corriger, car c'est là l'art des grands succès et des grandes affaires (5). »

Autre prescription générale à l'usage des officiers de marine : « Le contre-amiral Allemand est trop dur. Les capitaines et ses officiers ne l'aiment pas et le quittent. Tâchez de lui faire comprendre qu'il est avantageux pour le bien du service d'être aimé (1). »

Tandis que ses opérations personnelles lui semblaient à l'abri de toute critique ; pendant qu'il s'étendait avec plaisir sur ce camp de Boulogne, avec lequel il avait trompé l'Angleterre en lui faisant croire qu'il voulait forcer le passage, alors qu'il n'avait qu'un but : dissimuler l'immense force qu'il comptait réunir un moment dans le détroit ; — pendant qu'il se posait ainsi, suivant son rêve, en véritable amiral, il n'avait pour les fautes des amiraux de profession que du mépris et de la colère. « Ces imbéciles de marins, disait-il, cela n'est pas du malheur, mais d'une bêtise et d'une fatalité qui n'a pas d'exemple (2). »

Mais tout en s'en prenant ainsi aux personnes, il conservait et il exigeait pour la marine le même respect que pour l'armée de terre. « Il serait convenable, prescrivait-il, que pour tous les vaisseaux portant des noms significatifs, vous me présentiez une légende qui serait inscrite sur une petite table de marbre dans la chambre du capitaine (3). »

Aux marins de l'escadre de Brueys, il disait dans une proclamation : « Sans vous, nous ne pourrions porter la gloire du nom français que dans un petit coin du continent ; avec vous, nous traverserons les mers, et la gloire nationale verra les régions les plus éloignées. »

Le 29 avril 1805, il écrivait à Decrès : « Les hommes qui restent à Paris ne peuvent se comparer aux hommes qui s'exposent à tous les dangers qu'on court à la mer ; et dès qu'ils s'élèvent jusqu'à se comparer à eux, il faut le leur rappeler et les faire rentrer en eux-mêmes. »

Napoléon avait pour l'avenir de la marine française de grandes pensées : le temps lui a manqué pour réaliser ses projets. Il disait qu'il voulait faire de Cherbourg une merveille de puissance qui se dresserait toujours en face de l'Angleterre et pourrait la contenir d'abord, la vaincre ensuite.

Il voulait aussi créer un conseil de construction pour les vaisseaux ; en 1811, on le voit se préoccuper de la conservation des forêts de la France précisément en vue des intérêts de la marine nationale.

La fortune et la prospérité de la France sont la préoccupation constante de l'Empereur ; cette grande pensée survit chez lui à tous les malheurs et à tous les désastres de la patrie. Il en porte une grande part de responsabilité et ce n'est pas lui qui s'y dérobera. Mais avant de dormir son dernier sommeil, il réclamera pour cette armée qui l'a soutenu dans toutes ses luttes et qui, elle, n'est coupable d'aucune faute, l'admiration de la postérité. C'est dans les derniers jours de sa vie qu'il s'exprime dans ces termes sur lesquels il nous plaît de terminer cette partie toute militaire de notre étude (1). « La bataille de la Moskowa est l'action de guerre la plus glorieuse, la plus difficile et la plus honorable pour les Gaulois, dont l'histoire ancienne et moderne fasse mention... Intrépides héros ! Murat, Ney, Poniatowski c'est à vous que la gloire en est due ! Que de grandes, que de

belles actions l'histoire aurait à recueillir !...
Hélas ! Cette armée n'a plus de patrie ! Ses faits
héroïques sont calomniés dans des libelles soldés
par le gouvernement même ! Quelque parcelle de sa
gloire parviendra-t-elle aux siècles à venir ? Le
mensonge, la calomnie, le crime, prévaudront-ils
donc ? »

CHAPITRE IV

NAPOLÉON LÉGISLATEUR

§ 1. — *Préparation et discussion des lois*

Quand la constitution administrative de la France, dans laquelle les nécessités d'une politique nouvelle exigeront un jour de grandes réformes, quand la Légion d'honneur qui a été détournée déjà du but que se proposait son fondateur, auront disparu des institutions nationales, il restera encore à l'actif du grand Empereur la fondation de l'Université et la rédaction du Code civil.

Nous allons étudier la part personnelle prise par Napoléon à la confection de ces lois; nous y retrouverons, dans les détails, cet esprit merveilleux d'organisation pratique; cette puissance d'assimilation qui lui permettait de discuter, avec une compétence qui étonnait tous ses auditeurs, les questions les plus ardues de la législation; dans l'ensemble, nous verrons la manifestation d'une grande pensée, d'une de ces pensées dont la réalisation comme il le disait, avait pour but de jeter, sur le sol de la France, quelques-unes de ces « masses de granit » sur lesquelles le fondateur d'une société nouvelle peut asseoir les bases d'un ordre de choses qui s'inspire à la fois des besoins du temps présent et des principes immuables et éternels qui font la force des nations et des individus (1).

Nous connaissons déjà les principes philosophiques de Napoléon sur la loi, la justice et la propriété ; nous les rappellerons brièvement en nous attachant à en faire ressortir, de préférence, le côté technique, celui qui s'est traduit dans les lois qui portent l'empreinte de la collaboration du Premier Consul ou de l'Empereur.

Pour lui, *la justice civile* c'est la réunion des grandes règles de droit et de morale et cet ensemble imparfaitement circonscrit de sentiments naturels qu'il avait l'habitude d'opposer à la rigidité juridique des hommes de loi. Napoléon nous en a donné lui-même la définition lors de la discussion du titre des Donations et des Testaments : « Il y a une justice civile qui domine le législateur lui-même. Elle se compose des principes qu'il a constamment avoués pendant une longue suite de siècles. » C'était admettre, en matière de législation, que la tradition doit être la grande institutrice du genre humain. Il lui reconnaissait aussi, mais en partie seulement ce rôle quand il s'agit de la politique ; et les paroles du législateur ne doivent ni effacer, ni faire oublier complètement celles qu'il adressait au Directoire en lui présentant le traité de Campo-Formio : « Pour obtenir une Constitution fondée sur la raison, le peuple français avait dix-huit siècles de préjugés à vaincre. » C'est que la politique, science contingente, doit varier avec les progrès de la civilisation, tandis que la législation s'appuiera toujours sur des bases immuables et qui ne sauraient être renversées sans amener l'écroulement de tout l'édifice social.

La loi n'est que la manifestation sensible de ces principes supérieurs ; aussi est-elle susceptible d'une diversité de formes qui résultera du temps ou des milieux. Nous savons déjà que Napoléon qui s'était d'abord prononcé pour la réduction des lois à de simples démonstrations de géométrie, s'était bientôt aperçu de l'inanité de ce système qu'il a qualifié lui-même « d'idéalité absurde ». Son esprit était trop pratique pour ne pas voir immédiatement les inconvénients du premier système, et il proclamait sans hésitation et sans fausse honte de ce retour sur lui-même qu' « on ne peut rendre les lois extrêmement simples sans couper le nœud plutôt que de le délier et sans livrer beaucoup de choses à l'incertitude et à l'arbitraire. »

Donc, il faudra des lois pratiques, utiles, tenant compte, suivant la formule de Montesquieu, des mœurs et des manières des peuples, évitant par là même les exemples d'une nation voisine dont le caractère ne serait pas celui du peuple pour lequel les lois sont faites. De là cette horreur déjà signalée pour la Prussomanie et surtout pour l'Anglomanie à propos de laquelle il écrivait à Fouché, le 1er juin 1805 : « Il faut que l'esprit des journaux soit dirigé dans ce sens d'attaquer l'Angleterre dans ses modes, ses usages, sa littérature, sa constitution. » C'est Voltaire qui, d'après lui, était responsable de l'engouement des Français pour leurs voisins d'Outre-Manche.

A ces qualités qu'il demandait à la loi, Napoléon ajoutait la nécessité d'une distinction de la part du législateur entre le dogme ou théorie du droit et les choses de fait. « Il n'y a que les dernières, disait-il, qui soient susceptibles de discussion : Le corps législatif est le peuple au petit-pied ; or, le peuple ne peut résoudre les questions de science. »

C'est pour cela qu'il réclamait comme une qualité indispensable, chez le législateur, la bonne foi, et que, se méfiant encore, malgré toutes les précautions prises, il avait trouvé un procédé d'expérimentation des lois qui permettait de les juger à l'œuvre. Nous en avons déjà parlé, nous nous bornerons à les rappeler. La loi posait le principe général ; l'initiative, jusqu'à ce que l'expérience fût faite et fût concluante, était laissée aux décrets.

Quant au rôle du pouvoir exécutif vis-à-vis de la loi, il consistait à en faire assurer le respect, et, dans une sphère plus élevée, à maintenir l'unité et l'harmonie de l'ensemble des lois. Le système hypothécaire, la loi sur les mines, toutes les lois qui ont été détachées du Code, sont conçues d'après les mêmes principes, appuyées sur les mêmes bases ; Napoléon a donc bien rempli ce rôle qu'il s'était tracé d'être, avant tout, le gardien de l'unité des lois.

C'est le droit de propriété qui forme, avec la famille, la base indispensable de toute législation. Il importe de bien établir que Napoléon, dans toutes les circonstances, s'en montre le défenseur absolu.

Le 25 juin 1805, de Bologne, il écrit à Eugène : « Par une disposition dont je ne conçois pas le principe, non seulement on a supprimé le droit féodal, mais encore on s'est emparé de la terre sur laquelle le droit féodal était assis, comme la Convention a fait en France, *ce qui est une injustice réelle*, car cela ne pouvait se faire, comme l'avait fait l'Assemblée Constituante, qu'en mettant la condition de rachat, mais, on a trouvé qu'elle avait été trop modérée et on s'est emparé du fond. *C'est une injustice* qui ne peut être tolérée, à moins que ces dispositions n'aient été autorisées par quelque usage qui, jusqu'à présent, n'est point à ma connaissance. »

Pour en finir avec ces principes généraux de Napoléon en matière de législation, notons que l'Empereur avait le pressentiment de la révolution économique que notre siècle a vu s'accomplir, c'est-à-dire de l'extension prise, depuis son règne, par la propriété mobilière : « Jadis, dit-il, on ne connaissait qu'une espèce de propriété : celle des terrains. Il en est survenu une nouvelle : celle de l'industrie, aux prises aujourd'hui avec la première. »

Voyons maintenant Napoléon dans ce Conseil d'État, où il a acquis sinon ses plus grands titres de gloire, du moins ceux de la gloire la plus pure et la plus solide.

Sous le Consulat, Napoléon se regarde comme le simple collègue des Conseillers d'État ; son fauteuil, en acajou et en velours brodé d'argent, ne se distinguait pas des autres ; un peu plus élevé, c'est à peine s'il paraissait être le siège du président.

Napoléon portait cette même simplicité dans la discussion ; il était « en famille », suivant son expression et, de fait, souvent son langage familier nous en fournit la preuve. Thibaudeau nous a raconté combien la discussion y était libre et franche. Bonaparte y prenait une part active ; il supportait très bien la contradiction ; « il se conduisait, en un mot, comme le président d'un corps et pour ainsi dire le premier entre des égaux. »

Ce qui frappait chez lui, en dehors de ce ton de la conversation, c'était la clairvoyance de son esprit et l'originalité de ses expressions : aucune lassitude ne se laissait apercevoir chez ses auditeurs, et il arriva souvent, lors de la discussion du livre des personnes, que la séance, commencée à midi, ne finit pas avant neuf heures du soir.

La seule critique qui lui ait été sérieusement adressée, l'a été par Lacretelle qui, malgré sa partialité, ne peut cependant trouver à lui reprocher que l'excès même de ses qualités : « Même en discutant, il cause, il rêve, il va plus loin qu'on ne peut le suivre. J'ai entendu dire à quelques-uns de ses Conseillers d'État, ses plus chauds admirateurs qu'il fatiguait quelquefois l'attention par l'abondance un peu confuse des résultats qu'il présentait coup sur coup (1). »

Sous l'Empire, les choses changent un peu d'aspect. Les principales lois sont votées ; les guerres appellent l'Empereur loin de sa capitale, et cependant « si les conseillers d'État n'entendaient plus aussi souvent sa voix, ils savaient bien que sa pensée ne cessait pas d'être au milieu d'eux. »

Le 24 avril 1805, il écrivait à Cambacérès, son représentant le plus autorisé devant le Conseil : « Les États ne prospèrent point par l'idéologie. Faites discuter les projets. Envoyez-moi les objections du Conseil, etc. » Il montre quelquefois son mécontentement ; par exemple dans cette lettre du 5 avril 1807 : « Je me plains de ce qu'on n'approfondit rien au Conseil d'État. »

Mais, dès que l'Empereur revenait à Paris, il se hâtait de se rendre au Conseil. Voici comment M. de Cormenin nous a dépeint le cérémonial des séances impériales : « A peine, au retour de ses grandes batailles, avait-il déchaussé ses éperons, qu'on entendait à la porte du Conseil un frémissement d'armes : trois fois le tambour roulait. Les portes s'ouvraient à deux battants et l'huissier criait : L'Empereur, Messieurs ! Napoléon marchait à pas brusques à son fauteuil, saluait, s'asseyait, se couvrait, tandis que ses officiers et souvent des princes étrangers, rangés derrière lui, tête nue, se tenaient dans le silence (1). »

Avant de rechercher l'opinion de Napoléon sur ses collaborateurs, n'est-il pas intéressant de savoir ce qu'il disait lui-même, à Sainte-Hélène, de son rôle au Conseil d'État : « Tronchet, disait-il, en était l'âme et moi le démonstrateur », puis, complétant cette pensée, l'auguste narrateur ajoutait : « Napoléon, avec son esprit vif et sa grande facilité à saisir et à créer des rapports lumineux et nouveaux, prenait la parole ; et, sans autre connaissance de la matière que les bases justes fournies par Tronchet, il développait les idées, écartait les objections et ramenait tout le monde. »

C'est exactement l'appréciation de Thibaudeau, qui a constaté le même fait, sans être obligé d'y mettre la réserve que l'Empereur lui-même était forcé d'observer ici (A).

Quant à ses collaborateurs, Napoléon les caractérise ainsi en 1804 : « Tronchet est un homme qui a de grandes lumières et une tête très saine pour son âge Je trouve Rœderer faible. — Portalis serait l'orateur le plus fleuri et le plus éloquent, s'il savait s'arrêter. — Thibaudeau, ce n'est pas là le genre de discussion qui lui convient, il est souvent trop froid. — Cambacérès fait l'avocat ; il parle tantôt pour, tantôt contre. »

Quoi qu'il en soit de ces critiques de détail, il avait pour ces législateurs une véritable estime, doublée presque d'affection ; je n'en veux pour exemple que cette lettre datée de Burgos le 18 novembre 1808, dans laquelle il prescrivait de placer, dans la salle des séances du Conseil d'État, les statues de Portalis et de Tronchet.

En Italie, il y avait aussi un Conseil d'État ; Napoléon ne s'en occupait guère et nous ne trouvons

---

(A) Pour expliquer l'aptitude de Napoléon pour toutes les questions de droit, on a raconté qu'un jour, dans sa jeunesse, se trouvant aux arrêts, il fut enfermé dans une pièce où le seul livre laissé à sa disposition était un exemplaire des *Pandectes*. Napoléon, toujours laborieux, s'absorba dans la lecture de cet ouvrage où il puisa les premiers principes d'une science dont il se montra plus tard si familier.

à citer, à propos de cette assemblée, que les conseils suivants qu'il adresse au vice-roi : « N'y prenez jamais la parole. On ne mesure pas la force d'un prince qui se tait ; quand il parle, il faut qu'il ait la conscience d'une grande supériorité. Vous tenez le Conseil d'État à quatre heures du matin, c'est un peu de bonne heure. » (1)

Il convient de terminer cette étude de la participation de Napoléon aux travaux du Conseil d'État, en rappelant que, dans ses derniers entretiens avec Montholon, l'Empereur exprima le désir qu'un ouvrage fut fait qui rappellerait toutes les opinions qu'il avait soutenues dans le sein du Conseil d'État. Les ouvrages de Thibaudeau et de Pelet de la Lozère ont satisfait presque complètement à ce vœu de l'Empereur mourant.

Avant d'aborder les diverses parties du Code civil, dont la discussion a été présidée, conduite, éclairée par Napoléon, nous allons rappeler en quelques mots les conditions matérielles qui forment ce que l'on pourrait appeler la Genèse même du Code.

Une commission était chargée des travaux préparatoires ; elle se composait de Portalis, Tronchet, Maleville et Bigot de Préameneu. Napoléon ne cessait de presser ces jurisconsultes de hâter leurs travaux ; puis, pour assurer un contrôle sérieux des dispositions proposées, ce travail de préparation était envoyé à tous les tribunaux français et ceux-ci devaient faire connaître leurs observations dans un certain délai.

Cette procédure, inventée par le Premier Consul, faisait ainsi appel à toutes les lumières.

Les observations une fois parvenues, il en était tenu compte et le projet était soumis, dans le Conseil d'État, en présence de ses auteurs, à l'examen de la section de législation.

Il n'entre pas dans le cadre de cet ouvrage de faire connaître la suite de la procédure législative, les obstacles qu'elle rencontra dans l'opposition du Tribunat, les motifs qui poussaient Napoléon à se prononcer pour la présentation en masse des titres du Code. Nous sommes dans le sein du Conseil d'État et nous ne devons pas en sortir ; aussi bien, ce sera dans cette assemblée que se passeront toutes les discussions, que se produiront les interventions de Napoléon, les seules qu'il nous soit nécessaire d'étudier pour connaître les principes législatifs et judiciaires du Consul et de l'Empereur.

Dans une des premières séances, quelques membres et entre autres Rœderer, proposèrent de rédiger non pas des procès-verbaux proprement dits, mais des résumés très sommaires. Napoléon s'y opposa. Il voulut que ses opinions personnelles, alors même qu'elles ne seraient pas adoptées, soient connues du public (1).

Les procès-verbaux, avant d'être publiés, étaient revus et corrigés par Cambacérès.

Cette question de la rédaction des procès-verbaux est, d'ailleurs, de la plus grande importance. Locré en fut chargé et, comme l'a très bien fait remarquer Thibaudeau, son style froid, compassé, officiel, loin d'avoir flatté le Premier Consul, en éteint, au contraire, sinon les qualités principales, du moins les plus brillantes. Parlant une langue officielle et de convention, ses discours ont, en grande partie, perdu la liberté, la hardiesse de la pensée, l'originalité et la force de l'expression qui en étaient la marque caractéristique. Que de fois, Thibaudeau répétera, non sans amertume : « Voilà comment le Premier Consul parlait au Conseil d'État ; ce qui diffère absolument de la manière dont les procès-verbaux le font parler. » Toute la fin de son ouvrage est consacrée à nous présenter en regard les propres paroles de Napoléon, telles que Thibaudeau les avait entendues et celles qui sont prêtées à l'Empereur dans le procès-verbal de Locré. Cette étude est des plus intéressantes ; nous ne pouvons qu'y renvoyer le lecteur, non sans avoir cité, à titre d'exemple, une des discussions qui fait le mieux ressortir la différence des deux textes ; Emmery avait proposé, comme cause de divorce, l'incompatibilité de caractère exprimée par le consentement mutuel ; le Premier Consul admet ce principe, mais, en outre, avec le consentement des parents. Les adversaires du divorce combattirent le principe. Locré met ces paroles dans la bouche de Napoléon : « On se méprend sur mon système. Ce n'est pas un tribunal de famille que je veux, c'est le consentement de la famille ou plutôt des deux familles. Le tribunal public serait le seul qui prononcerait le divorce, mais sans procédure et sans examen, quand les époux lui auraient justifié de ce double consentement. Il faudrait que les pères et mères, en un mot tous les parents, appelés des deux côtés, eussent été unanimes. Leur aveu serait une garantie suffisante ; car ils ont intérêt à maintenir un mariage qu'ils ont formé et ils ne partagent pas l'égarement et les passions qui peuvent faire agir les deux époux. »

Lisez maintenant le propre texte des paroles du Premier Consul :

« Les lois sont faites pour les mœurs. Il y aurait de l'inconvénient à obliger un époux de poursuivre devant les tribunaux le divorce pour adultère. Cette cause doit être couverte par le consentement mutuel qui n'est pas une raison de divorce, mais un indice de sa nécessité. Le conseil de famille examine les faits et décide. En procédant ainsi vous êtes bien éloignés du système de ceux qui admettent la simple incompatibilité et qui me paraît absurde. On craint d'ouvrir la porte au divorce pour des motifs trop légers. Si le mari et son père étaient, par exemple, d'accord, le père de la femme refuserait son consentement ; il dirait : je m'oppose, ma fille est sage ; si je consentais, on la croirait coupable. Vous la menacez d'une action en justice ; eh bien, allez, elle ne craint rien ; nous soutiendrons le procès. Si au contraire la femme était coupable d'adultère ses parents consentiraient au divorce. L'adultère qui, dans un Code civil, est un mot immense, n'est dans le fait qu'une galanterie, une affaire de bal masqué. »

D'ailleurs, cette question du divorce abonde en sujets dans lesquels Napoléon pouvait laisser libre cours à sa fantaisie et à l'originalité de son langage et de son esprit.

D'autre part, si Locré nous a privé des ardeurs de la lutte et des fantaisies de la discussion, en retour nous trouvons dans son œuvre Napoléon corrigé par lui-même avec toute sa pensée définitive sur chaque question; à côté des improvisations qui pourront nous découvrir une face particulière et originale du génie de l'Empereur comme orateur, nous aurons ses idées corrigées par lui, réunies en un faisceau d'arguments serrés, et qui nous montreront qu'il possédait au plus haut degré cette précision et cette lucidité d'esprit, si nécessaires dans l'étude des problèmes de la législation et du droit.

On comprendra que nous ne puissions nous arrêter aux détails de chacune des discussions auxquelles Napoléon a pris une part active ; ce serait refaire toute l'étude historique du code civil, entrer dans une voie où les grands principes courraient le risque de disparaître dans la multiplicité des petites choses; ce qu'il faut, c'est puiser dans les débats du conseil d'État la substance même des doctrines supérieures de l'Empereur sur ces questions de famille et de propriété, bases de toutes les législations. Ces aperçus suffiront pour faire connaître d'une façon très complète, le grand législateur que fut Napoléon et la part de gloire personnelle qui lui revient dans cette belle œuvre de la codification des lois françaises.

L'Empereur disait que la naissance, le mariage et la mort sont les trois grands sacrements de la vie. Nous allons le suivre dans les développements qu'il donnait de cette pensée et qui, en résumé, comprennent tout le titre des personnes.

C'est à lui que l'on doit la définition légale du domicile : « Là où l'on a son principal établissement » et cette belle pensée à propos des actes civils des militaires, « Là où est le drapeau, là est la France. »

Parlant de la mort civile, Napoléon refusait d'admettre que la femme du condamné puisse être, malgré sa volonté, considérée comme veuve. Voici la raison qu'il en donnait : « Pourquoi serait-il défendu à la femme, convaincue de l'innocence de son mari, de continuer à vivre avec lui ? Pourquoi, si elle le fait, serait-elle traitée de concubine ? Combien d'hommes ne sont coupables qu'à cause de la faiblesse de leurs femmes ? Qu'il soit donc permis à celles qui ont causé leurs malheurs de les adoucir en les partageant ! »

Au titre des absents, Napoléon se signalait par l'organisation de la présomption d'absence : il y avait, disait-il, une question d'intérêt pour l'absent comme pour le public et, de la façon dont il défendit la femme de l'absent, on peut conclure que s'il eut été là, le droit successoral de l'époux survivant n'aurait pas été réglé comme il l'a été.

Quant au mariage, aucune partie du droit civil ne le captivait davantage. Comme on avait proposé les âges de quinze et de treize ans pour contracter mariage, Napoléon s'y opposa formellement en disant que, de cette façon, on n'aurait pas une bonne race, et que, de plus, dans une législation qui admettait le divorce, on ne peut pas espérer la durée des unions si on permet de les contracter au sortir de l'enfance.

C'est à lui qu'on doit la possibilité pour le sourd-muet de se marier : « Il a connu par ses père et mère la société du mariage; il peut manifester sa volonté de vivre comme eux. Pourquoi donc aggraver son malheur? »

Nous ne suivrons pas Napoléon dans les discussions relatives à la célébration du mariage civil, qu'il aurait voulu voir entourée de plus de solennité; ni dans les théories qu'il professait sur l'annulation des mariages, annulation qu'il voulait aussi restreinte que possible car, le mariage ayant été consommé, il y a eu, comme il le disait dans son langage militaire : « échange d'âme et de transpiration. » D'ailleurs, l'idée dominante de Napoléon dans toute cette discussion, comme dans celle du divorce, c'est de maintenir autant que possible les mariages, car la morale publique ne peut qu'y gagner (1).

Napoléon fut certainement de tous les auteurs du Code celui qui tenait le plus à l'établissement du divorce. Il le prohibera dans les statuts de la maison Impériale; mais c'est parce qu'il avait par dessus tout horreur du scandale, et que, de plus, il pensait avec raison qu'un pareil exemple parti de si haut, ne pourrait avoir que des conséquences désastreuses sur l'opinion et sur la moralité publiques. Napoléon, nous l'avons vu, hésita longtemps à servir d'une loi qu'il avait si bien défendue lors de la rédaction du Code Civil ; c'est précisément à cause de cette horreur de tout ce qui était bruit ou scandale. S'il finit par divorcer, ce fut moins à cause de l'inconduite de Joséphine qu'il tolérait depuis longtemps, que par nécessité politique. Il voulait un héritier direct de son sang, et il ne le voulut, avec acharnement, que lorsqu'il lui fut bien démontré, par leur conduite politique, que ses frères seraient incapables de lui succéder sur le trône. Tel est le secret d'une contradiction apparente entre les actes et les principes de Napoléon. Quant à dire, comme l'a soutenu Locré, que Napoléon méprisait et détestait le divorce et que tous ses arguments en faveur de cette loi ne furent dictés que par une considération toute personnelle, il faudrait admettre que Napoléon ait eu, dès cette époque, l'intention de divorcer, auquel cas il aurait attendu bien longtemps pour réaliser cet acte qui, d'après Locré, lui tenait tant au cœur ; de plus, l'intervention de Napoléon était absolument inutile pour faire voter le divorce ; il devait figurer dans le Code : au lendemain de la Révolution, c'était une nécessité pour le législateur (1). Napoléon n'avait pas besoin de donner de sa personne ; bien au contraire, il n'aurait pu que se compromettre en s'engageant aussi à fond qu'il l'a fait, dans le débat, s'il avait eu cette idée primordiale (2). D'autre part, si Napoléon, au début, interdit la publication des procès-verbaux de la discussion sur le divorce, cela n'était nullement pour dissimuler des projets qu'il n'avait pas encore, mais bien plutôt pour éviter de blesser le sentiment religieux, en montrant que le chef de l'État était un adversaire décidé de l'indissolubilité du mariage.

Cette question, personnelle pour ainsi dire, une fois tranchée, passons, avec l'Empereur, à l'étude de certains points de détails de cette matière si riche en discussions de toutes sortes.

Poussé par ce désir constant d'éviter l'éclat et le bruit, Napoléon se prononçait formellement pour le divorce par consentement mutuel : « Il faut laisser à des époux qui se méprisent ou se détestent, les moyens de se désunir sans être assujettis à une preuve souvent impossible. Il faut masquer les causes honteuses comme l'adultère, qui ne peuvent être énoncées publiquement sans flétrissure ou ridicule, et empêcher d'avoir à révéler jusqu'aux détails les plus minutieux et les plus secrets du ménage. Quel est celui qui, comme cet ancien, voudrait que sa maison fût de verre, pour qu'on vît son intérieur et ses moindres mouvements de nerfs ? Ce déshonneur doit être laissé aux hommes à masque de bronze. »

Le principe même de la loi, il l'établissait sur ce fait que, « quand une union est malheureuse, la loi civile, qui demeure étrangère aux idées sacramentelles exaltées, doit pourvoir au bonheur des individus. »

La procédure recommandée par Napoléon était originale. Il voulait que le jugement prononçant le divorce fut rendu par une sorte de tribunal de famille ; ainsi « je ne fais rien contre les époux, disait-il, puisque je veux le consentement mutuel ; et je ne fais rien contre le mariage, puisque je demande l'adhésion des parents. » Le système préconisé par Napoléon n'eut pas gain de cause.

Sentant la nécessité de concilier l'indissolubilité du mariage avec le divorce, Napoléon s'en tirait ainsi : « Le mariage est indissoluble en ce sens qu'au moment où il est contracté chacun des époux doit être dans la ferme intention de ne jamais le rompre, et ne doit pas prévoir les causes accidentelles, quelquefois coupables, qui, par la suite, pourront en nécessiter la dissolution. Il n'est pas dans la nature des choses que deux êtres organisés à part soient à jamais parfaitement identifiés : Il n'y a rien qui blesse davantage les bonnes mœurs qu'une loi qui rend le divorce impossible, car il n'y a de bonnes mœurs qu'à maintenir les bons mariages. »

Dans la discussion sur le divorce, comme dans celle sur la séparation de corps, il arrivait souvent qu'on mêlait les deux questions. Napoléon demanda deux chapitres ; son esprit mathématique lui fournit une comparaison : « Ce sont des parallèles. Or, les parallèles ne pouvant jamais se rencontrer, il convient de raisonner séparément sur les deux cas. »

Il montrait pour la séparation de corps une aversion qui résultait à la fois, de la publicité de sa procédure et de l'inconvénient qu'elle a de pousser les époux séparés dans de mauvaises mœurs, puisque tout lien légitime leur est interdit. C'était donc encore, incidemment, un excellent argument qu'il apportait en faveur du divorce.

A ces critiques, il en ajoutait une nouvelle, pleine de bon sens et de vérité, à Sainte-Hélène : « C'est un mezzo termine, disait-il qui ne pouvait trouver d'application que dans les hautes classes sociales : les masses populaires n'y peuvent trouver une protection. »

A propos de la discusssion du titre de la pater-

nité et de la filiation, Napoléon disait que la règle
« *Is pater est* » est la sauvegarde des mariages
et des familles ; c'est de plus, une protection due
par la loi, à l'enfant qui ne peut se défendre.
« Pourquoi une exception tirée de l'adultère ? La
preuve de l'adultère qui prouve la possibilité
d'une autre paternité, ne constitue point l'impossibilité de celle du mari. La théorie contraire ruine
l'autorité maritale. Un mari doit avoir le droit de
dire à sa femme : « Vous ne sortirez pas, vous
n'irez pas à la comédie, vous ne verrez pas telle ou
telle personne, car les enfants que vous ferez
seront à moi, » sans cela, la femme lui répondrait :
« Pourquoi voulez-vous gêner ma liberté ? Si vous
soupçonnez ma vertu, vous avez la ressource de
prouver que l'enfant n'est pas de vous. »

Napoléon, qui repoussait la preuve de l'impuissance naturelle, n'admettait que l'impossibilité physique tirée de l'absence du mari, « parce qu'il n'y
a que l'imagination avec laquelle on ne puisse pas
faire d'enfants, » et l'impuissance accidentelle produite par une blessure ; dans tous les cas, il voulait, chose étrange, que le père fut tenu d'adopter
l'enfant. Cet enfant, que, d'instinct, il ne peut que
détester !

De plus, Napoléon rejetait la théorie médicale
qui fixe un certain nombre de jours pour la grossesse, en un mot, il tâchait de rendre l'action en
désaveu aussi rare que possible, et cependant c'est
lui qui est l'auteur de la disposition suivante :
« Le mari pourra désavouer, quand, à la circonstance d'adultère de la femme, se joindra le fait

du recel de la naissance, ce qui est un aveu tacite et un témoignage contre la légitimité de l'enfant. »

En cas de rapt, alors même que la grossesse correspondrait à cette époque, Napoléon ne voulait pas que le ravisseur fut déclaré père malgré sa volonté. « Cette reconnaissance est contre les principes. La loi doit punir l'individu qui s'est rendu coupable de viol, elle ne doit pas aller plus loin. Si sa paternité pouvait être prouvée, il faudrait même le forcer à épouser la mère, mais cette preuve est impossible... La société n'a point d'intérêt à ce que les bâtards soient reconnus. »

Napoléon a marqué la discussion du titre de l'*Adoption* de l'empreinte de son ardente imagination. Elle n'existait pas dans l'ancien droit ; c'était donc un terrain où la science du jurisconsulte était d'une moindre utilité que sur tout autre.

En tout cas, il est faux que ce soit en vue de l'adoption d'Eugène que Napoléon prit une telle part à cette discussion ; car il demandait à la loi d'exiger cinquante ans pour l'adoptant et moins de dix pour l'adopté.

On trouve chez Napoléon deux périodes bien distinctes dans la discussion de ce titre : la première est une période d'emphase et d'idées irréalisables ; la seconde est celle qui a été consacrée par la loi actuelle.

« L'adoption, dit Napoléon, doit être un contrat destiné à imiter la nature. C'est le plus grand acte que l'on puisse imaginer. » Il veut qu'elle soit l'objet d'une loi : qu'elle vienne d'en haut comme la foudre, que le législateur, comme un pontife, donne le caractère sacré. Nous ne suivrons pas Napoléon dans le développement de toutes ces idées où il n'a qu'un but : frapper fortement l'imagination.

C'est à cette période aussi qu'il faut rattacher l'opinion de Napoléon sur l'adoption des bâtards : « C'est une conception heureuse de venir par l'adoption au secours d'un enfant abandonné. Donner aux bâtards la capacité de succéder, ce serait offenser la morale ; mais elle n'est plus outragée si cette capacité leur est rendue indirectement par l'adoption. La loi, en les privant de succéder, n'a pas voulu punir ces infortunés des fautes de leurs pères, elle n'a voulu que faire respecter les mœurs et la dignité du mariage. Le moyen ingénieux de les faire succéder comme enfants adoptifs concilie la justice et l'intérêt de la morale. »

Dans la seconde phase, c'est le système qui a été adopté par le Code dont Napoléon se fait le défenseur ; il est beaucoup plus simple, moins théâtral : « L'adoption sert à se préparer pour la vieillesse un appui et des consolations plus sûrs que ceux qu'on attendrait des collatéraux. Elle ne change rien à nos mœurs, puisqu'elle se borne à régulariser le droit déjà existant de faire porter son nom. On donne ainsi un père à des enfants orphelins. On lie ainsi l'enfance à la vieillesse et à l'âge viril. La transmission de nom est le lien le plus fort pour former cette alliance. »

Napoléon qui avait donné de sa personne, avec

une grande énergie, dans cette discussion ; qui avait été l'auteur de l'idée et du nom de la tutelle officieuse, constatait à Sainte-Hélène le peu d'utilité pratique de l'adoption. Il avait hésité entre l'application de celle-ci en faveur d'Eugène et le divorce : « Si Eugène me succédait, disait-il, je ne fondais pas une dynastie, car la paternité par adoption n'est qu'une fiction, et le bon sens du peuple la rejetterait. Le sang de la quatrième dynastie serait celui d'un Beauharnais et non celui d'un Napoléon (1) ».

Quoi qu'il en soit de ces deux théories si différentes de Napoléon sur le même sujet, cela prouve excellemment, comme le fait remarquer M. Pérouse, qu'il était capable de se modérer quand il le voulait et de revenir au but quand il s'apercevait qu'il l'avait dépassé.

Dans la discussion du titre de la *Puissance paternelle*, nous voyons l'autoritaire Napoléon beaucoup plus partisan de l'indépendance des enfants que de celle des femmes. Il blâmera sans doute l'indécision dans laquelle le projet laissait la plupart des questions relatives à l'éducation des enfants ; mais il proclamera la liberté du père de famille dans ces paroles qui méritent d'être répétées : « Même dans les gouvernements absolus, le despotisme s'arrête devant la maison de chaque particulier. Il pèse sur le chef de famille, tout en laissant celle-ci aussi absolument à la disposition de son chef, que lui-même est à la disposition du gouvernement. »

Comme contre-partie de sa puissance sur l'enfant, le père a des devoirs envers lui. Napoléon soutenait avec force que l'obligation alimentaire doit être générale et absolue, et non pas restreinte seulement au temps de la minorité. « Eh quoi! disait-il, un père pourrait chasser son enfant, fût-il estropié, quand il a vingt et un ans. Pourquoi l'a-t-il fait élever suivant ses moyens (et la loi l'y oblige d'ailleurs), s'il peut, à vingt et un ans, l'enlever aux habitudes de l'opulence et aux goûts que lui aura donnés son éducation ? Pourquoi, si le père est quitte envers ses enfants quand il les a élevés, ne les priverait-on pas aussi de sa succession ? Il doit toujours à ses enfants la gamelle paternelle. Autrement, vous forcerez les enfants à tuer leur père. »

Si du livre des Personnes, nous passons à celui de la Propriété, nous trouverons que Napoléon y a pris une part beaucoup moins directe; sans entrer dans le détail de ses idées sur la représentation et sur la réserve, nous rappellerons cependant que Napoléon était l'adversaire de la liberté absolue de tester ; il reconnaissait toutefois au père de famille certains droits limités ; c'est ainsi qu'il rappelait que la culture a besoin d'améliorations qui ne peuvent s'obtenir que par la conservation de la maison et du centre agricole, dans une même branche, pendant plusieurs générations ; de même pour le maintien du centre industriel ou commercial créé par le père et dont le démembrement entraîne à chaque génération la dissémination des capitaux. Ces arguments très sérieux, produits par Napoléon, dans différentes discussions sont précisément ceux qui ont été renouvelés de nos jours par l'école économique de M. Leplay.

Quant aux idées successorales de Napoléon, on en trouve le premier germe dans son discours de 1791 sur les *Vérités*, etc., c'est là qu'il disait que le premier devoir de la loi civile était d'assurer à chaque citoyen une part de propriété.

Napoléon ne prit aucune part à la discussion des titres des divers contrats sauf à celui de la vente ; il parla aussi lors de la discussion du bail à rente.

Lorsque le contrat de vente vint à l'étude, Napoléon trouva l'occasion de prononcer de nouvelles paroles de nature à rassurer encore une fois les acquéreurs de biens nationaux. Il s'y occupe de l'action rescisoire, montrant avec son bon sens ordinaire que si la justice voulait qu'elle fut donnée au vendeur, elle ne devait en aucun cas, appartenir à l'acheteur.

Comme pour montrer l'étendue de ses idées en législation, il allait jusqu'à discuter la question du bail à rente, et, là encore, il surprenait ses auditeurs par la lucidité de ses aperçus.

S'agit-il d'échanges entre les particuliers et l'État ou les communes, Napoléon proclame qu'il n'y a aucun inconvénient à laisser au Corps Législatif la connaissance des matières qui ne touchent qu'à la propriété, et qui ne sont pas faites pour exciter les passions.

Dans la discussion du titre des *Privilèges et hypothèques*, Napoléon se montrera partisan des principes nouveaux sur la publicité et la spécialité des hypothèques ; opérant une transaction entre l'ancien droit et le nouveau, il insiste pour que l'hypothèque légale produise des effets au profit des incapables, sans avoir besoin de se révéler par l'inscription.

Si Napoléon se montrait ainsi novateur, il ne faudrait pas en conclure qu'il ignorait les principes de l'ancien droit, et même du droit romain. Il a prouvé le contraire dans maintes circonstances et, notamment, dans les deux cas suivants : « La confusion de part, disait-il un jour, n'a pas fait impression sur les anciens; l'exemple d'Auguste prouve qu'ils épousaient des femmes enceintes. »

D'autre fois, à l'objection de Portalis que le mariage est le résultat même de la nature qui destine les hommes à vivre en communauté, Napoléon répondait : « Le mariage ne dérive pas de la nature, mais de la société et des mœurs, » et donnant une leçon de législation comparée en même temps que de droit romain, il ajoutait : « La famille Orientale est entièrement différente de la famille Occidentale. La première est composée de plusieurs épouses et concubines; cela paraît immoral : mais cela marche parce que les lois y ont pourvu. Les Romains avaient aussi d'autres idées de la famille ; son organisation vient des mœurs. »

Napoléon écrivait à Joseph, le 5 juin 1806 : « Le Code sert à morceler les fortunes; les substitutions par fidéicommis conservent, autour du trône, un certain nombre de familles attachées au souverain puisqu'elles ont été créées par lui. Faites de même à Naples. Tout ce qui ne vous est pas attaché va se détruire en peu d'années et ce que vous voudrez conserver se consolidera. C'est ce qui m'a fait prêcher un Code civil et m'a porté à l'établir. » Ces dernières paroles ont été sévèrement critiquées ; la codification faite par Napoléon n'avait plus, dès lors, a-t-on dit, qu'un but personnel. Mais, il faudrait pourtant remarquer qu'il n'est question ici que d'une des parties les moins communément applicables du Code, et que tout ce qu'on est convenu d'appeler le statut personnel resterait en dehors des prévisions égoïstes de l'Empereur.

De plus, n'est-il pas vrai de dire que si le Code n'avait été que l'instrument de l'ambition d'un seul homme, il l'aurait suivi dans sa chute ; s'il a survécu, c'est qu'il correspondait à un besoin réel ; ce n'est pas un titre de gloire sans importance que d'avoir reconnu cette nécessité.

Cette lettre nous amène à faire connaître rapidement l'opinion de Napoléon sur cette œuvre importante qui restera devant la postérité comme son plus grand titre de gloire (A).

Nous verrons d'abord, qu'il constatait sans difficulté que le Code n'est pas sans défauts ; de fait, plusieurs de ceux-ci viennent de ce que les rédacteurs s'écartèrent à certains égards des principes de la Révolution ; par exemple, quand ils laissèrent subsister dans le Code la confiscation et la mort civile. Mais, en retour, quelle opportunité

(A) Carnot disait au Tribunat, en 1804 : « Ne dussions-nous à Bonaparte que le Code civil, son nom mériterait de passer à la postérité. »

dans le choix du moment de la rédaction de cette grande œuvre, au lendemain même de la Révolution. Plus tard, comme on l'a si bien dit, le Code eut été trop empreint de la politique impériale, si personnelle.

Arrivons à l'opinion de Napoléon. Dans une lettre au Pape, le 21 mars 1805, l'Empereur disait : « En général, les lois civiles ne sauraient avoir qu'une bonté relative. Elles doivent être adaptées à la situation dans laquelle un peuple se trouve ; c'est au temps à les perfectionner. Il n'appartient qu'aux lois religieuses de recommander le bien absolu, qui est, de sa nature, immuable. »

A la séance du 8 brumaire an XII, Napoléon disait à ses collaborateurs que « le Code civil, sans être un ouvrage parfait, avait cependant opéré beaucoup de bien. » Dans le même ordre d'idées, il écrivait à Talleyrand, le 27 novembre 1808 : « Aucune loi n'est parfaite. Le code Napoléon lui-même qui, cependant, produit tant de bien, est loin de l'être. »

Cependant, Napoléon ne se montrait pas partisan des commentaires et des traités, publiés en vue d'élucider certaines dispositions obscures du Code : « Après avoir nettoyé l'écurie d'Augias, disait-il, il ne faut pas l'encombrer de nouveau. »

Mais il aurait voulu un Code général et universel, abrogeant toutes les anciennes législations, car, disait-il, « avec quelques édits de Chilpéric et de Pharamond déterrés au besoin, il n'y a personne qui puisse se dire à l'abri d'être dûment et légalement pendu. »

Aprés les critiques, les éloges. Au mois d'octobre 1808, dans ses notes pour l'exposé de la situation de l'Empire, Napoléon, qui l'appelait le « Code du siècle », disait que son principal mérite était « que la tolérance s'y trouvait non seulement prêchée, mais organisée, la tolérance, ce premier bien de l'homme. »

Et à Sainte-Hélène : « Ma gloire n'est pas d'avoir gagné quarante batailles. Waterloo effacera le souvenir de tant de victoires; c'est comme le dernier acte qui fait oublier les premiers. Mais ce que rien n'effacera, ce qui vivra éternellement, c'est mon Code civil, ce sont les procès-verbaux de mon Conseil d'État. »

Après le Code civil, ce sont les Codes pénal et d'instruction criminelle qui ont subi la plus forte empreinte du génie de l'Empereur.

Dans le Code criminel, la question du jury et la réunion des deux justices, civile et criminelle, sont l'œuvre personnelle de Napoléon.

En matière de pénalité, ses idées étaient en opposition absolue avec la règle de la limitation de la répression aux seuls cas formellement prévus. Cette limitation, qui est de droit strict, garantit la liberté et la fortune des citoyens contre les caprices possibles d'un juge peu équitable. Napoléon se laissait dominer par la préoccupation politique; on ne peut que se féliciter de ce que le principe soutenu par lui n'ait pas eu gain de cause dans notre Code pénal. Il disait: « Le système étroit qui ne permet aux juges de condamner que d'après une disposition qui qualifie formellement de crime ou de délit le fait qu'on leur défère, a les plus graves inconvénients ; tout ce qui n'a pas été prévu demeure impuni. Avec des lois qui entravent l'action de la justice, je suis obligé de rechercher moi-même les désordres qui troublent l'État et de les réprimer arbitrairement. Les lois pénales devraient être rédigées en style lapidaire et avoir la concision du décalogue. »

Malheureusement, ces idées anti-libérales de Napoléon se faisaient jour encore dans deux autres circonstances où il voulait ramener la législation française bien au-delà de la Révolution.

Qu'il veuille conserver la marque pour les faussaires, passe encore, bien que ce soit là une pénalité étrange et presque barbare, au seuil du XIXe siècle.

Mais qu'il se montre, comme nous allons le voir, un partisan convaincu de la confiscation, n'y aurait-il pas là de quoi nous étonner, si nous ne savions déjà, par une triste expérience, que Napoléon laissait fléchir quelquefois la justice et le bon droit, quand ses passions personnelles, c'est-à-dire ses passions politiques, car il n'en eût pas d'autres, étaient en jeu.

Voici ses propres paroles à la séance du 19 juin 1804 : « Le système de la confiscation se concilie parfaitement avec le principe de la successibilité, car ce n'est point de la nature qu'un père tient le droit de transmettre après lui ses biens à ses enfants, c'est de l'organisation sociale. Or, quand il l'attaque, il se dépouille lui-même du droit qu'elle lui donnait. » Il y a ici deux erreurs : la première, c'est que l'hérédité est une loi naturelle et non d'organisation sociale; la seconde, c'est que les fautes sont personnelles et ne doivent pas atteindre les enfants.

Napoléon qui voit, dans cette mesure, un frein pour les révoltés, ne s'aperçoit pas qu'il invoque un principe malfaisant quand il intéresse les familles à faire la police dans leur propre sein. S'il conserve la confiscation, c'est comme une garantie contre les hommes pour les empêcher de conspirer. L'intérêt était à ses yeux le principal mobile des actions humaines; faire de cet intérêt le ressort de tout un gouvernement c'est une faute politique, c'est presque aussi une faute morale.

Néanmoins, rien ne pourra convaincre l'Empereur, et, de même qu'il a violé le Code par l'institution des majorats, de même il a violé le droit de propriété par la confiscation. Il la justifiera avec cynisme; poussé à bout, il aura la prétention d'en faire une mesure excellente : « La confiscation a cet avantage qu'elle donne à toutes les familles intérêt à détourner ceux qui leur appartiennent de tremper dans une conspiration... Il est vrai qu'on a abusé de la confiscation, mais on a également abusé de la peine de mort, et c'est parce qu'on se souvient des abus qu'on répugne à une sévérité qui n'est que juste. »

Là où Napoléon se montre plus équitable, où il est animé d'un esprit plus moderne, c'est dans la question de la rélégation. Il en est partisan: le condamné, rebut de la société dans son pays, pourrait retrouver la vie civile dans le lieu où il est envoyé.

Dans ce projet grandiose, il faisait des déportés une nation particulière et « peuplait un nouveau monde en purgeant l'ancien. » La discussion fut ajournée et ce n'est ni au Consulat, ni à l'Empire, que revient l'honneur d'avoir tranché la question. Napoléon eut, du moins, le grand mérite d'en avoir été le précurseur.

Traçant des règles pour arriver à la démonstration de la culpabilité des prévenus, Napoléon disait que « tout système qui repose sur le principe que l'évidence seule doit déterminer les jugements criminels est pure idéologie. Dans ces matières, on ne peut ordinairement se décider que par des probabilités. »

Puis, trouvant que le nom d'humanité ne convient pas « à cette molle indulgence qui, en sauvant les coupables, expose les hommes de bien à leurs attentats », il faisait remarquer au Conseil d'Etat les dangers « d'une loi qui multiplierait les chances d'absolution en matière criminelle. Dans maintes circonstances, le gouvernement empiétant sur le pouvoir judiciaire serait obligé de violer la loi par des mesures d'exception. »

Napoléon se prononçait formellement contre toutes les vexations ou détentions injustes; il recommandait pour les prisons un régime salubre et voulait avant tout que les prévenus ne soient pas confondus avec les condamnés (1). Il écrit : « Le ministre visitera la maison du dépôt existant à la préfecture de police pour en rendre compte à S. M. dont l'intention est que ce lieu où les personnes, même les plus innocentes, peuvent se trouver conduites, soit tel que, du moins, on n'y éprouve aucune privation (1). » Une autre fois : « Faites-moi connaître quelle est la cause d'un si grand nombre de prisonniers et pourquoi la justice ne les juge pas. Vous connaissez toute ma sollicitude pour que les criminels soient sévèrement punis, mais aussi pour qu'aucun innocent ne souffre (2). »

Même sollicitude qui n'est plus qu'un sentiment tout naturel d'humanité pour que les condamnés à la peine capitale n'attendent pas trop longtemps leur sort. Le 19 juin 1805, il écrit au grand juge Régnier : « Il paraîtra cruel à tout le monde de retenir pendant trois mois un malheureux homme pour le faire ensuite exécuter. C'est donner à la justice un caractère de cruauté que toutes les lois s'efforcent de lui ôter ; et il me semble que mes ordres étaient précis et que vous n'étiez autorisé à accorder des sursis qu'autant que vous reconnaissiez que le cas était grâciable. »

Dans une lettre à Cambacérès, Napoléon nous fait connaître un détail anecdotique des mœurs du temps : c'est intéressant et, de plus, l'Empereur s'y montre sous un jour favorable : « Je lis un rapport du Ministre de la Police, relatif à un criminel nommé Perrée qui a excité la commisération de la ville et qui a été manqué par le bourreau. S'il n'y a aucun esprit de parti dans cet événement et si le mouvement populaire est l'effet d'une simple impulsion naturelle de pitié, sans projet concerté, mon intention est de faire grâce au coupable. Faites surseoir à son exécution, s'il en est temps (3). »

L'Empereur n aime pas la publicité qui est faite autour des grands criminels ; c'est malsain pour la morale, car « l'instinct du crime n'a pas besoin d'être remué encore par l'amour de la célébrité (1). »

En dehors des matières civiles et pénales, Napoléon a encore pris part d'une façon active, bien que moins importante, à la rédaction du Code de Commerce (1807) et à la loi administrative sur les Mines (1810).

Quant au Code de procédure, il ne s'en est nullement occupé, bien que Jaubert ait dit le contraire dans son discours au Corps Législatif.

Napoléon dit quelques mots sur la lettre de change ; mais ce sont les engagements des commerçants qui le préoccupent le plus : « Il est impossible de confondre les obligations des commerçants avec celles des autres citoyens. Un commerçant qui contracte une dette ne s'oblige pas seulement à en payer le montant, mais encore à le payer à un moment précis et qui ne peut être reculé sous aucun prétexte. Les obligations des particuliers n'ont pas ce caractère de précision. »

Aussi, Napoléon se montre-t-il partisan de la contrainte par corps en matière commerciale seulement : « hors de là, disait-il, cette voie est trop sévère quand il n'y a qu'un léger retard. » Cependant, même en cette matière où il montre une sévérité spéciale, il reconnaît que, suivant les cas, il devrait y avoir certains tempéraments. « Les billets à ordre, dit-il, n'ont pas toujours une cause juste et raisonnable. On les fait pour solder les dettes de jeu, les dettes de la débauche, les plus folles dépenses ; et l'on prétendra gravement qu'il faut tout confondre et soumettre à la contrainte par corps quiconque les a signés, sans prendre en considération la nature de la dette !... »

S'agissait-il de la femme du failli, un désastre récent (A) donnait à l'opinion de Napoléon un intérêt d'actualité tout particulier ; à la séance du 28 juillet 1807, il s'exprimait ainsi : « Dans une communauté de biens et de maux, telle qu'est le mariage, il est inconcevable que le désastre du mari ne retombe pas d'abord sur sa famille, et que sa femme ne sacrifie pas tout ce qu'elle possède pour prévenir ou, du moins, adoucir les torts d'une personne avec laquelle elle est si étroitement unie. Il répugne de voir la femme d'un failli étaler un luxe insolent auprès d'un malheureux créancier dont les dépouilles l'ont peut-être enrichie. Ne serait-ce donc pas assez de la réduire à de simples aliments ? Encore une fois, la femme est appelée naturellement à partager le malheur de son mari, comme elle l'est à partager sa bonne fortune. »

La loi administrative des mines est presque l'œuvre exclusive de Napoléon. Il fit à ce propos une sorte d'historique du droit de propriété ; nous en avons déjà parlé. Voici les bases de cette loi. Par respect pour la propriété, Napoléon veut que le concessionnaire paie une redevance au propriétaire de la superficie ; il veut que, de son côté, la concession minière soit une véritable propriété :

(A) La faillite Récamier, 1806.

« Moi-même, avec les nombreuses armées qui sont à ma disposition, je ne pourrais m'emparer d'un champ ; car, violer le droit de propriété dans un seul, c'est le violer dans tous. Le secret est donc de faire des mines de véritables propriétés et de les rendre par là sacrées dans le droit et dans le fait. » L'exploitation devra être libre et sans entraves ; et, comme la routine administrative se révolte, Napoléon répond : « Si le gouvernement fixe la manière dont chacun exploitera, il n'y a plus de propriété. Il faut se reposer sur l'intérêt des individus. Les propriétaires des mines sentiront qu'au lieu de gratter à la surface, il faut faire des galeries ; ils ne voudront pas renoncer aux avantages d'un grand système d'exploitation pour un léger bénéfice d'un moment... Ce qui défend le mieux le droit du propriétaire, c'est l'intérêt individuel... Tout ce qui gêne l'usage de la propriété déplaît aux citoyens... C'est un grand défaut dans un Gouvernement que de vouloir être trop père. A force de sollicitude, il ruine et la propriété et la liberté... A force de multiplier les entraves, on fait marcher la France à grands pas vers la tyrannie. »

Cette loi des mines peut paraître aujourd'hui très arriérée ; il faut tenir compte de l'époque où elle a été édictée et des progrès qu'elle faisait faire à la législation en vigueur. C'est le sort des lois administratives d'être essentiellement passagères ; leur mérite est de tenir compte des besoins du moment et de prévoir assez l'avenir pour conserver quelque chance de durée. Qui pourrait dire que là ne fut pas la grande qualité de cette loi et qui pourrait croire que c'est un grand capitaine qui, entre deux batailles, trouvait le temps d'organiser avec tant de science une législation aussi sage que compliquée (1).

Aucune des branches de la justice n'échappait à Napoléon. Il définissait, en jurisconsulte consommé, tantôt les délits militaires, tantôt les délits ecclésiastiques ; il différenciait avec précision les délits commis par ces catégories de personnes, en raison de leur profession, de ceux qu'ils auraient commis comme citoyens ; la préoccupation de l'équité le poursuivait ici encore et il déclarait qu'il n'y a pas d'injustice à soumettre les militaires à la juridiction des conseils de guerre, parce que ceux-ci « ne sont pas plus indulgents, si même ils ne sont pas plus sévères que les cours criminelles ordinaires. »

Enfin, pour certains cas, il réclamait le droit d'avoir à sa disposition des lois d'exception. Il visait en cela, surtout les émigrés qui, disait-il, avaient commis un crime de lèse-nation. Puis, rappelant que tous les pays ont ou ont eu leurs lois révolutionnaires, il ajoutait qu' « on ne doit pas hésiter à convenir qu'il y a de ces lois qui appartiennent aux maladies du corps politique. »

§ 2. — *Organisation et administration judiciaires de la France.*

Napoléon avait, pour les manifestations extérieures de la justice, ce respect qu'il a toujours montré pour les grandes institutions sociales. Il voulait que dans le sanctuaire de la loi, il n'y eut jamais aucune marque d'approbation ou d'improbation ; « C'est, disait-il, une question de respect pour la justice. Les citoyens doivent se comporter aux audiences d'une manière différente que dans les lieux de divertissement et de plaisir... La rigueur qu'on déploie contre les auteurs du désordre ne blesse pas les droits du citoyen : car ces droits ne consistent pas à troubler l'exercice de la justice. »

D'ailleurs, Napoléon admettait ici, plus encore que dans l'administration, la nécessité des formes : « C'est, dit-il, la garantie nécessaire de l'intérêt particulier. Des formes ou l'arbitraire, il n'y a pas de milieu. C'étaient des temps barbares que ceux où les rois, assis au pied d'un arbre, jugeaient sans formalité ; » et, en effet, c'est un des traits distinctifs de Napoléon d'avoir tenu à conserver aux tribunaux toutes leurs prérogatives à l'encontre de l'administration et d'avoir hautement apprécié les garanties qu'ils offrent aux citoyens. Jamais, d'ailleurs, il ne voulut admettre que l'instruction des affaires judiciaires put être faite par l'autorité administrative; et ce n'est pas dans ce sens qu'il faudrait interpréter le rôle qu'il confie au maire d'être un officier de police judiciaire ; il s'adressait simplement à ce magistrat, parce que, dans beaucoup de cas, le maire est le seul fonctionnaire qui puisse constater le flagrant délit et poser les premières bases de l'instruction d'une affaire.

Napoléon qui constatait que notre jurisprudence était un tableau de marquetterie ; qu'elle ne découlait pas d'un principe général, devait se préoccuper de remédier à ce défaut en exigeant des magistrats des garanties de savoir et des obligations professionnelles dont nous allons considérer le détail.

Napoléon se plaignait de ce que, en général, les juges étaient peu travailleurs et voici l'idéal qu'il s'en formait: « On n'est point véritablement magistrat sans le respect le plus profond, sans le dévouement le plus absolu aux grands intérêts de la patrie. » Les magistrats sont obligés à une tenue particulière ; ils doivent surveiller leurs relations. Napoléon ne leur permettait point d'intimité avec les avocats: « Le pouvoir des magistrats s'énerve, lorsqu'ils vivent familièrement avec les défenseurs des accusés qu'ils sont chargés de juger. »

Le moyen qu'il préconisait pour donner aux magistrats cette considération nécessaire, partie intégrante de leurs fonctions, c'était, d'après lui, de réunir les justices civile et criminelle dans la main des mêmes juges. « Les tribunaux seront sans considération, disait-il, tant qu'ils ne cumuleront pas les deux justices. » Il paraissait, d'ailleurs, attacher une importance beaucoup plus grande à la justice criminelle; il ne cesse de réclamer la célérité dans les jugements; il déclare formellement que « l'absolution d'un coupable ou la condamnation d'un innocent, sont d'un bien plus grand intérêt pour la société, que la perte ou le gain d'un procès civil. »

Voyons maintenant ce que Napoléon pensait des degrés de juridiction établis par lui, du rôle de de chacun des magistrats ; c'est à Napoléon qu'il faut reporter la conception de la cour de Cassation, juridiction suprême, qu'il appelait seulement à connaître de la violation des formes. « Il faut prendre garde qu'elle n'en arrive pas à connaître le fond des affaires. On arriverait à cet abus si on lui renvoyait indistinctement toute fausse application, toute contradiction à la loi. »

La cour d'assises était fixée au chef-lieu du département, parce que les juges, procureurs, greffiers, jurés et témoins s'y trouvent déjà ou s'y réuniront plus facilement : de là, économie de temps et de frais. Quant aux présidents, Napoléon s'était montré très partisan de l'ambulance, et cela pour plusieurs motifs, parmi lesquels la politique ne tenait pas la moindre place. C'était, dans certains cas, presque un moyen de gouvernement. Napoléon ne s'en cache pas du reste. Voici les motifs qu'il invoque pour l'ambulance : 1° On peut choisir un président dont le caractère convient aux localités et aux circonstances ; 2° Il sera dégagé de toute prévention, de toutes les influences de clocher ; 3° c'est augmenter le prestige des cours d'appel, en permettant ainsi d'envoyer présider un de leurs membres.

De l'institution du jury qui est la base même de la cour d'assises, voici ce que Napoléon pensait : il en était un partisan convaincu, parce qu'il établissait les jurés, juges du fait, vis à vis des tribunaux, juges du droit, et qu'il trouvait que c'était donner trop d'importance aux magistrats que de les constituer juges du fait et du droit pour les affaires politiques et pour les affaires criminelles, le jury est une excellente chose; quant aux affaires civiles, il est indispensable de n'en confier le jugement qu'à des hommes instruits et habitués aux affaires, par conséquent à des magistrats et non pas à des jurés. Ceux-ci, dans les affaires où le jury était compétent, devaient être pris dans la classe la plus instruite de la population; les meilleurs jurés seraient des juges réunis à cet effet, mais la chose était impraticable. L'unanimité est de l'essence du jury, et à cause de cela, Napoléon demandait que la loi exigeât au moins les deux tiers des voix pour la condamnation.

Quant au jury d'accusation, Napoléon se prononçait formellement contre cette institution.

Nous venons de citer l'opinion de l'Empereur, absolument favorable au jury des cours d'assises. Que faut-il penser dès lors de ces paroles prononcées au Conseil d'État, rappelées par Pelet de la Lozère, et qui condamnent absolument le jury : « Les jurés, dit Napoléon, acquittent presque toujours les coupables. L'Angleterre elle-même l'a reconnu, et, si elle conserve le jury, c'est moins comme institution judiciaire que comme institution politique; elle y voit une garantie contre le pouvoir de la couronne; mais, pense-t-on qu'un tyran n'aurait pas autant de prise sur des jurés que sur des juges à vie? Que signifie, aujourd'hui, la question intentionnelle? N'est-ce pas un double emploi depuis que le droit de grâce, attribué au souverain, l'a mis à même d'adoucir ce que l'application de la loi peut avoir, dans certains cas, de trop rigoureux? »

Nous sommes donc en présence de deux opinions contradictoires : pourquoi avons-nous suivi celle qui fait de l'Empereur un partisan du jury ? C'est que, d'abord, nous avons des documents postérieurs à cette séance du Conseil d'État, où Napoléon condamnait le jury. Dans une note de Bayonne, du 24 juin 1808, l'Empereur se montre tellement partisan de l'institution, il en vante si bien l'utilité et les avantages, qu'il recommande d'étendre le jury qui a si bien réussi en France au nouveau royaume de Westphalie ; c'est ensuite, parce qu'il faut rechercher dans quelle circonstance Napoléon a prononcé ces paroles hostiles contre le jury. Un tribunal spécial venait de juger Moreau ; Napoléon n'avait pas été satisfait du jugement. De là, cette conclusion tirée hautement par lui : « Si ce tribunal avait obéi aux influences extérieures, qu'aurait-ce été d'un jury ? » Ce jour là, l'institution courut le risque d'être supprimée. Dix voix se prononcèrent pour l'opinion de Napoléon, combattue par Treilhard qui entraîna la majorité du Conseil, et sauva ainsi le jury que, quelques années plus tard, Napoléon proclamait si excellent !

Le procureur général qui prend la parole devant la Cour d'assises a un rôle des plus importants. Napoléon le définit ainsi : « Il n'est point juge, il n'est que partie. Il représente le Gouvernement. » D'ailleurs, Napoléon se montre peu satisfait, d'une façon générale, de ceux qui occupent ces fonctions. Le 23 juillet 1805, il écrit au grand juge Régnier : « Je ne puis que gémir sur la faiblesse de mes procureurs généraux, et avoir peu de confiance dans des tribunaux si mal composés. Si j'étais aussi misérablement servi dans mes armées de terre et de mer et dans les différentes administrations, je vous assure que je désespérerais de l'Empire. Comme je ne traite point légèrement les affaires de mon peuple, j'ai droit d'attendre que les tribunaux ne traitent pas légèrement ce qui a trait à mon intérêt et à mon honneur, et, lorsqu'ils se conduisent ainsi, je ne puis que les mépriser et leur ôter ma confiance. »

Après le procureur général, c'est le juge d'instruction qui, dans les affaires criminelles, tient le premier rang. « De la première instruction, disait Napoléon, dépend beaucoup l'issue de l'affaire. De plus, si ce magistrat est faible, accessible aux recommandations, il peut, de cette sorte, y avoir des impunités. » C'est cette crainte de l'insuffisance du juge d'instruction, qui faisait dire par l'Empereur au Conseil d'État : « Je voudrais un grand tribunal, également au-dessus des passions et des craintes, qui pourrait, dans tous les cas, appeler à lui les affaires, les soumettre à un nouvel examen, et statuer définitivement. »

Dans tous les cas, quand il s'agissait d'affaires correctionnelles, Napoléon reconnaissait à l'accusé le droit de se pourvoir : les motifs qu'il invoque font honneur à son bon sens et à son esprit de justice : « La loi, dit-il, ne tiendrait pas la balance égale, si elle permettait au procureur général de se pourvoir, et si elle ne donnait pas la même faculté au prévenu. Les affaires correctionnelles étant des affaires d'honneur, les frais ne doivent être comptés pour rien, et l'on ne peut refuser aux condamnés le droit de se pourvoir. »

Au moment du procès de Moreau, Napoléon s'était plaint, en ces termes, au Conseil d'État, des avocats : « L'un deux n'a pas craint de faire publiquement l'éloge du Comte d'Artois : un autre, appelé à Lyon, pour défendre un homme qui avait tué le gendarme chargé de l'arrêter, a professé le droit de résistance à l'autorité. On les trouve toujours disposés à empiéter sur le terrain de la politique ; ils attaquent, en toute occasion, la loi du divorce et celle des biens nationaux ; c'est ainsi qu'on sape toutes les bases du gouvernement. Je leur défendrai d'aller plaider dans les départements sans la permission du Grand Juge, et cette permission ne sera donnée qu'à ceux qui n'en pourront pas abuser : si ce moyen ne suffit pas pour contenir les avocats, j'en saurai trouver de plus efficaces. »

Si Napoléon détestait les avocats, cela tient à ce qu'ils représentaient, dans l'Empire silencieux, une des dernières places fortes où s'étaient réfugiés les restes de la liberté. Jamais l'Empereur ne s'arrêtera dans la guerre qu'il leur a déclarée ; le 7 octobre 1804, il écrit à Cambacérès : « Le décret est absurde ; il ne laisse aucune prise, aucune action contre eux. Ce sont des factieux, des artisans de crimes et de trahisons : tant que j'aurai l'épée au côté, jamais je ne risquerai un pareil décret. Je veux qu'on puisse couper la langue à un avocat qui s'en sert contre le gouvernement. »

A Sainte-Hélène, Napoléon se montre moins

violent dans l'application; mais son système n'en est pas moins sévère. Il s'étend aussi aux avoués. L'Empereur voulait qu'il n'y eut d'avoués ou d'avocats rétribués que ceux qui gagneraient leurs causes. « Par là, que de querelles arrêtées! Car il est bien évident qu'il n'en serait pas un seul qui du premier examen d'une cause, ne la repoussât si elle lui semblait douteuse. On me présenta une foule d'objections, une multitude d'inconvénients, et moi qui n'avais pas de temps à perdre, j'ajournai ma pensée. Mais, encore aujourd'hui, je reste convaincu qu'elle est lumineuse et qu'en la creusant, la retournant ou la modifiant, on pourrait en tirer un grand parti. »

Pour les huissiers, même sévérité : « J'entends que vous preniez des mesures pour mettre un terme aux vols des huissiers si préjudiciables aux intérêts des particuliers (1). »

En dehors des tribunaux ordinaires, il y avait dans l'organisation judiciaire de l'Empire deux juridictions exceptionnelles : la première a très peu fonctionné ; Napoléon lui-même nous dira pourquoi il ne s'est pas servi de la seconde.

« Les tribunaux d'exception, disait-il, sont nécessaires. » Ils ont été créés dans la pensée de l'Empereur pour juger les attentats contre la gendarmerie, les délits des individus en récidive, échappés des galères, et aussi les crimes commis par les malfaiteurs en bande. Napoléon craignait que, dans ce cas, les jurés ne se laissâssent intimider. En tout état de cause, Napoléon déclarait que ces tribunaux ne pouvaient être dangereux, puisque la cour de cassation était appelée à prononcer sur la compétence.

Quant à la haute cour, tribunal prévu par la constitution, organisé par le Conseil d'État, Napoléon n'y eut jamais recours, parce que c'était un véritable appel à l'opinion publique et que, si l'accusé était acquitté, c'était un échec moral pour le gouvernement. Voilà, disait l'Empereur, les motifs pour lesquels il s'était toujours adressé, de préférence, aux tribunaux ordinaires.

Napoléon qui reconnaissait que les militaires et les marins devaient avoir des tribunaux spéciaux, parce que « les délits militaires veulent une autre justice que les tribunaux civils », ne s'en prononçait pas moins formellement, dans la séance du Conseil d'État du 20 mars 1806, contre les punitions corporelles qui sont bonnes dans des pays non civilisés, mais indignes de l'humanité dans des régions comme la France.

Nous avons assez vivement critiqué les violations faites par Napoléon aux décisions des tribunaux pour n'avoir pas besoin d'y revenir ici (1) ; nous n'insisterons pas plus sur une circonstance sans importance dans laquelle il exigea que la justice fût rendue à sa nourrice, comme elle l'aurait été au plus grand dignitaire de l'Empire (2), nous dirons seulement que Napoléon voulait être considéré comme le suprême recours de tous les citoyens : « Tous, disait-il, ont le droit de réclamer à moi contre quoi que ce soit ; et aucun ne doit être arrêté, lorsque c'est par l'ordre du ministère, qu'après qu'il m'en a été rendu compte et que j'ai donné mon approbation (1). »

Nous ne terminerons pas non plus cette étude de Napoléon législateur, sans rappeler quelle a été l'influence de nos Codes sur la France et sur l'Europe. Comme le disait Napoléon : « Les Romains donnaient leurs lois à leurs alliés. Pourquoi la France ne ferait-elle pas adopter les siennes en Hollande (2) ? » Et de fait, l'Italie, Naples, les principautés d'Allemagne et les royautés vassales, reçurent le Code Napoléon ; après nos revers, nos lois désormais librement acceptées, modifiées parfois d'une manière heureuse, restèrent en vigueur dans plusieurs des contrées où nos soldats avaient promené nos aigles victorieuses.

Qui pourrait nier aussi qu'au point de vue intérieur de la France, le Code n'ait fait entrer dans les mœurs publiques un grand nombre des principes de 89, et qu'il n'ait été pour eux un véhicule de vulgarisation et de progrès.

CHAPITRE V

NAPOLÉON ÉCONOMISTE

Les questions économiques n'avaient pas, au moment où Napoléon arriva au pouvoir suprême, l'importance qu'elles ont acquises depuis, et cependant, son esprit est tellement en avance sur son époque, qu'on trouve dans ses écrits des règles sur toutes les matières que traite aujourd'hui l'économie politique.

Bien plus, il est parvenu à faire d'un instrument de guerre une source de profit pour la richesse publique. Ce blocus continental, tant décrié, fut l'une des causes de l'état florissant de notre industrie et de notre commerce pendant les premières années de ce siècle.

Dès le 16 juin 1797, Napoléon écrit au gouvernement de Gênes : « Le commerce n'existe que par la confiance. Il n'y a pas de confiance sous un gouvernement faible ; il n'y a pas de confiance dans un pays où il y a des factions. »

En 1805, il dira : « Je m'afflige de ma manière de vivre qui, m'entraînant dans les camps, dans les expéditions, détourne mes regards de ce premier objet de mes soins, de ce premier besoin de mon cœur, une bonne et solide organisation de ce qui tient aux banques, aux manufactures, au commerce (1). »

Bien qu'il prétende ne pas en avoir le temps, Napoléon ne cesse pas d'y penser : « S. M. désire que le Ministre de l'Intérieur lui fasse connaître son opinion sur cette question : « Pourquoi la fabrique de Rouen diminue-t-elle (2) ? »

Ses prescriptions douanières n'ont qu'un but ; la protection du commerce et de l'industrie de la France. Bien plus, cette protection il l'exige de son entourage : « L'Impératrice, dit-il, sera soumise à la loi commune des douanes... Quand il y a des lois qui pèsent sur la société, il faut que tout le monde donne l'exemple (3). » Après Joséphine, c'est Elisa : « Ma sœur, je vous recommande de ne faire porter à votre cour que des soieries et des batistes et d'en exclure les cotons et mousselines afin de favoriser et de donner cours aux produits de l'industrie française (4). » Puis, c'est Fesch, qui ayant d'abord obtenu, malgré les lois prohibitives, l'autorisation de recevoir en France dix lustres fabriqués en Italie, se voit refuser la permission par Napoléon qui biffe sa signature et écrit en dessous : « Impossible, il faut faire travailler les artistes de Paris. »

Après Fesch, c'est la cour entière. Au moment d'un feu d'artifice, à Saint-Cloud, un orage terrible éclate sur le parc. L'assistance est inondée par des torrents d'eau ; l'étiquette s'oppose à ce que l'on rentre puisque l'Empereur reste dehors. Et pendant ce temps, Napoléon constatait, en riant, les dégâts volontairement causés par lui à toutes les toilettes, en disant : « Tant mieux, cela fera travailler nos manufactures. »

Pour arriver à ce grand but, aucun détail ne paraît mesquin à l'Empereur. De Berlin, il écrit à Junot, le 23 décembre 1806 : « Que vos femmes prennent du thé suisse, il est aussi bon que le thé de cavarane et le café de chicorée est aussi sain que le café d'Arabie. Qu'elles donnent l'exemple dans leurs salons, au lieu de s'amuser à faire de la politique à l'envers, comme Mme de Staël. Quelles prennent garde aussi que je ne m'aperçoive qu'elles portent des robes d'étoffes anglaises. Dites cela à Mme Junot. Si les femmes de mes premiers officiers ne donnent pas l'exemple, à qui dois-je le demander ? C'est une grande question. C'est une question de vie et de mort pour la France et l'Angleterre. Ainsi donc je veux trouver aide et assistance dans ce qui m'entoure. »

Lui-même, il donnera des témoignages personnels de l'importance qu'il attache à cette question « de vie ou de mort. » Il y a, au Musée de Versailles, deux dessins d'Isabey ; l'un représente Napoléon, Premier Consul, visitant la manufacture des frères Cévennes, à Rouen, en 1802 ; on lui présente un vieillard employé dans les ateliers depuis cinquante-trois ans : il lui serre la main et lui promet de s'occuper de l'avenir des siens. L'autre montre l'Empereur à la manufacture de Jouy, ôtant sa croix pour la mettre sur la poitrine d'Oberkampf, avec ces paroles : « C'est dans vos ateliers qu'on fait la meilleure guerre à l'ennemi ;

au moins, elle n'en coûte pas des ang à mon peuple ! »

L'ennemi acharné de l'Empereur et de la France dans cette grande œuvre de protection économique, c'est comme toujours l'Angleterre. A Sainte-Hélène, il s'en plaignait amèrement à O'Méara : « Je proposais, en 1802, de faire un traité de commerce d'après lequel la France aurait pris pour un million de produits des manufactures et des colonies Anglaises, et l'Angleterre, en échange, pour un million de marchandises françaises. Les Ministres Anglais regardèrent cela comme un crime odieux et repoussèrent cette proposition de la manière la plus violente. Ils ont toujours refusé des conditions égales et ensuite ils ont voulu persuader au monde que c'était moi qui avais violé le traité d'Amiens. »

Le principal moyen de protection du commerce et de l'industrie, c'est dans le régime douanier qu'il le cherchera ; les douanes, disait-il, sont bien moins un objet fiscal, qu'une assurance de garantie et de soutien pour un peuple. Ainsi, la Hollande, simple entrepôt, ne devrait pas en avoir : la France au contraire, nation productrice, en a besoin. En un mot, Napoléon se montrait partisan du régime protectionniste le plus pur.

Il classifiait ainsi les diverses ressources de la France : 1° L'agriculture, âme et base première de l'Empire ; 2° l'industrie qui procure l'aisance et le bien être de la population ; 3° enfin, le commerce extérieur qui dénote la surabondance, le bon emploi des deux autres. Puis, il ajoutait que, pour la première, les lois civiles ont beaucoup fait ; quant à la seconde, Napoléon l'a toujours encouragée ; enfin, il subordonnait le troisième aux deux autres, ce qui ne l'a pas empêché de le soutenir par tous les moyens possibles. Ainsi, il obligea les Américains à ne jamais importer aucune valeur sans qu'ils soient tenus d'exporter aussitôt son équivalent exact. C'est à la suite de cette conversation que Napoléon exposa tout ce qu'il fit pour les cotons filés, les tissus, les étoffes imprimées, et les soieries (1).

La question des corporations, qui n'est autre chose au fond que celles des associations ouvrières, question reprise de nos jours, était considérée par Napoléon comme un danger. On était encore trop près de la Révolution, et l'esprit public se refusait à rétablir, aussitôt, une des institutions dont la destruction avait paru une conquête. Aussi, Napoléon disait-il au Conseil d'État : « Les anciennes corporations ne sont pas de ce temps. Il faut que nous fondions une société nouvelle, d'après les principes de l'égalité civile, dans laquelle tout le monde trouve sa place, qui ne présente ni les injustices de la féodalité, ni la pêle-mêle de l'anarchie (2). »

Pour les Compagnies de commerce, ces véritables puissances, Napoléon, s'appuyant sur l'exemple de l'Amérique, admettait les Compagnies libres ; il repoussait ici toute espèce de privilèges ; mais on sent que cette concession même lui était imposée, qu'elle ne plaisait pas à son esprit : « Une compagnie, disait-il, tiendra toujours du vieux temps et de l'ancien système ; il faut le commerce libre qui favorise toutes les classes, agite toutes les imaginations, remue tout un peuple (3). »

Si Napoléon n'aime l'Association sous aucune de ses formes, en retour, on sent toute sa sympathie pour l'ouvrier pris individuellement : « Un grand nombre d'ouvriers sont sans travail, écrit-il en 1805 ; je désire connaître quelle classe d'ouvriers et quel genre de travail. Faites-moi connaître aussi quelles sont les principales manufactures et les ateliers qui auraient suspendu leurs travaux par suite des circonstances. » Et plus tard : « Qu'on leur laisse leurs usages et habitudes. Ces gens s'imaginent qu'on veut les traiter défavorablement parce que je n'y suis pas et qu'ils ne peuvent pas réclamer ; de là le sentiment qu'on leur fait une injustice (1). »

Une question qui touche de très près au commerce et à l'industrie, c'est celle du système des poids et mesures ; Napoléon critiquait vivement celui qui avait été adopté par la Révolution : il regrettait qu'on n'eût point profité de l'occasion de cette réforme pour imposer le système duodécimal et il appuyait ses conclusions par de véritables observations mathématiques.

Aucune des branches de la fortune publique n'est indifférente pour l'Empereur. Ainsi, à propos de la pêche, il écrivait le 25 avril 1812 que « ce commerce méritait toute sa sollicitude : » il y voyait avec le bien de la marine en général un moyen de subsistance important pour une grande partie de la population.

Pour la culture, pour les forêts, même sollicitude. Napoléon redoutait le mal que beaucoup de causes ont contribué à rendre si grand de nos jours : la dépopulation des campagnes. De là, à la mise en valeur des propriétés inutiles, il n'y avait avait que la suite naturelle d'une même idée ; nous avons vu qu'il n'était pas partisan des trop grandes propriétés d'agrément, parce que c'étaient autant d'hectares enlevés à l'agriculture. Les propriétés du domaine Impérial elles-mêmes n'étaient pas à l'abri. C'est ainsi que nous trouvons cette lettre : « Faites cultiver Saint-Cloud. Rien n'est plus contraire à l'agrément que de voir de belles plaines stériles quand elles pourraient produire soit du blé, soit toute autre chose, soit former des prairies (1). »

Pour les forêts, voici ce qu'il dit : « On se plaint que les particuliers coupent leurs bois trop jeunes. Ne pourrait-on pas, pour combattre cette disposition, s'abstenir de demander aux propriétaires de bois une contribution annuelle et percevoir toute la contribution au moment de la coupe, ou ne percevoir la contribution annuelle sur les bois que jusqu'à ce qu'ils soient arrivés à un certain âge, à quinze ans, par exemple, et ensuite les exempter de l'impôt annuel jusqu'à la coupe ? » Il disait une autre fois au Conseil d'État : « Il faut ouvrir des routes pour le transport des bois dans la Nièvre et dans le Berry ; j'en ai reconnu l'utilité dans mes voyages. Il sera facile de pourvoir à cette dépense par des centimes additionnels. On devra faire supporter surtout cette imposition par les propriétaires de bois. »

Le système du blocus continental, mesure de guerre et de circonstance, était par sa nature même essentiellement transitoire : Napoléon le reconnaissait quand il disait : « Cela fera sans doute du mal à la Hollande et à la France ; mais il vaut mieux souffrir quelque temps et avoir ensuite une paix avantageuse (1). »

Cette concession faite à l'opinion publique, Napoléon était loin de regarder le blocus comme une faute, bien au contraire : « Le projet que j'ai embrassé, disait-il, est plus vaste qu'aucun que j'aie jamais eu (2). » Revenant à Sainte-Hélène sur ce sujet, il disait que son but avait été de ruiner l'Angleterre et, aussi, d'apprendre à la France à vivre sur ses propres ressources. N'est-ce pas ainsi, ajoutait-il avec orgueil, que, dans ces derniers temps, la France a conquis le sucre de betterave, de même qualité et de même prix que le sucre de canne ; il en est de même du pastel substitut de l'indigo, et ainsi de presque tous les objets coloniaux, à l'exception du bois de teinture (3).

Nous ne saurions cependant passer sous silence, ce fait que Napoléon crut devoir lui-même apporter des adoucissements au régime du blocus continental (4) ; et que c'est précisément parce que le Czar, autorisé par cet exemple, voulut imiter la conduite de Napoléon que celui-ci en profita pour lui déclarer cette guerre qui devait nous être si fatale.

Napoléon se montrait l'ennemi de ce qu'on pourrait appeler le monopole de l'Etat, surtout quand il s'agit de la fabrication ; aussi n'était-il pas partisan des manufactures nationales : ceux qui les dirigent ne voient que leurs intérêts. « Entre les mains d'un bon fabricant, disait-il, les résultats seraient incontestablement meilleurs. »

En revanche, il apportait toute son attention à l'approvisionnement des denrées alimentaires. Il ne pouvait oublier que cette question avait à l'époque de la Révolution joué un rôle capital et qu'il importait avant tout de ne pas tomber dans les pénibles traditions d'incurie et d'indifférence qui avaient marqué, en cette matière, la politique de la monarchie.

« Je veux que les Halles, disait-il à son Préfet de Police, soient le Louvre du Peuple ; » aussi, il en ordonnait le rétablissement pour le 1ᵉʳ janvier 1807. Au Conseil d'État, il revenait sur la question : Les vendeuses ne devront pas payer de location pour leur emplacement. « On doit toujours avoir la place publique et l'eau pour rien. C'est bien assez de faire payer le vin et le sel ; il ne faut pas empirer la situation d'une classe peu fortunée pour cinquante malheureux petits écus que pourrait produire la location de ces places. »

L'approvisionnement de Paris, voilà « la mesure de gouvernement la plus susceptible d'influer sur le bonheur du peuple (1). » Et l'Empereur allait jusqu'à faire du socialisme d'État, quand il disait : « La question des blés est la plus importante et la plus délicate pour les souverains. Les propriétaires ne sont jamais d'accord avec le peuple. Le premier devoir du souverain, dans cette question, est de pencher pour le peuple sans écouter les sophismes des propriétaires (2). »

Il est bien vrai que cette question domine tout chez lui. En faut-il une autre preuve que celle-ci : « L'Arc de Triomphe, le pont d'Iéna, le temple de la Gloire, les abattoirs peuvent être retardés de deux ou trois années, sans inconvénient, au lieu qu'il est de la plus grande importance que ce magasin d'abondance soit terminé (1). »

Les travaux publics lui semblent dignes, eux aussi, de toute sa sollicitude : « J'ai fait consister la gloire de mon règne, écrit-il en 1807, à changer la face du territoire de mon Empire. L'exécution de ces grands travaux est aussi nécessaire à l'intérêt de mes peuples qu'à ma propre satisfaction (2). » Et de fait, les routes comme les canaux, les embellissements des grandes villes comme les ponts et les grands monuments remontent, presque tous, à cette époque. Napoléon veut toujours être tenu au courant de ces travaux, même pendant ses campagnes. Il écrit à Champagny : « Je désire savoir où en est la vente du terrain des Capucins ainsi que le percement de la rue de Tournon ; enfin, l'état de tous les travaux relatifs à l'embellissement de Paris (3). »

Jusque pour les fontaines publiques, il pense à tout, il prescrit tout : « Il me semble, dit-il, que ce sera un beau réveil pour Paris (4). »

Les finances publiques sont la source de la fortune ou de la ruine nationales : l'exemple de la Révolution avait vivement frappé l'esprit de l'Empereur. « Un gouvernement qui se déclare insolvable, disait-il, conspire contre lui-même puisqu'il forfait à l'ordre public qui est son principe et sa cause. Bien peu de gouvernements peuvent survivre à cette forfaiture quand elle se prolonge. » Aussi, pour éviter les catastrophes financières, Napoléon disait-il au Conseil d'État : « Je veux fonder et préparer pour mes successeurs des ressources sûres qui puissent leur tenir lieu des moyens extraordinaires que j'ai su me créer. »

Ces ressources, il les trouvera dans un grand nombre de contributions indirectes « dont le tarif très modéré sera susceptible d'être augmenté à mesure des besoins. »

Mais, en aucun cas, il ne veut les demander aux emprunts ; car il pensait qu'il fallait consacrer, comme loi constitutionnelle, en la soumettant à la sanction du peuple, le principe qu'une genération « ne peut être engagée par une autre génération et que les intérêts d'un emprunt ne pouvaient être exigés que pendant les quinze premières années, ce qui préserverait de l'abus que l'on peut faire de cette ressource et protégerait les générations à venir contre la cupidité de la génération présente. »

Napoléon se préoccupe autant de faire disparaître les abus que de créer des ressources nouvelles. Il n'est aucun recoin, quelque obscur qu'il soit, dans lequel son œil investigateur n'ait plongé pour y découvrir une irrégularité. « Les receveurs généraux, dit-il, gagnent beaucoup trop. Celui de l'Aisne, par exemple, gagne plus de cent mille francs par an ; c'est scandaleux. C'est ainsi qu'on leur fournit le moyen de faire des affaires et de faire banqueroute. Il faut les obliger à payer dans un délai de douze ou quinze mois. »

Il prescrit aussi des mesures à l'égard de ceux qui touchent des rentes appartenant à des parents morts depuis longtemps (1).

En un mot, l'Empereur se montre aussi économe des deniers de l'État que de sa cassette particulière. Comme on lui proposait d'accorder pour les obsèques des Préfets décédés en fonctions le dixième du traitement d'activité, Napoléon répondait, le 17 janvier 1813 : « Refusé. Pourquoi chercher des occasions de dépenses ? » Il est vrai qu'à cette date il y en avait de plus urgentes et que, deux ans plus tôt, Napoléon n'aurait sans doute pas répondu ainsi.

Deux réformes financières préoccupent surtout l'esprit de l'Empereur : dès le Consulat, il avait dit dans le sein du Conseil d'État que celui qui ferait une bonne loi sur le cadastre mériterait une statue ; il regardait alors la chose comme une opération extrêmement difficile. A Sainte-Hélène, il disait que « le cadastre eût pu être considéré à lui seul comme la véritable constitution de l'Empire, parce qu'il était la garantie des propriétés et de l'indépendance de chacun ; car, une fois établi et la législature ayant fixé l'impôt, chacun faisait aussitôt son propre compte et n'avait plus à craindre l'arbitraire de l'autorité ou celui des répartiteurs, ce qui est un point essentiel et le moyen le plus sûr pour forcer à la soumission. »

La seconde réforme, c'est celle des contributions indirectes, des Droits réunis, comme on les appelait alors ; l'Empereur disait au Conseil d'État : « Je ne veux pas avoir l'air de présenter une loi pour le rétablissement des Gabelles. Ce n'est pas que je craignisse de les rétablir, si je croyais la chose utile à la nation ; mais je le ferais alors ouvertement. Je suis quelquefois renard, mais je sais être lion. Je ne m'inquiète pas des mécontents ; je les laisse crier. » Et à propos de l'exercice, il disait : « Je n'ignore pas combien cet impôt est impopulaire : mais la sûreté de la France est à ce prix. On ne peut sans cela entretenir un État militaire suffisant, et il vaut mieux se payer à soi-même des contributions pour n'être pas conquis que de les payer à l'ennemi pour se racheter de la conquête. »

C'est à propos de cette discussion sur l'impôt des boissons que Napoléon prononçait au Conseil d'État cette phrase humoristique : « On peut très bien prononcer les mots de pot et de pinte dans une loi sur les aides, qui n'est pas un poème épique (1). »

Napoléon se croyait arrivé à la quasi-perfection en matière d'organisation des finances nationales ; il le disait très hautement dans le sein du Conseil d'État : « Toutes les puissances m'envient mon système d'impôts qui consiste à en avoir un grand nombre dont le taux s'élève ou s'abaisse suivant les besoins, au moyen des centimes additionnels, comme la liqueur s'élève ou s'abaisse dans le thermomètre, en sorte que je peux me suffire quels que soient mes besoins sans recourir à un nouvel impôt dont l'établissement est toujours si difficile. » Et cependant, à Sainte-Hélène, quand il revenait sur cette question, il disait que le temps lui avait manqué pour faire certaines améliorations qui auraient encore perfectionné son système ; c'est ainsi qu'après avoir parlé de la dette de l'Angleterre et des finances de la France, après s'être, de nouveau, montré l'ennemi déclaré des emprunts, il ajoutait : « Non-seulement je maintenais la caisse d'amortissement ; mais je comptais encore avoir, avec le temps, des caisses d'activité, dont les sommes croissantes eussent été consacrées aux Travaux Publics et à toutes sortes d'améliorations ; il y aurait eu la caisse d'activité de l'Empire pour les travaux généraux ; la caisse des départements pour les travaux locaux ; celle des communes, etc... » Ici, encore, on le voit, Napoléon fut un précurseur.

La Banque de France, institution parallèle au Trésor, mais indépendante de lui, était, dans l'esprit de Napoléon, ainsi que le dit une note du 8 septembre 1808 une création dont « le but était de produire la réduction de l'intérêt et de le maintenir au taux le plus modéré. » Cette question intéressait, en effet, Napoléon au plus haut point et l'on peut dire qu'il est le véritable auteur de la limitation légale inscrite dans le Code. Il disait à ce propos : « Les économistes ont fait de l'homme une brute en soutenant que sa conscience ne pouvait être affectée par la déclaration d'un intérêt légal. Le revenu des terres doit être la mesure de cet intérêt. Je voudrais qu'on appliquât aux prêts le principe de la lésion d'outre-moitié et qu'on examinât s'il ne convient pas de fixer le taux de l'intérêt légal, entre particuliers à 5 0/0 et entre commerçants à 6 0/0. »

Quant à l'organisation de la Banque, les discussions du Conseil d'État, en 1806, fourmillent d'aperçus originaux: « Je veux, disait l'Empereur, qu'elle soit dans la main du gouvernement et qu'elle n'y soit pas trop. Je ne demande pas qu'elle lui prête de l'argent, mais qu'elle lui procure des facilités pour réaliser à bon marché ses revenus aux époques et dans les lieux convenables. Je ne demande en cela rien d'onéreux à la Banque puisque les obligations du Trésor sont le meilleur papier qu'elle puisse avoir. Avec le penchant qui existe dans notre pays à tout centraliser à Paris, à y centraliser les paiements comme le gouvernement lui-même, la Banque doit y devenir le plus grand des agents commerciaux ; elle doit être vraiment digne de son nom, la Banque de France, et devenir pour Paris ce que la Tamise qui apporte tout à Londres est pour Londres. »

Les questions de détails et d'organisation intérieure, importent peu à Napoléon : « Je consens à ce que le chef de la Banque soit appelé gouverneur si cela peut lui faire plaisir ; car les titres ne coûtent rien. Je consens également à ce que son traitement soit aussi élevé qu'on voudra, puisque c'est la Banque qui doit payer. On peut le fixer si on veut à soixante mille francs. »

Du reste, Napoléon rencontrait de grands obstacles dans l'organisation de la Banque, telle qu'il la rêvait. Comme on lui proposait les idées de Dupont de Nemours : « Je ne me suis pas donné la peine de lire cet opuscule, disait-il, tant je suis persuadé qu'on ne doit pas faire la plus légère attention à ces faux systèmes... » Ce qui lui manquait, c'étaient les hommes : « Il n'y a pas de Banque en France en ce moment ; il n'y en aura pas de quelques années, parce que la France manque d'hommes qui sachent ce que c'est qu'une Banque. C'est une race d'hommes à créer. »

Un principe sur lequel l'Empereur n'admettait pas la contradiction, c'était sur la nécessité de l'indépendance absolue de la Banque vis-à-vis du Trésor, et réciproquement. En voici le motif : « Il ne faut point d'alliance entre la Banque et le Trésor ; souvent un simple mouvement de fonds peut porter avec lui le secret de l'État. »

Une des raisons pour lesquelles Napoléon tenait à organiser le plus tôt possible la Banque de France, c'était pour en soustraire les opérations à cette nuée de banquiers, plaie de l'ancien régime que n'avait pas fait disparaître la Révolution.

Elle est de Napoléon cette maxime étrange : « C'est par l'argent qu'il faut tenir les hommes à argent. » Et cette autre : « Il y a, en général, une présomption défavorable contre ceux qui manient de l'argent (1). »

Aussi, Napoléon ne redoutait-il rien tant pour les particuliers, que de les voir placer leur fortune chez des agioteurs : « Les placements sur un gouvernement quelconque, disait-il, sont toujours meilleurs que les placements sur quelque banquier que ce soit. Une grande révolution, capable d'entraîner la banqueroute de l'État, est un événement qui ne se répète qu'après deux ou trois siècles et cette banqueroute entraîne toujours celle des particuliers. Ceux-ci font banqueroute bien plus fréquemment. Les banquiers les plus accrédités finissent par faire banqueroute, témoin M. Récamier qui donnera tout au plus 10 0/0 à ses créanciers ; il a le bonheur avec cela de recevoir des visites de condoléances... Quant à moi, depuis mon avènement au Gouvernement, je n'ai occasionné aucune banqueroute. »

Si Napoléon n'aimait pas les banquiers, il n'aimait pas beaucoup plus les agents de change, car « eux-mêmes, disait-il, auxquels leur état interdit toute spéculation personnelle, abusent de leur position et font des marchés pour leur propre compte ; souvent, ils deviennent les adversaires de ceux mêmes qu'ils nomment leurs clients. L'intérêt seul de la morale publique exige la répression de cet abus... Je ne veux gêner l'industrie de personne, mais, comme chef du gouvernement actuel de la France, je ne dois pas tolérer une industrie pour qui rien n'est sacré, dont le moyen habituel est la fraude et le mensonge, dont le but est un profit plus immoral encore que celui qu'on cherche dans les jeux de hasard et qui, pour le plus médiocre profit de ce genre, vendrait le secret et l'honneur du gouvernement lui-même, si elle pouvait en disposer. »

D'ailleurs, dans toutes ses guerres, Napoléon se préoccupe de rassurer les capitalistes. C'est ainsi que, le 9 août 1805, au moment où il croit toucher au but, — la conquête de l'Angleterre — il éprouve le besoin d'écrire à Barbé-Marbois : « Mes affaires sont trop belles pour rien hasarder qui puisse mettre à trop de hasards le bonheur et la prospérité de mon peuple. Sans doute que, de ma personne, je débarquerai avec mon armée ; tout le monde doit en sentir la nécessité ; mais moi et mon armée, nous ne débarquerons qu'avec toutes les chances convenables. » Une autre fois, il s'efforce de démontrer combien il est plus avantageux de placer son argent en France, plutôt qu'en Angleterre. Au moment même des désastres, il s'efforcera encore de soutenir la place ; c'est ainsi qu'il dit : « La rente descendrait-elle à six francs, qu'importe ! Si les intérêts sont toujours bien payés (1). »

Les questions coloniales qui ont pris de nos jours une si grande importance ne devaient pas laisser l'Empereur, toujours préoccupé de l'avenir de l'Europe, indifférent à leur solution. Il prévoyait que le système colonial du vieux monde était destiné à changer à bref délai et il reconnaissait qu'ici ses données actuelles étaient insuffisantes ; il allait jusqu'à avouer que ses idées dans la matière étaient des idées de premier jet et qui pouvaient facilement être erronées.

Et cependant tout en indiquant des difficultés que la pratique n'a pas rencontrées (A), Napoléon avait pressenti le percement de l'isthme de Suez et la révolution coloniale qui devait en résulter ; nous savons aussi que, par un étrange pressentiment, dans ses instructions pour son fils, Napoléon

---

(A) Il avait soutenu qu'il existait une différence de niveau de neuf mètres entre la Méditerranée et la mer Rouge. Il avait, d'ailleurs, trouvé à l'Institut des contradicteurs, tels que Laplace.

lui avait recommandé d'éviter toute guerre qui pourrait le mettre en contact avec les peuples de la Chine.

Quoi qu'il en soit, Napoléon s'occupa maintes fois des intérêts personnels et matériels des citoyens qui habitaient les colonies françaises. Il voulait que la plus grande extension possible fut donnée aux droits des colons qui sont de véritables citoyens français ; il demandait, au Conseil d'État, qu'une certaine représentation auprès de la métropole leur fut assurée ; il disait que nos colons ne sont pas Anglais et il en arrivait ainsi à la question de la liberté des esclaves dont nous avons déjà parlé. Quant au gouvernement des colonies, il y voulait de la force sans doute, mais aussi, de la justice. « Il ne suffit pas pour être juste de faire le bien, il faut encore que les administrés en soient convaincus et ils ne peuvent l'être que lorsqu'ils ont été entendus. Quand le Conseil d'État serait composé d'anges et de dieux qui verraient du premier coup d'œil ce qu'il y a de mieux à faire, il faudrait encore que les colons eussent la conviction qu'on les a entendus. »

Pour les intérêts matériels des colons, Napoléon s'en préoccupe aussi ; on lui disait au Conseil d'État que frapper d'un impôt les produits coloniaux c'était détourner les Français de leur usage ; alors, il répondait par cette promesse irréalisable, mais où perçait sa bonne volonté que, dès la paix, il n'admettrait en France que des denrées coloniales françaises et nulles autres.

CHAPITRE VI

LES GRANDES INSTITUTIONS DE L'EMPIRE

Avant d'aborder l'étude des trois grandes fondations qui se recommandent du nom de l'Empereur, au même titre que le Code civil, il importe de bien remarquer que, par une fatalité curieuse, Napoléon dut toujours imposer ses idées comme ses institutions à ceux qui l'entouraient.

Les généraux ne voulaient pas du Concordat, et l'on sait les sarcasmes que provoqua chez eux la réouverture des Églises et la signature de ce grand pacte.

Le Code fut refusé trois fois par le Tribunat.

La Légion d'honneur trouvait dans les anciens conventionnels des adversaires déclarés.

La noblesse impériale provoquait les mêmes critiques.

La Banque de France, elle-même, cette institution plus modeste, mais non moins utile, fut attaquée, nous l'avons vu, non seulement dans la brochure de Dupont de Nemours, mais encore dans les discussions du Conseil d'Etat.

Les critiques, les hostilités, ne purent modifier chez le Consul ou chez l'Empereur la conviction qui était chez lui le résultat de l'expérience des hommes et de la réflexion personnelle.

De cette résistance à ses adversaires sont sorties l'Université Impériale, la Légion d'honneur et cette nouvelle noblesse qui, pour n'avoir guère survécu à son auteur, parce qu'elle manquait d'une base solide et populaire, n'en était pas moins la manifestation d'une de ces idées grandioses que Napoléon affectionnait tant !

Il faut lire avant tout la défense que Napoléon lui-même en présentait à Sainte-Hélène. Cela nous aidera à connaître la pensée générale de l'auteur, avant d'entrer avec lui dans le vif même de la question : « Aux parchemins, dit-il, je substituais les belles actions ; aux intérêts privés, les intérêts de la patrie.

« Elle n'était pas contraire à l'égalité. Si l'on admet le droit de transmettre la propriété, on doit aussi autoriser la transmission de père en fils du souvenir des services rendus à l'État. La fortune n'a pas toujours une source pure; les services au contraire. » Et Napoléon continuait cette apologie en indiquant les trois buts qu'il avait poursuivis : Réconcilier la France avec l'Europe et la France ancienne avec la France nouvelle ; faire disparaître en Europe les restes de la féodalité, en rattachant l'idée de noblesse aux services rendus à l'État et les détachant de toute idée féodale. L'idée, le but étaient louables ; le moyen employé pouvait-il produire, au lendemain de la Révolution, ce que Napoléon en attendait. L'histoire a répondu que non ; et l'Europe, à la fin du siècle, ne voit aucune des réconciliations, aucun des progrès rêvés par le grand Empereur.

Vis-à-vis de l'ancienne noblesse, — singulier moyen de la réconcilier et de l'attacher au nouvel ordre de choses, — Napoléon ne pensait à rien moins qu'à lui conférer une nouvelle investiture ; il croyait que cela, plus que tout le reste, amènerait la fusion des deux Frances ; il voulait, pour conserver aux anciens nobles leurs titres et leurs noms, qu'ils pussent justifier d'une gloire nationale.

Telle est donc la théorie d'ensemble de Napoléon. Dans le détail de ses discussions ou de ses lettres, c'est toujours la même pensée qui se retrouve partout : « L'institution des ducs, dira-t-il, tient à des vues de haute politique : » et une autre fois : « Ce système est le seul moyen de déraciner entièrement l'ancienne noblesse. On s'appelle encore duc, marquis, baron ; on a repris ses armes et ses livrées (1) (A). »

Napoléon ne voyait dans l'institution des majorats qu'un moyen de créer des familles dévouées au trône, il le disait au Conseil d'État : « C'est à moi à assurer l'état et la fortune des familles qui se dévouent entièrement à mon service et qui sacrifient constamment leurs intérêts aux miens. »

En résumé, que l'on consulte les conversations de Napoléon au Conseil d'État, ses décisions impériales ou ses dictées de Sainte-Hélène, on y trouvera que l'Empereur, malgré les dangers de l'aris-

---

(A) Napoléon n'aimait pas le titre de marquis ; il ne l'avait pas fait revivre dans la noblesse Impériale ; on a prétendu que c'était à cause des plaisanteries de Molière.

tocratie, reconnaissait la nécessité politique de son existence.

Les dangers, c'est le penchant naturel à toutes les aristocraties, « de se concentrer, de se former un esprit indépendant des gouvernés, de leurs vœux et des progrès de l'opinion ; à la longue, elles deviennent à la fois odieuses et insuffisantes. »

La nécessité, il la démontrait par ce fait historique que les aristocraties subsistent toujours, qu'elles résistent à toutes les révolutions : si ce n'est plus l'aristocratie du sang, ce sera celle de l'argent ; après celle-là, ce sera celle de la force ou de la popularité ; « aussi, un prince ne gagne rien à ce déplacement de l'aristocratie ; il remet tout en ordre, en la laissant subsister dans son état naturel, en reconstituant les anciennes maisons sur de nouveaux principes. »

Logique avec cette doctrine, Napoléon prononçait la nécessité d'une aristocratie dans tous les gouvernements d'abord : « Une Constitution appuyée sur une aristocratie vigoureuse, ressemble à un vaisseau ; une constitution sans aristocratie n'est qu'un ballon perdu dans les airs. On dirige un vaisseau parce qu'il y a deux forces qui se balancent ; le gouvernail trouve un point d'appui ; mais un ballon est le jouet d'une seule force, le point d'appui lui manque, le vent l'emporte et la direction est impossible. » Combien cela ne sera-t-il pas plus vrai, quand il s'agit d'une monarchie ?

C'est de cette conviction qu'est sortie la pensée d'une noblesse Impériale que Napoléon, suivant en cela les penchants d'un caractère qui ne savait pas tergiverser, voulut faire passer du domaine de la théorie dans celui de la pratique.

Sans doute, Napoléon ne se trompa pas aussi complètement qu'on paraît le croire aujourd'hui. Il suffit de citer un seul fait à ce sujet. Pelleport, créé baron au lendemain de Wagram, s'exprime ainsi dans ses *Souvenirs* : « J'avoue que lorsqu'une lettre du Major-Général m'annonça cette dernière faveur de l'Empereur, j'en éprouvai une bien vive sensation ; c'était, en effet, pour nous pauvres officiers de fortune n'ayant que notre épée, un grand moment que celui dans lequel nous recevions une récompense destinée à perpétuer dans notre famille le souvenir de nos services. »

Combien d'autres généraux, combien d'artistes et de savants, combien de hauts fonctionnaires auraient pu, dans la franchise de leur cœur, reconnaître combien ils avaient été flattés des distinctions nobiliaires qu'ils tenaient de l'Empereur. D'ailleurs, les idées de Napoléon sur la nouvelle noblesse ne l'empêchaient pas de constater les avantages inhérents aux anciennes aristocraties. C'est ainsi qu'en 1806, il disait au Conseil d'État : « C'est là qu'on trouve les grandes fortunes nécessaires dans une cour... Une cour de salariés serait onéreuse pour l'État et sans dignité. Les anciennes fortunes, si elles se divisent par les partages, se recomposent par les successions : les familles nouvelles n'ont rien à attendre de ce côté ; elles n'héritent jamais et sont, au contraire, entourées de parents pauvres à soutenir. Le gouvernement ne saurait enrichir comme autrefois ceux qui le servent, par les biens de la Couronne ou par les confiscations ; il doit prendre les fortunes toutes faites et les employer à son service. »

Les critiques que l'on adresse à l'institution de la nouvelle noblesse ne s'appliquent plus à la Légion d'honneur, dont le caractère, tout démocratique, assurait l'existence. Tout à l'heure, nous étions en face d'une œuvre d'imagination et de fantaisie ; à présent, c'est la raison qui nous saisit avec toute la force et toute la puissance qui s'attachent à ses manifestations.

La Légion d'honneur a subi victorieusement l'épreuve du temps ; elle est entrée dans les mœurs de la nation ; aucune révolution ne pourrait l'en faire sortir. Napoléon a dit le mot juste, quand il l'a appelée lui-même : « Une grande pensée ! »

Et cependant, si l'on consulte le chiffre des votes émis on verra que jamais aucune institution n'éprouva une opposition plus imposante. Napoléon, dans cette discussion, dut constamment donner de sa personne, répondre à toutes les objections, à toutes les critiques ; on pourrait dire qu'il en fut deux fois le fondateur.

Thibaudeau nous a conservé la physionomie des séances du Conseil d'État, lors de cette mémorable discussion. A ceux qui alléguaient que ces distinctions étaient en opposition avec l'esprit républicain et qui citaient l'exemple des Romains, Napoléon répond que Rome était le gouvernement où les distinctions étaient le plus marquées. « Les Romains avaient des patriciens, des chevaliers, des citoyens et des esclaves. Ils avaient pour chaque classe des costumes divers, des mœurs différentes. Ils décernaient en récompense des noms qui rappelaient des services, des couronnes murales, le triomphe... Brutus lui-même était un aristocrate. Quand ce beau corps des patriciens n'exista plus, Rome fut déchirée. »

Il demandait alors qu'on lui citât une république, ancienne ou moderne, dans laquelle il n'y ait pas eu de distinctions. « On appelle cela des *hochets*. Eh bien! c'est avec des hochets qu'on mène les hommes (A). Les Français n'ont qu'un sentiment : l'honneur ; il faut donc donner de l'aliment à ce sentiment-là. Voltaire a appelé les soldats des *Alexandres à cinq sous par jour;* il avait raison, ce n'est pas autre chose. Croiriez-vous que vous feriez battre des hommes par l'analyse? Jamais. »

Dans le projet de loi, Napoléon exposait que la Légion d'honneur aurait l'avantage de régulariser le système des récompenses militaires qui consistaient alors dans la distribution d'armes d'honneur. « Ce qu'il faut, dit-il, c'est donner une direction à l'esprit de l'armée et surtout le soutenir. Ce qui le soutient actuellement, c'est cette idée dans laquelle sont les militaires qu'ils occupent la place des ci-devant nobles. Le projet donne plus de consistance au système des récompenses ; il forme un

---

(A) A Sainte-Hélène : « Il faut faire certaines concessions à la vanité humaine ; c'est le secret de la reprise des formes monarchiques, des croix. Le secret du législateur est de savoir tirer parti même des travers de ceux qu'il prétend régir. »

ensemble ; c'est un commencement d'organisation de la nation (A). »

Aussitôt, un Conseiller d'État profite de cette déclaration pour demander que la Légion d'honneur soit exclusivement militaire. Napoléon lui répond que cela aurait été bon sous l'ancienne monarchie où ceux-là seuls étaient estimés et considérés qui étaient chevaliers. Le changement du système militaire, l'abolition du régime féodal ont détruit ces conditions de supériorité ; ce qu'il faut au lendemain d'une révolution comme la Révolution française, c'est assurer la prééminence de l'élément civil sur l'élément militaire. « La force cède aux qualités civiles. Si l'on distinguait les hommes en militaires et en civils, on établirait deux ordres tandis qu'il n'y a qu'une nation. Si l'on ne décernait des honneurs qu'aux militaires, cela serait encore pire, car dès lors la nation ne serait plus rien (B). »

(A) C'était aussi pour lui un moyen de fusion. On connaît peu ce détail que lors de la création de la Légion d'honneur, Napoléon fit proposer aux anciens chevaliers de Saint-Louis d'entrer dans la Légion d'honneur avec la rosette d'officier. Les militaires acceptèrent, les anciens émigrés refusèrent pour la plupart.

(B) V. aussi à Sainte-Hélène (XXXI, pp. 401, 402). La Légion d'honneur doit récompenser aussi bien le mérite civil que le mérite militaire. Il avoue qu'il eut tort de ne pas décorer Talma et autres. — « La décoration doit être la même pour le simple soldat que pour l'officier, sans cela ce ne sera plus la Légion d'honneur. » — « La protection apparente donnée par les Bourbons à la Légion d'honneur n'était qu'une mesure d'amnistie et de circonstance imposée par la politique. En effet, qui a institué la Légion d'honneur ? Quel a été le but de l'institution ? De qui était composée la Légion d'honneur ? Cette institution, vrai modèle d'égalité, met sur le même rang le prince, le maréchal de France, le tambour. Les circonstances ont obligé à la

Dans le discours qu'il prononça en remettant les aigles aux dignitaires de l'Empire, Napoléon insista sur le côté diplomatique de la question, point de vue qu'il avait à peine envisagé dans la discussion du Conseil d'État. « Cette grande décoration, leur dit-il, a aussi un but particulier, celui de lier à nos institutions les institutions des différents États de l'Europe et de montrer le cas et l'estime que je fais, que nous faisons de ce qui existe chez les peuples nos voisins et nos ennemis. »

Pour conserver à la Légion d'honneur le caractère qu'indiquait son nom, Napoléon se montra très peu prodigue de cette belle décoration : « C'était, disait-il, le seul moyen de ne pas avilir cette institution (1). »

Nous avons parlé déjà des maisons d'éducation destinées aux filles des légionnaires; nous savons tout l'intérêt que Napoléon portait à celles qu'il appelait *ses enfants d'Austerlitz, les filles de ses enfants*. C'est dire qu'il avait trouvé moyen de mettre la « grande pensée » sous la protection des sentiments les plus beaux et les plus doux.

La fondation de l'Université Impériale laisse bien loin derrière elle ces institutions de la noblesse et de la Légion d'honneur. C'est qu'après s'être adressé aux deux classes les plus méritantes de la population, mais par cela même un peu res-

---

tolérer ; mais raisonnablement et sincèrement, elle ne peut pas être adoptée en France aussi longtemps que des preuves de noblesse seront exigées par les statuts du premier ordre de l'État, l'ordre du Saint-Esprit.

treintes, Napoléon s'occupait ici de la nation tout entière.

Il avait admirablement compris la nécessité de créer un ordre enseignant avec des principes fixes ; corporation qui n'aura rien de religieux, mais qui aura les avantages des anciens ordres religieux, puisqu'une corporation ne meurt pas (1), et que, d'ailleurs, Napoléon, nous allons le voir, demandera à ses professeurs ce que les congrégations demandent à leurs membres.

Les belles paroles prononcées dans la discussion de 1806, ont fait retentir longtemps les échos de la salle des séances du Conseil d'État.

C'est la gestation d'un monde nouveau ; c'est la mise en pratique d'une de ces grandes pensées qui honorent l'humanité.

« Il n'y aura pas d'état politique fixe, disait Napoléon, s'il n'y a pas un corps enseignant avec des principes fixes. Tant qu'on n'apprendra pas, dès l'enfance, s'il faut être républicain ou monarchique, catholique ou irreligieux, l'État ne formera point une nation ; il reposera sur des bases incertaines et vagues, il sera constamment exposé aux désordres et aux changements. »

Aussi, Napoléon voulait-il dans l'Université la hiérarchie absolue avec le droit d'arriver aux plus hautes positions ; de plus, pour assurer ce caractère quasi-monacal qu'il désirait donner à la corporation, voici ce que Napoléon demandait : « Il faut qu'un homme qui se consacre à l'enseignement ne puisse se marier qu'après avoir franchi les premiers degrés de sa carrière. Le mariage doit être pour lui, en perspective, comme un but auquel il ne pourra atteindre qu'après avoir assuré son sort et celui de sa famille. On ne fera que lui imposer une prévoyance qui est dans le devoir de tous les hommes (1). »

Napoléon voulait chez les professeurs une véritable discipline militaire (2) ; il reconnait que leur traitement doit être gradué sur les localités et sur les mérites : « Je n'ai jamais entendu, disait-il, que les professeurs fussent entrepreneurs à leur compte des établissements ; ce serait ridicule. Mais, je ne veux pas qu'ils aient un traitement fixe et indépendant du nombre des élèves ; je veux que leur traitement soit en raison progressive de ce nombre, afin de les intéresser au succès des établissements. »

Quant à la question des bourses, Napoléon, dès le Consulat, revendiquait pour l'État le droit d'en distribuer le plus grand nombre aux enfants des citoyens qui ont rendu des services à la patrie ; il suffira, disait-il, d'en conserver quelques-unes au concours, toutes les autres doivent être gardées pour les bons serviteurs ; il n'est nullement nécessaire que ceux-ci soient morts : au contraire, il vaut mieux les récompenser de leur vivant, ce sera comme une augmentation de leurs appointements. »

A un Conseiller d'État qui lui objectait que la bourse devait être retirée aux enfants qui n'en profitent pas : « Qu'on s'en garde bien, répondait judicieusement Napoléon. Il n'y a jamais à désespérer d'un enfant tant qu'il n'est pas pubère (3). »

A la séance du 20 mars 1806, Napoléon prétendait que l'Université devait avoir un privilège exclusif, et il ajoutait : « Je prévois déjà les mauvaises plaisanteries qu'on fera sur la nouvelle Université ; on la blâmera d'abord, on la trouvera bientôt moins mauvaise ; elle deviendra enfin l'admiration de la France et peut-être de l'Europe. »

Arrivé à la question de la collation des grades universitaires, Napoléon disait « qu'il ne faut pas accorder aussi facilement celui de docteur.., » puis, il ajoutait : « Par une bizarrerie de l'esprit humain, tel est un grand médecin ou un grand jurisconsulte qui n'a jamais pu apprendre une division complexe. » Et Napoléon, qui mêlait souvent ses affaires personnelles aux discussions les plus graves, laissant aller son imagination, expliquait pourquoi il avait préféré comme son médecin, Corvisart à M. Hallé qui était de l'Institut. De là, il passait aux conditions d'instruction des étudiants en médecine, puis à la chirurgie (A).

L'Empereur ne regardait pas comme suffisante cette grande institution qui embrasse tour à tour les diverses facultés et les lycées ; il voulait, pour le peuple, un établissement intermédiaire entre ce haut enseignement et celui des écoles primaires. De là, son idée d'une école des arts et métiers pour les enfants des soldats et des matelots. Il repoussait l'apprentissage chez des maîtres,

---

(A) Dans une séance à l'époque du Consulat (V. Thibaudeau, p. 136), Napoléon avait aussi parlé de la médecine, de la chirurgie et des aubergistes ! — De même, dans une autre séance, il fit, au milieu d'un tout autre sujet, une sortie contre les architectes.

parce qu'il avait un but politique. « Il faut, disait-il, rapprocher les extrémités du centre et donner un esprit national, ce qui ne se trouve pas dans les apprentissages particuliers. On a déjà suivi ce système pour la classe intermédiaire ; les lycées doivent fournir des avocats, des médecins, des militaires. Il faut l'étendre à la classe inférieure, établir deux autres écoles et y placer des enfants des départements nouvellement réunis pour leur apprendre le français. C'est là que l'on prendra un jour des ouvriers pour nos ports, pour nos ateliers militaires, pour nos colonies. »

L'École de Châlons a produit des résultats supérieurs à ceux que Napoléon avait prévus; ce n'en est pas moins à lui que revient l'honneur de cette conception.

Nous avons vu l'Université telle que Napoléon la comprenait ; voyons si dans la pratique, il en obtint tout le bien idéal qu'il avait rêvé.

Dans les dernières années de l'Empire, pour bien montrer que son regard ne quittait pas cette création des temps heureux, nous le voyons écrire : « J'ai la volonté que le système de l'Université marche comme celui du monde, sans frottement et par une règle constante et uniforme... » A quelque temps de là, il ajoutait: « Ne pas faire de l'instruction publique une affaire de coterie et de religion (1). »

C'est, qu'en effet, jamais Napoléon ne s'est départi des règles qu'il s'était tracées. Sans doute, il avait écrit, dans l'article fondamental du décret constitutif de l'Université, rédigé par lui: « Toutes les écoles de l'Université Impériale prennent pour base de leur enseignement les préceptes de la religion catholique, » mais ce principe philosophique posé, il s'était efforcé de défendre son œuvre contre les empiètements du clergé et de l'ultramontanisme; et, encore, en 1815, il se préoccupait d'écarter de l'Université des personnes qui « telles que le sieur de Bonald ont énoncé des principes obscurs, propres à égarer l'opinion et à corrompre la jeunesse (1). »

Les Lycées (2), les Facultés, l'École polytechnique font l'objet, pendant tout le règne, de nombreuses décisions. A propos de la Faculté de droit de Paris, voici ce qu'il écrit: « S. M. charge le Ministre de l'intérieur d'écrire au Directeur de l'École de droit de Paris, qu'il est revenu à l'Empereur que l'École accorde trop facilement des diplômes pour les différents grades et qu'ainsi le bien que l'on se promettait de faire de ces établissements se trouve considérablement atténué ; que S. M. espère que le Directeur prendra des mesures pour qu'il ne parvienne désormais que des rapports favorables sur l'École de droit de Paris qui ne peut obtenir de véritables succès que par une réputation sans tache (3). »

Le 23 mars 1805, Napoléon écrivait à Lacuée, à propos de l'École polytechnique : « Il est dangereux pour des personnes qui n'ont pas de fortune de leur donner des connaissances en mathématiques trop étendues. Quant aux sujets ayant de grandes dispositions et peu de fortune, il sera facile de les placer au moyen de vingt ou trente bourses qui seront créées à cet effet; mais les pensions des autres élèves doivent être payées par les parents... Je regrette de voir un aussi grand nombre de jeunes gens de cet âge réunis à Paris; je sens l'inconvénient qu'il y aurait à les éloigner trop, mais si on pouvait les placer à deux ou trois lieues, il y aurait un grand avantage. L'éloignement ne serait pas assez grand pour que quelques bons professeurs ne pussent pas s'y rendre. »

Napoléon devait, de son vivant, recueillir le fruit des efforts qu'il avait faits en vue d'améliorer, en France, le régime de l'instruction publique. A Sainte-Hélène, il constatait, en ces termes, les bons effets de son système : « Quelle jeunesse je laisse après moi ! C'est pourtant mon ouvrage ! Elle me vengera suffisamment par tout ce qu'elle vaudra. A l'œuvre, il faudra bien, après tout, qu'on rende justice à l'ouvrier ! et, le travers d'esprit ou la mauvaise foi des déclamations tombera devant ces résultats. Si je n'eusse songé qu'à moi, à mon pouvoir, ainsi qu'ils l'ont dit et le répètent sans cesse, si j'eusse réellement eu un autre but que le règne de la raison, j'aurais cherché à étouffer les lumières sous le boisseau; au lieu de cela, on ne m'a vu occupé que de les produire au grand jour. Et encore n'a-t-on pas fait, pour ces enfants, tout ce dont j'avais eu la pensée. Mon Université, telle que je l'avais conçue, était un chef-d'œuvre dans ses combinaisons et devait en être un dans ses résultats nationaux. Un méchant homme (A) m'a

---

(A) M. de Fontanes.

tout gâté, et cela avec mauvaise intention, et par calcul sans doute... »

Pour résumer cette étude des grandes fondations impériales, c'est encore la parole de l'Empereur qu'il faut emprunter, parce que nul ne saurait dire, comme il le fait dans ses *Mémoires*, la grandeur des entreprises qui marquent son règne d'une empreinte ineffaçable. Il ne parle ici que de la création de la noblesse Impériale, mais il a soin de dire que le jugement qu'il porte s'applique aussi bien à ses autres institutions : « L'idée d'une nouvelle noblesse, comme celle de la Légion d'honneur, comme celle de l'Université, était éminemment libérale ; elle était propre à la fois à consolider l'ordre social et à anéantir le vain orgueil de la noblesse ; elle détruisait les prétentions de l'oligarchie et maintenait dans son intégrité la dignité et l'égalité de l'homme. C'était une idée mère, organisatrice, libérale ; elle eut caractérisé le nouveau siècle. » Napoléon ne mettait aucune précipitation dans l'exécution de ses projets ; il croyait avoir du temps devant lui. Il disait souvent à son Conseil d'État : « J'ai besoin de vingt ans pour accomplir mes projets. » Il lui en a manqué cinq.

LIVRE III

L'ORATEUR ET L'ECRIVAIN

Napoléon a laissé dans ses proclamations, dans ses bulletins ou dans ses *Mémoires* une trace vivante de son génie ; le littérateur et l'historien trouvent dans ces lectures un plaisir délicat qui vaut bien le profit que le philosophe ou l'homme d'État peuvent tirer de l'étude de ses principes et de ses actes.

Bien qu'il s'adresse directement ici à ses contemporains ou à la postérité, l'Empereur n'en devient pas, pour cela, un personnage de convention, parce qu'il possédait avant tout, un caractère où le naturel et la simplicité reprenaient toujours le dessus. Il avait la franchise des puissants qui n'ont rien à redouter de leurs semblables ; et, dans ses œuvres les plus étudiées et les plus mûries, aussi bien que dans ses improvisations, c'est toujours le même homme qui se trouve avec les vivacités de son tempérament, mais tout aussi avec la toute puissance de son génie.

CHAPITRE I

L'ORATEUR

Si l'on consulte les contemporains de Napoléon et les souvenirs que son éloquence a laissés dans l'histoire de son temps, on devra reconnaître qu'après une éducation rapide et toute personnelle, il est arrivé, comme sans efforts, à être le premier orateur de l'époque, comme il en était le plus grand capitaine.

Napoléon a raconté lui-même, à Sainte-Hélène, qu'au début de sa carrière politique, dans ces jours qui suivirent le 13 vendémiaire, il eut souvent à haranguer à la halle, dans les rues, aux sections et dans les faubourgs; c'était alors la véritable éloquence tribunitienne. Il nous a dit ce qu'il pensait de ses auditeurs d'occasion, et tandis qu'une femme, qui vécut beaucoup dans son entourage, la duchesse d'Abrantès, s'est longuement étendue sur les premiers pas et les premiers efforts de Bonaparte dans l'éloquence politique, voici ce que Napoléon disait de ce peuple qu'il était arrivé à charmer et à conquérir : « Une remarque singulière, c'est que de toutes les parties de la capitale, le faubourg Saint-Antoine est celle que j'ai toujours trouvée la plus facile à entendre raison et à recevoir des impulsions généreuses. »

De son côté, Mme Junot, duchesse d'Abrantès, faisait, après bien des années, cette ravissante miniature de l'orateur : « Bonaparte parlait ordinairement mal, c'est-à-dire qu'il était peu éloquent dans sa manière de s'exprimer. Sa concision, par trop sèche, ne donnait pas à son discours, ce tour sinon gracieux, au moins arrondi et formé, qui est nécessaire dans les moindres discours. Depuis, tout en lui fut prestigieux et sa parole le devint, comme le reste. Mais le fait est, qu'alors, il n'était rien moins qu'éloquent, excepté dans les moments où son âme s'épanchait ; alors, c'était comme dans les contes de fées, des perles et des rubis qui sortaient de sa bouche. »

Ainsi donc, au dire de ceux qui l'ont entendu à cette époque, comme à la lecture de ses discours, ce qui frappe avant tout, c'est un défaut que nous ne pourrons pas retrouver dans les autres œuvres de sa jeunesse. Ici, c'est une certaine sécheresse ; là, c'est une exubérance juvénile qui ne rappelle guère la concision des premières harangues du jeune Bonaparte.

Cette diction embarrassée, timide, toute militaire, se prolongera jusqu'aux premiers jours du Consulat ; timide, en effet, c'est là le caractère dominant de sa première éloquence. Il n'est pas rare de trouver des exemples d'une semblable frayeur oratoire chez ceux-là même, plus peut-être encore que chez d'autres, — qui sont habitués à manier l'épée plutôt qu'à haranguer les masses.

Mais, avec le pouvoir, Napoléon acquiert la pleine possession de son génie; il se forme à l'école des discussions du Conseil d'Etat, où ses lumineuses réparties deviennent bientôt des discours à l'argumentation vive, attachante, sans liaison et sans méthode peut-être, mais pleine de naturel, de verve et de saillie. Suivant une belle figure de Cormenin, dans son livre des *Orateurs*, Napoléon « jetait par tourbillons de la flamme et de la fumée. »

Et, de fait, si l'on peut relever dans ses harangues, de la fécondité, de la souplesse, et cette finesse particulière du génie; ce qu'on ne saurait se lasser d'admirer, ce sont ces discours qui ne procèdent que vigoureusement, et qui puisent, dans cette vigueur même, la plus grande partie de leur originalité.

Voilà pour la forme même du discours de Napoléon : quant au fond, il ne dira que ce qui est indispensable; il négligera les agréments de l'éloquence fleurie pour ne s'attacher qu'à la recherche directe du but qu'il poursuit. Les auditeurs seront plutôt surpris que charmés; mais s'ils sont éblouis, ils seront aussi convaincus.

D'ailleurs, jamais auditoire ne fut mieux préparé que celui de Napoléon; c'était un des mérites de son génie de savoir se plier à toutes les circonstances. Il restait général quand il parlait à ses soldats, mais il savait que l'armée n'est autre chose que la nation, et c'était pour lui s'adresser à l'âme même du peuple que d'évoquer devant elle les grandes figures, les souvenirs et les nobles émotions.

Dans les assemblées politiques, son éloquence reste toujours un moyen de commandement; sauf au Conseil d'État, elle n'admettra pas la réplique. L'Empereur expose au Corps législatif et au Sénat, ce qu'il a fait, ce qu'il demande; on ne lui répondra pas. Ses paroles sont comme l'émanation d'une autorité supérieure, presque divine, devant laquelle les auditeurs s'inclinent et qu'ils ne commenceront à discuter qu'au moment où les premiers revers s'abattront sur la France et sur l'Empereur.

Avant de parler des genres divers d'éloquence dans lesquels l'Empereur s'est essayé, où il s'est conquis une place remarquable et qui, dans le genre militaire, restera la première ; avant d'emprunter à ses discours, quelques passages qui montreront quel orateur fut ce grand général, voyons ce que Napoléon pensait des orateurs et, en particulier, ce qu'il disait des harangues des généraux en chef.

Napoléon avait peu de confiance dans les orateurs proprement dits : « Les grands orateurs, disait-il, qui dominent les assemblées par l'éclat de leur parole sont, en général, les hommes politiques les plus médiocres. La pratique les tue (1). » Les souvenirs de la Révolution étaient encore trop vivaces pour que Napoléon ne tînt pas compte dans ce jugement des promesses trompeuses dont plusieurs hommes politiques de cette époque avaient donné un éclatant exemple. D'ailleurs, l'étude de l'histoire donne raison à la théorie de l'Empereur, et l'on ne saurait oublier que Cicéron, grand orateur, fut un politique déplorable.

Il faut reconnaître, cependant, que l'Empereur qui, par ce jugement semblait se mettre de lui-même en dehors des grands orateurs, est une exception frappante au principe qu'il posait ici. Il les admettait, d'ailleurs, ces exceptions, quand il plaçait au premier rang des devoirs du général l'obligation de réveiller et d'exciter les passions militaires, par ses harangues, au moment du combat. Voici comment il s'exprime dans ses *notes sur l'art de la guerre,* joignant ainsi l'exemple au précepte : « La discipline lie les troupes à leurs drapeaux ; ce ne sont pas des harangues, au milieu du feu, qui les rendent braves : les vieux soldats les écoutent à peine, les jeunes les oublient au premier coup de canon. Il n'est pas une seule harangue de Tite-Live qui ait été tenue par un général d'armée, car il n'en est pas une qui ait le trait et l'impromptu. Le geste d'un général aimé, estimé de ses troupes vaut autant que la plus belle harangue. Si les harangues, les raisonnements sont utiles, c'est dans le cours de la campagne, pour détruire les insinuations, les faux bruits, maintenir une bonne opinion dans le camp, fournir des matériaux aux causeries des bivouacs. L'ordre du jour imprimé a bien plus d'avantages que les harangues des anciens.

« Quand l'Empereur Napoléon disait en parcourant les rangs de son armée, au milieu du feu : « Déployez ces drapeaux ! Le moment est enfin arrivé ! » Le geste, l'action, le mouvement faisaient trépigner le soldat français (1). »

Fidèle à cette règle, Napoléon, au moment même

de la bataille, se contentait de prononcer quelques uns de ces mots militaires dont l'écho retentira dans l'histoire. Les proclamations, écrites à la veille ou au lendemain d'une bataille, qui fournissaient « des matériaux aux causeries des bivouacs », qui apprenaient à l'Europe épouvantée, les victoires de la grande armée, n'en appartiennent pas moins à l'éloquence militaire, ce genre dans lequel, comme autrefois César, Napoléon n'a pas trouvé de rivaux parmi ses contemporains ou ses successeurs.

Avant d'aborder cette étude spéciale de l'orateur militaire, il est bon de voir Napoléon dans les assemblées politiques ou délibératives de son pays; c'est une recherche intéressante et curieuse, où nous trouverons, dans certains discours, ce plaisir qui s'attache aux grandes choses quand elles sont exprimées avec le feu d'une conviction ardente et la fougue d'un langage, qui pour être quelquefois familier, reste toujours digne et noble et qui, même a su s'élever parfois jusqu'aux expressions du style le plus grandiose.

Le 10 décembre 1797, au lendemain du traité de Campo-Formio, le général Bonaparte était reçu au Luxembourg, par les membres du Directoire, avec un appareil théâtral dont les détails se retrouvent dans tous les *Mémoires*. C'était la première fois que le général victorieux prenait la parole dans une assemblée politique. Les auditeurs furent frappés de cette langue, neuve et originale, où la concision et l'énergie, sans nuire à la correction du style, contrastaient singulièrement avec le langage emphatique, si à la mode à cette époque. Napoléon commence, sans préambule, par ce coup de tonnerre : « Le peuple français, pour être libre, avait les rois à combattre. Pour obtenir une Constitution fondée sur la raison, il y avait dix huit siècles de préjugés à vaincre. La Constitution de l'an III et vous, avez triomphé de tous ces obstacles... De la paix que vous venez de conclure date l'ère des gouvernements représentatifs. » Les critiques ont reproché, non sans raison, le mépris de l'histoire et de la tradition qui perce dans chacune de ces paroles. C'était, a-t-on dit, effacer l'empire de Rome et les grands jours du moyen-âge ; c'était aussi oublier la Constituante, la Législative, la Convention qui, cette dernière au moins, ne furent que trop des gouvernements représentatifs. Mais toute critique disparaît devant la suite de ce discours : « Vous êtes parvenus à organiser la grande nation dont le vaste territoire n'est circonscrit que parce que la nature en a posé elle-même les limites. Vous avez fait plus. Les deux plus belles parties de l'Europe jadis si célèbres par les arts, les sciences et les grands hommes dont elles furent le berceau voient, avec les plus belles espérances, le génie de la Liberté sortir des tombeaux de leurs ancêtres. »

L'année 1798 le voit partir pour l'Égypte. Il va adresser aux peuples de ce pays des proclamations enflammées par le soleil d'Orient ; son style est à la fois mystique et rempli d'imagination ; sous ses paroles, on pressent une connaissance, aussi précoce que profonde, du cœur de l'homme dans tous les pays : « Quelle sagesse, quels talents, quelles vertus distinguent les mamelucks pour qu'ils aient exclusivement tout ce qui rend la vie aimable et douce? Y a-t-il une belle terre ; elle appartient aux mamelucks. Y a-t-il une belle esclave, un beau cheval, une belle maison ; cela appartient aux mamelucks. Si l'Égypte est leur ferme, qu'ils montrent le bail que Dieu leur en a fait ! »

Ces paroles étaient d'un politique raffiné ; celles qui vont suivre ne devaient pas être moins profitables à sa cause. C'est aux habitants du Caire qu'il s'adresse : « Faites connaître au peuple que, depuis que le monde existe, il était écrit qu'après avoir détruit les ennemis de l'Islamisme, fait abattre les croix, je viendrais, du fond de l'Occident, remplir la tâche qui m'a été imposée. Faites voir au peuple que, dans le saint Livre du Koran, dans plus de vingt passages, ce qui arrive a été prévu... Que les vrais croyants fassent des vœux pour la prospérité de nos armes !

« Je pourrais demander compte á chacun de vous des sentiments les plus secrets de son cœur ; car je sais tout, même ce que vous n'avez dit à personne. Mais un jour viendra que tout le monde verra avec évidence que je suis conduit par des ordres supérieurs et que tous les efforts humains ne peuvent rien contre moi. Heureux ceux qui, de bonne foi, seront les premiers à se mettre avec moi (A). »

(A) Nous avons déjà parlé de cette indifférence politique de Napoléon sur la valeur respective des religions. Devait-elle aller jusqu'à renier l'histoire de la civilisation, comme il le fait

Mais voici le retour d'Égypte et cette grande date du 18 brumaire qui compte dans l'histoire de l'éloquence de Napoléon aussi bien que dans l'ensemble de toute sa carrière. Il n'a jamais cherché à dissimuler la timidité qui s'était emparée de lui dans cette circonstance, pas plus que la difficulté d'élocution qui en était résultée. Tous les historiens l'ont constatée aussi (1). Son discours aux Anciens mérite cependant qu'on s'y arrête, ne fût-ce que pour établir qu'après certaines défaillances, Napoléon avait trouvé à deux ou trois reprises l'occasion de se relever de ses chutes et de ses faiblesses.

Le 18 brumaire, les quelques paroles qu'il prononce ne sont l'objet d'aucune manifestation contre sa personne. Ce n'est qu'une déclaration de principes ; il se met, ainsi que l'armée, au service des Anciens ; il ne le fait pas sans prononcer quelques paroles énergiques: « Qu'on ne cherche pas dans le passé des exemples qui pourraient retarder votre marche. Rien, dans l'histoire, ne ressemble à la fin du xviiie siècle ; rien dans la fin du xviiie siècle ne ressemble au moment actuel.

« Votre sagesse a rendu ce décret (la translation des Anciens à Saint-Cloud) ; nos bras sauront l'exécuter. »

Mais la journée difficile est celle du lendemain, 19 brumaire ; après avoir soutenu, contre toute

---

dans cette lettre du 12 septembre 1798 au pacha d'Alep : « Nous ne sommes plus de ces infidèles des temps barbares qui venaient combattre votre foi ; nous la reconnaissons sublime ; nous y adhérons et l'instant est arrivé où tous les Français régénérés deviendront aussi vrais croyants. »

évidence, qu'il ne prétendait pas à la dictature, il est accusé d'avoir violé la Constitution. Sa répartie est audacieuse, le mouvement oratoire est bon. On sent l'improvisation chaleureuse qui puise dans la sincérité de la conviction les éléments de la véritable éloquence : « La Constitution ! vous n'en avez plus. Vous l'avez violée au 18 fructidor, quand le gouvernement a attenté à l'indépendance du Corps Législatif ; vous l'avez violée, au 22 floréal, quand, par un décret sacrilège, le gouvernement et le Corps Législatif ont attenté à la souveraineté du peuple en cassant les élections faites par lui ; vous l'avez violée au 30 prairial, quand le Corps Législatif a attenté à l'indépendance du gouvernement. La Constitution !... elle est invoquée par toutes les factions, et elle a été violée par toutes ; elle est méprisée par toutes ; elle ne peut être pour nous un moyen de salut, parce qu'elle n'obtient le respect de personne. Il faut un nouveau pacte, il faut de nouvelles garanties. »

L'avantage qu'il vient de remporter, il le reperd en parlant des propositions secrètes qui lui ont été faites ; en trahissant Moulins et Barras. Il y a encore une réelle éloquence dans le mouvement oratoire où il flétrit les révolutionnaires du Conseil des Cinq-Cents. Néanmoins, il sent bien qu'il fait, de nouveau, fausse route et, alors, il appelle à lui la force armée. Comme s'il perdait la vision de la réalité, il se livre ; il dévoile ses projets que la politique aurait dû lui faire dissimuler quelques instants encore. Ce n'est plus aux représentants qu'il s'adresse, c'est à ses soldats : « Si quelque orateur soldé par l'étranger ose prononcer contre votre général les mots : Hors la loi, que la foudre de la guerre l'écrase à l'instant. Souvenez-vous que je marche accompagné du Dieu de la guerre et de la fortune. »

On sait le reste : la démarche de Napoléon au Conseil des Cinq-Cents, les dangers qu'il y court, l'invasion de la force armée dans le sanctuaire des lois, la fuite des députés, l'établissement du gouvernement consulaire.

Le jour même une proclamation faisait connaître au peuple français le récit détaillé de ces deux journées; et, à quelque temps de là, une déclaration des Consuls, œuvre exclusive de Bonaparte, annonçait en ces termes, d'une opposition voulue, l'avènement du nouveau régime : « Citoyens, la Révolution est fixée aux principes qui l'ont commencée. Elle est finie. »

Les années heureuses du Consulat ont laissé peu de traces dans la carrière oratoire de Napoléon. Nous ne saurions cependant passer sous silence les communications que le Premier Consul croyait devoir faire au Corps Législatif au moment de l'ouverture des sessions.

Au mois de novembre 1800, Champagny avait été chargé de la rédaction du discours qui devait être prononcé le 23; son projet est soumis au Premier Consul qui va en modifier la forme et le fond. Ce document intéressant se trouve à sa date dans le VIe volume de la *Correspondance;* pour inspirer au lecteur le désir de s'y reporter, nous allons mentionner quelques unes des réflexions ou des corrections du Premier Consul. Nous sommes là bien réellement en face d'une œuvre toute personnelle et qui, à ce titre, mérite toute notre attention. Champagny faisait dire à l'orateur: « Au souvenir du bien que le Corps Législatif a fait dans la session précédente, *s'il est encore dans la République des hommes souffrants par le vice ou l'insuffisance des lois* (A), aujourd'hui, ils entrevoient la fin de leurs maux. » Napoléon écrit en marge; « Il y a encore trop de citoyens souffrants pour se permettre cette phrase. » Plus bas, le rédacteur disait: « *Dès ce jour, les moyens du gouvernement égalent son zèle et les besoins de l'État.* » Et Napoléon de répondre : « Cela n'est pas exact; c'est trop. » L'emphase de l'époque commandait ce passage : « *Pourquoi ce jour d'espérance, pour tous les citoyens, d'une vie nouvelle pour la République entière et d'une force plus active dans son gouvernement, n'est-il pas pour tous un jour de fête ou de solennité publique? Pourquoi le canon qui annonce aux habitants de Paris la rentrée du Corps Législatif, répété dans toute la France, ne va-t-il pas porter partout le désir, l'allégresse et l'espérance?* » Napoléon écrit en marge : « C'est trop, les maux des assemblées sont encore trop récents. » Les promesses de la fin ne plaisaient pas plus au Premier Consul: « *Vous avez pu juger par votre expérience les lois que vous avez faites; vous en avez porté le*

(A) Les passages imprimés en italique ont été soulignés par le premier Consul.

salutaire joug. Vos méditations solitaires ont ajouté à votre expérience. Le gouvernement s'empressera d'en recueillir les fruits ; il vous communiquera avec confiance les mesures nouvelles dont il croit l'adoption nécessaire. » Et comme semblable engagement répugne à Napoléon, il fait cette réflexion : « Cela n'est pas bon à dire. »

En dehors des assemblées politiques, Napoléon adressera la parole au peuple français soit pour lui annoncer, le 20 mars 1801, la signature de la paix d'Amiens, et alors il en profitera pour conseiller à tous l'union et la concorde ; soit pour lui faire connaître, au mois d'avril 1802, la conclusion du Concordat, ce qui lui permettra d'exprimer ce vœu plein de grandeur : « Que cette religion qui a civilisé l'Europe soit encore le lien qui en rapproche les habitants, et que les vertus qu'elle exige soient toujours associées aux lumières qui nous éclairent ! »

Les grands travaux du Consulat, son œuvre de régénération sociale et de fusion politique étaient admirablement indiqués par celui qui en était l'auteur, dans son message du 20 mai 1802, au Corps Législatif. C'est dans un langage empreint de la plus grande modestie, que Napoléon résumait ainsi les grandes choses qu'il avait faites : « Le cours de notre Révolution, si féconde, d'ailleurs, en vicissitudes, n'a point offert de période marquée par des événements plus mémorables et en même temps plus rapprochés. Dans l'espace de peu de jours, vous avez élevé des monuments qui doivent influer sur les destins d'une longue postérité. »

Nous passerons rapidement sur les discours prononcés pas Napoléon soit au moment du Consulat à vie, soit lors de la proclamation de l'Empire. Ce ne sont là que des paroles officielles qui ne nous apprennent rien sur les sentiments intimes de l'Empereur. Nous avons hâte de l'écouter au Tribunat, au Corps Législatif ou au Sénat, quand, au lendemain de ses victoires, il venait faire un récit enflammé des exploits de son armée ou une critique éloquente de la politique Européenne.

On se rappelle ces paroles mélancoliques au Sénat, après l'attentat de nivôse qui devait provoquer le Consulat à vie : « La fortune est inconstante et combien d'hommes qu'elle avait comblés de ses faveurs ont vécu trop de quelques années. » On sait l'engagement qu'il prenait : « Quelle que soit ma destinée, consul ou citoyen, je n'existerai que pour la grandeur et la félicité de la France. » Enfin, pour terminer cette période, si pure et si glorieuse, bornons-nous à rappeler le vœu qu'il formulait devant le Tribunat, le 17 floréal, quand il déclarait qu'il ne désirait qu'une chose, que « ses derniers regards puissent voir le bonheur de la République aussi assuré que sa gloire. »

L'Empereur est au camp de Boulogne ; il ne pense qu'à franchir le détroit, quand il apprend les armements de l'Autriche. Il faut changer tous les projets ; la grande armée va être portée sur le Rhin. Ces événements ont leur contre-coup dans les paroles de l'Empereur et le projet du discours que Napoléon devait prononcer le 23 septembre se terminait sur ces mots pleins de menace : « Nos ennemis reconnaîtront peut-être que nous n'avons pas dégénéré (1). »

Au moment de partir pour l'armée, le 23 septembre 1805, Napoléon s'adressait en ces termes aux membres du Sénat Impérial: « Je gémis du sang qu'il va en coûter à l'Europe ; mais le nom français en obtiendra un nouveau lustre... Dans cette circonstance si importante pour sa gloire et la mienne, il continuera de mériter le nom de Grand Peuple dont je le saluais au milieu des champs de bataille. Français, votre Empereur fera son devoir, mes soldats feront le leur, vous ferez le vôtre ! »

Au lendemain des premières victoires, le 18 octobre 1805, c'est encore vers le Sénat que Napoléon tourne les yeux. Voici les principales parties de son message : « Sénateurs, je vous envoie quarante drapeaux conquis par mon armée... C'est un hommage que moi et mon armée faisons aux sages de l'Empire, c'est un présent que des enfants font à leurs pères... Les injustes agresseurs ont été frappés comme de la foudre et, avec l'aide de Dieu, j'espère dans un court espace de temps, triompher de mes autres ennemis. »

Le 7 janvier 1806, nouveau message au Sénat: « Mon arrivée au milieu de mon peuple sera retardée de quelques jours. Ces jours paraîtront longs à mon cœur : mais, après avoir été sans cesse livré aux devoirs d'un soldat, j'éprouve un tendre délassement à m'occuper des détails et des devoirs d'un père de famille. »

Tous les actes politiques de Napoléon se retrouvent dans les discours ou les messages qu'il adresse aux diverses assemblées. S'agit-il de l'adoption du prince Eugène, vice-roi d'Italie, il en tracera, le 12 janvier 1806, ce portrait au Sénat : « Ce jeune prince qui, dans des circonstances si orageuses et surtout dans ces premiers moments si difficiles même pour les hommes expérimentés, a su gouverner par l'amour et faire chérir nos lois. »

Le 5 mars 1806, l'exposé de la situation de l'Empire débute par une apothéose qui n'a d'excuse que dans ce fait que le discours fut lu par Champagny et non par l'Empereur qui, dans ces paroles officielles, était proclamé « semblable à cette âme invisible qui gouverne le monde et que l'on ne connaît que par sa puissance et ses bienfaits. » Mais, le silence de l'Empereur n'empêche pas qu'il était, sinon l'auteur, du moins l'inspirateur et le correcteur des documents de ce genre. Il est d'autant moins facile de s'y tromper que les éditeurs de la *Correspondance* ont compris, sans hésitation, ce morceau dans les œuvres personnelles de l'Empereur.

Le document comprenait le récit de ce qui avait été fait pour les travaux publics, pour l'encouragement des lettres, pour les filles des légionnaires; il exprimait des vœux et des promesses pacifiques ; il se terminait, enfin, par un exposé de la situation de la France, au lendemain d'Austerlitz, comparée à la France d'avant le 18 brumaire et d'après Marengo.

C'est, à la même date, qu'ouvrant la session au

Corps législatif, Napoléon disait aux députés : « Mes armées n'ont cessé de vaincre que lorsque je leur ai ordonné de ne plus combattre. La presqu'île de l'Italie tout entière fait partie du grand Empire. D'ailleurs, les hautes destinées de ma couronne ne dépendent pas des sentiments et des dispositions des cours étrangères.., nourri dans les camps et dans des camps toujours triomphants, je dois dire, cependant, que, dans ces dernières circonstances, mes soldats ont surpassé mon attente. Je désire la paix avec l'Angleterre. »

Un message au Sénat lui faisait connaître les considérants de la constitution des fiefs de l'Empire, en même temps qu'une cérémonie publique investissait le roi de Hollande, en présence de toute la cour, de sa nouvelle dignité. Comme autrefois Louis XIV adressait à son petit-fils partant pour l'Espagne des paroles qui sont restées dans toutes les mémoires, Napoléon disait à son frère Louis : « Soyez l'effroi des méchants et le père des bons. C'est le caractère des grands rois. » Cette cérémonie avait son écho dans les salles du Sénat et Napoléon lui donnait ce beau commentaire : « Ainsi, le service de la Patrie appelle loin de nous nos frères et nos enfants ; mais le bonheur et les prospérités de nos peuples composent aussi nos plus chères affections. »

Il faut suivre l'Empereur dans sa course précipitée à travers l'Europe. Le 7 octobre 1806, il est à Bamberg, d'où il adresse au Sénat une belle proclamation ; la guerre nouvelle est injuste, il serait impossible d'en préciser les causes ; mais Napoléon n'a pas voulu se laisser surprendre et son armée occupe dès aujourd'hui des positions stratégiques qui lui promettent la victoire. « Toutefois, nous devons le dire, notre cœur est péniblement affecté de cette prépondérance constante qu'obtient en Europe le génie du mal occupé sans cesse à traverser les desseins que nous formons pour la tranquillité de l'Europe, le repos et le bonheur de la génération présente, assiégeant tous les cabinets par tous les genres de séductions et égarant ceux qu'il n'a pu corrompre, les aveuglant sur leurs véritables intérêts, et les lançant au milieu des partis sans autre guide que les passions qu'il a su leur inspirer. »

Pendant la campagne, les députations se pressent au bivouac de l'Empereur ; il recevra les Polonais, leur faisant ces promesses vagues dont nous avons parlé, évitant avant tout de prendre un engagement formel (1).

Puis, il expliquera dans un nouveau message au Sénat, les considérations qui lui ont fait décréter le blocus continental. « Nous avons ordonné contre les Iles britanniques des dispositions qui répugnaient à notre cœur. Il nous en a coûté de faire dépendre les intérêts des particuliers de la querelle des rois et de revenir, après tant d'années de civilisation, aux principes qui caractérisent la barbarie des premiers âges des nations. » Il profite de la circonstance pour demander au Sénat, dès novembre 1806 l'appel de la conscription de septembre 1807 : « Dans quel plus beau moment pourrions-nous appeler aux armes les jeunes Français? Ils auront à traverser, pour se rendre à leurs drapeaux, les capitales de nos ennemis et les champs de bataille illustrés par les victoires de leurs aînés. » C'est encore au Sénat qu'il s'adresse ainsi : « Témoin dès les premiers temps de notre jeunesse de tous les maux que produit la guerre, notre bonheur, notre gloire, notre ambition, nous les avons placés dans les conquêtes et les travaux de la paix. » C'est à cela qu'il faut s'appliquer sans trêve, ni merci, car « si dans cette lutte trop tardive, l'Europe civilisée venait à périr, notre coupable indifférence exciterait justement les plaintes de la postérité et serait un titre d'opprobre dans l'histoire (1). »

A une députation italienne, il répondait : « Pour la première fois depuis bien des siècles, les Italiens se sont montrés avec honneur sur le grand théâtre du monde. Les femmes elles-mêmes renverront d'auprès d'elles cette jeunesse oisive qui languit dans leurs boudoirs, ou, du moins, ne les y recevront que lorsqu'ils seront couverts d'honorables cicatrices. »

Le clergé est accueilli par les paroles qui lui conviennent : « Monsieur l'Archevêque, dit Napoléon, tout vient de Dieu : il m'a donné de grandes victoires. »

Le 16 août 1807, il répondait ainsi aux félicitations du Corps Législatif : « Dans tout ce que j'ai fait, j'ai eu uniquement en vue le bonheur de mes peuples, plus cher à mes yeux que ma propre gloire. Français, je me suis senti fier d'être le premier parmi vous. Vous êtes un bon et grand peuple. »

L'exposé de la situation de l'Empire, en 1807, préparé comme d'habitude par l'Empereur lui-même, terminé par une belle péroraison, parlait dans un beau langage de la littérature et des écrivains de l'époque Impériale : « Qu'à la voix d'un prince généreux s'allume dans leurs âmes la flamme créatrice de toutes les grandes conceptions ; qu'ils soient les dignes témoins d'un tel siècle. Ils mériteront d'en être les peintres et de passer avec lui à la dernière postérité (1). »

Avec les députés Italiens, son langage reste toujours sévère : « Que de choses, leur dit-il, il reste encore à faire pour effacer les fautes de vos pères et vous rendre dignes des destins que je vous prépare. La patrie fut déshéritée de son rang et de sa dignité, elle qui, dans des siècles plus éloignés, avait porté si loin l'honneur de ses armes et l'éclat de ses vertus. »

Pour l'Institut, comme ses paroles sont différentes : « Si la langue française est devenue une langue universelle, c'est aux hommes de génie qui ont siégé ou qui siègent parmi vous que nous en sommes redevables. J'attache du prix au succès de vos travaux ; ils tendent à éclairer mes peuples et sont nécessaires à la gloire de ma couronne. »

Mêmes encouragements à l'adresse des artistes : « Athènes et Rome sont encore célèbres par leurs succès dans les arts : l'Italie, dont les peuples me sont chers à tant de titres, s'est distinguée la première parmi les nations modernes. J'ai à cœur de voir les artistes français effacer la gloire d'Athènes et de l'Italie. »

Mais, revenons avec 1808 à cette politique belliqueuse et envahissante qui va nous plonger dans la guerre désastreuse d'Espagne. Napoléon en dit d'abord quelques mots au Sénat (1), pour se montrer ensuite plus explicite avec le Corps Législatif : « Vous avez, dit-il aux députés, la force et l'énergie de l'Hercule des anciens ! Lorsque je me montrerai au delà des Pyrénées le Léopard épouvanté cherchera l'Océan pour éviter la honte, la défaite et la mort. Le triomphe de mes armes sera le triomphe du génie du bien sur celui du mal, de la modération, de l'ordre, de la morale, sur la guerre civile, l'anarchie et les passions malfaisantes. »

Nous ne citerons pas les discours, les proclamations de Napoléon pendant cette campagne : c'est en vain qu'il s'adresse aux Espagnols et aux habitants de la capitale, en vain qu'il demande aux magistrats de l'aider dans son œuvre ; il aura beau dire : « Comme il n'y a qu'un Dieu, il n'y a dans un État qu'une justice. » Paroles vaines qui ne seront pas même écoutées (2).

Mais l'Espagne ne suffit pas à son activité. Les affaires intérieures de l'Empire, les questions religieuses, les accroissements de territoire, le divorce et le mariage avec Marie-Louise sollicitent tour à tour son attention et provoquent, de sa part, de nombreux discours : le 25 octobre 1808, avant de partir pour l'Espagne, il dit au Corps Législatif : « La vue de cette grande famille française, naguère déchirée par les opinions et les haines intestines, aujourd'hui tranquille, prospère et unie, a sensiblement ému mon âme. J'ai senti que, pour être heureux, il me fallait d'abord l'assurance que la France fut heureuse (3). »

Napoléon ne se contente pas de communiquer avec le Sénat français, il adresse des messages au Sénat italien : « La Providence m'a réservé la singulière consolation de voir l'Italie réunie sous nos lois, renaître aux idées grandes et libérales que nos ancêtres, les premiers entre les modernes, proclamèrent après les âges de la barbarie. »

Le Senatus-consulte qui réunissait à l'Empire français le domaine temporel des Papes (1), avait été préparé, nous le savons, par une politique qui remontait à plusieurs années. Il s'en trouve des échos nombreux dans les discours de cette époque : le plus célèbre est ce fameux discours du 16 mai 1810, adressé au clergé de la Dyle, pendant le voyage en Belgique, au lendemain du second mariage de Napoléon (2).

Mais bien avant cette époque, l'Empereur en recevant certaines députations avait manifesté plusieurs fois la sourde irritation qui germait en lui contre les procédés du Pape à son égard. A des députés Italiens il avait dit, dès le mois d'octobre 1808 : « Les écclésiastiques doivent se renfermer dans le gouvernement des affaires du ciel. La théologie qu'ils apprennent dans leur enfance leur donne des règles sûres pour le gouvernement spirituel mais ne leur en donne aucune pour le gouvernement des armées et pour l'administration. » Dans une autre circonstance : « Je n'entends pas qu'il soit porté aucun changement à la religion de nos pères ; fils aîné de l'Église, je ne veux point sortir de son sein. Votre évêque est le chef spirituel de l'Église, comme j'en suis l'Empereur. Je rends à Dieu ce qui est à Dieu et à César ce qui est à César. » Aux députés du Léman, il affirmait à la même époque qu'il saurait maintenir intacts les droits de l'Eglise Gallicane.

Ces réponses aux députations introduites auprès de l'Empereur frappent généralement par la façon dont Napoléon sait parler à chacune le langage qui peut lui convenir et la flatter.

Aux députés de Montenotte, il rappellera, avec ses premières victoires remportées dans leur pays, le souvenir de ses plus anciens compagnons d'armes ; à ceux de la Roër, il dira : « Votre pays est celui de Charlemagne. Vous faites aujourd'hui comme alors partie du Grand Empire. »

Mais, quelquefois aussi, c'est l'événement politique du jour qui trouve un écho dans ces harangues ; les délégués de la Loire-Inférieure sont reçus par une violente sortie contre la journée de Baylen.

Le plus souvent, Napoléon se plaît à constater le chemin parcouru depuis la Révolution ; c'est ainsi qu'il dit aux délégués de Saône-et-Loire : « Il ne faut conserver le souvenir du passé que pour connaître la grandeur du danger que la Patrie a couru. La monarchie et ce trône sont aussi nécessaires à l'existence et au bonheur de la France que le soleil qui nous éclaire ; sans eux, tout est trouble, anarchie ou confusion. » Une autre fois, il affirmera, en ces termes, aux habitants de la Dordogne, la vitalité de la France : « L'Empire français a la vie de la jeunesse. Il ne peut que croître et se consolider. Celui de mes ennemis est à son arrière saison, tout en présage la décroissance. »

Le 16 juin 1811, en ouvrant la session du Corps Législatif, Napoléon revenait sur cette malheureuse affaire d'Espagne qui devait consumer toutes les forces de cette France Impériale qu'il prétendait si vivace : « Cette lutte contre Carthage qui paraissait devoir se décider sur les champs de bataille de l'Océan au délà des mers, le sera donc dans les plaines des Espagnes ! Lorsque l'Angleterre sera épuisée, qu'elle aura enfin ressenti les maux qu'avec tant de cruauté elle verse depuis vingt ans sur le continent, que la moitié de ses familles seront couvertes du voile funèbre, un coup de tonnerre mettra fin aux affaires de la péninsule, aux destins de ses armées et vengera l'Europe et l'Asie en terminant cette seconde guerre punique. »

Quand il reviendra de Moscou, au lieu d'épancher son indignation contre la conduite des autorités dans l'affaire Malet, ainsi qu'il le fit au Conseil d'État, Napoléon dira au Corps Législatif que l'hiver a été la cause de tout ce désastre : au Sénat, il s'efforcera de donner une leçon qui sera inutile : « La plus belle mort, dit-il, serait celle d'un soldat qui meurt au champ d'honneur, si la mort d'un magistrat périssant en défendant le souverain, le trône et les lois n'était plus glorieuse encore... Nos pères avaient pour cri de ralliement : « Le roi est mort ! Vive le roi !... »

A la fin de 1813, les événements ont marché : Napoléon, le 14 novembre, constate au Sénat la situation qui est faite à la France et au Trône Impérial : « Toute l'Europe, dira-t-il, marchait avec nous, il y a un an ; toute l'Europe marche aujourd'hui contre nous. C'est que l'opinion du monde est faite par la France ou par l'Angleterre. La postérité dira que si de grandes et critiques circonstances se sont présentées, elles n'étaient pas au-dessus de la France et de moi. »

Le discours du 19 décembre 1813, à l'ouverture du Corps Législatif, produisit sur les assistants une émotion incomparable dont les récits des auditeurs nous ont gardé le souvenir. Les circonstances étaient critiques ; on prévoyait les aveux de l'Empereur, les nouveaux sacrifices qu'il allait demander. Le silence le plus absolu régnait dans l'auditoire quand commença ce discours d'une beauté monumentale : « D'éclatantes victoires ont illustré les armes françaises dans cette campagne ; des défections sans exemple ont rendu ces victoires inutiles. Tout a tourné contre nous. Je n'ai jamais été séduit par la prospérité. L'adversité me trouverait au-dessus de ses atteintes.

« J'ai, plusieurs fois, donné la paix aux nations lorsqu'elles avaient tout perdu. D'une part de mes conquêtes, j'ai élevé des trônes pour des rois qui m'ont abandonné.

« J'avais conçu et exécuté de grands desseins pour la prospérité et le bonheur du monde. Monarque et père, je sens ce que la paix ajoute à la sécurité des trônes et à celle des familles.

« . . C'est à regret que je demande à ce peuple généreux de nouveaux sacrifices, mais ils sont commandés par ses plus nobles et ses plus chers intérêts. J'ai dû renforcer mes armées par de nombreuses levées : les nations ne traitent avec sécurité qu'en déployant toutes leurs forces. Un accroissement dans les recettes devient indispensable. Ce que mon Ministre des finances vous proposera est conforme au système de finances que j'ai établi. Nous ferons face à tout sans emprunt qui consomme l'avenir, et sans papier-monnaie qui est le plus grand ennemi de l'ordre social...

« Mes peuples ne peuvent pas craindre que la politique de leur Empereur trahisse jamais la gloire nationale. De mon côté, j'ai la confiance que les Français seront constamment dignes d'eux et de moi. »

Napoléon continuait la série de ses humiliations et de ses aveux, quand il disait au Sénat, le 30 décembre de cette même année 1813: « Ma vie n'a qu'un but : le bonheur des Français... Il n'est plus question de recouvrer les conquêtes que nous avions faites... »

Mais le caractère de l'Empereur et sa légitime fierté reprenaient le dessus quand, voyant la résistance antipatriotique du Corps Législatif, il adressait aux députés ces paroles virulentes (1) : « Messieurs, je vous ai appelés pour m'aider à sauver la France. Vous dites et faites ce qu'il faut pour seconder l'étranger: au lieu de nous réunir, vous nous divisez... Dans une monarchie, le trône et le monarque ne se séparent point... Qu'est-ce qu'un trône ? un morceau de bois recouvert de velours : dans la langue politique, le trône c'est moi. Vous parlez du peuple; mais n'en suis-je pas le premier représentant ? N'est-ce pas à moi qu'il a donné quatre millions de suffrages ? On ne peut m'attaquer sans attaquer la nation. S'il y a quelque abus, est-ce le moment de me faire des remontrances quand deux cent mille cosaques franchissent nos frontières ? Quand il s'agit de sauver la liberté politique et l'indépendance nationale, est-ce le moment de disputer sur les libertés et les sûretés individuelles ? Vos idéologues demandent des garanties contre le pouvoir : dans ce moment, la France ne m'en demande que contre l'ennemi. »

L'Empereur est vaincu, il part pour l'île d'Elbe. On sait son retour miraculeux et cette proclamation qu'il adresse au peuple en touchant le rivage français : « Dans mon exil, j'ai entendu vos plaintes et vos vœux. Vous accusiez mon long sommeil. Vous me reprochiez de sacrifier à mon repos les grands intérêts de la patrie. Il est des événements d'une telle nature qu'ils sont au-dessus de l'organisation humaine. Lorsque Charles VII rentra à Paris et renversa le trône éphémère de Henri VI, il reconnut tenir son trône de la vaillance de ses braves et non d'un prince régent d'Angleterre. »

Dans cette marche triomphale, où, suivant son expression, l'aigle allait voler de clocher en clocher jusqu'aux tours de Notre-Dame, Napoléon prononça de nombreux discours ; il répondit maintes fois aux députations qui se pressaient sur son passage.

C'est, sans contredit, l'époque où Napoléon a pris le plus souvent la parole, et sans préparation. En dépit de la nature toute spéciale des harangues qu'il avait à prononcer, l'Empereur atteignit souvent à la véritable éloquence. Nous renvoyons le lecteur à l'ouvrage de Fleury de Chaboulon sur les Cent-Jours; dans ces deux volumes, on trouvera tous les discours de l'Empereur que nous ne pouvons pas citer ici. Il faut cependant conserver celui qu'il adressait aux habitants de l'Isère, parce qu'il résume la pensée générale qui présidait à toutes ces paroles : « Ce que j'ai vu m'a convaincu qu'il était toujours digne de ce nom de *Grand. Peuple* dont je le saluai, il y a plus de vingt ans. »

Napoléon est à Paris, il est absorbé par les préparatifs de la lutte suprême qu'il va soutenir contre l'Europe tout entière. Il trouve cependant le temps de recevoir les députés des collèges électoraux et de se rendre dans le sein de son Conseil d'État, où il expose quelles seraient sa politique et sa ligne de conduite si l'Europe voulait avoir confiance dans ses promesses : « J'ai renoncé, dit-il, aux idées du grand Empire dont, depuis quinze ans, je n'avais encore que posé les bases. »

Avant de partir pour l'armée, Napoléon disait aux Chambres : « Les hommes sont impuissants pour assurer l'avenir; les institutions seules fixent les destinées des nations. » Et il répondait en ces termes à l'adresse de la Chambre des Pairs : « L'entraînement de la prospérité n'est pas le danger qui nous menace aujourd'hui. C'est sous les fourches caudines que les étrangers veulent nous faire passer !... C'est dans les temps difficiles que les grandes nations comme les grands hommes déploient toute l'énergie de leur caractère et deviennent un objet d'admiration pour la postérité. »

Voici Waterloo et l'écroulement de la fortune impériale. Au lendemain de ce désastre, Napoléon s'adresse en ces termes au peuple français : « En commençant la guerre pour soutenir l'indépendance nationale, je comptais sur la réunion de tous les efforts, de toutes les volontés et le concours de toutes les autorités nationales ; j'étais fondé à en espérer le succès et j'avais bravé toutes les déclarations des puissances contre moi...

« Les circonstances me paraissent changées. Je m'offre en sacrifice à la haine des ennemis de la France. Puissent-ils être sincères dans leurs déclarations et n'en avoir voulu réellement qu'à ma personne.

« Ma vie politique est terminée, et je proclame mon fils sous le titre de Napoléon II, Empereur des Français...

« Unissez-vous tous pour le salut public et pour rester une nation indépendante. »

L'éloquence délibérative est une autre forme de l'éloquence politique ; nous n'aurons pas à en parler ici, car nous avons déjà montré l'Empereur au Conseil d'Etat, charmant ses auditeurs par la familiarité de son langage et la vivacité de ses réparties ; passant avec une égale facilité de la haute discussion des lois civiles et politiques aux détails minutieux d'une ordonnance d'habillement de la marine ou d'un règlement sur la boulangerie (1).

Ce qu'il nous reste à considérer dans la carrière oratoire de Napoléon est précisément le genre dans lequel excellait son génie ; nous voulons dire l'éloquence militaire qui commence à ces mots dits sur le champ de bataille pour se continuer dans ces harangues, véritables fanfares de guerre, chefs-d'œuvre d'un genre spécial dans lequel Napoléon n'a pas encore trouvé de rivaux.

Ils sont dans toutes les mémoires, ces mots militaires que Napoléon laissait échapper et qui enflammaient le soldat.

Au commissaire de la Convention, il disait à Toulon : « Mêlez-vous de votre métier de représentant et laissez-moi faire le mien d'artilleur. »

En Égypte : « Soldats, du haut de ces Pyramides, quarante siècles vous contemplent. »

A Léoben : « La République française, est comme le soleil ; aveugle, qui ne la voit pas ! »

Le matin de Marengo : « Soldats, rappelez-vous que mon habitude est de coucher sur le champ de bataille. »

Parcourant le bivouac d'Austerlitz, il disait au 28e, recruté dans le Calvados : « J'espère que les Normands se distingueront aujourd'hui », et au 57e : « Souvenez-vous qu'il y a longtemps que je vous ai surnommé le Terrible. »

A Montereau, exposé à la mitraille : « Mes enfants, le boulet qui doit me tuer n'est pas encore fondu (A). »

Mais ces paroles ne sont rien à côté des proclamations à l'armée et des harangues militaires du général Bonaparte ou de l'Empereur Napoléon.

(A) A la bataille de Navarin, le commandant de Rigny voit son épaulette emportée par un boulet. Il dit ce mot qui rappelle bien l'éloquence napoléonienne : « Mes amis, jamais boulet de l'ennemi n'a dégradé un officier français ! »

Il semblerait qu'elles doivent être admirées sans esprit de parti, comme le faisaient ces grands critiques qui se nommaient Sainte-Beuve et Villemain ; comme ces historiens : Thiers, Guizot, Ségur ; comme ces républicains d'autrefois : les Armand Carrel et les Mignet. Il n'en est rien ; nous trouverons sur notre route des critiques amères qui détonnent de la part d'écrivains français. C'est que, comme l'a si bien dit Cormenin, « le langage figuré de Napoléon prendrait mal aujourd'hui et toucherait presque au ridicule ; on n'aime plus les fanfares de guerre. »

Napoléon avait-il le pressentiment de ce déni de justice qui serait fait à son génie par une certaine partie de la postérité, héritière des pamphlétaires gagés de la Restauration, on est en droit de le croire, si l'on veut se rappeler qu'un soir, à Sainte-Hélène, après avoir relu à haute voix quelques-unes des proclamations de l'armée d'Italie, il s'était montré tellement ému qu'il n'avait pu que prononcer ces paroles : « Et dire qu'ils ont prétendu que je ne savais pas écrire ! »

Tandis qu'un auteur, justement célèbre et particulièrement compétent en cette matière, porte sur les proclamations de Bonaparte ce jugement qui n'est, après tout, que celui de l'histoire : « On n'avait jamais parlé à des soldats français un tel langage. Ils étaient fous de lui. Il les aurait conduits au bout du monde. C'était déjà ce qu'il rêvait et ce rêve de son imagination il le faisait passer dans leur âme (1) ; » un de nos contemporains veut, au contraire, que ces harangues ne soient que « l'éclosion d'un système ; l'ère des pronunciamentos qui s'ouvre. » (1) Sans insister plus longtemps sur cette théorie qui ne répond pas à l'histoire et qui attribue à la France des procédés politiques qui, jusque dans leur nom, sont l'apanage d'un autre pays, il faut répondre à une autre critique que le même auteur adresse à toutes les proclamations du général Bonaparte: « La première, dit-il, est toute une révélation ; ce n'est pas aux nobles sentiments des soldats qu'il s'adresse, ce n'est ni l'amour du prochain, ni celui de la patrie qu'il cherche à éveiller dans leur âme, c'est l'intérêt qu'il met en jeu, c'est la soif des richesses qu'il excite (A). »

Il faut la citer cette proclamation du 27 mars 1796 pour y rechercher ce que le critique lui re-reproche. « Soldats, vous êtes nus, mal nourris... Votre patience, le courage que vous montrez au milieu de ces rochers sont admirables ; mais *ils ne vous procurent aucune gloire : aucun éclat ne rejaillit sur vous*. Je veux vous conduire dans les

(A) Michelet, dans son « *Histoire du XIXe siècle* », pamphlet indigne de son talent, adresse la même critique, presque dans les mêmes termes aux premières proclamations de Napoléon. Tous les républicains ne se sont pas montrés d'une partialité aussi révoltante. Un contemporain de Napoléon, Marie-Joseph Chénier, disait au Conseil d'État, le 27 février 1808 : « Dans les camps naquit une autre éloquence, inconnue jusqu'alors aux peuples modernes. Elles partirent de l'armée d'Italie, ces belles proclamations où le vainqueur de Lodi et d'Arcole, en même temps qu'il créait un nouvel art de la guerre, créa l'éloquence militaire dont il restera le modèle. » Et, de nos jours, Lanfrey, dans son *histoire de Napoléon*, a reconnu, non sans regret, qu' « on ne saurait nier le souffle poétique des proclamations. Bonaparte, si inférieur à César par le bon sens, par l'esprit pratique, par ce sens exquis de la mesure et du possible qui fait seul les grands génies politiques, possédait à un bien plus haut degré que lui le don de saisir et de frapper les imaginations. »

plus fertiles plaines du monde. De riches provinces, de grandes villes seront en votre pouvoir. *Vous y trouverez honneur, gloire et richesses.* Soldats d'Italie, manqueriez-vous de courage ou de constance? » Quel autre langage un général quel qu'il soit aurait-il pu tenir à une semblable armée que le gouvernement avait volontairement négligée depuis de longs mois. Les appels à la gloire et à l'honneur n'y tiennent-ils pas la première place? Et si, après cela, Bonaparte promet aux troupes qu'elles seront récompensées matériellement de leurs efforts, n'est-ce pas là une application universellement reconnue des lois de la guerre? Bien plus, n'est-ce pas le premier devoir du général d'assurer le bien-être de ses soldats, surtout quand il est pris aux dépens de l'ennemi? N'est-ce pas élever la question, et une parole de Napoléon devenu Empereur nous montre qu'il l'avait fait, que de considérer que ce que le soldat rapporte ainsi de ses conquêtes augmentera la fortune de la France et le patrimoine national? Ne répondait-il pas directement à ce reproche de vouloir corrompre ses soldats par l'appât de l'or, ce Premier Consul qui, pour justifier la création de la Légion d'honneur, disait au Conseil d'Etat que l'argent est impuissant pour faire naître les grands sentiments et qu'il n'y a qu'un pouvoir qu'on puisse invoquer pour cela, c'est celui de l'honneur et de la Patrie?

Le 26 avril, moins d'un mois après cette première proclamation qui avait marqué le début de la nouvelle campagne, le général résumait les premiers travaux de cette armée héroïque dont chaque soldat pourrait dire glorieusement en rentrant dans ses foyers : « J'étais de l'armée conquérante de l'Italie. »

Dans ce mois, Bonaparte et son armée avaient réalisé la parole de Tacite : « On combattait pour l'existence, bientôt, on combattit pour la victoire (1). » Voici ce que le général disait à ses compagnons d'armes : « Soldats, vous avez, en quinze jours, remporté six victoires, pris vingt-et-un drapeaux, cinquante-cinq pièces de canon, plusieurs places fortes, conquis la partie la plus riche du Piémont ; vous avez fait quinze mille prisonniers, tué ou blessé plus de dix mille hommes. Vous avez gagné des batailles sans canons, passé des rivières sans ponts, fait des marches forcées sans souliers, bivouaqué sans eau-de-vie et souvent sans pain... Mais, soldats, vous n'avez rien fait puisqu'il vous reste encore à faire. » Et il leur trace alors les étapes de leurs victoires ; il leur rappelle la discipline qu'il faut observer ; *il leur recommande d'éviter le pillage qui, de libérateurs des peuples, les transformerait en fléaux.*

Thiers a fait observer que, à cette époque, « Bonaparte n'est pas encore débarrassé de ce ton un peu déclamatoire, reste d'habitude particulière à tous les enfants de la Révolution française (2). » L'observation est juste et l'on s'étonne que, pour indiquer la conquête de Rome à ces soldats qui appartiennent en masse à la catégorie des ignorants de la nation, il leur dise que « les cendres des vainqueurs de Tarquin sont encore foulées par les assassins de Basseville (A)... » C'est encore la même influence qui tente de percer, dans ces mots : « Tous, ils veulent humilier ces rois orgueilleux qui osaient méditer de leur donner des fers. »

Le 20 mai, nouvelle proclamation. Napoléon ne parle pas qu'à l'armée; il écrivait le lendemain à Faypoult pour lui indiquer quel était son but : « Vous trouverez ci-joint, lui dit-il, une proclamation à l'armée. Je préfère cette tournure à celle d'écrire aux peuples. » C'est bien à ceux-ci pourtant qu'elle s'adressait, du moins dans ces premières lignes : « Que les peuples soient sans inquiétudes. Nous sommes amis de tous les peuples et, plus particulièrement, des descendants des Brutus, des Scipion et des grands hommes que nous avons pris pour modèles... Le peuple français libre, respecté du monde entier, donnera à l'Europe une paix glorieuse qui l'indemnisera des sacrifices de toute espèce qu'il a faits depuis six

(A) Ces citations historiques ne restaient pas, cependant, sans effet. Pelleport, que nous avons déjà cité, disait que « *ces légions romaines* » qu'ils avaient imitées, mais pas encore égalées, préoccupaient les soldats qui se promettaient bien de les égaler un jour. Et comme, à Gaza, quelques soldats étaient venus se plaindre, Bonaparte leur dit « qu'ils n'égaleraient jamais les Romains qui, dans ces mêmes lieux, avaient mangé leurs sacs de peau ». « Général, ils n'en portaient pas, vos Romains, » lui répondit un orateur. Cette répartie fit rire et les murmures s'apaisèrent. »

On continua à parler longtemps des Romains dans l'armée. Je n'en veux d'autre preuve que cette phrase du même Pelleport à propos de la retraite de Russie : « Je crois, tout amour-propre de côté, que nous avons, en cette circonstance, laissé bien loin de nous les Romains dont l'Empereur parlait tant en Italie et en Égypte. »

ans. Vous rentrerez alors dans vos foyers et vos concitoyens diront en vous montrant : Il était de l'armée d'Italie ! » Titre de gloire au-dessus duquel Bonaparte n'en plaçait pas d'autre, car le 6 novembre 1796, la division Vaubois ayant abandonné un village, Napoléon fait écrire sur ses drapeaux : « Ils ne sont plus de l'armée d'Italie ! »

Quelquefois, cependant, Napoléon s'adresse directement aux populations ; il leur parlera toujours le langage le mieux approprié à leurs mœurs. Il le fera en Egypte ; nous le voyons en Italie : « L'armée française respecte et aime tous les peuples, mais plus particulièrement les habitants simples et vertueux des montagnes (1). »

Trois jours avant Arcole, il adresse à l'armée ce langage superbe dans son laconisme : « Lorsque le tambour du combat aura battu et qu'il faudra marcher droit à l'ennemi, la baïonnette en avant et dans ce morne silence, garant de la victoire, soldats, songez à être dignes de vous ! »

Avant la marche sur Léoben, voici comment il résume la campagne : « Vous avez remporté la victoire dans quatorze batailles rangées et soixante-dix combats ; vous avez fait plus de cent mille prisonniers ; pris à l'ennemi cinq cents pièces de canons de campagne, deux mille de gros calibre, quatre équipages de ponts... Vous avez conquis à la République les plus belles contrées de l'Europe... Mais vous n'avez pas encore tout achevé. Une grande destinée vous est réservée ; c'est en vous que la Patrie met ses plus chères espérances ; vous continuerez à en être dignes... » Comme toujours, il recommande à ses soldats la modération vis-à-vis des vaincus et il leur montre ce qui leur reste à faire : c'est au cœur de l'Empire, à Vienne, que l'on trouvera la paix.

Le 1ᵉʳ vendémiaire de l'an VI, il adressait à l'armée cette belle proclamation : « C'est de ce jour que date la fondation de la République, l'organisation de la *Grande nation*, et la grande nation est appelée par le destin à étonner et à consoler le monde. »

Quand l'armée s'embarque pour l'Égypte, ce sont les souvenirs de l'antiquité que la parole du général va évoquer devant ses soldats éblouis : « Les légions Romaines que vous avez quelquefois imitées, mais pas encore égalées, combattaient Carthage tour à tour sur cette même mer et aux plaines de Zama. La victoire ne les abandonna jamais, parce que, constamment, elles furent braves, patientes à supporter les fatigues, disciplinées et unies entre elles. »

Au moment de mettre le pied sur la terre des Pharaons, le 22 juin 1798, Bonaparte trace à ses soldats des règles de conduite où la morale la plus pure, la politique la plus sévère, ne trouveraient rien à dire. Cette proclamation seule suffirait à répondre victorieusement aux critiques dont nous parlions tout à l'heure et qu'il serait impossible de justifier par un seul fait ; par un seul mot : « Nous livrerons plusieurs combats ; nous réussirons dans toutes nos entreprises. Les destins sont pour nous... Ayez pour les cérémonies que prescrit l'Alcoran, pour les Mosquées, la même tolérance que vous avez eue pour les couvents, pour les synagogues, pour la religion de Moïse et de Jésus-Christ. Les légions Romaines protégeaient toutes les religions.

« Vous trouverez ici des usages différents de ceux de l'Europe. Il faut vous y accoutumer. Les peuples chez lesquels nous allons traitent les femmes différemment que nous ; mais, dans tous les pays, celui qui viole est un monstre.

« Le pillage n'enrichit qu'un petit nombre d'hommes ; il nous déshonore ; il détruit nos ressources ; il nous rend ennemis les peuples qu'il est de notre intérêt d'avoir pour amis.

« La première ville que nous allons rencontrer a été bâtie par Alexandre ; nous trouverons à chaque pas des souvenirs dignes d'exciter l'émulation des Français. »

C'est, en Égypte, qu'à l'occasion du 1er vendémiaire an VIII, Napoléon rappelait aux soldats tout le chemin parcouru par les armées de la République ; s'identifiant déjà à l'armée et à la France, c'est au siège de Toulon qu'il fixait le début de cette marche victorieuse.

Six mois avant Marengo, le 25 décembre 1799, Napoléon adressait à ses soldats ces paroles pleines de promesses et qui devaient les remplir de joie : « Soldats, lorsqu'il en sera temps, je serai au milieu de vous, et l'Europe se souviendra que vous êtes de la race des braves. »

Le 30 septembre 1805, il disait à la grande armée : « Soldats, votre Empereur est au milieu de vous. Vous n'êtes que l'avant-garde du grand peuple. S'il est nécessaire, il se lèvera tout entier à ma voix, pour confondre et dissoudre cette nouvelle ligue, qu'ont tissue la haine et l'or de l'Angleterre. »

Le 10 octobre, il adressait ces paroles aux Bavarois, ses alliés. « Vous serez fidèles à la mémoire de vos ancêtres qui, quelquefois opprimés, ne furent jamais abattus et conservèrent toujours leur indépendance, leur existence politique, premiers biens des nations, comme la fidélité à la maison Palatine est le premier de vos devoirs. Je connais votre bravoure, je me flatte qu'après la première bataille, je pourrai dire à votre prince et à mon peuple, que vous êtes dignes de combattre dans les rangs de la grande armée. »

A la veille de la journée d'Ulm, Napoléon s'adresse de nouveau à ses soldats : mais, ses paroles sont plus encore pour l'Autriche et pour la coalition : « Soldats, il y a un mois que nous étions campés sur les bords de l'Océan, en face de l'Angleterre, mais une ligue impie nous a ordonné de voler sur le Rhin. Sans cette armée que vous avez devant vous, nous serions aujourd'hui à Londres ; nous eussions vengé six siècles d'outrages et rendu la liberté aux mers. Soldats, la journée de demain, sera cent fois plus célèbre que celle de Marengo... Souvenez-vous que la postérité la plus reculée, tiendra note de ce que chacun de vous fera dans cette mémorable journée. Ce sera l'objet perpétuel de l'entretien de vos neveux, et vous serez cités d'âge en âge, à l'admiration des générations futures. » Cette belle proclamation se terminait par les reproches que l'Empereur adressait à l'Autriche sur sa perfidie.

Le 21 octobre, c'est, encore une fois, beaucoup plus à l'Europe qu'à ses soldats, qu'il s'adresse ainsi : « Cette armée qui, avec autant d'ostentation que d'imprudence, était venue se placer sur nos frontières, est anéantie. Mais qu'importe à l'Angleterre ? Son but est rempli. Nous ne sommes plus à Boulogne, et son subside ne sera ni plus, ni moins grand. Soldats, je vous avais annoncé une grande bataille… »

Elle n'a pas eu lieu, la capitulation d'Ulm l'a remplacée et « ce qui est sans exemple dans l'histoire des nations, un aussi grand résultat ne nous affaiblit pas de plus de quinze cents hommes hors de combat, mais nous ne nous arrêterons pas là. » On avait tant vanté l'infanterie des coalisés, que Napoléon ajoute : « Au combat est attaché plus spécialement la gloire de l'infanterie. » Il termine par l'assurance de l'intérêt qu'il porte aux soldats : « Il n'y a pas de généraux contre lesquels je puisse avoir de la gloire à acquérir. Tout mon soin sera d'obtenir la victoire avec le moins possible d'effusion de sang ; mes soldats sont mes enfants. »

Nous arrivons au bivouac d'Austerlitz et à cette proclamation entraînante dans laquelle l'Empereur annonce à ses soldats la manœuvre du lendemain : « Les positions que nous occupons sont formidables, et pendant qu'ils marcheront pour tourner ma droite, ils me présenteront le flanc. Si la victoire était un moment incertaine, vous verriez votre

Empereur s'exposer aux premiers coups, car la victoire ne saurait hésiter, dans cette journée surtout, où il y va de l'honneur de l'infanterie française, qui importe tant à l'honneur de toute la nation. Alors, la paix que je ferai sera digne de mon peuple, de vous et de moi. »

Le lendemain de la bataille, écoutez cette fanfare retentissante : « Soldats, je suis content de vous. Vous avez décoré vos aigles d'une gloire immortelle... Vous leur avez appris qu'il est plus facile de nous braver et de nous menacer que de nous vaincre. Mon peuple vous reverra avec joie et il vous suffira de dire : *J'étais à la bataille d'Austerlitz*, pour que l'on réponde : *Voilà un brave !* »

Le 27 décembre, il annonce à l'armée que la paix va être signée : « Vous avez vu votre Empereur partager avec vous vos périls et vos fatigues ; je veux aussi que vous veniez le voir, entouré de la grandeur et de la splendeur qui appartient au sourain du premier peuple de l'Univers... Soyez le modèle de toutes les armées. Ce ne sont plus des preuves de courage et d'intrépidité que vous êtes appelés à donner, mais d'une sévère discipline. »

Quand Napoléon quitte Vienne, il dit aux Viennois ces paroles qui sont restées gravées dans leur cœur : « Je vous ai donné un exemple inouï jusqu'à présent dans l'histoire des nations... En vous quittant, recevez comme un présent qui vous prouve mon estime, votre arsenal intact que les lois de la guerre ont rendu ma propriété. »

Aux soldats qui vont conquérir le royaume de Naples, pour en mettre la couronne sur le front du frère aîné de l'Empereur, celui-ci adressera cette proclamation énergique et mystique à la fois : « La dynastie de Naples a cessé de régner. Son existence est incompatible avec le repos de l'Europe et l'honneur de ma couronne. Soldats, marchez, précipitez dans les flots, si tant est qu'ils vous attendent, ces débiles bataillons des tyrans des mers. Ne tardez pas à m'apprendre que la sainteté des traités est vengée et que les mânes de mes braves soldats égorgés dans les ports de Sicile, à leur retour d'Égypte, après avoir échappé aux périls des naufrages, des déserts et des combats, sont enfin apaisés. »

C'est dans ces proclamations écrites sous l'influence même des sentiments et des événements de chaque jour que se retrouvent, mieux que dans les histoires les plus parfaites, les différentes étapes de l'épopée impériale.

Manifestation grandiose, un peu théâtrale peut-être, mais à cause de cela même, d'autant plus exacte, souvenir de toute une époque où l'on ne vivait qu'au son des trompettes de guerre, au bruit des canons annonçant les victoires, au milieu des fêtes qui accompagnaient le retour des guerriers !

Le 6 octobre 1806, à quelques jours d'Iéna : « Ils veulent que nous évacuions l'Allemagne à l'aspect de leurs armes, les insensés ! Soldats, il n'est aucun de vous qui veuille retourner en France par un autre chemin que par celui de l'honneur. Nous ne devons y rentrer que sous des arcs de triomphe. Qu'ils apprennent que, s'il est facile d'acquérir un accroissement de domaine et de puissance avec l'amitié du grand peuple. Son inimitié, que l'on ne peut provoquer que par l'abandon de tout esprit de sagesse et de raison, est plus terrible que les tempêtes de l'Océan ! »

Il parle à ses alliés le langage qu'ils comprendront le mieux. Aux Saxons : « Votre constitution, votre indépendance, votre liberté n'existeraient plus alors qu'en souvenir et les mânes de vos ancêtres, des braves Saxons, s'indigneraient de vous voir réduits, sans résistance, par vos rivaux, à un esclavage préparé depuis si longtemps, et votre pays si rabaissé jusqu'à devenir une province prussienne. » Aux Hessois : « Votre religion, vos lois, vos mœurs, vos privilèges seront respectés. La discipline sera maintenue. De votre côté, soyez tranquilles. Ayez confiance au grand souverain dont dépend votre sort. »

Le 26 octobre, après Iéna, Napoléon dit à l'armée : « Vous êtes les dignes défenseurs de l'honneur de ma couronne et de la gloire du grand peuple Soldats, je ne puis mieux vous exprimer les sentiments que j'ai pour vous qu'en vous disant que je vous porte dans mon cœur l'amour que vous me montrez tous les jours. »

Le 2 décembre : « Soldats, il y a aujourd'hui un an, à cette heure même, que vous étiez sur le champ mémorable d'Austerlitz. L'aigle française plane sur la Vistule. Le brave et infortuné Polonais, en vous voyant, croit revoir les légions de Sobieski de retour de leur mémorable expédition... Nous avons conquis sur l'Elbe et l'Oder, Pondichéry, nos établissements des Indes, le cap de Bonne-Espérance et les colonies Espagnoles.

« Qui donnerait aux Russes le droit d'espérer de balancer les destins? Qui leur donnerait le droit de renverser de si justes desseins? Eux et nous, ne sommes-nous pas les soldats d'Austerlitz ? »

Et après Eylau : « Qui osera troubler le repos de nos cantonnements s'en repentira ! Car au-delà de la Vistule, comme au-delà du Danube, au milieu des frimas de l'hiver, comme au commencement de l'automne, nous serons toujours les soldats français et les soldats français de la Grande Armée ! »

Après Friedland, le 22 juin 1807 : « L'ennemi s'est aperçu trop tard que notre repos était celui du lion. Il se repent de l'avoir troublé !.. Des bords de la Vistule, nous sommes arrivés sur ceux du Niémen avec la rapidité de l'aigle. »

En arrivant en Espagne, il s'adresse ainsi aux habitants du pays: « Votre monarchie est vieille ; ma mission est de la rajeunir... Espagnols, souvenez-vous de ce qu'ont été vos pères ; voyez ce que vous êtes devenus... Je veux que vos derniers neveux conservent mon souvenir et disent : Il est le régénérateur de notre patrie! »

A l'armée, ces paroles où l'on retrouve les mêmes figures que celles qu'il avait employées au Sénat: « La présence hideuse du Léopard souille les continents d'Espagne et de Portugal... Qu'à votre aspect, il fuie épouvanté ! Portons nos aigles triomphantes jusqu'aux colonnes d'Hercule : là aussi nous avons des outrages à venger. Avez-vous égalé la gloire des armées de Rome qui, dans une même campagne, triomphaient sur le Rhin et sur l'Euphrate, en Illyrie et sur le Tage? »

Quand il arrive à l'armée : « J'arrive au milieu de vous avec la rapidité de l'aigle. Nos succès passés nous sont un sûr garant de la victoire qui nous attend. »

Après les premières batailles : « Vous avez suppléé au nombre par votre bravoure. Vous avez glorieusement marqué la différence qui existe entre les soldats de César et les cohues armées de Xerxès. »

Pendant la campagne de 1809, voici ce que Napoléon dit à ses soldats : « En fuyant de Vienne, leurs adieux à ses habitants ont été le meurtre et l'incendie. Comme Médée, ils ont, de leurs propres mains, égorgé leurs enfants... Ne conservons aucun orgueil de nos succès : voyons-y une preuve de cette justice divine qui punit l'ingrat et le parjure. »

C'est à cette époque qu'il rappelle aux Hongrois les souvenirs les plus glorieux de leur histoire : « Réunissez-vous en diète nationale, dans les champs de Rakos, à la manière de vos aïeux (A) et faites-moi connaître vos résolutions. »

En partant pour la campagne de Russie, nous trouvons dans la proclamation de l'Empereur une nouvelle preuve de cet esprit de vertige qui le saisit à cette époque; nous en avons déjà parlé

(A) C'est le classique : « *More majorum* » d'un des meilleurs auteurs de l'antiquité latine.

dans une autre partie de cet ouvrage. « La Russie, dit-il à ses soldats, est entraînée par la fatalité ; ses destins doivent s'accomplir. Nous croirait-elle donc dégénérés? Ne serions-nous plus les soldats d'Austerlitz? »

Au matin de la Moskowa: « Conduisez-vous comme à Austerlitz, à Friedland, et que la postérité la plus reculée cite avec orgueil votre conduite dans cette journée ; que l'on dise de vous : *Il était à cette grande bataille sous les murs de Moscou.* »

Voici l'année 1813, avec ses alternatives de succès et de revers ; après Lutzen : « Nous rejetterons ces Tartares dans leur affreux climat qu'ils ne doivent pas franchir. Qu'ils restent dans leurs déserts glacés, séjour d'esclavage, de barbarie et de corruption, où l'homme est ravalé à l'égal de la brute ! »

Après Leipzig, il dit aux Polonais de la Grande Armée : « Craignez que vos frères, que la postérité n'aient à vous reprocher que la Pologne n'existe plus ! Je crois que malgré les désastres qui ont eu lieu, je suis encore le plus grand monarque de l'Europe. »

Le 3 avril 1814, Napoléon espère encore et il dit à la vieille garde : « Nous irons leur prouver que la nation française doit être maîtresse chez elle ; que si nous l'avons été longtemps chez les autres nous le serons toujours chez nous et, qu'enfin, nous sommes capables de défendre notre cocarde, notre indépendance et l'intégrité de notre territoire. »

Puis, quand tout est fini, c'est encore l'armée

qu'il choisit pour être la confidente de ses tristesses et de ses désillusions. « Le soldat, dit-il, suit la fortune et l'infortune de son général; son honneur est sa religion. Un signe était un ordre pour le Sénat qui, toujours, faisait plus qu'on ne désirait de lui... Si l'Empereur avait méprisé les hommes comme on le lui a reproché, le monde reconnaîtrait aujourd'hui qu'il a eu des raisons qui motivaient son mépris. »

Enfin pour terminer cette première partie de l'épopée grandiose, ce sont les adieux de Fontainebleau, modèle parfait d'éloquence pathétique et vigoureuse : « Vous, mes amis, continuez de servir la France. Son bonheur était mon unique pensée. Il sera toujours l'objet de mes vœux... Si j'ai consenti à me survivre, c'est pour servir encore à votre gloire. Je veux écrire les grandes choses que nous avons faites ensemble... » Et comme il embrassait l'aigle du Drapeau : « Mes vieux compagnons, que ce dernier baiser passe dans vos cœurs ! »

Qui ne comprendrait après cela, l'enthousiasme surhumain que Napoléon avait su inspirer à ses soldats?

Les discours et les proclamations de 1815 répondent à la situation. Pas une fois l'Empereur ne se laissera aller au découragement. Dès son débarquement, il prévoit sa marche triomphale : « Prétendraient-ils commander et enchaîner nos aigles, eux qui n'ont jamais pu en soutenir les regards ? Arrachez ces couleurs. Arborez cette cocarde tricolore ; vous la portiez dans nos grandes journées. La victoire marchera au pas de charge. L'aigle, avec les couleurs nationales, volera de clocher en clocher jusqu'aux tours de Notre-Dame. »

C'est à l'armée qu'il parlera le langage de la politique : « Le trône des Bourbons est incompatible avec les nouveaux intérêts comme avec la gloire du peuple français. » C'est à la garde nationale qu'il dira quelle va être sa conduite vis-à-vis de l'Europe : « Je ne me mêlerai point des affaires des autres nations ; malheur aux gouvernements qui se mêleraient des nôtres. »

Puis, quand les hostilités vont reprendre, c'est le langage des anciens jours qui se retrouve sur ses lèvres : « Soldats, c'est aujourd'hui l'anniversaire de Marengo et de Friedland. Les insensés ! Pour tout Français qui a du cœur le moment est arrivé de vaincre ou de périr. »

Quand la grande défaite a détruit le trône impérial, de la Malmaison, le 25 juillet, au moment de quitter la France, l'Empereur adresse à ses soldats ses derniers adieux : « Vous et moi, nous avons été calomniés. Soldats, encore quelques efforts et la coalition est dissoute. Napoléon vous reconnaîtra aux coups que vous allez porter. Sauvez l'honneur, l'indépendance des Français. Soyez jusqu'à la fin tels que je vous ai connus depuis vingt ans et vous serez invincibles. »

N'était-ce pas une digne fin de cette grande carrière que ces conseils désintéressés qu'il adressait à ses compagnons de gloire. Son sort personnel ne saurait le toucher ; le seul sentiment qui l'anime c'est son « ardent amour pour la France » ; ce qu'il veut, c'est la voir, même sous les Bourbons, grande et prospère ; ce qu'il souhaitera encore sur le rocher de Sainte-Hélène c'est qu'elle reste ce qu'il l'avait faite, *la Grande Nation*.

N'est-ce pas là d'ailleurs ce qui ressort de tous ces discours politiques, de ces belles harangues militaires qu'il est si consolant de relire après les années écoulées et les désastres nouveaux qui ont frappé la patrie.

Si ce talent oratoire de Napoléon n'est pas son plus grand titre de gloire devant la postérité, on ne saurait cependant lui refuser d'avoir fait souvent vibrer les cœurs et d'avoir, par conséquent, rempli le double but de tout orateur qui est de charmer et de persuader.

CHAPITRE II

L'ÉCRIVAIN

Napoléon fut, sans aucun doute, un écrivain remarquable ; dans un genre particulier, l'histoire, il s'est acquis une gloire immortelle. Il rappelle César son héros favori, dont le souvenir s'impose quand on parle de Napoléon. Tous deux écrivent aussi bien qu'ils agissent ; ils écrivent ou ils parlent, mais après leurs victoires, quand ils ont bien montré que, chez eux, la parole correspond à l'action et qu'elle n'en est que l'expression fidèle, au lieu d'être une vaine déclamation qui ne repose que sur l'imagination et sur un enthousiasme de commande.

Aussi, ce côté particulier du génie de l'Empereur méritera-t-il d'autant plus d'attention qu'il est plus rare de trouver réunis dans un même homme les qualités guerrières qui prédisposent peu à l'œuvre de l'écrivain et du savant et l'amour des lettres et de la grande histoire, qui poussent le héros à laisser d'autres traces de son passage sur la terre que le souvenir de ses conquêtes et le bruit de ses victoires.

Une autre considération vient à l'appui de

celle-ci ; le temps manque généralement à ces hommes qui, vivant de lutte, tombent dans la fleur de l'âge, ensevelis dans leur triomphe ou leur défaite; mais, sans avoir eu le temps de se recueillir et de livrer eux-mêmes à leurs descendants le secret de leurs actions et l'analyse réfléchie de leur génie.

Si l'histoire ne possédait que les bulletins de la Grande Armée, les rapports ou les mémoires à la Convention et au Directoire, ces quelques lettres intimes dans lesquelles Napoléon racontait à ses frères et particulièrement à Joseph, ses impressions sur les événements quotidiens qui se déroulaient sous ses yeux, nous aurions déjà des documents suffisants pour porter un jugement sur l'écrivain que fut Napoléon; mais les dictées de Sainte-Hélène sont d'une autre importance, et si l'humanité doit nous faire réprouver les cruautés inutiles de cette captivité, si les leçons de l'histoire nous font regretter la légende politique qui est sortie de ce rocher et qui s'est traduite dans les infortunes de la France, l'histoire, du moins, et, aussi, la philosophie ne peuvent que se féliciter de cette période de recueillement moral et de travail laborieux qui ont fait à l'Empereur une place éminente parmi les penseurs de l'humanité et qui ont assuré à nos annales des documents d'une valeur inestimable.

§ 1. — *L'historien.*

Avant d'entrer avec Napoléon dans l'étude de cette histoire qu'il a commencée avec César pour la mener, — non sans quelques interruptions, — jusqu'aux dernières étapes de sa carrière politique, nous allons rechercher d'abord ce que l'Empereur pensait de cette science qu'il définissait ainsi : « Ce n'est pas de la métaphysique ; on ne peut pas l'écrire d'imagination et bâtir à volonté ; il faut d'abord l'apprendre. »

Nous verrons ensuite comment, partant de ces principes, il entendait que l'histoire fut écrite par les auteurs de son temps, de façon à être mise à la portée de la masse des intelligences cultivées sans descendre pour cela des hauteurs sereines de la science et de la philosophie.

La première déclaration de Napoléon sera pour dire qu'en histoire, il n'aime pas le genre superficiel qui porte le nom de *Mémoires*. Cela n'est bon que pour les gens qui sont friands des détails scandaleux ou des côtés infimes des événements ; cela plaira aux hommes qui aiment mieux connaître les habitudes quotidiennes, les manies, les caprices dont les hommes historiques ne sont pas exempts, plutôt que de savoir les bonnes ou les mauvaises qualités, les ressorts cachés qui ont fait agir un homme qui a occupé la scène du monde. Ce genre présente, d'ailleurs, un autre inconvénient bien autrement grave ; si les lecteurs de mémoires ne puisaient dans cette lecture que des idées mesquines et insignifiantes, le mal ne serait pas très important ; ils n'auraient à s'en prendre qu'à eux-mêmes des résultats du choix qu'ils ont fait ; mais là où le danger est immense, irrémédiable, c'est que les mémoires dénaturent l'histoire. S'en fier aux révélations de serviteurs plus ou moins instruits, *aux portefeuilles*, aux assertions même des ministres, c'est transformer en histoire, non ce qui a été, mais ce qu'ils ont cru ; ont-ils eu jamais la pensée générale du maître ? Non, ils ne sont qu'une partie d'un ensemble qu'ils ne soupçonnaient pas : ils ne voient que la face du prisme qui leur est relative ; et encore, comment l'auront-ils saisie ? Leur sera-t-elle arrivée pleine et entière ? Que sera-ce si l'écrivain, soit par passion, soit dans le but de se rendre intéressant, dénature la vérité ?

La grande histoire, dont Napoléon proclamait la supériorité, lui semblait elle-même participer, bien souvent, de la faiblesse humaine. Il répétait alors cette définition que la vérité historique n'est dans bien des cas, qu'une fable convenue : « Dans toutes les affaires, disait-il, il est deux portions essentielles fort distinctes : les faits matériels et les intentions morales. Les faits materiels sembleraient devoir être incontroversables ; et pourtant, voyez s'il est deux relations qui se ressemblent ; il en est qui demeurent des procès éternels. Quant aux intentions morales, le moyen de s'y retrouver, en supposant même de la bonne foi dans les narrateurs ? Que sera-ce si, eux aussi, (comme les mémorialistes) sont mus par la mauvaise foi, l'intérêt et la passion ? Voilà pourtant l'histoire ! J'ai vu me disputer, à moi, la pensée de ma bataille, me disputer l'intention de mes ordres et prononcer contre moi. *N'est-ce pas le démenti de la créature vis-à-vis de celui qui a créé* (A) ? »

Cette part faite à la faiblesse humaine, Napoléon n'en proclamait pas moins l'histoire comme la première des sciences, comme l'éducatrice des hommes et des peuples. Dans son entrevue avec Goëthe il lui disait ce qu'elle doit être et comment, lui, il la comprenait : « L'histoire ne veut pas d'illusions ; elle doit éclairer et instruire et non pas seulement nous donner des descriptions et des récits qui nous impressionnent. L'histoire, comme je l'entends, doit savoir saisir les individus et les peuples tels qu'ils pouvaient se montrer au milieu de leur époque. Il faut tenir compte des circonstances extérieures qui durent nécessairement exercer une grande influence sur leurs actions, et voir clairement dans quelle limite s'exerçait cette influence. »

C'est bien là la philosophie de l'histoire dans laquelle Napoléon est passé maître aussi bien que dans le récit des événements. C'est ainsi, qu'à chaque page de ses écrits, nous trouvons des réflexions qui témoignent de cette préoccupation constante. Tantôt il affirme que les chefs de l'armée

---

(A) Dans une autre circonstance Napoléon expliquait ainsi un préjugé qui s'était transformé en vérité historique. On vante, disait-il, le calme d'Alexandre, de César et d'autres, qui dormaient à la veille d'une bataille : « Mais, assurait-il, il n'est aucun de mes soldats, de mes généraux qui n'ait répété vingt fois cette merveille ; tout leur héroïsme n'était guère que dans la fatigue de la veille. » (Conversation à Sainte-Hélène.)

à qui la République devait la paix de Léoben, n'auraient certainement pas souffert le retour des excès de 1793 (1); tantôt il émet cette théorie particulière mais vraisemblable, que, si l'Angleterre ne nous avait pas déclaré la guerre au lendemain de la mort de Louis XVI, les horreurs de la Terreur n'auraient pas eu lieu. Il nous dit alors ce qu'aurait été la France « le plus grand miracle de la civilisation ; elle eut ressuscité la Rome des Scipions et la Grèce de Miltiade et de Léonidas (2). »

Le jugement porté par l'Empereur sur ces deux grands historiens philosophes qui s'appellent Tacite et Montesquieu montre bien que celui qui était capable de les comprendre et aussi de critiquer ainsi le premier était digne d'être leur émule.

« Les Empereurs Romains, disait-il à Goëthe, n'étaient pas aussi mauvais que Tacite nous les peint. Aussi, je lui préfère beaucoup Montesquieu ; il est plus juste et sa critique est plus conforme à la vérité.. Il n'est pas juste de peindre tout en noir, comme l'a fait Tacite. C'est certainement un peintre habile, un coloriste hardi et séduisant ; mais, avant tout, il a pour but de produire de l'effet..

« Tacite n'a pas assez développé les causes et les ressorts intérieurs des événements, il n'a pas assez étudié le mystère des faits et des pensées. Il n'a pas assez cherché et scruté leur enchaînement pour transmettre à la postérité un jugement juste et impartial. »

Napoléon constatait l'insuffisance complète des

historiens de son temps (A); l'histoire lui paraissait avoir été trop négligée par tous ses prédécesseurs; aussi, un des buts constants de sa politique fut-il de créer une sorte d'enseignement officiel de l'histoire qui recevrait du pouvoir les encouragements les plus étendus. Ses efforts dans ce sens méritent d'être rappelés. — D'autre part, il se préoccupait de créer une sorte d'histoire officielle, histoire de commande pour ainsi dire. Aussi, dès 1805, il faisait écrire au littérateur Lemontey : « L'Empereur désire, monsieur, que les éléments de l'histoire de France par l'abbé Millot soient continués jusqu'à nos jours. Je lui ai proposé de vous charger de cet ouvrage et Sa Majesté consent à vous donner cette marque honorable de sa confiance. Je vous invite à la justifier promptement en consacrant tout votre zèle et tous vos talents à cet important travail. » Cette lettre signée « *par ordre de l'Empereur* » n'était que le commencement d'une série de mesures que nous allons voir se dérouler devant nous (1).

Pendant ces loisirs laborieux du bivouac de Finkenstein, une première note du 19 avril 1807 sur les encouragements qu'il convient de donner aux lettres, en général, contenait les réflexions suivantes, plus particulières à l'histoire : « Nous

---

(A) Il trouvait que Vertot, Rollin, Crévier étaient trop diffus et que Montesquieu seul aurait pu échapper à cette critique ; le motif de cette insuffisance des historiens tenait beaucoup aussi, disait-il, à ce que, pendant le moyen âge, c'étaient les moines, les privilégiés, les ennemis de la vérité et des lumières qui seuls avaient exercé ce monopole d'écrire l'histoire : ils l'avaient fait avec leurs intérêts, leurs passions et leurs vues.

avons peu de bons historiens... Il est reçu qu'un historien est un juge qui doit être l'organe de la postérité et que l'on exige de lui tant de qualités, tant de perfections qu'il est difficile de croire qu'une bonne histoire puisse se commander. » Et cependant, ce n'était pas là chez Napoléon une idée qui ne fut susceptible d'aucune modification ; nous en trouverons la preuve plus loin. Dans une autre note du même jour, sur la classification des études à l'École spéciale de littérature et d'histoire qu'il projetait d'ouvrir au collège de France, Napoléon s'exprimait ainsi : « L'histoire se diviserait selon les différentes parties qu'elle devrait enseigner. On mettrait au premier rang celle de la législation. Le professeur aurait à remonter jusqu'aux Romains et à descendre de là, en parcourant successivement les différents règnes des rois de France jusqu'au Consulat. » Puis, entrant dans le détail de ses vues et de ses projets, voici ce qu'il disait : « Il est dans la littérature d'autres branches qui peuvent jusqu'à un certain point donner lieu à l'établissement d'Écoles spéciales, c'est la Géographie et l'Histoire. La géographie est sujette aux changements par l'effet des révolutions politiques et physiques. L'histoire peut, par des considérations analogues, être rapprochée des sciences pour lesquelles il serait utile d'avoir une école spéciale. La manière de lire l'histoire est, à elle seule, une véritable science... Il y a toujours pour un homme de vingt cinq ans, un intervalle de cinquante années qui ont précédé sa naissance, sur lesquelles il n'y a point d'histoire. »

C'est là que Napoléon proclamait l'utilité de la connaissance de l'histoire, même de l'histoire militaire; puis revenant à cette lacune d'un institut spécial pour l'étude de cette branche des connaissances humaines, il reprenait: « Il est de fait qu'il manque quelque chose dans un grand État où un jeune homme studieux n'a aucun moyen de recevoir une bonne direction sur ce qu'il veut étudier. Je désire ces institutions; elles ont été depuis longtemps l'objet de mes méditations, parce que, ayant beaucoup travaillé, j'en ai personnellement senti le besoin. J'ai beaucoup étudié l'histoire… Il est une objection sans cesse représentée; c'est que les contemporains ne sont pas de bons historiens. Cette opinion n'est pas la mienne. Je la partagerais si l'histoire des événements presque présents devait en être la satire: je la partagerais également s'il s'agissait d'un homme vivant ou qui aurait vécu sous les yeux de l'historien, car il ne faut pas transformer l'histoire en panégyrique. Si l'historien ne dit réellement que des faits, il sera d'autant plus véridique que tous ses lecteurs étant contemporains, peuvent être juges. »

Au commencement de 1808, l'abbé Halma, bibliothécaire honoraire de Joséphine, demanda à l'Empereur de continuer l'histoire de France de Vély, Villaret et Garnier, qui s'arrêtait à 1564. Il voulut reprendre la manière de ces auteurs en y ajoutant des cartes géographiques, le tableau des monnaies du règne, le portrait des personnages illustres, etc., et terminer par un abrégé chronologique faisant suite à celui du président Hénault.

Napoléon transmit le mémoire d'Halma, à Barbier (1), son bibliothécaire, qu'il chargeait souvent du soin de résumer certains travaux et de fournir les renseignements de nature à élucider la question.

Barbier fit à l'Empereur un rapport dans lequel il concluait qu'il y avait intérêt à charger le pétitionnaire de la mission qu'il avait sollicitée.

Le ministre Crétet, également consulté, ne fut pas du même avis; il terminait son rapport par les conclusions suivantes : « La demande de M. Halma ne peut-être accueillie par la raison que ce n'est pas au gouvernement à intervenir dans une semblable entreprise, qu'il faut la laisser à la disposition des gens de lettres et qu'il convient de réserver les encouragements pour les objets d'un plus vaste intérêt. »

Le 12 avril 1808, de Bordeaux, l'Empereur répondait à son Ministre par une note qui est restée célèbre parce qu'elle contient les idées de Napoléon sur l'Histoire de France : « Je n'approuve pas, dit-il, les principes énoncés dans la note du Ministre de l'Intérieur. Ils étaient vrais, il y a vingt ans; ils le seront dans soixante ; mais ils ne le sont pas aujourd'hui. Vély est le seul auteur un peu détaillé qui ait écrit sur l'Histoire de France ; l'Abrégé chronologique du président Hénault est un bon livre classique, il est très utile de les continuer l'un et l'autre. Vély finit à Henri IV, et les autres historiens ne vont pas au delà de Louis XIV. Il est de la plus grande importance de s'assurer de l'esprit dans lequel écriront les continuateurs. La jeunesse ne peut bien juger les faits que d'après la manière dont ils lui sont présentés. La tromper en retraçant des souvenirs, c'est lui préparer des erreurs pour l'avenir. J'ai chargé le Ministre de la Police de veiller à la continuation de Millot ; et je désire que les deux Ministres se concertent pour faire continuer Vély et le président Hénault. Il faut que ce travail soit confié non-seulement à des auteurs d'un vrai talent, mais encore à des hommes attachés qui présentent les faits sous leur vrai point de vue, et qui préparent une instruction saine, en prenant ces historiens au moment où ils s'arrêtent et en conduisant l'histoire jusqu'en l'an VIII. Je suis bien loin de compter la dépense pour quelque chose. Il est même dans mon intention que le Ministre fasse comprendre qu'il n'est aucun travail qui puisse mériter davantage ma protection.

« Il faut faire sentir à chaque ligne les effets de l'influence de la cour de Rome, des billets de confession, de la révocation de l'Édit de Nantes, du ridicule mariage de Louis XIV avec Mme de Maintenon, etc. Il faut que la faiblesse qui a précipité les Valois du trône, et celle des Bourbons qui ont laissé échapper de leurs mains les rênes du gouvernement, excitent les mêmes sentiments.

« On doit être juste envers Henri IV, Louis XIII, Louis XIV et Louis XV, mais sans être adulateur. On doit peindre les massacres de septembre et les horreurs de la Révolution du même pinceau que l'inquisition et les massacres des *Seize*. Il faut avoir soin d'éviter toute réaction en parlant de la Révolution. Aucun homme ne pouvait s'y opposer.

Le blâme n'appartient ni à ceux qui ont péri, ni à ceux qui ont survécu. Il n'était pas de force individuelle capable de changer les éléments et de prévenir les événements qui naissaient de la nature des choses et des circonstances.

« Il faut faire remarquer le désordre perpétuel des finances, le chaos des assemblées provinciales, les prétentions des parlements, le défaut de règle et de ressorts dans l'administration ; cette France bigarrée, sans unité de lois et d'administration, étant plutôt une réunion de vingt royaumes qu'un seul État ; de sorte qu'on *respire* en arrivant à l'époque où l'on a joui des bienfaits dus à l'unité des lois, d'administration et de territoire. Il faut que la faiblesse constante du gouvernement sous Louis XIV même, sous Louis XV et sous Louis XVI inspire *le besoin de soutenir l'ouvrage nouvellement accompli* et la prépondérance acquise. Il faut que le rétablissement du culte et des autels inspire la crainte de l'influence d'un *prêtre* étranger ou d'un confesseur ambitieux, qui pourraient parvenir à détruire le repos de la France.

« *Il n'y a pas de travail plus important.* Chaque passion, chaque parti, peuvent produire de longs écrits pour égarer l'opinion ; mais un ouvrage tel que Vély, tel que l'*Abrégé chronologique* du président Hénault, ne doit avoir qu'un seul continuateur. Lorsque cet ouvrage, bien fait et écrit dans une bonne direction, aura paru, personne n'aura la volonté et la patience d'en faire un autre, surtout quand, loin d'être encouragé par la police, on sera *découragé* par elle. L'opinion exprimée par le ministre, et qui, si elle était suivie, abandonnerait un tel travail à l'industrie particulière et aux spéculations de quelques libraires, n'est pas bonne et ne pourrait produire que des résultats fâcheux.

« Quant à l'individu qui se présente, la seule question à examiner consiste à savoir s'il a le talent nécessaire, s'il a un bon esprit, et si l'on peut compter sur les sentiments qui guideraient ses recherches et conduiraient sa plume. »

Le maître avait parlé ; le ministre n'avait plus qu'à se soumettre. C'est ce qu'il fit dans la lettre qu'il adressait à l'abbé Halma pour lui dire qu'il était chargé de la continuation qu'il avait demandée. Crétet renchérissait même sur l'esprit qui avait dicté la note de Bordeaux ; il signalait à l'écrivain les points sur lesquels il devrait insister : c'était la gloire de nos armées « et, en particulier, celle dont s'est couvert le chef de la dynastie régnante qui ont, non seulement sauvé la France d'un démembrement, mais encore accru son territoire et préparé la prépondérance qu'elle exerce sur l'Europe depuis l'époque du 18 brumaire (1). »

C'est donc avec raison que l'on a pu dire que cette note de Bordeaux était la mise en régie de l'histoire de France ; l'idée de l'Empereur était conforme à son caractère et à sa politique. C'était une atteinte flagrante à la liberté de la pensée.

Détail bien curieux : ce que Napoléon avait rêvé pour l'histoire de France, il avait eu aussi la prétention de le faire pour l'histoire européenne. Une confidence de Sainte-Hélène ne nous laisse aucun doute à cet égard. Il racontait un jour qu'il avait conçu l'idée, — et il regrettait beaucoup de n'avoir pu l'exécuter, — de faire composer toutes les histoires de l'Europe depuis Louis XIV sur les pièces mêmes de nos relations extérieures où se trouvent les rapports réguliers de tous les ambassadeurs.

« Mon règne, observait-il, eût été une époque parfaite pour cet objet. La supériorité de la France, son indépendance, sa régénération, mettaient le gouvernement à même de faire cette publication sans inconvénient; c'eût été comme si l'on eût publié l'histoire ancienne. Rien n'eût été plus précieux. »

Quoi qu'il en soit de la difficulté qu'il reconnaissait lui-même, dans sa première note de Finkenstein, Napoléon ne se fit pas faute de commander une histoire officielle.

En 1808, il écrivait : « Faites faire un travail particulier sur les archives de Venise, de Sardaigne et de Gênes. Ces archives doivent être transportées à Paris. On en extrairait tout ce qui serait susceptible d'être publié, tendant à justifier la conduite du gouvernement français depuis Charles VIII. Vous ferez des pièces relatives aux événements qui se sont passés dans ma première campagne d'Italie, l'objet d'un recueil particulier (1). »

L'histoire tient certainement une grande place dans les pensées et les goûts de l'Empereur, car, à quelque temps de là, nous lisons : « J'ai lu avec intérêt l'histoire du règne de Louis XV par Lacretelle. Elle m'a paru, en général, bien écrite et faite dans un bon esprit (2). »

Puis, il ordonne de faire une comparaison entre les années 1709 et 1809 ; l'idée est curieuse. C'est lui-même qui fournit les arguments (1).

Dans une lettre du général Songis, il insiste tout particulièrement sur l'utilité de l'histoire ; puis, nous le retrouvons, et cela jusque pendant les Cent Jours, occupé à commander divers ouvrages sur son règne à des hommes de lettres qu'il juge à la hauteur de cette tâche (2).

Cette théorie qui faisait de l'histoire un recueil officiel, empreint surtout des idées du pouvoir existant, peut être critiquée très sévèrement. L'histoire n'a pas besoin de ces encouragements officiels qui lui retirent non seulement l'indépendance réelle, mais l'apparence même de l'impartialité.

Chaque genre littéraire a son époque ; notre siècle qui est le grand siècle de l'histoire, qui a comblé les lacunes si souvent signalées par Napoléon, a produit des historiens excellents qui, loin de recevoir du gouvernement le moindre encouragement, n'ont souvent pas pu obtenir du pouvoir, même une neutralité bienveillante.

Ce fut le grand tort de Napoléon, aussi bien en politique qu'en littérature et en histoire, de vouloir tout ramener à lui-même et à ses principes ; de là, ce caractère de convention qui frappe dans toutes les manifestations actives ou intellectuelles du règne. Mais, si, le séparant du point de vue objectif où sa position de chef de gouvernement le forçait souvent à se tenir, nous l'envisageons dans l'exercice même de ces occupations dont il traçait aux autres les limites, nous verrons que, se dégageant du conventionnel et du factice, il reprenait pour lui-même cette liberté de jugement qu'il refusait aux autres et il écrivait ses actions avec la lumière du génie qui l'avait aidé à les accomplir.

En quittant ses soldats, à Fontainebleau, en 1814, Napoléon leur avait promis d'écrire pour la postérité « les grandes choses qu'ils avaient faites ensemble ».

A l'île d'Elbe et pendant les Cent-Jours, Napoléon n'eut pas le loisir de tenir cette promesse : l'effondrement de Waterloo, sans lui enlever son amour pour la France et sa confiance dans l'armée, l'avait laissé, pour ce qui le concernait personnellement, indifférent et presque lassé de l'existence. Aussi, comme un général, dans les premières heures de solitude, lui demandait, sur le pont du *Northumberland*, de commencer à dicter immédiatement le récit de ses campagnes et de son règne, Napoléon lui répondit avec une mélancolique fierté : « Que la postérité s'en tire comme elle pourra. Qu'elle recherche la vérité si elle veut la connaître. Les archives de l'État en sont pleines. La France y trouvera les monuments de sa gloire et, si elle en est jalouse, qu'elle s'occupe d'elle-même à les préserver de l'oubli. J'ai confiance dans l'histoire. J'ai eu de nombreux flatteurs et le moment présent appartient aux détracteurs acharnés. Mais la gloire des hommes célèbres est, comme leur vie, exposée à des fortunes diverses ; il viendra un jour où le seul amour de la vérité animera des écrivains impartiaux. Dans ma carrière, on relèvera des fautes sans doute, mais Arcole, Rivoli, les Pyramides, Marengo, Austerlitz, Iéna, Friedland, c'est du granit, la dent de l'envie n'y peut rien. »

Ce détachement, cette indifférence ne durèrent pas longtemps. Napoléon, suivant son habitude, devait reprendre le dessus et les dictées de Sainte-Hélène, tout en faisant trêve un instant à ses douleurs, devinrent bientôt pour lui un titre nouveau de gloire devant la postérité et devant l'histoire.

D'ailleurs, ce récit de ses campagnes, cette histoire des grands capitaines, ce dévoilement des ressorts cachés de sa politique ne pouvaient pas déplaire à celui qui tout jeune, presque enfant, consacrait tous ses loisirs à l'histoire de son pays natal.

Depuis, il avait été provoqué à écrire le récit de sa première campagne par le président même du Directoire qui, dans une lettre du 5 prairial an V (24 mai 1797), lui avait fait remarquer que ce serait pour lui une nouvelle gloire. Le jeune général ne s'était pas montré hostile à cette idée, si nous en croyons un article du *Moniteur* du 25 frimaire an VI (15 décembre 1797) où l'on reconnaît l'inspiration et, à certains passages, le style même du jeune Bonaparte.

Le narrateur racontait un dîner chez François de Neufchâteau. Bonaparte avait surtout causé avec Lagrange, La Place, Siéyès, Chénier, Gallois et Daunou ; il avait étonné ses interlocuteurs par la variété et l'étendue de ses connaissances. Ici, nous laissons la parole au rédacteur de l'article :
« Il se propose dans un moment de loisir d'écrire

l'histoire des cent plus braves de l'armée d'Italie et de transmettre à la postérité les prodiges de valeur de cette espèce de « bataillon sacré », qui rappelle celui des Thébains. Aussi, c'est avec le plus vif regret que le général a déclaré qu'il n'en existait plus que deux aujourd'hui ; les autres sont morts, couverts de gloire, au champ d'honneur. Le général a aussi raconté plusieurs traits de cette mémorable campagne qu'il a terminée par la paix la plus glorieuse que la France ait faite depuis Charlemagne.

« A l'affaire du pont de Lodi, un très jeune tambour, assis sur des pierres amoncelées à côté de l'entrée du pont, n'a cessé de battre du plus grand sang-froid le pas de charge, tandis que les boulets pleuvaient de toutes parts autour de lui. Ce tambour fait bien le pendant du fifre de Frédéric II. »

Avant d'étudier avec Napoléon la suite des temps historiques et le récit de ses campagnes, nous allons rappeler brièvement les principes qu'il déclarait avoir suivis dans ses dictées : c'est en quelque sorte la préface de ces œuvres historiques qui vont se dérouler devant le lecteur.

Napoléon ne voulait pas écrire des mémoires particuliers, émettre des sentiments individuels, « d'où fussent découlées naturellement les nuances de son caractère privé. » Il ne pouvait descendre à des confesions à la Jean-Jacques qui eussent été attaquées par le premier venu. « Aussi, disait-il, j'ai pensé ne devoir dicter à vous autres ici, que sur les actes publics. » Malgré cette précaution, il ne se faisait pas d'illusions et il savait que là encore, il serait discuté. Mais du moins, « aux yeux du sage, de l'impartial, du réfléchi, du raisonnable, sa voix, après tout, vaudrait bien celle d'un autre » et, en protestant de sa confiance dans le jugement de la postérité, il déclarait qu'il redoutait peu la décision finale.

Tout ce qu'il voulait, le but qu'il recherchait par dessus tout, c'était de laisser des documents sérieux : « Si, dans ce que j'ai dicté sur les matières générales, la rectitude et la sagacité des historiens trouvent de quoi se former une opinion juste et vraie, sur ce que je ne mentionne pas, tant mieux ! »

Mais, il repoussait d'avance les interprétations que beaucoup de ses contemporains ne manqueraient pas de donner à ses actes, et cela, non par méfiance, mais parce que lui-même, bien souvent, aurait été très embarrassé d'affirmer avec vérité toute sa pleine et entière pensée. « On sait, ajoutait-il, pour en donner la preuve, que je ne me buttais pas à plier les circonstances à mes idées, mais que je me laissais, en général, conduire par par elles ; or, qui peut, à l'avance, répondre des circonstances fortuites, des accidents inopinés ? Que de fois, j'ai donc dû changer essentiellement ? Aussi, ai-je vécu d'idées générales, bien plus que de plans arrêtés. La masse des intérêts communs, ce que je croyais être le bien du très grand nombre, voilà les ancres auxquelles je demeurais amarré, mais, autour desquelles, je flottais la plupart du plupart du temps au hasard. »

Napoléon vient de nous livrer les bases et les

principes qu'il suivait dans la composition de ses commentaires ; quand il parlait de l'histoire ancienne ou de la France d'avant la Révolution, ses idées ne se ressentent plus de cette direction qu'il s'est tracée mais qui, comme nous le verrons, n'a retiré à son style aucune de ces qualités d'originalité et de puissance qui sont la marque personnelle de tout ce qui est sorti de la plume de l'Empereur.

Nous suivrons l'ordre chronologique et nous allons débuter avec lui par l'histoire de l'antiquité classique.

On se rappelle que, dans sa lettre du 16 mars 1814, à son frère Joseph, Napoléon, jetant un regard sur l'avenir, lui recommandait de veiller avant tout à ce que le Roi de Rome ne tombât pas entre les mains de l'ennemi, voulant que son fils ne fut pas exposé au sort d'Astyanax qui lui avait toujours paru « le sort le plus malheureux de l'histoire ».

Nous savons, d'ailleurs, combien Napoléon aimait dans ses lettres ou dans ses proclamations, à emprunter des citations à l'histoire ancienne ou à l'histoire romaine.

Mais les sources principales de ses observations sur ces débuts de l'histoire, nous les trouvons dans les conversations de Sainte-Hélène, dans ses dictées et surtout dans ce *précis des guerres de César* qu'il chargeait Marchand, son premier valet de chambre, de faire paraître dès son retour en France.

Quand il parlait des Gracques, il prononçait ces

paroles qui dénotent une originalité de vues toute particulière, une perspicacité que l'École historique contemporaine a consacrée dans ses récents travaux.

Il y a eu contre eux, disait-il, une véritable fatalité : « On les a représentés comme des séditieux, des révolutionnaires, des scélérats ; dans le détail, l'histoire a laissé échapper qu'ils avaient des vertus... puis, ils étaient les fils de l'illustre Cornélie, ce qui, pour les grands cœurs, doit être toujours d'abord une forte présomption en leur faveur.. » Mais, ils étaient les soutiens du peuple contre le Sénat ; voilà pourquoi l'aristocratie, continuée par les empereurs et la féodalité, « fourmilière de petits despotes » les a flétris. « Mais aujourd'hui, qu'avec nos lumières, nous nous sommes avisés de raisonner, les Gracques peuvent et doivent trouver grâce à nos yeux.

« Dans cette lutte terrible de l'aristocratie et de démocratie qui vient de se renouveler de nos jours, dans cette exaspération du vieux terrain contre l'industrie nouvelle qui fermente dans toute l'Europe, nul doute que si l'aristocratie triomphait par la force, elle ne montrât partout beaucoup de Gracques et ne les traitât à l'avenant tout aussi bénignement que l'ont fait ses devanciers. »

Catilina, en revanche, ne pouvait trouver grâce à ses yeux. Un jour qu'il lisait le récit de la conjuration, il déclarait qu'il ne pouvait la comprendre telle que Salluste l'avait tracée. « Quelque scélérat que fut Catilina, remarquait-il, il devait avoir un but : or, ce ne pouvait être celui de gouverner dans Rome, puisqu'on lui reprochait d'avoir voulu y mettre le feu aux quatre coins. » L'Empereur pensait que c'était plutôt quelque nouvelle faction, à la façon de Marius et de Sylla qui, ayant échoué, avait vu accumuler sur son chef toutes les accusations banales dont on les accable en pareil cas.

Le *Précis des Guerres de César* fut dicté à Marchand au milieu de ces longues insomnies de Sainte-Hélène « où le travail, disait Napoléon, apportait de l'adoucissement à ses souffrances et jetait quelques fleurs sur le chemin qui le conduisait au tombeau (1). »

Dans tout cet ouvrage, les chapitres sont divisés en deux parties : la première, un peu sèche, n'est que le récit, presque toujours sans commentaires, des événements ; c'est une exposition purement historique. Dans la seconde, la personnalité du penseur, du général et de l'écrivain se révèle tout entière ; des observations, des critiques et des notes lumineuses, tantôt nous font vivre au milieu des dernières passions de la Rome républicaine ou parmi les enthousiasmes de cette conquête des Gaules qui nous vaut une description supérieure des origines de notre pays ; tantôt, au contraire, le récit de l'Empereur rappelle par des comparaisons les faits historiques de la période moderne.

En parlant de César qui fit mourir tous les sénateurs de Vannes et vendit à l'encan les habitants de cette ville qui s'était rendue à discrétion, Napoléon flagelle la conduite du grand Romain, en disant qu'elle n'était ni juste, ni politique :

« Ces moyens, ajoute-t-il, ne remplissent jamais leur but ; ils exaspèrent et révoltent les nations... C'est une règle importante de bien traiter les prisonniers. Les Anglais ont violé cette règle de politique et de morale, en mettant les prisonniers français sur des pontons, ce qui les a rendus odieux sur tout le continent. » Et Napoléon termine par ce jugement sévère : « Si la gloire de César n'était fondée que sur la conquête des Gaules elle serait problématique... »

Ailleurs, c'est une condamnation de la tactique de Vercingétorix qui, au lieu de s'enfermer dans Alise avec vingt mille hommes seulement (troupe bien suffisante pour assurer la défense) et d'envoyer les soixante mille autres pour troubler les assiégeants, garde avec lui cette masse considérable de quatre-vingt mille hommes qui devaient, en quelques jours, épuiser toutes les provisions.

Quand il veut répondre aux assertions de Suétone et de Plutarque qui, pour justifier l'assassinat de César, alléguaient que celui-ci n'avait plus alors qu'un seul but, celui de se faire roi, Napoléon démontre victorieusement toute l'absurdité d'une semblable calomnie ; pour lui, qui ne redoutait pas le rapprochement qu'il allait nécessairement provoquer, la dictature de César était légitime, et c'est sur les paroles suivantes qu'il termine cette œuvre qui, quelque modeste qu'elle paraisse dans la longue suite des écrits de Napoléon, n'en est pas moins remarquable à plus d'un titre : « C'eût été une étrange politique de remplacer la chaise curule des vainqueurs du monde par le trône pourri, méprisé des vaincus. »

Le penseur, je l'ai dit, ne peut pas être séparé de l'écrivain et du général ; dans un des passages de ce livre, Napoléon faisait, à propos du suicide de Caton, des réflexions que nous avons reproduites ailleurs ; dans un autre, parlant du projet que César aurait eu un instant, à Munda, avant de voir la fortune lui revenir, Napoléon exprime ainsi son opinion : « On dit que César fut sur le point de se donner la mort pendant la bataille de Munda ; ce projet eût été bien funeste à son parti ; il eût été battu comme Brutus et Cassius ! Un magistrat, un chef de parti peut-il donc abandonner les siens volontairement ? Cette résolution est-elle vertu, courage et force d'âme ? La mort n'est-elle pas la fin de tous les maux, de toutes contrariétés, de toutes peines, de tous travaux, et l'abandon de la vie ne forme-t-il pas la vertu habituelle de tout soldat ? Peut-on, doit-on se donner la mort ? Oui, dit-on, lorsque l'on est sans espérance. Mais qui, quand, comment peut-on être sans espérance sur ce théâtre mobile, où la mort, naturelle ou forcée, d'un seul homme change sur le champ l'état et la face des affaires. »

Le style du *Précis des Guerres de César*, est celui qui convenait pour interpréter les *Commentaires*. C'est la phrase, grandiose et sévère à la fois, qui est la perfection du style historique. Elle n'exclue pas les grandes et fortes images, comme en témoigne cette description du camp gaulois, le lendemain de la chute de Vercingétorix : « La fermentation agitait tous les esprits ; c'était celle des vagues de l'Océan, après la tempête. »

Napoléon avait pour César une prédilection trop marquée pour que cette grande figure ne se soit pas souvent présentée à son esprit dans ces conversations qu'il animait du feu de son génie.

Un jour, au temps de sa gloire, emporté par son enthousiasme, il avait fait revivre devant Wieland la personnalité du grand Romain. Puis tout d'un coup, ainsi que cela lui arrivait souvent, il terminait la conversation par ces paroles : « C'est un des plus grands : Il eut été le plus grand sans la sottise qu'il commît. Il connaissait les hommes qui voulaient se débarrasser de lui : il aurait dû se débarrasser d'eux d'abord. »

Son affection pour César le rendait sévère pour l'assassin. On en eût la preuve à Sainte-Hélène, un soir qu'il lança cette boutade : « Brutus ! On cite toujours Brutus comme l'ennemi des tyrans ; Eh bien ! Brutus n'était qu'un aristocrate. Il ne tua César que parce que César voulait diminuer l'autorité du Sénat pour accroître celle du peuple. Voilà comme l'ignorance ou l'esprit de parti cite l'histoire ! »

C'est encore à César qu'il revenait, même quand il parlait de ceux qui lui avaient succédé au pouvoir. Sous l'Empire, on avait proposé pour l'arc de triomphe des Tuileries d'accoler au nom de Napoléon les épithètes d'Auguste et de Germanicus : « Pourquoi cela ?, dit-il au Conseil d'État... Auguste n'a eu que la bataille d'Actium :

Germanicus n'a pu intéresser les Romains que par ses malheurs. Le seul homme, et il n'était pas Empereur, qui se soit illustré par son caractère et par ses belles actions, c'est César (1). »

D'ailleurs, de tous les peuples de l'antiquité, c'est le peuple romain qui avait les préférences de Napoléon. Il en disait le motif : « Le peuple Romain avait l'instinct de tout ce qui est grand ; ce n'est pas sans raison qu'il a conquis le monde (2). »

Dans ses œuvres militaires, Napoléon devait forcément être amené à faire un rapprochement entre les armées modernes et celles de l'antiquité. On sait qu'il aimait à parler des grands capitaines, de leur bonheur à la guerre. Il comparait les campagnes d'Alexandre, d'Annibal et de César, à celles qu'il avait dirigées : il se plaisait à faire remarquer qu'il y a un principe qui n'a jamais varié : c'est de réunir les armées dans une même main, au lieu de diviser le commandement.

Il parlait des armes en usage dans l'antiquité et il en arrivait ainsi à déclarer que les guerres des modernes sont plus meurtrières que celles des anciens : « Cela, disait-il, tient à ce que les armées modernes se battent tous les jours, tandis que, chez les anciens, les batailles étaient plus rares. De plus, chez les anciens, les pertes ne portaient que sur les armées vaincues, tandis qu'il en est bien autrement dans les guerres modernes où les deux partis subissent des pertes égales quand même, parfois, celles-ci ne sont pas plutôt du côté des vainqueurs. »

Du reste, Napoléon ne croyait pas à l'existence de ces grandes armées dont on retrouve la trace à chaque page de l'histoire de la Grèce. Où auraient-elles pu tenir? Comment auraient-elles pu subsister dans les pays où la légende assigne le centre de leurs exploits? Mais, en revanche, il croyait à l'histoire romaine, aux armées de Gengiskan et de Tamerlan qui traînaient des peuples à leur suite. Il voyait le renouvellement possible de ces invasions et il montrait alors la Russie, comme une nation géographiquement indiquée pour ces irruptions qui mettraient encore une fois le monde civilisé sous le talon des barbares.

C'est ainsi, par une sorte de transition qu'évoquait le souvenir des armées du moyen-âge, que Napoléon en arrivait à l'étude de l'époque moderne dans laquelle nous allons entrer avec lui.

Les généraux de la monarchie devaient faire, dans cette période, l'objet principal de ses études et de ses critiques.

Il blâme Turenne d'avoir porté les armes contre sa patrie; mais, en revanche, après avoir étudié ses campagnes au point de vue de l'art militaire, il porte sur lui ce jugement flatteur: « Turenne est le seul général dont l'audace se soit accrue avec les années et l'expérience. »

C'est là ce qui, d'après lui, faisait la supériorité de ce maréchal sur le Prince de Condé.

De Catinat, l'Empereur disait à Sainte-Hélène qu'il l'avait trouvé fort au-dessous de sa réputation, à l'inspection des lieux où il avait opéré en Italie, et à la lecture de sa correspondance avec Louvois. « Sorti du Tiers-État, observait l'Empereur, et du corps des avocats avec des vertus douces, des mœurs, de la probité, affectant la pratique de l'égalité; établi à Saint-Gratien, aux portes de Paris, Catinat était devenu l'affection des gens de lettres de la capitale, des philosophes du jour qui l'avaient beaucoup trop exalté. Catinat n'était nullement comparable à Vendôme. »

Pour le souverain qui présidait à cette époque au gouvernement de la France, Napoléon n'éprouvait aucun embarras à le proclamer « un grand roi. » Sans doute, il avait commis des erreurs, des fautes; il avait épousé Mme de Maintenon, révoqué l'Edit de Nantes, plongé la France dans la réaction mystique : mais, ajoutait-il, dans son langage imaginé : « Est-ce que le soleil n'a pas lui-même ses taches? Depuis Charlemagne, quel est le roi qu'on puisse comparer à Louis XIV sur toutes ses faces? »

Vis-à-vis de la Régence, Napoléon se montre, au contraire, extrêmement sévère. Aucune indulgence ne vient adoucir la rigueur de son jugement. Elle a été peinte avec trop de légèreté ; c'est là qu'il aurait fallu toute la sévérité de l'histoire : « C'avait été le règne de la dépravation du cœur, du dévergondage de l'esprit, de l'immoralité la plus profonde en tout genre. » Il n'avait pas assez d'amertume pour les mœurs du Régent et il leur préférait celles de Louis XV lui-même. Enfin, il résumait son opinion sur cette triste époque en disant que la Régence avait été le renversement de toutes les fortunes et la ruine de la morale publique.

Les guerres du xviiie siècle, les campagnes d'Eugène de Savoie et de Frédéric, dont il disait dans le vingt-troisième bulletin, en 1806, que c'était « un des premiers capitaines dont l'histoire conservera le souvenir » (A), l'occupent tout autant que l'ont fait celles de Gustave-Adolphe, de Turenne et de Charles XII (1). Il les compare avec les siennes ; il fait remarquer que tous ces grands capitaines ont érigé en principe tactique de premier ordre cette règle invariable de l'unité du commandement dans les armées.

Il ne peut pas non plus s'empêcher de constater l'infériorité des armées françaises sur celles de l'Europe. C'est, en se plaçant en 1759, qu'il porte ce jugement dans ses *Mémoires* : « A force de disserter, de faire de l'esprit, de tenir des conseils, il arrivait aux armées françaises de ce temps ce qui est arrivé dans tous les siècles en suivant une pareille marche ; c'est de finir par prendre le plus mauvais parti qui, presque toujours, à la guerre, est le plus pusillanime ou, si l'on veut, le plus prudent. La vraie sagesse pour un général est dans une détermination énergique. »

Et quand il quitte l'histoire militaire pour revenir aux dernières années du siècle et de la monarchie,

---

(A) Napoléon dans son *Précis des guerres de Frédéric*, n'étudie que les campagnes de la guerre de Sept ans. Il ne s'occupe pas des autres parce que le roi de Prusse ne s'y était pas encore montré digne des grands capitaines : jusqu'à cette époque, il n'avait été qu'un apprenti et ses manœuvres ne méritaient pas encore d'être citées comme des exemples ou des préceptes à la postérité.

il exprime sur ceux qui furent ses contemporains des jugements que l'histoire a ratifiés.

« Louis XVI, disait-il, aurait été le plus exemplaire des particuliers, mais il n'avait été qu'un fort pauvre roi : et, finalement, il tomba sous la fatalité des tragiques grecs. »

Quant à la reine, Napoléon trouvait que sa mort avait quelque chose de plus atroce que le régicide ordinaire. Cela ne l'empêchait pas, du reste, de reconnaître que « sa légèreté, ses inconséquences, son peu de capacité, n'avaient pas peu contribué à provoquer, à précipiter la catastrophe. »

Pour Philippe d'Orléans, celui que l'histoire appelle Philippe-Egalité, Napoléon ne se montre pas trop sévère : « La vérité, dit-il, est que le duc d'Orléans s'est trouvé dans une circonstance extraordinaire qu'il ne pouvait prévoir lorsqu'il est entré dans la Révolution ; ce qui prouve qu'il y était entré franchement comme toute la France. »

C'est ainsi que, dans les dictées historiques, ou dans les conversations du Conseil d'État et de l'exil, Napoléon éclairait l'histoire du passé du flambeau de son génie. Combien plus intéressants encore seront les jugements qu'il portera sur les événements auxquels il a été mêlé, sur ceux où il a été, quelquefois, simple spectateur, plus souvent, le principal acteur.

Ici, les documents ne nous manqueront pas. Ce sont les lettres intimes, les bulletins de la Grande Armée, et aussi ce récit de ses campagnes fait à Sainte-Hélène et recueilli par des oreilles fidèles qui ne l'ont transmis à la postérité qu'après l'avoir soumis aux réflexions et aux corrections de l'Empereur.

L'histoire de la Révolution tient naturellement la première place dans les conversations et dans les *Mémoires* de Napoléon ; on l'y trouve à chaque page, presque à chaque ligne. Il faudrait donc reproduire ici tous les écrits de l'Empereur ; nous conseillerons aux lecteurs de s'y reporter, mais, pour ceux qui voudraient avoir une vue d'ensemble sur les pensées de l'Empereur en cette matière, nous rappellerons d'abord qu'il se faisait un grand titre de gloire d'avoir été l'héritier direct de la Révolution, son continuateur, son organisateur.

Nous parlerons aussi des grands faits de cette époque, de ceux pour lesquels il est indispensable de donner ici le jugement de Napoléon.

Les massacres de septembre, disait-il, avaient été beaucoup plus un acte de fanatisme que de scélératesse. D'ailleurs, « règle générale : jamais de Révolution sociale sans terreur, » et il étudiait alors les Révolutions en général, préférant « à ces époques troublées, les temps réguliers et tranquilles où chacun a son bonheur. » Mais il est des cas, et tel était celui de la Révolution française, où ces époques sont nécessaires, fatales dans le sens antique : « Les combinaisons morales qui produisent une révolution, disait-il, étaient à point chez nous. Elle a éclaté. »

Sur la Convention, nous avons deux notes entièrement dictées à Las Cases. Dans la première,

Napoléon étudie les partis dans la Convention, le rôle prépondérant pris par la Commune de Paris dans les délibérations de cette assemblée. « Le procès du roi avait été une pomme de discorde ; » sa condamnation, une faute « car c'était, après avoir tué la monarchie, vouloir encore déchirer la France en lambeaux par la guerre civile. Dès ce moment, se vérifia ce qu'on avait toujours pensé depuis le commencement de la Révolution, que le parti le plus audacieux et le plus exagéré aurait toujours le dessus. »

Puis, parlant de la lutte entre la Gironde et la Montagne. « Pour que la République pût être sauvée, l'un des deux partis devait nécessairement faire disparaître l'autre ; nul doute que si le parti Girondin eût triomphé, il n'eût envoyé ses adversaires à l'échafaud... »

Dans une autre circonstance, Napoléon complétait sa pensée en disant qu'il valait beaucoup mieux que la Montagne ait triomphé. Ses motifs, les voici : « Le parti de la Montagne comprimé eût toujours conservé une grande influence dans Paris, dans les sociétés populaires et dans les armées, ce qui eût conseillé à la Gironde de conserver plus de ménagements pour les partis ennemis de la Révolution, et essentiellement diminué l'énergie de la nation, tout entière nécessaire dans les circontances. »

La seconde note sur la Convention se terminait ainsi : « Dans les six derniers mois, Robespierre se plaignait souvent qu'on le rendait odieux en mettant sous son nom tous les massacres qui se commettaient. C'étaient des hommes plus sanguinaires et plus affreux que Robespierre qui le faisaient périr : *mais toute la nation qui attribuait depuis longtemps tous les assassinats à Robespierre cria que la journée avait été contre la tyrannie et cette croyance la fit finir.* »

Il faut bien remarquer que Napoléon considère comme des assassinats les condamnations de la Terreur ; il faut insister aussi sur cette dernière phrase qui, sous une forme originale, contient toute la vérité sur la Révolution du 9 thermidor.

Napoléon avait sur la Chouannerie et les guerres de la Vendée une théorie qui est restée celle de l'histoire. « La royauté, comme la République, disait-il, avait eu ses sans-culottes, ses terroristes, ses fanatiques, ses idéologues et ses spéculateurs. » Ces derniers se trouvaient surtout parmi les chefs : « L'armée vendéenne était une véritable république d'anarchistes, sur la tête desquels se plaçait à fonds perdu l'ambition de ses chefs. »

« C'est vers la fin de 1793, disait-il encore, que commença la guerre de la Chouannerie que l'histoire flétrira à jamais du nom de brigandage, si l'on peut appeler guerre ce qui était crime d'un côté et juste répression de l'autre. La révolte des gladiateurs, du temps des Romains, a mérité une place dans l'histoire parce qu'ils eurent un grand homme à leur tête et qu'ils combattaient pour le plus précieux de tous les biens, pour la liberté individuelle : c'est peut-être dans l'ordre social, le seul privilège où la nature et la loi se rencontrent au même degré. »

Quant au Directoire, il portait son vice en lui-même ; « C'était l'amalgame de cinq intérêts, de cinq passions, de cinq caractères divers ; on sentit toute la différence qui existe entre un individu créé par la nature et un être factice qui n'a ni cœur, ni âme, et n'inspire ni confiance, ni amour, ni illusion. »

Et ailleurs : « Le Directoire n'avait pas plus de système d'administration que de politique extérieure ; il marchait au jour le jour, entraîné par le caractère individuel des Directeurs ou par la nature vicieuse d'un gouvernement de cinq personnes ; il ne prévoyait rien et n'apercevait de difficultés que quand il était matériellement arrêté. »

Napoléon déclarait, du reste, que les particuliers et même les généraux avaient eu beaucoup à se plaindre de la tyrannie du Directoire ; il en citait de nombreux exemples.

Ces vues d'ensemble exposées, il est temps d'arriver avec Napoléon au détail des impressions personnelles et intimes que lui causaient les événements qui se déroulaient sous ses yeux.

Un jour de juillet 1795, il écrit à Joseph pour lui parler des mœurs du temps ; nous allons revivre de cette vie si curieuse où la société rajeunie semblait prendre un nouveau plaisir à l'existence ; il est question de tout dans cette lettre depuis l'opinion de Napoléon sur les Parisiennes de l'époque jusqu'aux détails les plus minutieux sur l'heure des théâtres, la queue que l'on faisait à la porte…, etc. Mais laissons la parole au jeune narrateur : « Le luxe et les plaisirs reprennent ici d'une manière étonnante. Hier, on a donné *Phèdre* à l'Opéra au profit d'une ancienne actrice; la foule était immense depuis deux heures après midi, quoique les prix fussent triplés. Les voitures, les élégants reparaissent ou plutôt ils ne se souviennent plus que comme d'un long songe qu'ils aient jamais cessé de briller. Les bibliothèques, les cours d'histoire, de chimie, de botanique, d'astronomie, etc..., se succèdent. Tout est entassé dans ce pays, pour distraire et rendre la vie agréable. L'on s'arrache à ses réflexions; et quel moyen de voir en noir dans cette application de l'esprit et ce tourbillon si actif? Les femmes sont partout: aux spectacles, aux promenades, aux bibliothèques. Dans le cabinet du savant, vous voyez de très jolies personnes. Ici seulement, de tous les lieux de la terre, elles méritent de tenir le gouvernail (A); aussi les hommes en sont-ils fous, ne pensent-ils qu'à elles et ne vivent-ils que par et pour elles. Une femme a besoin de six mois de Paris pour connaître ce qui lui est dû et quel est son empire (1). »

A deux jours de là, le 18 juillet, il écrit encore à Joseph : « Il y a eu quelque bruit au spectacle pour des airs qui chantent le réveil du peuple et la *Marseillaise;* la jeunesse paraît ne pas vouloir de cet hymne. »

Nouvelle lettre du 28 juillet ; elle contient des détails sur la manière dont a été accueillie par les

---

(A) Lors de la confection du Code, Napoléon était bien revenu de cette opinion si favorable aux Parisiennes.

royalistes de Paris la nouvelle de Quiberon : « Cette affaire a un peu chagriné le petit Coblentz de ce pays-ci : on leur voyait hier l'oreille basse et croire que les vainqueurs de l'Europe avaient quelque courage. Au reste, on est ici très tranquille. »

La correction du style peut laisser encore à désirer ; mais, on ne contestera pas la vivacité de touche des tableaux. Le 30 juillet de cette même année 1795, nous trouvons cette lettre à Joseph, qui est le confident perpétuel de ces premières années : « Il n'a pas encore fait chaud ici ; mais les moissons sont aussi belles qu'il est possible de se l'imaginer. Tout va bien. Ce grand peuple se donne au plaisir. Les danses, les spectacles, les femmes qui sont, ici, les plus belles du monde, deviennent la grande affaire. L'aisance, le luxe, le bon ton, tout a repris. L'on ne se souvient plus de la terreur que comme d'un rêve. La nouvelle de la belle victoire de Quiberon et de la paix avec l'Espagne change dans un instant la nature de nos affaires. »

Et le 1er août : « Tout est assez tranquille. Le peuple de Paris en masse est bon. Quelques jeunes gens voudraient pousser plus loin la réaction, mais cela n'est pas dangereux. » Une autre lettre du 9 août dit à Joseph : « L'on est ici assez bien et fort porté à la gaîté ; l'on dirait que chacun a à s'indemniser du temps qu'il a souffert et l'incertitude de l'avenir porte à ne rien épargner pour les plaisirs du présent. »

Ainsi donc l'oubli règne partout, dans tout ce

qui entoure Napoléon. Lui, cependant, pense toujours ; il réfléchit au lourd héritage que la Révolution pourra laisser à celui qui la remplacera. Il dit sans doute : « L'on s'arrache à ses réflexions et quel moyen de voir en noir ? » Mais, il écrit aussi à Sucy, le 17 août : « Rien de nouveau ici. L'espérance seule n'est pas encore perdue pour l'homme de bien ; c'est te dire l'état très maladif où se trouve cet empire. »

Le 1ᵉʳ septembre, il prévoit la journée prochaine du 13 vendémiaire : « Il y a ici comme partout, dit-il, un peu de mouvement dans les têtes, à cause du renouvellement de la Convention ; les royalistes s'agitent ; *nous verrons comme cela tournera.* »

Et à six jours de là, sur le même sujet : « C'est demain que se réunissent les assemblées primaires de Paris ; il y a beaucoup de placards pour et contre, mais l'on espère que l'on sera sage. »

Le rapport du général Bonaparte sur la journée du 13 vendémiaire est un véritable modèle de style historique. On ne peut qu'y renvoyer le lecteur (1). Dans ce récit tout militaire, on trouve, à côté du style révolutionnaire, des phrases à double entente, comme celle-ci : « Les sectionaires évacuent le poste et oublient à la vue de nos soldats l'honneur des chevaliers français qu'ils avaient à soutenir. » N'est-ce là qu'une simple plaisanterie ? Ne serait-ce pas, au contraire, que le républicain Bonaparte, gentilhomme malgré tout, se révoltait à l'idée de la fuite des royalistes ; la fuite, de la part de la populace des faubourgs, l'aurait-elle moins étonné ?

Napoléon répondait à Sainte-Hélène aux critiques qui lui étaient adressées pour sa conduite dans la journée du 13 vendémiaire. Sans doute, on eut recours au canon ; mais il est faux qu'on aie mitraillé. « Le commandant de l'artillerie ne s'y serait pas prêté (1). »

Napoléon quitte Paris pour se rendre sur les champs de bataille de l'Italie, où nous le retrouverons tout à l'heure. Suivons-le, pour le moment, dans les diverses étapes de sa carrière politique et civile.

On trouve dans le vingt-neuvième volume des œuvres de Napoléon (2), la description de la situation politique à la fin de la Convention et une étude particulière de chacun des Directeurs.

C'est dans ce même volume que Napoléon explique pourquoi il n'a pas pris les rênes du gouvernement au 18 fructidor (3) ; il fait à ce propos une comparaison entre 1797 et 1815 ; il affirme que le faubourg Saint-Antoine lui fut toujours dévoué ; et il termine, sur ce sujet, en disant qu'il désapprouva toujours les déportations du 19 fructidor.

S'agit-il du 18 brumaire, Napoléon en parlera comme s'il n'avait pris aucune part à cette journée ; il expose dans des termes élevés que la société demande un sauveur ; il se plaît à raconter que Baudin mourut de joie en apprenant son retour ; il ne cache pas son peu de franchise dans la conversation qu'ils eut avec Barras dans la matinée du 9 brumaire ; il nous montre comment il savait écarter les importuns ; il parle des coups de poignard de la séance des Cinq-Cents et il se complaît, dans le récit de cette parole de Siéyès, au lendemain du Consulat : « Napoléon veut tout faire, sait tout faire et peut tout faire (1). »

Puis, continuant l'étude de l'histoire consulaire, il raconte son entrevue avec Cadoudal (2), et il insiste particulièrement sur la joie unanime de la France, au retour de Marengo (3).

Nous ne trouvons plus maintenant, en dehors du récit de ses campagnes, que les relations de deux voyages entrepris à un an de distance par Napoléon; dans celui de Fontainebleau à l'île d'Elbe, aux mois d'avril et de mai 1814, il peint la France telle qu'il l'a vue dans son parcours, insistant sur les symptômes que son observation lui a révélés ; son second récit est l'histoire de ce retour prestigieux du golfe Juan à Paris, en mars 1815. Il appuie beaucoup sur cette considération qu'il a entrepris cette conquête sans verser une seule goutte de sang; il se plaît à montrer que, même à ce moment, où il avait besoin de tous les enthousiasmes, il refusait les concessions qu'il savait ne pouvoir consacrer quand il serait remonté sur le trône ; c'est ainsi que jamais il ne s'abaissa jusqu'à promettre une chose qui lui aurait conquis de nombreux partisans, je veux dire l'abolition des droits réunis (4).

Rien n'est intéressant comme la lecture de ces deux voyages si différents dans leurs causes et dans leurs conséquences et qui correspondent à deux époques qui, séparées par une seule année, paraissent cependant si éloignées l'une de l'autre.

Ce sont de nouveaux Commentaires de César

que ces récits de campagnes, racontés par Napoléon lui-même.

L'esprit est ébloui de voir ces grandes choses écrites par celui-là même qui les avait faites; son style est à la hauteur du sujet qu'il chante.

On sent dans les dictées de Sainte-Hélène le souffle des batailles; et les bulletins de la Grande Armée sont des fanfares de victoire.

Le 11 mai 1796, dans une lettre au Directoire, Napoléon résumait ainsi la journée de Lodi : « Quoique, depuis le commencement de la campagne nous ayons eu des affaires très chaudes et qu'il ait fallu que l'armée de la République payât d'audace, aucune cependant n'approche du terrible passage du pont de Lodi, » et ce cri de délivrance après le passage du Mincio et la victoire de Borghetto : « Voilà donc les Autrichiens entièrement expulsés de l'Italie ! nos avant-postes sont sur les montagnes de l'Allemagne (1). » C'était la terre promise pour ces soldats de l'armée d'Italie qui, avant l'arrivée du jeune général, luttaient depuis trois ans sur les sommets des Alpes pour la possession de rochers arides ! Voilà le portrait de ses compagnons d'armes, tel que Bonaparte le traçait à cette époque (2) : « Ils jouent et rient avec la mort ; ils sont aujourd'hui parfaitement accoutumés avec la cavalerie, dont ils se moquent. Rien n'égale leur intrépidité si ce n'est la gaieté avec laquelle ils font les marches les plus forcées ; ils chantent tour à tour la patrie et l'amour.

« Vous croiriez qu'arrivés à leurs bivouacs, ils doivent, au moins, dormir ; point du tout. Chacun fait son conte ou son plan de l'opération du lendemain et souvent on en rencontre qui voient très juste. L'autre jour, je voyais défiler une demi-brigade ; un chasseur s'approcha de mon cheval : « Général, me dit-il, il faut faire cela. — Malheureux, lui dis-je, veux-tu bien te taire. » Il disparaît à l'instant ; je l'ai fait, en vain, chercher. C'était justement ce que j'avais ordonné que l'on fît. »

Bonaparte ne peint pas que ses soldats ; il observe, étudie les mœurs des pays conquis. Témoin cette histoire qu'il raconte au Directoire, dans une lettre du 8 juin 1796 : « Je ne dois pas vous taire un trait qui peint la barbarie qui règne encore dans ces contrées. A Saint-Georges, il y a un couvent de religieuses ; elles s'étaient sauvées, car il était exposé aux coups de canon. Nos soldats y entrent pour s'y réfugier et prendre poste. Ils entendent des cris ; ils accourent dans une basse-cour, enfoncent une méchante cellule et trouvent une jeune personne assise sur une mauvaise chaise, les mains garrottées par des chaînes de fer. Cette infortunée demandait la vie. L'on brise ses fers. Elle a, sur sa physionomie, vingt-deux ans. Elle était depuis quatre ans dans cet état pour avoir voulu s'échapper et obéir, dans l'âge et le pays de l'amour, à l'impulsion de son cœur. Nos grenadiers en eurent un soin particulier. Elle montre beaucoup d'intérêt pour les Français. Elle a été belle et joint à la vivacité du climat la mélancolie de ses malheurs. Toutes les fois qu'il entrait quelqu'un, elle paraissait inquiète ; l'on sût bientôt qu'elle craignait de voir revenir ses tyrans. Elle demanda en grâce à respirer l'air pur; on lui observa que la mitraille pleuvait autour de la maison. Ah! dit-elle, mourir c'est rester ici. »

D'autres fois, ses lettres ou ses récits sont empreints de la philosophie de la guerre. C'est ainsi qu'il écrit au gouvernement le 12 juillet 1796 : « Nous sommes maintenant occupés au siège de Mantoue. Je médite un coup hardi. Tout sera prêt le 28. Les opérations ultérieures dépendront entièrement de la réussite de ce coup de main qui, comme ceux de cette nature, dépend absolument *du bonheur, d'un chien ou d'une oie.* »

Voici maintenant comment Napoléon raconte au Directoire, le 6 août 1796, cette immortelle campagne de six jours qu'il a dû entreprendre en sacrifiant le siège de Mantoue, pourtant si capital pour lui. Masséna est chassé de la Corona; Sauret repoussé de Salo ; au lieu de couvrir Brescia, il opère sa retraite sur Desenzano. L'ennemi descendait en Italie par les deux rives du lac de Garde : la situation était critique. Bonaparte, quoi qu'il lui en coûte, abandonne le siège de Mantoue; c'est là le fait d'un grand capitaine. D'ailleurs, il compte y revenir quand il aura fait payer aux Autrichiens leur audace dans cette campagne. « Dans cette circonstance difficile, écrit-il, percé par une armée nombreuse que ses avantages devaient nécessairement enhardir, je sentis qu'il fallait adopter *un plan vaste*. L'ennemi, en descendant du Tyrol par Brescia et l'Adige, me mettait au milieu ; si mon armée était trop faible pour faire face aux deux divisions de l'ennemi, elle pouvait battre chacune d'elles séparément et, par ma position, je me trouvais entre elles ; il m'était donc possible, en rétrogradant rapidement, d'envelopper la division ennemie descendue à Brescia, la prendre prisonnière ou la battre complètement, et de là, revenir sur le Mincio, attaquer Wurmser et l'obliger à repasser dans le Tyrol.

« Mais, pour exécuter ce projet, il fallait dans vingt-quatre heures, lever le siège de Mantoue qui était sur le point d'être pris ; il fallait abandonner les quarante pièces de canon qui étaient en batterie, car il n'y avait pas moyen de retarder de six heures ; il fallait, pour l'exécution de ce projet, repasser sur-le-champ le Mincio et ne pas donner le temps aux deux divisions ennemies de se rapprocher. La fortune a souri à ce projet et le combat de Desenzano, les deux combats de Salo, la bataille de Lonato, celle de Castiglione en sont les résultats. »

Le voici, ce récit de bataille de Castiglione ; il est digne de la plume de Bossuet : « Pendant ce temps-là, l'intrépide Augereau marche sur Castiglione, s'empare de ce village. Toute la journée, il livre et soutient des combats opiniâtres contre des forces doubles des siennes. L'élite de l'armée autrichienne est là ; elle reçoit par trois fois de nouveaux renforts. *Résistance vaine :* elle est obligée d'abandonner le champ de bataille et de fuir devant nos impétueux soldats. »

Le 30 Juin 1797, Napoléon dépeint son retour en Italie, au moment des événements de Venise : « Il revient en Italie et, à son aspect, à peu près comme les vents de Virgile à l'aspect de Neptune, toute l'Italie qui s'agite, qui était en armes, rentre dans l'ordre et reconnaît la voix du vanqueur redouté (a). » Puis, s'emportant contre les clubistes de Clichy qui lui reprochaient d'occuper le territoire de Venise, il s'écrie : « Je vous prédis et je vous parle au nom de quatre-vingt mille soldats ; le temps où de lâches avocats et de misérables bavards faisaient guillotiner les soldats est passé ; et, si vous y obligez, les soldats d'Italie viendront à la barrière de Clichy avec leur général. Mais alors, malheur à vous ! »

Dans cette violente imprécation, n'était-ce pas déjà l'Empereur qui perçait sous le général ?

C'est dans le vingt-neuvième volume des œuvres de Napoléon qu'on trouve le récit de ces campagnes immortelles.

Après la relation de ses débuts militaires, dans laquelle il a intercalé un beau portrait du général Dugommier, Napoléon fait la description géographique de l'Italie et des Alpes. Il montre le dénûment des soldats, au moment où il vint prendre le commandement ; il rappelle cette phrase d'une de ses proclamations : « Annibal avait passé les Alpes ; nous, nous les avons tournées, » et il y ajoute ce commentaire : « Phrase heureuse, qui exprimait en deux mots la pensée et l'esprit de la Campagne (1) ; » il entonne un chant de victoire au souvenir de Lodi et de Castiglione ; aussi bien

---

(a) Les souvenirs de Virgile hantaient alors Napoléon. Car, c'est à cette époque qu'il écrivait à Joséphine : « J'ai été dans le village de Virgile, sur les bords du lac, au clair argentin de la lune... »

qu'il l'a fait dans sa correspondance, il aime à parler ici encore des mœurs italiennes au moment de la conquête, et si, dans cette histoire, quelque critique peut lui être adressée, ce serait simplement d'avoir présenté le changement qui s'opéra dans ces mœurs, après l'arrivée des Français, avec un caractère de permanence qui ne correspond pas aux côtés superficiels du caractère Italien.

Napoléon est en Égypte au milieu de cette nation qu'il a peinte en trois mots : « Calme, fière et brave (1). » Il écrit au Directoire, le 26 juillet 1798, et revenant en détail sur la peinture de ce peuple, il le fait avec un pinceau qui rappelle celui de Tacite dans son histoire des mœurs des Germains : « Tout le luxe de ces gens-ci, dit-il, était dans leurs chevaux et dans leur armement ; leurs maisons sont pitoyables. Il est difficile de voir une terre plus fertile et un peuple plus misérable, plus ignorant et plus abruti... Leurs maisons sont d'un peu de boue. Ils n'ont pour tous meubles qu'une natte de paille et deux ou trois pots de terre. Ils mangent et consomment en général fort peu de chose. Nous avons été continuellement harcelés par des nuées d'Arabes, qui sont les plus grands voleurs et les plus grands scélérats de la terre, assassinant les Turcs comme les Français. »

Le récit des campagnes d'Égypte et de Syrie, commencé dans le vingt-neuvième volume des œuvres de Napoléon n'est terminé que dans le trentième.

Il est plus intéressant encore que l'histoire des guerres d'Italie ; les descriptions abondent ;

ces tableaux d'un pays séduisant, ce style qui emprunte à l'Orient ses couleurs brillantes et son vague mysticisme, les souvenirs de la plus haute antiquité évoqués avec art, tout cela donne à cette œuvre un cachet supérieur, un intérêt toujours vivant.

Après la description de l'Égypte, l'énumération de ses productions, l'étude des diverses races qui l'habitent, Napoléon nous fait pénétrer dans les secrets de sa politique et nous montre le but qu'il poursuivait dans cette expédition.

Nous avons puisé, dans le chapitre consacré au Mahométisme, des documents précieux sur les idées religieuses de Napoléon.

Après les mœurs des musulmans et des fellahs, c'est l'armée française qui défile sous nos yeux ; ses jours de découragement, de tristesse font bientôt place à la vieille gaîté française ; Napoléon éprouve autant de plaisir à faire cavalcader devant nous les mamelucks, cette belle et brave milice, qu'à nous raconter les plaisanteries des soldats sur la commission des savants ou sur la jambe de Caffarelli. Il nous fait entrer dans la tente des Arabes pour écouter ce qu'ils disent, aussi facilement qu'il nous présentera Mourad-Bey, autrefois si brillant, traînant aujourd'hui une existence affreuse.

Il comparera notre expédition de 1798 à celle de Saint Louis en 1250 : « Saint Louis passera huit mois à prier, lorsqu'il eut fallu les passer à marcher, combattre et s'établir dans le pays. »

Puis, quand il arrive à la fin de son séjour en Orient, il résume ainsi son rôle dans cette campagne : « Il avait reporté les arts et les sciences à leur berceau... » Les paroles qu'il prête à l'armée qui va rester en Égypte semblent traduites de Tacite et des historiens de l'antiquité ; elles en ont la forme classique. Enfin, Napoléon achève cette relation par un beau et dramatique récit de la mort de Kléber (1).

La campagne de Marengo a fait l'objet de quelques dictées à Sainte-Hélène.

Sur la période du camp de Boulogne nous avons, à la date du 21 juillet 1804, cette curieuse lettre à Joséphine : « Cette nuit, une de nos canonnières qui était en rade a chassé et s'est engagée sur des rochers à une lieue de Boulogne. J'ai tout cru perdu, corps et biens, mais nous sommes parvenus à tout sauver. Ce spectacle était grand ; des coups de canon d'alarme, le rivage couvert de feu, la mer en fureur et mugissante, toute la nuit dans l'anxiété de sauver ou de voir périr ces malheureux ! L'âme était entre l'éternité, l'océan et la nuit. A cinq heures du matin, tout s'est éclairci, tout a été sauvé et je me suis couché avec la sensation d'un rêve romanesque et épique... »

Tout n'y est-il pas dans ce récit, depuis l'intérêt qui nous attache et nous tient en suspens, jusqu'à la trace profonde des réflexions qu'inspire au penseur le spectacle d'un événement où l'homme impuissant est aux prises avec les forces aveugles de la nature ?

Nous voici à la campagne de 1805, et aux bulletins de la Grande Armée.

Le premier bulletin, daté du 7 octobre 1805, ré-

sume ainsi la première partie de la campagne :
« Ce grand et vaste mouvement nous a portés en
peu de jours en Bavière, nous a fait éviter les Montagnes Noires, la ligne des rivières parallèles qui
se jettent dans la vallée du Danube, l'inconvénient
attaché à un système d'opérations qui aurait toujours en flanc les débouchés du Tyrol, et, enfin,
nous a placés à plusieurs marches derrière l'ennemi qui n'a pas de temps à perdre pour éviter sa
perte entière. »

Le deuxième bulletin renferme le récit de la journée de Wertingen; il est remarquable par la promptitude de la relation : « Le maréchal Lannes arrive
avec la division Oudinot, et, après un engagement
de deux heures, drapeaux, canons, bagages, officiers et soldats, toute la division ennemie est prise
ou dispersée. La relation officielle de ces marches
et de ces événements intéressera le public et fera
le plus grand honneur à l'armée. »

Dans le troisième, Napoléon reprend le système
qu'il avait suivi dès les campagnes de 1796 : encourager le soldat par la pensée que son action
d'éclat sera connue de toute la France ; c'est ainsi
qu'il retrace l'épisode du dragon Marente et qu'il
adresse aux grenadiers d'Oudinot des paroles qui
devaient les enivrer. Quant à lui, il donne de ses
nouvelles à la France : « L'Empereur donne
l'exemple à cheval jour et nuit: il est toujours
au milieu des troupes. »

Dans le quatrième bulletin : « L'activité de
l'armée française, l'étendue et la complication des
combinaisons qui ont entièrement échappé à l'en-

nemi, le déconcertent au dernier point. Les conscrits montrent autant de bravoure et de bonne volonté que les vieux soldats. Quand ils ont, une fois, été au feu, ils perdent le nom de conscrits; aussi, tous aspirent-ils à l'honneur du titre de soldat. »

Puis, ce sont des comparaisons. Dans le bulletin du 12 octobre : « L'armée autrichienne a presque toutes ses communications coupées. Elle se trouve à peu près dans la même position que l'armée de Mélas à Marengo.

« L'Empereur était sur le pont du Lech, lorsque le corps d'armée du général Marmont a défilé. Il a fait former en cercle chaque régiment, leur a parlé de la situation de l'ennemi, de l'imminence d'une grande bataille et de la confiance qu'il avait en eux. Cette harangue avait lieu pendant un temps affreux. Il tombait une neige abondante, et la troupe avait de la boue jusqu'aux genoux, et éprouvait un froid assez vif; mais les paroles de l'Empereur étaient de flamme. En l'écoutant, le soldat oubliait ses fatigues et ses privations, et était impatient de voir arriver l'heure du combat. »

C'est le sixième bulletin qui raconte la journée d'Ulm « qui a été une des plus belles de l'histoire de France. » C'est la destinée des généraux opposés à l'Empereur d'être pris dans des places. On se souvient qu'après les belles manœuvres de la Brenta, le vieux feld-maréchal Wurmser fut fait prisonnier dans Mantoue ; Mélas le fut dans Alexandrie ; Mack l'est dans Ulm... L'Empereur lui fit répondre : « Votre maître a voulu me faire ressouvenir que j'étais un soldat ; j'espère qu'il conviendra que le trône et la pompe impériale ne m'ont pas fait oublier mon premier métier. » On peut faire en deux mots l'éloge de l'armée ; elle est digne de son chef. »

C'était peu modeste, peut-être ; en tous cas, c'était vrai ; le septième bulletin ne nous dit-il pas, en effet, que Napoléon surmonte toutes les fatigues ? « L'Empereur n'est pas sorti aujourd'hui d'Elchingen. Les fatigues et la pluie continuelle que, depuis deux jours, il a essuyées, ont exigé un peu de repos, mais le repos n'est pas compatible avec la direction de cette immense armée. »

Voici la scène de l'évacuation d'Ulm par les Autrichiens vaincus : « L'armée française occupait les hauteurs. L'Empereur, entouré de sa garde, a fait appeler les généraux autrichiens. Il les a traités avec les plus grands égards... Jamais victoires ne furent plus complètes et ne coûtèrent moins (1). »

Dans le neuvième bulletin, c'est une comparaison entre les soldats français et les soldats autrichiens, puis une menace directe à l'Empereur d'Autriche : « C'est le moment de rappeler que tous les Empires ont un terme. L'idée que la fin de la dynastie de la maison de Lorraine est arrivée doit effrayer l'empereur d'Allemagne. » Quant aux généraux prisonniers, Napoléon adoucit leur malheur : « Il les a consolés, leur a dit que la guerre a ses chances et qu'ayant été souvent vainqueurs, ils pouvaient être quelquefois vaincus. »

Voici la situation des pays conquis, les enivrements du triomphe ; il est fier de faire connaître à l'Europe et à la France la conduite de ses soldats et le génie de leur chef : « Un bataillon de la garde impériale est entré aujourd'hui à Augsbourg. Quatre-vingts grenadiers portaient chacun un drapeau, le spectacle a produit sur les habitants un étonnement que partagent les paysans de toutes ces contrées... L'armée autrichienne est payée en billets qui perdent 40 pour cent, aussi nos soldats appellent-ils très plaisamment les Autrichiens des soldats de papier (1). »

Dans le 22ᵉ bulletin, c'est à l'Europe qu'il s'adresse : « En Hongrie comme en Autriche, à Vienne comme dans les autres villes, on est persuadé que l'empereur Napoléon a voulu la paix, qu'il est l'ami de toutes les nations et de toutes les grandes idées... »

Pendant que l'Empereur est à Vienne, un parti ennemi parvient à échapper à nos troupes en présentant à Lannes une fausse suspension d'armes. Voici ce que l'Empereur en dit dans le 24ᵉ bulletin : « On reconnaît à cette extrême facilité le caractère du Français qui, brave dans la mêlée, est d'une générosité souvent irréfléchie hors de l'action... Le palais de Schoënbrunn, dans lequel l'Empereur est logé, a été bâti par Marie-Thérèse... L'Empereur a dit que si cette grande reine vivait encore, elle ne se laisserait pas conduire par les intrigues d'une femme, telle que Mᵐᵉ Colleredo... »

Le 25ᵉ bulletin nous donne sur le patriotisme de l'armée française, sur la composition de l'armée russe alliée des Autrichiens, des détails intéressants : « Le soldat français a pour ses drapeaux un sentiment qui tient de la tendresse. Ils sont l'objet de son culte comme un présent reçu des mains d'une maîtresse...

« D'ici à cent ans, il ne sera, en Autriche, au pouvoir d'aucun prince d'introduire des Russes dans ses états. Ce n'est pas qu'il n'y ait dans ces armées un grand nombre d'officiers dont l'éducation a été soignée, dont les mœurs sont douces, l'esprit éclairé ; ce qu'on dit d'une armée s'entend toujours de l'instinct naturel de la masse qui la compose. »

Ces détails, il les complète dans le 26e bulletin : « L'armée a un instinct sauvage que nous ne connaissons pas dans nos armées européennes..., » et dans les suivants : « Les Moraves sont étonnés de voir, au milieu de leurs immenses plaines, les peuples de l'Ukraine, du Kamstchatka et les Normands, les Gascons en venir aux mains et s'égorger... »

« Le maréchal Bessières, commandant la garde impériale, a fait, à la tête des quatre escadrons de la garde, une brillante charge qui a dérouté et culbuté l'ennemi. Rien ne contraste comme le silence de la garde et des cuirassiers et les hurlements des Russes. »

A la veille d'Austerlitz, Napoléon dit plusieurs fois : « Avant demain au soir, cette armée est à moi. » Puis il raconte la scène du bivouac d'Austerlitz : « Voilà la plus belle soirée de ma vie. Mais je regrette de penser que je perdrai demain bon nombre de ces braves gens. Je sens au mal que cela me fait qu'ils sont véritablement mes enfants. »

Nous voilà au récit de cette bataille que Napoléon appelait une victoire européenne, puisqu'elle a fait tomber le prestige qui semblait s'attacher au nom des Barbares. C'est ainsi qu'il la raconte :

« Le 11 frimaire, le jour parut enfin. Le soleil se leva radieux et cet anniversaire du couronnement de l'Empereur où allait se passer un des plus beaux faits d'armes du siècle, fut une des plus belles journées de l'hiver. Cette bataille sera à jamais mémorable dans les fastes de la Grande Nation. C'était un véritable combat de géants… On vit un spectacle horrible, tel qu'on l'avait vu à Aboukir : vingt mille hommes se jetant dans l'eau et se noyant dans les lacs !… Cette journée coûtera des larmes de sang à Saint-Pétersbourg. Puisse-t-elle y faire rejeter avec indignation l'or de l'Angleterre. Si la France ne peut arriver à la paix qu'aux conditions que l'aide-de-camp Dolgorouki a proposées à l'Empereur, la Russie ne les obtiendrait pas, quand même son armée serait campée sur les hauteurs de Montmartre. Jamais champ de bataille ne fut plus horrible. Du milieu de lacs immenses on entend encore les cris de milliers d'hommes qu'on ne peut secourir. Le cœur saigne. Puisse tant de sang versé, puissent tant de malheurs retomber enfin sur ces perfides insulaires qui en sont la cause ! Puissent les lâches oligarques de Londres porter la peine de tant de maux ! »

Le 31ᵉ bulletin est encore plein des épisodes de cette grande journée : « C'est là le cas de dire que la mort s'épouvantait et fuyait devant nos rangs pour s'élancer dans les rangs ennemis. Il ne faut pas taire un trait qui honore l'ennemi. Le commandant de l'artillerie de la garde Impériale Russe venait de perdre ses pièces. » Il se présente à Napoléon demandant la mort : « Jeune homme, lui dit l'Empereur, j'apprécie vos larmes; mais on peut être battu par mon armée et avoir encore des titres à la gloire. »

Si Napoléon ne poursuit pas dans cette voie triomphale, s'il regrette l'armistice qui lui ferme la lutte, il s'en console, en disant : « Du moins, quelques larmes de moins seront versées. »

Ce qui le préoccupe, maintenant, c'est de faire savoir à la France le courage, l'héroïsme de ses compagnons d'armes : ce qu'il veut, c'est assurer le sort des blessés, des orphelins ; récompenser ceux qui survivent. « Il me faut toute ma puissance pour récompenser dignement tous ces braves gens, » dit-il dans le 32ᵉ bulletin (1).

Le 37ᵉ bulletin parle sur un ton augural qui ne sied pas, même au génie : « Le général Saint-Cyr marche à grandes journées sur Naples pour punir la trahison de la Reine et précipiter du trône cette femme criminelle qui, avec tant d'impudence, a violé tout ce qui est sacré parmi les hommes... *La Reine de Naples a cessé de régner.* »

Parlant des Bavarois et faisant allusion au Cardinal Dubois, il disait dans le même bulletin : « En 1740, les Bavarois faisaient cause commune avec la France ; mais la France était gouvernée par un prêtre pusillanime. »

Nous voici arrivés au début de la campagne de 1806. Le premier bulletin contient l'historique des préliminaires de la guerre et aussi ce portrait de la reine de Prusse « qui est, à l'armée, habillée en amazone. Il semble voir Armide dans son égarement mettre le feu à son propre palais. »

Une des premières victimes de la lutte, c'est le prince Louis, « brave et loyal soldat... » comme dit le 2ᵉ bulletin. » Si les derniers instants de sa vie ont été ceux d'un mauvais citoyen, sa mort est glorieuse et digne de regrets. Il est mort, comme doit désirer de mourir tout bon soldat. On peut dire que les premiers coups de la guerre ont tué un de ses auteurs. »

Puis, c'est le récit de la bataille d'Iéna, « anniversaire glorieusement célébré des affaires d'Ulm, » et qui a lavé l'affront de Rosbach. Napoléon s'exprime ainsi sur cette journée : « Nous ne parlons pas de l'infanterie française, il est reconnu depuis longtemps que c'est la meilleure infanterie du monde. L'Empereur a déclaré que la cavalerie française, après l'expérience des deux campagnes et de cette dernière bataille, n'avait pas d'égale. Dans une mêlée aussi chaude, pendant que l'ennemi perdait presque tous ses généraux, on doit remercier cette Providence qui gardait notre armée. Aucun homme de marque n'a été tué, ni blessé. »

Le 6ᵉ bulletin devait faire trembler tous les monarques sur leurs trônes : « L'Empereur a dit que le continent avait besoin de repos et que, malgré les intrigues et les basses passions qui agitent plusieurs cours, il fallait que ce repos existât, dût-il en coûter la chute de quelques trônes ! »

Le 8ᵉ bulletin est le premier de ceux qu'on a tant reprochés à Napoléon, parce qu'il insultait non seulement une femme, mais une souveraine vaincue (A). « La reine de Prusse, dit-il, voulait du sang. Le sang le plus précieux a coulé. C'est une femme d'une jolie figure, mais de peu d'esprit, incapable de présager les conséquences de ce qu'elle faisait. »

Dans le 18ᵉ bulletin, celui où il annonçait sa visite au tombeau du grand Frédéric, Napoléon se montrait moins indulgent encore : « La reine, de femme timide et modeste, s'occupant de son intérieur, est devenue turbulente et guerrière... Elle a voulu tout à coup avoir un régiment, aller au Conseil et elle a si bien mené la monarchie qu'en peu de jours, elle l'a conduite au bord du précipice. » Dans le 19ᵉ bulletin : « Ces pièces démontreraient, si cela avait besoin d'une démonstration, combien sont malheureux les peuples qui laissent prendre aux femmes de l'influence sur les affaires politiques. »

Dans le 23ᵉ bulletin, son irritation contre cette princesse arrive au paroxisme : « Jusqu'à cette heure, nous avons cent cinquante drapeaux, parmi lesquels sont ceux brodés des mains de la belle Reine, beauté aussi funeste aux peuples de la Prusse que le fut Hélène aux Troyens... »

(A) M. Taine, dans son étude sur Napoléon, prétend que ces bulletins n'auraient été calculés que « pour provoquer chez les soldats le gros rire goguenard et méprisant. »

La reine n'est pas la seule qui soit attaquée : « Les Généraux prussiens, dit le 11ᵉ bulletin, singent autant qu'ils peuvent les manières du grand Frédéric... » et dans le 14ᵉ : « Ces Messieurs étaient sans doute, accoutumés aux manœuvres de la guerre de Sept Ans. »

La monarchie prussienne est dans une triste situation ; le 13ᵉ bulletin le constate : « Rien ne ressemble davantage à l'état actuel de l'armée prussienne que les débris d'un naufrage. C'était une belle et nombreuse flotte qui ne prétendait pas moins qu'asservir les mers : les vents impétueux du Nord ont soulevé l'Océan contre elle ; il ne rentre au port qu'une petite partie des équipages qui n'ont trouvé de salut qu'en se sauvant sur des débris. Reconnaissons donc ici la volonté de cette Providence qui ne laisse pas à nos ennemis des yeux pour voir, des oreilles pour entendre, du jugement et de la raison pour raisonner. »

Qui est coupable de cet effondrement de toutes les monarchies Européennes ? Qui en portera le poids devant l'histoire ? Le 15ᵉ bulletin nous répond que c'est l'Angleterre : « On ne peut que s'indigner de voir l'Angleterre compromettre ainsi des agents estimables et jouer un rôle aussi odieux. Est-ce donc avec du sang que les Anglais ont espéré alimenter leur commerce et ranimer leur industrie ? De grands malheurs peuvent fondre sur l'Angleterre ; l'Europe les attribuera à la perte de ce ministre honnête homme qui voulait gouverner par des idées grandes et libérales, et que le peuple anglais pleurera un jour avec des larmes de sang (a). »

Quelquefois l'Empereur ne reste pas sur ces sommets ; il raconte qu'il a été arrêté dans une cabane par un orage et que cela lui a permis de soulager une misère : « J'avais le pressentiment qu'une bonne action m'attendait là (1). »

Mais il revient bien vite sur les hauteurs ; quand, par exemple, il évoque le souvenir du grand Frédéric. « Son génie, dit-il, son esprit et ses vœux étaient avec la nation qu'il a tant estimée et dont il disait que, s'il en était roi, il ne se tirerait point un coup de canon en Europe sans sa permission. »

Voici Napoléon dans Berlin. Dans le 21e bulletin il recommande aux protestants « de rester tranquilles et de porter obéissance et respect à César. » En même temps qu'il menace des dernières sévérités « cette noblesse de cour qu'il rendra si petite qu'elle sera obligée de mendier son pain. »

Puis, dans le 22e bulletin, il commence la relation du combat de Prenzlow par une pensée poétique : « Ainsi, cette belle et grande armée prussienne a disparu comme un brouillard d'automne au lever du soleil. » Après s'être attendri sur le sort de ses soldats, qu'il connaissait depuis quatorze ans et qui viennent de tomber au champ d'honneur, il raconte avec complaisance qu'il conserve dans le palais royal de Berlin une princesse de Prusse à qui sa santé faisait redouter les déplacements ; il s'étend avec plaisir sur la grâce qu'il a accordée

(a) Fox.

au prince de Hatzfeld par l'entremise de sa femme (A). En un mot, tous les événements de sa vie agitée trouvent un écho dans ces immortels bulletins.

Il ne peut pardonner au duc de Brunswick, qu'il comparait à Nestor (1), d'avoir pris part à la guerre : « Qu'aura-donc de respectable la vieillesse si, aux défauts de son âge, elle joint la fanfaronnade et l'inconsidération de la jeunesse (2) ! »

Après la Prusse, c'est la Russie qui entre dans la lice ; c'est à Tilsitt qu'il faut aller chercher la paix. Les bulletins reflètent les sentiments de Napoléon : « Autant la sage politique de la grande Catherine était parvenue à faire de sa puissance un épouvantail, autant l'extravagance et la folie des ministres actuels la rendront ridicule en Europe (3). »

Il aime à évoquer ce souvenir de Catherine ; dans le vingt-cinquième bulletin par exemple : « Parmi les prisonniers se trouve le régiment des hussards de la garde du Roi qui, après la guerre de Sept Ans, avaient reçu de l'Impératrice Catherine, en témoignage de leur bonne conduite, des pelisses de peau de tigre. »

Avant de commencer cette campagne qui sera marquée par les journées d'Eylau et de Friedland pour se terminer sur le radeau du Niémen, Napoléon lance à l'Europe et surtout à l'Angleterre de nouvelles et vives apostrophes.

Les bulletins qui suivent (4) en sont pleins. « Ja-

(A) Nous avons cité plus haut une lettre dans laquelle Napoléon retraçait toute la scène à l'Impératrice Joséphine.

mais agression ne fut plus injuste, jamais guerre ne fut plus intempestive. Puisse cet exemple servir de leçon aux princes faibles que les intrigues, les cris et l'or de l'Angleterre excitent toujours à des entreprises insensées !...

« Les Anglais pourront encore corrompre quelques souverains avec de l'or ; mais la perte des trônes de ceux qui le recevront sera la suite infaillible de la corruption. Les alliés de la France prospéreront et s'agrandiront ; ses ennemis seront confondus et détrônés.. » L'Empereur s'attaque même aux personnes, spécialement à ce Sidney Smith qu'il détestait cordialement depuis Saint-Jean-d'Acre ; il l'appelle « cet infâme Sidney Smith, la honte des braves militaires anglais », et il ajoute : « Quand Sidney Smith a été choisi pour seconder les fureurs de la reine de Naples, on n'a vu en lui qu'un de de ces instruments que les gouvernements emploient trop souvent et qu'ils abandonnent au mépris qu'ils sont les premiers à avoir pour eux. »

Le 32ᵉ bulletin commence comme une fanfare : « Pour la première fois, la Vistule voit l'aigle Gauloise. » Puis, dans le 41ᵉ c'est un éloge de Jérome : « L'ennemi a brûlé les beaux faubourgs de Breslau ; beaucoup de femmes et d'enfants ont péri dans cet incendie. Le prince Jérôme a donné des secours aux malheureux habitants. L'humanité l'a emporté sur les lois de la guerre qui ordonnent de repousser dans une place assiégée les bouches inutiles que l'ennemi veut en éloigner... »

Dans le 44ᵉ bulletin, c'est un portrait peu flatté

des Cosaques : « Il n'y a rien de si misérable et de si lâche qu'eux ; c'est la honte de la nature humaine. Notre cavalerie légère est familiarisée, depuis la dernière campagne, avec la manière de combattre de ces misérables qui peuvent arrêter par leur nombre et le tintamarre qu'ils font en chargeant, des troupes qui n'ont pas l'habitude de les voir ; mais, quand on les connaît, deux mille de ces malheureux ne sont pas capables de charger un escadron qui les attend de pied ferme. »

Le 46ᵉ bulletin indique bien le but que Napoléon se proposait dans ces relations de combats et de victoires : « Sa Majesté, y est-il dit, a recommandé que, dans les relations officielles des diverses affaires, on fît connaître un grand nombre de traits qui méritent de passer à la postérité ; car c'est pour elle et pour vivre éternellement dans sa mémoire que le soldat français affronte tous les dangers et toutes les fatigues. »

Les bulletins lui servent encore à combattre en Europe les faux bruits que les Anglais aiment à y répandre : « A les entendre, dit le 53ᵉ bulletin, des bataillons entiers tombent comme ceux des Grecs, au commencement du siège de Troie. »

D'autres fois, l'Empereur aime à raconter des épisodes qui lui sont personnels : « Un vieillard de cent dix-sept ans a été présenté à l'Empereur qui lui a accordé une pension de cent napoléons et a ordonné qu'une année lui fût payée d'avance. » (1)

Voici la bataille d'Eylau, dont le résultat a été longtemps controversé. Napoléon, d'ailleurs, a reconnu lui-même que ce n'était pas une de ses victoires ordinaires. Sous l'impression des événements, il écrit à Cambacérès : « Vous verrez tous ces détails par le bulletin *qui est exact*... » Quelques heures après, les lettres deviennent plus confiantes et annoncent sans hésitation une grande victoire. Cependant l'Empereur ne peut s'empêcher de laisser échapper des aveux comme celui-ci : « L'affaire a été fort chaude, fort animée et *assez chanceuse*, » ou comme celui-là à Cambacérès : « Je ne fais pas exécuter de *Te Deum*, puisqu'on l'a déjà chanté pour les affaires de Pultusk ; cela reviendrait trop souvent. »

Quoi qu'il en soit, si la journée a été fort chaude, — à cause de cela même, — les traits d'héroïsme abondent et les bulletins qui suivent cette journée en sont remplis. « Le grand duc de Berg tomba sur l'armée ennemie, manœuvre audacieuse s'il en fut jamais, qui couvrit de gloire la cavalerie. Les cent dragons, cuirassiers ou soldats de la garde que l'on trouva sur le champ de bataille, on les y trouva environnés de plus de mille cadavres ennemis. Cette partie du champ de bataille fait horreur à voir... Douze ou quinze mille prisonniers, autant d'hommes hors de combat, dix-huit drapeaux, quarante-cinq pièces de canon, sont les trophées trop chèrement payés sans doute par le sang de tant de braves. »

Quelques jours plus tard, Napoléon écrivait encore : « A la bataille d'Eylau, le maréchal Augereau, couvert de rhumatismes, était malade et avait à peine sa connaissance. Mais le canon réveille les braves. Il revole au galop à la tête de son corps, après s'être fait attacher sur son cheval. Il a été constamment exposé au plus grand feu et a même été légèrement blessé... »

Il est des spectacles attristants auxquels, cependant, il est difficile de s'arracher; le champ de bataille d'Eylau est de ceux-là. Le 64e bulletin nous en parle encore : « Après la bataille d'Eylau, l'Empereur a passé tous les jours plusieurs heures sur le champ de bataille, spectacle horrible! mais que le devoir rendait nécessaire. Il a fallu beaucoup de travail pour enterrer tous les morts... Tout cela avait plus de relief sur un fond de neige ; ce spectacle est fait pour inspirer aux princes l'amour de la paix et l'horreur de la guerre... On a fait à ce sujet la remarque que l'Empereur n'a jamais perdu de canons, dans les armées qu'il a commandées... »

La prise de Dantzig fait l'objet d'un bulletin des plus élogieux pour les troupes du maréchal Lefebvre: « La rigueur de la saison, la neige qui a souvent couvert nos tranchées, la gelée qui y a ajouté de nouvelles difficultés, n'ont pas été des obstacles pour nos travaux... »

Le bulletin de Friedland, est un des plus beaux de ceux qui sont sortis de la plume de l'Empereur : « A trois heures du matin, des coups de canon se firent entendre. C'est un jour de bonheur, dit l'Empereur ; c'est l'annniversaire de Marengo. Le maréchal Ney, avec ce sang-froid et avec cette intrépidité qui lui est particulière, était en avant de ses échelons et donnait l'exemple à un corps d'armée qui, toujours, s'est fait distinguer même parmi les corps de la Grande Armée... La victoire n'a pas hésité un seul instant... Ainsi la Providence a puni ceux qui, au lieu de négocier de bonne foi pour arriver à l'œuvre salutaire de la paix, s'en sont fait un jeu, prenant pour faiblesse et pour impuissance la tranquillité du vainqueur. »

Le 80ᵉ bulletin, dans une anecdote amusante, fournit une leçon comparative d'art militaire : « Un fait particulier qui a excité le rire des soldats a eu lieu pour la première fois aux environs de Tilsitt; on a vu une nuée de Kalmoucks se battant à coups de flèches. Nous en sommes fâchés pour ceux qui donnent l'avantage aux armes anciennes sur les modernes, mais rien n'est plus risible que le jeu de ces armes contre nos fusils... »

L'entrevue de Tilsitt est annoncée dans le 85ᵉ bulletin : « Peu de spectacles seront aussi intéressants. Les deux côtés du fleuve seront bordés par les deux armées, pendant que les chefs conféreront sur les moyens de rétablir l'ordre et de donner le repos à la génération présente. » Le bulletin suivant renferme le récit de cette entrevue : « Le grand nombre de personnes de l'une et l'autre armée, accourues sur l'une et l'autre rive pour être témoins de cette scène, rendait ce spectacle d'autant plus intéressant que les spectateurs étaient des braves des extrémités du monde... »

Nous ne voulons retenir des bulletins adressés par l'Empereur pendant la campagne d'Espagne que ce 12ᵉ bulletin, du 28 novembre 1808, qui dépeignait si bien la misère morale de l'Espagne : « Les moines espagnols, au contraire de ceux de

France et d'Italie, sont tirés de la lie du peuple ; ils sont ignares et crapuleux. On ne saurait leur trouver de ressemblance qu'avec des artisans employés dans les boucheries ; ils en ont l'ignorance, le ton et la tournure... Quant aux malheureux paysans, on ne peut les comparer qu'aux fellahs d'Égypte ; ils n'ont aucune propriété. »

Le 10ᵉ bulletin de la campagne de 1809 donne les détails de la mort du duc de Montebello. Il est intéressant de rapprocher cette version de Napoléon de celle qui a eu longtemps cours et, d'après laquelle, le maréchal mourant aurait adressé à l'Empereur des reproches sanglants sur son ambition sans limites. « Le général d'Orsenne, commandant la vieille garde, la plaça en troisième ligne, formant un mur d'airain, seul capable d'arrêter tous les efforts de l'armée autrichienne. » C'est à ce moment que Lannes est frappé : « Transporté sur un brancard auprès de l'Empereur les adieux furent touchants. Au milieu des sollicitudes de cette journée, l'Empereur se livra à la tendre amitié qu'il porte depuis tant d'années à ce brave compagnon d'armes (1). »

Nous passons à cette cruelle campagne de Russie qui allait voir l'effondrement de la puissance Impériale. L'Empereur, devant Moscou en flammes, écrit à la France pour lui donner des nouvelles de l'armée. Après avoir parlé de Rostopchine, « ce Marat de la Russie », Napoléon se complait à parler du climat (2) : « Les habitants de la Russie ne reviennent pas du temps qu'il fait depuis vingt jours. C'est le soleil et les belles journées du voyage de Fontainebleau. »

Cruelle ironie du sort ! amère dérision de la fortune ! A quelques jours à peine de là, l'Empereur écrira ce trop célèbre 29ᵉ bulletin, de lugubre mémoire : « Des hommes que la nature n'a pas trempés assez fortement pour être au-dessus de toutes les chances du sort et de la fortune parurent ébranlés, perdirent leur gaieté, leur bonne humeur, et ne rêvèrent que malheurs et catastrophes ; ceux qu'elle a créés supérieurs à tout conservèrent leur gaieté et leurs manières ordinaires. »

Après le récit du passage de la Bérésina, l'histoire a conservé une lettre que Napoléon écrivait à quelques jours de là à son frère Jérôme ; cette lettre contenait l'histoire de toute cette désastreuse campagne (1).

A Sainte-Hélène, Napoléon y revenait encore, soit qu'il dictât une comparaison entre l'expédition de Charles XII et la sienne (2), soit que, dans ses conversations, il revînt sur une thèse qu'il avait soutenue dès le premier jour devant les assemblées de la France et qui consistait à rejeter sur le climat et sur l'hiver la responsabilité de tous nos désastres. Il en accusait aussi l'incendie de Moscou : « Si cette ville n'avait pas été brûlée, disait-il, l'Empereur Alexandre eut été contraint à la paix. » Mais il revenait, de préférence, sur l'autre motif, comme pour montrer que les hommes eux-mêmes n'avaient été pour rien dans cet effondrement. « Napoléon est resté quatre jours de trop à Moscou ; mais il fut déterminé par des raisons politiques. Il croyait avoir le temps de retourner en Europe. Les automnes sont très prolongés dans le Nord. »

En 1813, les bulletins continuent. Voici celui de la bataille de Lutzen : « Au commencement de la bataille, l'Empereur avait dit: « C'est une bataille d'Égypte. Une bonne infanterie soutenue par de l'artillerie doit savoir se suffire. Nos jeunes soldats ne considéraient pas le danger. Ils ont, dans cette grande circonstance, révélé toute la noblesse du sang français. » Et, on voyait qu'il aimait à parler de « cette brillante journée qui, comme un coup de tonnerre, a pulvérisé les chimériques espérances et tous les calculs de destruction et de démembrement de l'Empire... « Il y a vingt ans, a dit l'Empereur, que je commande les armées françaises. Je n'ai pas encore vu autant de bravoure et de dévouement. »

Le souvenir glorieux de la bataille de Bautzen est assombri par la mort de Duroc. « L'Empereur trouva le duc de Frioul avec toute sa connaissance et montrant le plus grand sang-froid. Le duc serra la main de l'Empereur qu'il porta sur ses lèvres : « Toute ma vie, lui dit-il, a été consacrée à votre service et je ne la regrette que par l'utilité dont elle pouvait vous être encore. — Duroc, dit l'Empereur, il est une autre vie. C'est là que vous irez m'attendre et que nous nous retrouverons un jour. »

Quant au bulletin de Waterloo, voilà sa conclusion ; « On sait ce que c'est que la plus brave armée du monde, lorsqu'elle est mêlée et que son organisation n'existe plus. Telle a été l'issue de la bataille de Mont-Saint-Jean, glorieuse pour les armées françaises et pourtant si funeste. »

C'est dans les dictées de Sainte-Hélène qu'il faut lire le récit de cette bataille. On y verra les illusions qui régnaient au camp français le matin de la bataille ; la charge des cuirassiers électrisés par le regard du chef ; le désastre de la déroute. Tout pouvait se réparer encore ; mais il fallait du caractère, de l'énergie ; quant à la conclusion purement hypothétique du récit on pourra la trouver absolument inutile (1). Ce que, en revanche, on ne pourra qu'applaudir c'est la réflexion impartiale autant qu'exacte que, dans une autre partie de ses œuvres, Napoléon faisait sur cette bataille. Ce ne fut que la bravoure, obstinée et indomptable, des troupes anglaises seules qui empêcha les Français, quoique si inférieurs en nombre, de remporter la victoire. (2)

Au milieu de ses brillantes campagnes, Napoléon a traversé les plus beaux pays de l'Europe et de l'Afrique. Ce serait une erreur de croire qu'il se montrait indifférent aux beautés de la nature et souvent, ses relations, comme ses bulletins, célébrèrent à l'envie les splendeurs des pays qu'il a parcourus.

Après l'histoire politique ou militaire, c'est l'histoire descriptive.

On est tout étonné de trouver, dans les écrits de l'Empereur, quelques pages consacrées au chameau et au dromadaire. C'est dans le récit de la campagne d'Egypte que Napoléon s'amusait à donner ces notions d'histoire naturelle qu'il faisait précéder de la définition suivante : « Le chameau est l'image du désert ; grand, maigre, difforme, monotone, patient ; mais d'un caractère sauvage et méchant, quand il est poussé à bout. » Ce serait se tromper cependant de croire que Napoléon fut toujours aussi sévère pour le désert qu'il le montre ici ; maintes fois, il raconta dans ses conversations ou dans ses dictées, que le désert avait toujours eu pour lui un attrait particulier ; il ne l'avait jamais traversé sans une certaine émotion. On n'en voyait point les bornes ; il n'avait ni commencement, ni fin ; c'était l'image de l'immensité, un océan de pied ferme.

De poëte qu'il est dans cette conversation du *Mémorial*, Napoléon redevient, dans ses œuvres un homme pratique avant tout. Là, il déclarera qu'il n'aime pas le désert, parce que le désert ne produit rien, parce qu'il n'est bon à rien (1).

Les villes traversées par les armées conquérantes de l'Empereur sont toujours dépeintes d'un mot dans ses bulletins ou dans ses lettres. Moscou, si impressionnante, « est l'entrepôt de l'Asie et de l'Europe (2). »

Le 3 juin 1796, il fait au Directoire cette description de Vérone : « C'est une ville très grande et très belle. Je viens de voir l'amphithéâtre, ce reste du peuple Romain est digne de lui. Je n'ai pu m'empêcher d'être humilié de la mesquinerie de notre Champ de Mars. Ici, cent mille spectateurs sont assis et entendraient facilement l'orateur qui leur parlerait. »

Quelquefois, la description manque d'ampleur,

elle est un peu sèche, comme dans ce quarante-quatrième bulletin de la campagne de 1806-1807 : « La Vistule est une des plus grandes rivières qui existent. Le Bug qui est, comparativement, beaucoup plus petit, est, cependant, plus fort que la Seine. »

Parfois, au contraire, le paysage prend, sous sa plume, des couleurs pittoresques qu'on s'étonne de rencontrer dans un récit militaire. Le 10 novembre 1805, le 21ᵉ bulletin parlait ainsi des bords du Danube dans les parties où ce fleuve s'approche de Vienne : « L'abbaye de Moelk où est logé l'Empereur est une des plus belles de l'Europe. Il n'y a, ni en France, ni en Italie, aucun couvent ou abbaye que l'on puisse lui comparer. Elle est dans une position forte et domine le Danube… Depuis l'Inn jusqu'ici le Danube est superbe : ses points de vue sont pittoresques ; sa navigation, en descendant, rapide et facile. »

Les citations que nous avons faites permettront de porter un jugement sur l'œuvre de l'historien ; puissent-elles inspirer le désir de lire en entier ces œuvres remarquables dans lesquelles Napoléon excelle à raconter ce qu'il a si glorieusement accompli.

§ 2. — *L'Écrivain proprement dit.*

Les pages qui précèdent suffisent déjà pour donner une idée du style de l'Empereur.

Si quelquefois il est trivial, le plus souvent il

est noble, hardi, imagé : c'est qu'ici, comme en politique, Napoléon était venu au moment opportun. La langue, épurée, achevée par le xviie siècle, avait été rendue plus mobile, plus affinée, en quelque sorte par le xviiie.

Le ton déclamatoire, que la Révolution devait à l'influence de Rousseau, et que Napoléon lui emprunte dans quelques unes de ses premières proclamations ou dans les discours politiques du début de son pouvoir, ne se fait plus que rarement sentir dans les bulletins ou les dictées, ces œuvres qu'il destine à la postérité.

Avant d'aborder l'étude des œuvres diverses de Napoléon, parmi lesquelles les écrits de sa jeunesse tiennent une si grande place, il convient d'examiner d'une façon générale les caractères particuliers du style de l'Empereur.

La trivialité est ce qui offusque le plus, dans la langue de Napoléon, en raison même du caractère ordinaire de son style. C'est ainsi que nous trouvons, dans le vingt-neuvième volume cette peinture des représentants de la Convention : « Au jour, le sabre à la main, d'un air luron et décidé. » Dans les premiers jours de son commandement à l'armée d'Italie, il expose ainsi ses projets : « J'irai sous peu vigoureusement. J'espère qu'avant la fin du mois, il y aura plus de dix mille chapeaux de reste chez l'ennemi. » Et au moment du camp de Boulogne : « On ne sait si les vaisseaux Espagnols sont pris véritablement. Cependant, en mon particulier, je pense qu'ils se sont fait pincer (1). »

Napoléon a toujours manisfesté le désir de parler un bon français (1) et cependant de nombreuses incorrections existent dans ses écrits; tantôt il inventera un mot, comme celui de *malsaineté* (2) ; tantôt il commencera la lettre à Buttafaco, par une incorrection qui est fréquente chez lui : « Depuis Bonifacio *au* cap Corse, depuis Ajaccio *à* Bastia. » C'est que Napoléon a peu le temps de corriger ce qu'il écrit et qu'il ne s'applique à parler correctement que quand il sait qu'il s'adresse au public ou à l'histoire (3).

Mais, à côté de ces légères imperfections, que de beautés naturelles et cela dès son enfance ; le discours sur le sujet proposé par l'Académie de Lyon se termine par ces mots : « Les grands hommes sont des météores destinés à brûler pour éclairer leur siècle. »

Que de lucidité dans ces exposés et ces relations où, parlant à la troisième personne, comme César dans ses Commentaires, Napoléon laisse échapper sur la politique ou sur les événements de son temps des paroles comme celles-ci : « Le Nord se brouille et la Pologne conçoit des espérances. »

Ou : « Le Gouvernement va incessamment être organisé ; un jour serein se lève sur les destins de la France. »

Le soir de Montenotte, veille de Millésimo : « Tout nous annonce que la journée d'aujourd'hui et celle de demain compteront dans l'histoire. »

Et cette phrase d'une concision toute latine, au lendemain de Roveredo : « Nous n'avions encore pris que trois pièces de canon et fait un millier de prisonniers. C'était ne pas avoir vaincu.. »

Quand il marche contre Aloinzi, au passage de la Brenta : « Il fallait étonner *comme la foudre* et balayer dès son premier pas l'ennemi. La journée fut vive, chaude et sanglante. L'avantage fut à nous. »

A Arcole, l'armée hésite, malgré les prodiges d'Augereau. « Cependant, il fallait passer ce pont ou faire un détour de plusieurs lieues qui nous aurait fait manquer toute notre opération ; je m'y portai moi-même ; je demandai aux soldats s'ils étaient encore les vainqueurs de Lodi ; ma présence produisit sur les troupes un mouvement qui me décida encore à tenter le passage. »

Est-il possible de dépeindre mieux qu'il ne le fait, cette marche de trois jours, des hauteurs de Rivoli aux murs de Mantoue : « Les légions Romaines faisaient, dit-on, vingt-quatre milles par jour ; nos brigades en font trente et se battent dans l'intervalle. » Ces batailles s'appelaient Rivoli, Saint-Georges, la Favorite.

Il appelle l'expédition d'Égypte « l'entreprise la plus grande qui ait encore été exécutée parmi les hommes. »

Son influence personnelle, il la montre lui-même dans des termes enflammés : « Je serai terrible comme le feu du ciel envers mes ennemis... Tout cela va disparaître à mon arrivée, comme le nuage aux premiers rayons du soleil. »

Et à propos de Marengo, cette phrase qui rappelle Bossuet : « Les Grenadiers de la garde furent placés, comme une redoute de granit, au milieu de cette immense plaine ; rien ne put l'entamer. »

Quand on écrit ainsi, on a sa place marquée parmi les maîtres de la langue. Voyons maintenant les diverses transformations qu'a subies ce style depuis l'époque où enfant, quand il arrivait à Brienne, il disait à peine quelques mots de français, jusqu'au jour où, quittant la France et le trône, il adressait au Prince Régent d'Angleterre, cette lettre sublime que l'histoire et la littérature n'oublieront jamais.

Dès sa première jeunesse, Napoléon se livra au penchant qui ne devait jamais l'abandonner complètement ; il aimait à écrire les réflexions que lui inspiraient ses lectures, ses études. A Brienne, en 1782, dès l'âge de treize ans, il aurait écrit, s'il faut en croire une légende que nous discuterons plus loin, une fable que beaucoup d'auteurs lui attribuent sans hésitation.

En tous cas, pendant ses premières années de garnison, nous savons déjà qu'il confia au papier ses réflexions sur le suicide et un dialogue sur l'amour. En avril 1787, il écrivait un conte intitulé le *Masque prophète* qui nous éclaire sur son style et sur la tournure de son esprit à cette époque.

« L'an 160 de l'hégire, raconte le jeune Napoléon, Mikadi régnait à Bagdad. Ce prince grand, généreux, éclairé, magnanime, voyait prospérer l'empire arabe dans le sein de la paix. Craint et respecté de ses voisins, il s'occupait à faire fleurir les sciences et en accélérait les progrès, lorsque la tranquillité fut troublée par Hakem qui, du fond du Korassan, commençait à se faire des sectateurs dans toutes les parties de l'empire. Hakem, d'une haute stature, d'une éloquence persuasive... » fait de nombreux prosélytes. Il se couvre la figure d'un masque, prétendant que c'est pour empêcher les hommes d'être éblouis par la lumière que produit sa figure.

Une défaite lui fait perdre un grand nombre de ses partisans. Pour ranimer leur courage, il leur raconte que la nuit précédente il a eu une vision divine. « Dieu lui dit : « Hakem, ceux seuls qui ne t'ont pas abandonné sont tes vrais amis et seuls sont élus. Ils partageront avec toi les richesses de tes superbes ennemis. Attends la nouvelle lune ; fais creuser de larges fossés et tes ennemis viendront s'y précipiter comme des mouches étourdies par la fumée. » Les fossés sont bientôt creusés, l'on en remplit un de chaux, l'on pose des cuves pleines de liqueurs spiritueuses sur le bord.

« Tout cela fait, l'on sert un repas en commun, l'on boit du même vin et tous meurent avec les mêmes symptômes. Hakem, traîne leurs corps dans la chaux qui les consume, met le feu aux liqueurs et s'y précipite. Le lendemain, les troupes du calife veulent avancer, mais s'arrêtent en voyant les portes ouvertes ; l'on entre avec précaution et l'on ne trouve qu'une femme, maîtresse d'Hakem, qui lui a survécu. Telle fut la fin d'Hakem, surnommé Durhaï, que ses sectateurs croient avoir été enlevé au ciel avec les siens.

« Cet exemple est incroyable. Jusqu'où peut pousser la fureur de l'illustration ! »

Dans ce conte, inspiré pour la forme et pour le

fond par ceux de Voltaire, se retrouve une tournure de phrase très habituelle chez Napoléon. A maintes reprises, il répétera : *L'on* en remplit, *l'on* sert, *l'on* boit. Cette incorrection subsiste encore dans les dictées de Sainte-Hélène.

Les événements, en se précipitant, vont occuper bientôt Napoléon de sujets tout différents. En 1789, il écrit un mémoire sur la Corse; c'est là qu'il prête ces paroles emphatiques à un vieillard gémissant sur les infortunes de son pays : « Fiers tyrans de la terre, prenez-y garde! Que le sentiment de l'oppression ne pénètre jamais dans le cœur de vos sujets : préjugés, habitudes, religion, faibles barrières! Le prestige est détruit. Votre trône s'écroule, si vos peuples se disent jamais : *Et nous aussi, nous sommes des hommes!* »

Les sentiments libéraux, les idées nouvelles à leur aurore trouvaient, on le voit, un terrain admirablement préparé chez le jeune Napoléon.

C'est encore le sentiment patriotique qui lui dicte le projet d'écrire une histoire de la Corse; les ébauches de cet ouvrage sont égarées, mais il nous reste ces lettres sur la Corse, du début de 1790, qui auraient, dit-on, arraché cet aveu enthousiaste au grand Mirabeau : « Il y a là des accents qui annoncent un génie de premier ordre. » Ces accents étaient enchâssés dans une phrase dont le style a toute la pompe emphatique de l'époque. A côté du récit émouvant de l'histoire de Sampiero et de Vanina, on trouve des pensées et des idées comme celles-ci : « Les triumvirs offraient au

monde le hideux spectacle du crime heureux, » et :
« La mort n'est qu'un des états de l'âme ; mais l'esclavage en est l'avilissement. »

Ce qui reflète mieux que tout le reste la tournure d'esprit de Napoléon à cette époque enflammée, c'est le discours qu'il écrivit sur la donnée fournie par l'Académie de Lyon pour son concours de 1790. Il s'agissait de déterminer quelles sont les vérités et les sentiments qu'il importe le plus d'inculquer aux hommes pour leur bonheur. Napoléon acheva son discours dans les premiers jours de décembre 1790 (1).

Nous avons déjà dit ce que nous pensions des idées quelquefois remarquables, toujours originales qui sont contenues dans ces pages. A travers ce mélange de prosopopées à la Raynal et de phrases emphatiques et de mauvais goût, il y a cependant quelques pensées qui méritent d'attirer un instant notre attention, tant à cause du fond que pour le style dont elles marquent une des évolutions les plus caractéristiques : « L'homme jette un regard autour de lui ; il voit la terre, partagée en peu de mains, servir d'aliment au luxe et à la superfluité ; il se demande quels sont donc les titres de ces gens-là ? Pourquoi le fainéant est-il tout ? L'homme qui travaille, presque rien ? Pourquoi, enfin, à moi qui ai une femme, un père et une mère décrépits à nourrir, ne m'ont-ils rien laissé ? »

Avant de tonner contre les célibataires, il va lancer une imprécation contre ceux qui écrasent les autres : « Quand je verrai un de ces infortunés transgresser la loi de l'État, être supplicié, je me dirai : *C'est le fort qui victime le faible*. Il me semble voir l'Américain périr pour avoir violé la loi de l'Espagnol. »

La sentimentalité à la Rousseau est poussée jusqu'aux bornes les plus excessives dans la seconde partie de ce discours. « Il n'est point d'homme qui n'ait éprouvé la douceur, la mélancolie, le tressaillement qu'inspirent la plupart de ces situations (les phénomènes de la nature). Que je plaindrais celui qui ne me comprendrait point et qui n'aurait jamais été ému par l'électricité de la nature. Oui, voilà les seuls, les vrais plaisirs de la vie, et dont rien ne peut ni nous distraire, ni nous indemniser. L'homme a beau s'environner de tous les biens de la fortune, dès que ces sentiments s'enfuient de son cœur, l'ennui s'en empare : la tristesse, la noire mélancolie, le désespoir se succèdent, et si cet état dure encore, il se donne la mort. »

Ici, Napoléon arrive au paroxisme du sentimentalisme morbide : « Une femme adorée est morte. C'est celle de ton ennemi. L'infortuné en est accablé : il a fui la société des hommes ; le drap noir a remplacé la tapisserie de la gaieté. Deux flambeaux sont sur la table, le désespoir dans son cœur ; il passera ainsi le reste languissant de sa vie. Ame bonne, tu sens ta haine se calmer ; tu cours à son tombeau lui prodiguer les marques de la réconciliation. C'est la réconciliation du sentiment. »

A cette phrase plus virile, on reconnaît que la révolution est proche : « Vous avez lu Tacite. Quel est celui de vous qui ne s'est écrié avec le jeune

Caton : *Que l'on me donne une épée pour tuer ce monstre.* »

Cependant la Révolution n'est rien encore ; il faut que le jeune Corse retourne dans son pays et qu'il y puise dans les passions de haine et de vengeance, si chères à ses compatriotes, les ardeurs d'un style nouveau : C'est la même emphase, avec plus de vigueur. Où est le sentiment dans cette lettre à Buttafoco, datée de la grotte de Milleli, le 23 janvier 1790 ?

C'est l'exaltation qui domine dans ces pages adressées à un général français. Mais, parmi ces paroles violentes, il y a des accents qui dénotent un véritable tempérament littéraire. Cette apostrophe n'impose-t-elle pas, sinon l'admiration, du moins le respect d'une conviction puissante et vigoureuse : « O Lameth ! O Robespierre ! O Pétion ! O Volney ! O Mirabeau ! O Barnave ! O Lafayette ! Voilà l'homme qui ose s'asseoir parmi vous, tout dégouttant du sang de ses frères, souillé par des crimes de toute espèce ! Il se présente avec confiance, sous une veste de général, inique récompense de ses forfaits ! Il ose se dire représentant de la nation, lui qui la vendit et vous le souffrez ! Pouvez-vous souffrir un traître ? Celui qui, sous l'extérieur froid d'un homme sensé, renferme, cache une avidité de valet ? Je ne saurais l'imaginer. Vous serez les premiers à le chasser ignominieusement, dès qu'on vous aura instruits du tissu d'horreurs dont il a été l'artisan. »

Plus modéré dans sa forme, plus grave, plus mesuré est le *Souper de Beaucaire* dont on a dit, avec raison, que Napoléon y avait montré un grand sens politique.

Dans cette œuvre, qui date de 1793, qui a reçu l'approbation des Conventionnels et de nos jours des Républicains, même les plus modérés, le gouvernement de la Convention et des comités est défendu par des arguments qui n'ont rien de commun avec les déclamations passionnées et les rêveries philosophiques des révolutionnaires du temps.

L'intérêt du lecteur est constamment tenu en suspens; la forme dialoguée peut y être pour quelque chose; le talent de l'écrivain y sera pour tout le reste.

Que dire de ces autres ouvrages, écrits au jour le jour, véritables brochures de polémique, puisant tout leur intérêt dans l'actualité, destinées à disparaître avec elle. Parmi ces rapports sur l'état de la Corse, parmi ces projets de constitution qui hantaient l'imagination de Bonaparte comme ils occupaient celles de ses contemporains mêlés aux événements politiques, c'est à peine si le mémoire qu'il adressait à la Convention sur l'état de la Corse, en juin 1793, mérite d'être sauvé de l'oubli (1). C'est encore une œuvre de passion; mais il y a dans cette appréciation de certains de ses compatriotes par le futur général, des points intéressants qui auraient dû décider la *commission*, comme le demandait son secrétaire, M. Rapetti, à publier ce document qui dénote chez Napoléon, sinon d'un progrès dans son style, du moins d'un véritable et ardent patriotisme.

Telles sont les œuvres de jeunesse de Napoléon.

Leurs imperfections sont grandes sans doute ; mais, à côté, que d'éclairs! « On connait, a dit Sainte-Beuve, ses premiers essais. Il sacrifia au faux goût du jour. Il eut sa période déclamatoire et, comme qui dirait, romantique… » Mais, il faut tenir compte des circonstances : c'est ce que fait le grand critique : « Sorti d'une île à demi sauvage, placé dans une école militaire et appliqué aux études mathématiques, ne retrouvant point dans le français la langue de sa nourrice, le jeune Bonaparte en s'emparant de cet idiôme pour rendre ses idées et ses sentiments dut lui faire subir, d'abord, quelques violences et lui imprimer quelques faux plis (1). »

M. Léonce de Lavergne, dans la préface des *Œuvres choisies de Napoléon*, parues en 1844, a résumé admirablement la genèse littéraire du style de Napoléon : « Jeune encore, dit-il, il jette dans des œuvres hâtives, incorrectes, le désordre d'idées qui le tourmente, ou exhale, en invectives passionnées, son exaltation républicaine. La langue à part qu'il se fait n'est alors qu'une ébauche. En Italie, il écrit au Directoire des lettres pleines encore de l'inquiétude de sa jeunesse, mais où cette inquiétude n'est déjà plus que l'ardente présomption du génie. Son langage est toujours bizarre, exceptionnel ; mais, il n'est plus si incohérent. A chaque ligne se révèle en lui, avec une sorte de naïveté, ce mélange d'audace et de ruse, d'imagination et de bon sens, qui doit rester à jamais le fond de son caractère. »

Voilà le jugement des maîtres sur les premières

pages sorties de la plume de Bonaparte ; n'y a-t-il pas dans le style de celui qui deviendra l'Empereur Napoléon ce que réclamait le grand Cicéron : « *Amo in juvene unde aliquid amputem.* » Oui, sans doute, il y a beaucoup à effacer, beaucoup à raccourcir dans ces premiers écrits tout remplis de la prolixité de la jeunesse; mais cette exubérance même n'est-elle pas la marque d'une constitution vigoureuse et puissante? Combien la critique n'aurait-elle pas plus de raison de se montrer sévère, si, au lieu de se trouver en face de ce style peut-être trop fleuri, mais par là même original et curieux, elle n'avait devant elle que la froideur et l'indifférence de phrases trop étudiées et sans couleur.

Napoléon aimait la poésie ; souvent dans son cabinet, aux Tuileries ou dans sa tente en campagne on l'entendit répéter des tirades empruntées aux tragédies de Corneille, de Racine ou de Voltaire.

Et non seulement il l'aimait, mais encore dans son enfance et dans sa jeunesse il s'y était un peu adonné lui-même.

On rattache à l'année 1782, pendant son séjour à Brienne, la composition d'une fable dont il paraît réellement l'auteur. L'autographe en a longtemps appartenu au comte de Weimar qui l'avait dans son cabinet ; de plus, dans un cahier d'études du marquis de Thumery, condisciple de Napoléon à Brienne, on en a retrouvé une copie de cette fable qui est parfaitement indiquée comme étant du jeune Bonaparte.

Voici cet essai poétique (1) :

LE CHIEN, LE LAPIN ET LE CHASSEUR

César, chien d'arrêt renommé
Mais trop enflé de son mérite
Tenait arrêté dans son gîte
Un malheureux lapin, de peur inanimé.
Rends-toi, lui cria-t-il d'une voix de tonnerre,
Qui fit au loin trembler les peuplades des bois :
« Je suis César, connu par ses exploits
Et dont le nom remplit toute la terre. »
A ce grand nom, Jeannot Lapin
Recommandant à Dieu son âme pénitente,
Demande d'une voix tremblante :
« Très sérénissime mâtin,
Si je me rends quel sera mon destin ?
— Tu mourras. — Je mourrais, dit la bête innocente,
Et si je fuis ? — Ton trépas est certain. —
Quoi, reprit l'animal qui se nourrit de thym,
Des deux côtés, je dois perdre la vie !
Que votre auguste seigneurie,
Veuille me pardonner, puisqu'il me faut mourir,
Si j'ose tenter de m'enfuir. »
Il dit et fuit en héros de garenne.
Caton l'aurait blâmé ; je dis qu'il n'eut pas tort,
Car le chasseur le voit à peine
Qu'il l'ajuste, le tire,.. et le chien tombe mort.
Que dirait de ceci notre bon La Fontaine ?
Aide-toi, le ciel t'aidera,
J'approuve fort cette méthode-là.

Jamais Napoléon ne fut pressenti sur l'authenticité de cette fable qui ne paraît pas avoir été connue de son vivant par ceux qui faisaient partie de son entourage ; mais, ce qui rend très vraisemblable la paternité de Napoléon, c'est une conversation qu'il eut un jour avec Régnaud de Saint-

Jean-d'Angely et que celui-ci nous a rapportée : « La poésie, disait Napoléon, est un goût inné dans notre famille. Moi-même j'ai composé à Brienne un poëme sur la Corse qui valait bien ceux de mon frère, le démocrate. » Toute trace de cette dernière œuvre a disparu, mais l'aveu est bon à recueillir, car il démontre que Napoléon avait le souvenir d'avoir écrit des vers, dès sa plus tendre jeunesse.

Dans une autre circonstance, Napoléon donna encore une preuve de son goût personnel pour la poésie. Lors d'un de ses passages à Marseille, vers 1790 ou 1791, soit en partant pour la Corse, soit en revenant, il entendit Mme Saint-Huberti, dans le rôle de Didon. Il s'enflamme aussitôt pour l'actrice et lui adresse les vers suivants que Mme Junot, duchesse d'Abrantès, nous a conservés (1) :

« Romains qui vous vantez d'une illustre origine,
Voyez d'où dépendit votre empire naissant ;
Didon n'eut pas d'attrait assez puissant
Pour arrêter la fuite où son amant s'obstine.
Mais si l'autre Didon, ornement de ces lieux,
   Eut été reine de Carthage,
Il eût, pour la servir, abandonné ses dieux
Et votre beau pays serait encore sauvage ! »

La duchesse d'Abrantès prétend que ces vers sont authentiques. Elle fut assez mêlée, par sa mère, à la jeunesse de Napoléon pour que son témoignage ait une réelle valeur. De plus, pour qui connaît le style, les habitudes d'esprit de Napoléon, on retrouve son cachet à chaque vers de cette fantaisie. Certes, s'il fallait choisir et décider en faveur de l'authencité d'une des productions que nous venons de citer, nous n'hésiterions pas à nous prononcer en faveur de cette dernière ; mais, nous répétons que tout nous fait croire que la fable aussi est l'œuvre de Napoléon.

Les œuvres douteuses, celles qui ont été attribuées à l'Empereur sans preuve absolue, sont nombreuses. Il est intéressant de les signaler ici, en accompagnant cette nomenclature de quelques réflexions aussi courtes que possible.

Il y a d'abord les pièces qui ont été publiées dans la *Revue des Deux Mondes* au mois de mars 1842, par M. Libri. Il a expliqué l'odyssée de ces papiers qui avaient d'abord été entre les mains du cardinal Fesch; depuis cette époque, ils sont passés dans la célèbre collection de Lord Asburnham, collection rachetée par l'Italie, au mois de juin 1885, et destinée à être exposée dans les salles de la *Laurenziana* de Florence.

Ces papiers qui comprennent presque tous les écrits de Napoléon, du 26 avril 1786 au 14 mars 1793, se composent d'une cinquantaine de cahiers autographes contenant romans, nouvelles, ébauches d'une histoire de Corse, extraits d'un grand nombre d'auteurs, cours et leçons de Brienne, correspondance avec Paoli.

Il n'est pas plus facile de discuter l'authenticité de ces écrits que d'en donner la liste exacte; lord Asburnham les conserva pendant cinquante ans, sans les communiquer, du moins dans leur totalité, et, pour le moment, l'Italie semble décidée à suivre cet exemple.

C'est à peu près à la même époque qu'il faut rattacher un opuscule intitulé *Considérations sur l'état de l'Europe* que Coston attribue sans hésiter à Napoléon, tant à cause du style que des fautes d'orthographe qui sont nombreuses dans cet écrit (1).

De cette époque aussi serait une lettre adressée à Madame d'Isoard, dans la famille de laquelle l'original se trouverait encore aujourd'hui. Napoléon écrivait de Paris, le 28 juillet 1795, à cette dame : «... Dans une funeste révolution comme la nôtre, où, probablement, toute notre générération sera engloutie, il est beau pour l'homme de bien d'être impassible, d'accueillir toutes les infortunes et de tarir le plus de larmes et de réparer le plus de maux... »

Si cette lettre parait authentique, il ne semble pas qu'il en soit de même de celle-ci que Napoléon, à peine général, aurait écrite à Talma : « Tu es heureux. Ta réputation ne dépend de personne. Deux heures passées sur des planches te mettent en présence du public qui dispense la gloire ; nous autres militaires, il nous la faut chercher sur une plus vaste scène et l'on ne nous permet pas toujours d'y monter. »

Pas plus la lettre de l'an VIII sur les communes, adressée à Lucien, ministre de l'Intérieur (2) que le parallèle de César, Cromwel, Monke et Bonaparte ne paraissent être réellement du Premier Consul. Pour la première de ces pièces, il faudrait qu'elle ait été maladroitement remaniée par un correcteur qui n'avait rien du style de Napoléon ; quant au parallèle de César, Cromwell, etc., c'est

Bourrienne qui a signalé, seul, la collaboration de Napoléon ; on sait combien l'ancien secrétaire de l'Empereur était sujet à caution et son affirmation, ici, ne saurait prévaloir sur la voix publique des contemporains qui signala Lucien Bonaparte comme le seul auteur du parallèle. Il ne faut pas oublier, du reste, que Lucien fut puni de cet excès de zèle par l'exil doré de l'ambassade de Madrid et que Napoléon n'aurait pas pu agir ainsi avec son frère s'il avait été son collaborateur.

Rapetti, dans le long article qu'il a donné sur Napoléon dans la *Biographie universelle* de Michaud, lui attribue, sans en préciser la date, une lettre qui, des mains de Cambacérès, serait passée dans les papiers de Fesch : « Les philosophes ont beau parler contre la religion, y disait Napoléon, au bout du compte il n'y a rien de bien clair dans ce qu'ils disent. Qu'ils nous expliquent seulement pourquoi nous nous trouvons jetés sur cette terre, où nous allons après la mort, que signifie tout cela ? Avec toute leur philosophie, ils ne sauront jamais nous le dire... »

Sans accepter ou rejeter l'authenticité de cette lettre, qu'il soit permis de faire remarquer qu'elle contient des principes que nous avons maintes fois trouvés sous la plume de l'Empereur et que si cette lettre n'est pas de lui, du moins, elle pourrait très vraisemblablement lui être attribuée.

Sous l'Empire, on prétendit que Napoléon était l'auteur du chapitre du catéchisme relatif à l'obéissance due au souverain : la chose paraît certaine.

Barbier, le savant auteur du *Dictionnaire des*

anonymes, bibliothécaire de Napoléon et du Conseil d'État, a signalé la collaboration du Premier Consul à un ouvrage paru en 1801, sous ce titre : *Essai sur l'art de rendre les Révolutions utiles*, par l'abbé Bonnet. Barbier croit pouvoir particulièrement signaler Napoléon comme l'auteur de plusieurs chapitres, tels que celui du Prétendant (Louis XVIII) et celui de l'hérédité du trône.

Dans ces derniers temps, on a émis l'opinion que Christophe Colomb était originaire de la Corse et, à ce propos, on a prétendu qu'à l'île d'Elbe, Napoléon aimait à s'entretenir avec orgueil de cet illustre compatriote. Le fait est erroné ; rien, dans les œuvres de l'Empereur, dans ses paroles reproduites par les compagnons de ce premier exil, n'autorise à dire que Napoléon ait jamais regardé Colomb comme un enfant de la Corse. L'erreur a été double, car on appuyait l'allégation des détails suivants : « Napoléon avait, à l'île d'Elbe, une garde de quatre cents Corses... Il s'entretenait souvent avec eux et leur parlait de Christophe Coolmb. » On n'a qu'à consulter la liste nominative des grenadiers qui accompagnèrent Napoléon (1) pour s'assurer que l'Empereur n'eut jamais, pas plus en exil que sur le trône, de gardes Corses autour de lui : les seuls étrangers qui faisaient partie de sa petite armée étaient quelques anciens lanciers *polonais* de la garde.

A la période des Cent-Jours, il faut rattacher un rapport que Fleury de Chaboulon indique au tome I, p. 353 de son histoire de son époque. Ce rapport signalé comme émanant de la Commission des présidents du Conseil d'État, signé par Boulay, était dû en réalité à la plume de l'Empereur ; il est frappant par ses arguments serrés et logiques. Il n'a pas été publié dans la *Correspondance*.

C'est aussi de cette époque, au lendemain de Waterloo, qu'est cette lettre fameuse dans laquelle Napoléon proposait ses services comme général à la Commission provisoire. Cette lettre indiquée par M. Thiers, ne se trouve citée, ni textuellement, ni en résumé, soit, dans *l'Histoire du Consulat et de l'Empire*, soit dans la *Correspondance*. Fleury de Chaboulon (II, p. 268) donne les renseignements les plus complets sur ce document dont il ne cite que quelques extraits et encore de mémoire. Un peu plus loin (p. 296), le même auteur cite la lettre qui fut écrite à Niort, sur l'ordre de Napoléon, par le général Becker et il donne textuellement le post-scriptum suivant qui fut dicté entièrement par l'Empereur et qui prouve bien que celui-ci n'avait pas encore abandonné son idée : « Nous espérons que l'ennemi nous donnera le temps de couvrir Paris et de voir l'issue des négociations. Si, dans cette situation, la croisière anglaise arrête le départ de l'Empereur, vous pourrez disposer de lui comme soldat. »

Enfin, le *Projet d'armée national, en* 1815, dû aussi à l'Empereur a été brûlé sans avoir été publié; mais, il est possible que ce document ne soit pas à tout jamais perdu pour l'histoire, car le comte Daru en avait le double et peut-être cette pièce intéressante se retrouvera-t-elle, un jour, dans les papiers de cette famille.

Parmi les œuvres de Sainte-Hélène, il est deux opuscules longtemps discutés et sur lesquels la lumière est faite aujourd'hui.

On connait l'auteur du *Manuscrit venu de Sainte-Hélène d'une manière inconnue* et l'on sait qu'il n'appartenait pas à l'entourage de l'Empereur et n'avait même pas l'excuse d'avoir reçu, fût-ce de loin, ses inspirations. Quant aux *Lettres venues du cap de Bonne-Espérance*, les éditeurs de la *Correspondance* ont accordé sans hésitation la paternité de cette œuvre à Napoléon puisqu'ils l'ont publiée dans le trente-et-unième volume de leur recueil.

En réalité, aucune de ces œuvres douteuses dont nous venons de parler ne présente d'importance sérieuse ; la question d'authenticité devient donc simplement une question de curiosité historique, intéressante comme l'est tout ce qui touche à l'Empereur, mais qui n'est pas de nature à modifier en quoi que ce soit les principes et les doctrines que nous avons trouvés dans ses œuvres authentiques.

Avant de quitter la France pour ne plus y revenir, Napoléon se mit sous la protection de l'Angleterre par une lettre d'une beauté antique. C'est un des plus beaux fleurons de la couronne littéraire de l'Empereur et à ce titre, bien qu'elle soit dans toutes les mémoires, elle a sa place marquée ici :

« Au Prince Régent d'Angleterre.

Ile d'Aix, 14 juillet 1815.

Altesse Royale, en butte aux factions qui divisent mon pays et à l'inimitié des puissances de l'Europe, j'ai terminé ma carrière politique, et je viens, comme Thémistocle, m'asseoir au foyer du peuple britannique. Je me mets sous la protection de ses lois, que je réclame de votre Altesse Royale, comme du plus puissant, du plus constant et du plus généreux de mes ennemis (A). »

Napoléon terminait ainsi sa carrière politique; nous savons qu'à Sainte-Hélène il consacra les dernières heures de sa vie à la dictée de ces œuvres historiques qui ont été pour lui un de ses titres de gloire les plus sérieux devant la postérité.

Le dernier écrit de Napoléon manque à la collection de ses œuvres complètes. Il faut en dire quelques mots.

Dans la nuit du 29 au 30 avril 1821, Napoléon, entre quatre et six heures du matin, dicta deux notes qu'il intitula lui-même : *Rêveries sur la défense de la France, en cas d'invasion de son territoire.* Ce titre de *rêveries*, il l'avait emprunté au maréchal de Saxe qui avait donné ce nom à ses œuvres militaires ; il n'y faudrait pas voir ce que l'apparence semblerait indiquer : l'œuvre d'une intelligence qui a cessé de s'appartenir dans toute sa lucidité.

La première note fut dictée au général Montholon ; la seconde, à Marchand. En même temps que

---

(A) Cormenin a dit en parlant de cette lettre : « Ainsi devaient faire, ainsi devaient parler les grands citoyens de l'antiquité, lorsque frappés d'ostracisme et battus par les tempêtes de leur patrie, ils allaient demander aux étrangers l'hospitalité de l'exil. »

la première *Rêverie*, Napoléon dicta en quelques lignes un projet sur la destination de Versailles.

M. Thiers a signalé l'existence de ces dictées, en empruntant le fait à Marchand qui, en 1836, dans la préface du *Précis des guerres du César*, par Napoléon, raconta dans quelles conditions cette dictée lui fut faite (A). D'autrre part, Montholon dans ses *Récits de la captivité*, affirme également leur existence, mais, dans une note, il indique que, malheureusement, ce « chant du cygne » paraît perdu pour l'histoire.

Confiées au duc de Bassano, ces pages n'ont pas été retrouvées par ses héritiers lors de son décès et, depuis, lorsque à propos de la publication de la Correspondance de l'Empereur, la famille de Maret remit à la Commission de nombreux documents, les pièces qui nous intéressent ne s'y trouvèrent pas comprises. Tout fait craindre que ces deux *Rêveries* soient à jamais perdues (B).

Cette perte est d'autant plus fâcheuse que Montholon et Marchand qui, les premiers, en parlèrent regrettent, tous deux, la disparition de ces *Rêveries*.

(A) Voici ce que dit M. Thiers (XX, p. 706) : « Dès que la souffrance lui laissait quelque répit, son esprit se réveillait radieux et il montrait autant de lucidité que de sérénité. Dans l'un de ces intervalles, il dicta, sous le titre de première et seconde *Rêveries*, deux notes sur la défense de la France en cas d'invasion. »

(B) L'auteur peut affirmer que ces deux *Rêveries* n'ont pas été mises sous les yeux de la Commission de publication de la correspondance ; il en résulte que c'est simplement la disparition de ces documents qui est la cause de leur non-publication. Il n'y a eu aucun motif inspiré par le respect de la mémoire de l'Empereur, qui, au contraire, n'aurait pu que gagner à cette production posthume d'un patriotisme aussi ardent qu'éclairé.

Ils étaient, d'ailleurs, trop amis de la gloire de l'Empereur pour que nous puissions supposer que si ces dictées avaient été indignes du génie de Napoléon, ils aient exprimé aussi formellement le regret qu'ils éprouvent de ne pas les voir publiées (A).

Il faut dire, d'ailleurs, qu'Antomarchi dans son journal (B), qui n'est qu'un bulletin horaire et médical, reconnaît que si, pendant les premières heures de la nuit du 29 au 30 avril, l'Empereur eut quelques instants de délire, il était, à partir de deux heures du matin et jusqu'au jour, rentré en pleine possession de son lumineux génie.

La postérité ne connaîtra sans doute jamais ce dernier écrit de Napoléon ; mais, du témoignage indiscutable de Montholon et de Marchand, il ré-

---

(A) Marchand s'exprime ainsi : « Je n'ai point connaissance que ces fragments aient été publiés jusqu'ici. Et ne serait-il pas regrettable que ces dernières pensées échappées au bord de la tombe, fussent perdues ? C'était le chant du cygne. »
Et Montholon : « Cette dictée a été confiée par moi au duc de Bassano ; il est mort sans me l'avoir rendue. Je le regrette d'autant plus qu'elle paraît perdue... On s'est souvent étonné de la faculté extraordinaire qui permettait à l'Empereur, la veille ou le lendemain d'une bataille où le sort d'un trône s'était décidé, de signer des décrets ou de s'occuper de choses purement administratives ; mais ces faits sont bien inférieurs à celui que je viens de constater ici ; cinq jours plus tard, ce génie sublime n'était plus qu'un cadavre et ses pensées, cependant, étaient toujours dirigées sur le bonheur, l'avenir de la France. »
(B) *Les derniers moments de Napoléon* (II, p. 133 et suiv.). Le 2 mai, à dix heures du matin, c'est-à-dire trois jours plus tard, l'Empereur a, dit-il, « encore toute sa connaissance. » Ce n'est qu'après cette heure que les idées se troublent, deviennent plus rares. Il parle encore de la France, de son fils, de ses compagnons d'armes. Dans ses phrases entrecoupées, on reconnaît qu'il a, en rêve, la vision de Marengo. Le même jour, à huit heures du soir le délire augmente. A partir de cet instant, on ne retrouve de traces de l'intelligence qu'à des intervalles très éloignés.

sulte que, dans ces dernières heures qui le séparaient de la mort, c'est encore sur la grandeur et le bonheur de la France que ce grand homme portait ses dernières pensées.

Les maîtres les plus illustres de ce siècle, les critiques les plus autorisés ont étudié, en détail, les œuvres et les écrits de Napoléon. Amis et ennemis politiques, esprits indépendants ou passionnés, tous ont abordé ce sujet et il est digne de remarque que souvent ce sont les adversaires de l'Empereur qui se sont montrés les plus chauds partisans, les défenseurs les plus zélés de son œuvre littéraire.

Nous allons citer les principales de ces appréciations, jugeant qu'à la fin d'un chapitre comme celui-ci, c'est aux maîtres qu'appartiennent la parole et le jugement définitifs.

Léonce de Lavergne résumait ainsi son opinion littéraire sur Napoléon (1) : « Empereur, sa voix s'élève aussi haut que sa destinée ; avec les aigles Romaines et le manteau des Césars, il prend le ton fier et bref de l'antique langue impériale, l'énergie lapidaire, la simplicité sublime du latin : *Imperatoria brevitas*. Ainsi l'écrivain se modifie chez lui avec l'homme. Vaincu, il termine sa vie publique par une lettre immortelle. Sa manière est comme sa vie ; elle ne peut pas être imitée. Dernier apanage de son génie qui le délivre de la foule des copistes, cette ombre fatale des gloires littéraires, et le laisse, en tout et pour tout, ce qu'il doit être : seul ! »

Voici Carrel, l'homme aux idées libérales, le

républicain ardent et convaincu (1) : « Tout ce qu'a laissé après elle, cette grande intelligence est une propriété nationale. Il en coûte cher à une nation pour former un écrivain tel que César ou Napoléon ; mais quand, au prix du sang et des larmes des générations, le gouvernement, la guerre et les affaires ont développé de ces demi-dieux parmi les hommes, rien de ce qu'ils ont dit ou pensé ne doit être perdu pour la postérité. Leurs travaux inachevés demeurent entourés de considération et d'hommages, jusqu'à ce que les siècles leur aient donné des égaux, des continuateurs et des juges. »

Villemain qui proclamait que le style historique de Napoléon, c'était « l'imagination de Tacite, colorant la pensée de Richelieu (2) », consacrait plusieurs pages à Napoléon dans ses souvenirs contemporains d'histoire et de littérature : « C'est lui-même qu'il faut lire, qu'il faut entendre. C'est lui seul qui, dans les tristesses de sa relégation du monde, dans le travail de ses dictées reprises sur le même sujet, a élevé le plus durable monument à sa mémoire et doublé son immortalité de monarque et de guerrier par ses tableaux de grand peintre et de penseur profond. Que reste-t-il, en effet, du génie, de l'imagination et de l'âme de la plupart des hommes qui ont matériellement dominé le monde ?... Il parlera lui-même à la dernière postérité. A part tout ce qu'on peut rassembler et décrire des incidents de son élévation et de son règne, le travail de sa captivité, cette histoire dictée près de son tombeau et laissée incomplète par sa mort, ne cessera pas d'être lue comme un des monuments du génie français ; et les bas-reliefs qu'il a gravés lui-même de la campagne d'Italie, de l'expédition d'Égypte, de la prise du pouvoir au 18 brumaire, de la journée de Marengo et d'une partie des guerres d'Allemagne, expliqueront à jamais et directement, par l'empreinte de l'historien, la domination du héros et le long éblouissement des hommes. »

Le même auteur comparant Frédéric et Napoléon dans son *Cours de littérature* disait : « Plus opiniâtre et plus heureux capitaine que Napoléon auquel il a arraché de si glorieux éloges, Frédéric lui est inférieur comme écrivain ; admirable pour avoir joui des profits de la guerre, gardé ses conquêtes et fait succéder à tant de combats sanglants une longue et heureuse paix, Frédéric, dans le repos de ses études et la pleine jouissance de sa gloire, n'a rien écrit sur ses campagnes que l'on puisse comparer aux pages que Napoléon captif et mourant dictait à Sainte-Hélène. »

Cette comparaison s'imposait. Sainte-Beuve, lui aussi, l'a faite (1) : « Frédéric se plaît à faire sentir la faiblesse et l'inanité des projets humains : « Ne paraît-il pas étonnant, dit-il, que ce qu'il y a de plus raffiné dans la prudence humaine jointe à la force, soit si souvent la dupe d'événements inattendus ou des coups de la fortune ? et ne paraît-il pas qu'il y a un certain je ne sais quoi qui se joue avec mépris des projets des hommes ? » On reconnaît là un souvenir de Lucrèce en quelques-uns de ses plus beaux vers.

« *Usque adeo res humanas, vis abdita quœdam.*

« Napoléon, entreprenant la campagne de 1812, écrivait à l'Empereur Alexandre : « J'ai compris que le sort en était jeté et que cette Providence invisible dont je reconnais les droits et l'empire avait décidé de cette affaire comme de tant d'autres. » C'est la même pensée ; mais il y a dans l'expression de Napoléon un éclair de plus : il y a comme un reflet mystérieux rapporté du Thabor et que la pensée de Frédérié n'a jamais. Il a manqué à ce roi couronné de monter un degré de plus sur la hauteur pour recevoir au front le rayon qui dore et aussi celui qui éblouit. »

Ailleurs, Sainte-Beuve étudie plus en détails l'œuvre de Napoléon (1) : « Le propre des conversations de Napoléon, comme de celles de Pascal, était de se graver, bon gré mal gré, dans les esprits de ceux qui l'écoutaient... Et l'on est tout surpris quand on les trouve rapportées quelque part de l'éclat soudain qu'elles jettent sur les pages insignifiantes d'à-côté. J'ai nommé Pascal ; c'est peut-être l'écrivain moderne duquel se rapproche le plus, pour la trempe, la parole de Napoléon quand celui-ci est tout entier lui même. Pascal, dans les immortelles pensées qu'on a trouvées chez lui à l'état de notes, et qu'il écrivait sous cette forme pour lui seul, rappelle souvent, par la brusquerie même, par cet accent despotique que Voltaire lui a reproché, le caractère des dictées et des lettres de Napoléon. Il y avait de la géométrie chez l'un comme chez l'autre. Leur parole à tous deux se grave à la pointe du compas, et certes, l'imagination non plus n'y fait pas défaut... Il a l'à-propos grandiose ; il devine, dans le passé, ce qu'il faut savoir ; il ne prend de l'histoire que ce qui s'appareille à lui : Annibal, les légions romaines, Alexandre ; il les cite au moment qu'il faut et n'en abuse pas. »

La conclusion est bien celle qui convient à Napoléon et à son génie : « Tout cela dit et tout hommage rendu au grand style du moderne César, à ce style où dominent dans une forme brève la pensée et la volonté, — *imperatoria brevitas*. — et où l'imagination se fait jour par éclairs, il me sera permis de ne pas le considérer tout-à-fait comme ce style modèle qui doive faire loi aujourd'hui. Prétendre imiter le procédé de diction du héros qui sut abréger César lui-même, ce serait risquer d'être sobre jusqu'à la maigreur et de paraître tendu ou heurté. Il convient d'avoir fait d'aussi grandes choses pour avoir le droit d'être aussi nu. Réservons donc pour notre usage, pour l'usage de tous, le style littéraire proprement dit que je distingue du style académique, lequel, en son lieu pourtant, a bien son prix. Réservons le style des honnêtes gens qui écrivent comme ils pensent, mais qui ne pensent pas avec cette hâte, avec ce mouvement impétueux et impérieux, qui pensent à leur loisir, avec douceur, élévation ou finesse sans s'interdire certains circuits gracieux et les agréments du chemin. En un mot, même en face de César, et pas trop au-dessous, dans l'ordre de la pensée, il y a place toujours pour Cicéron et pour toutes les formes variées de discours riches, faciles, naturelles, éloquentes ou ornées, que ce nom de Ciceron rappelle (a). »

Il n'y a plus rien à dire après ces maîtres de la langue et ces princes de la critique ; mais il est permis du moins, de se féliciter au nom de l'histoire et de la postérité de ce que Napoléon a si bien tenu les promesses qu'il avait faites à ses soldats, lors des adieux de Fontainebleau.

(a) V. encore Thiers, *Histoire du Consulat et de l'Empire*, VIII, p. 152 et aussi cette lettre du 7 mai 1848, qu'il écrivait à Crémieux, à propos des archives du Louvre : « Il y a là quarante mille lettres de l'Empereur composant l'un des plus beaux monuments de l'esprit humain. »

Et Lanfrey, — un adversaire celui-là, — qui dit (dans son tome Ier de l'*Histoire de Napoléon*, p. 11) que les lectures de Plutarque et des *Commentaires de César* eurent une grande influence sur le développement littéraire de Napoléon. Il ajoute : « Napoléon ne se perfectionna que très tard dans l'étude de la langue française dont il ne connut même jamais très bien quelques-uns des éléments les plus essentiels, *bien qu'il l'aie, plus d'une fois, maniée en écrivain supérieur.* »

CHAPITRE III

NAPOLÉON CRITIQUE LITTÉRAIRE, POLÉMISTE ET SAVANT.

§ 1. — *Le critique littéraire.*

Avant de donner les appréciations, parfois si curieuses, de Napoléon sur les auteurs de tous les temps, n'est-il pas intéressant de connaître ses idées sur la littérature en général et sur les genres littéraires qui ont le plus occupé son esprit.

Suivant, même ici, la pente fâcheuse de sa politique et de son caractère, Napoléon voulut faire de la littérature, sous son règne, une véritable institution officielle ; de là, ce projet d'université littéraire, cette ébauche de journaux de littérature, la création de ces prix décennaux qui ne devaient rien produire ; de là, aussi, ces idées absolues sur la propriété littéraire et sur la censure ; de là, enfin, malheureusement pour sa gloire, ces exils littéraires qui n'empêchèrent aucune opposition, et qui donnèrent, en revanche, à celle-ci de nouveaux aliments.

Si l'on est frappé de la pénurie des poètes et des écrivains pendant cette période de l'Empire ; si l'on remarque cette pauvreté avec d'autant plus d'étonnement que l'on est ébloui par la richesse de la renaissance littéraire qui n'allait pas tarder à se produire, n'est-ce pas beaucoup à l'esprit autoritaire de l'Empereur, à l'abus de ses procédés de compression, qu'il faut en faire remonter la responsabilité ?

On l'a dit excellemment : « Chose remarquable, par ses mémoires librement publiés chez nous en 1823, Napoléon lui-même venait prendre place parmi les grands écrivains de cette époque ; son nom trouvait enfin des poètes dévoués à sa gloire ; ils étaient écoutés, applaudis, parce que leur voix était libre, leurs chants désintéressés. Il les avait vainement cherchés pendant son règne éblouissant (1); il les trouva enfin, après sa chute, après sa mort. Ces hommages du génie que sa toute puissance n'avait pu obtenir, il les dût à la liberté ! »

Et, cependant, on aurait singulièrement étonné Napoléon si on lui avait dit que c'était à son système qu'il devait attribuer la stérilité des écrivains de l'Empire. Ce fut chez l'Empereur une grave illusion dont les conséquences ont été celles que l'on sait. Il voulait une littérature dévouée; il espérait faire naître des chefs-d'œuvre par des décrets et par des ordonnances. Dès 1803, il demandait à Fontanes des renseignements détaillés sur le personnel des gens de lettres et sur les jeunes écrivains d'avenir. Plus tard; « Nous n'avons pas de littérature, disait-il, c'est la faute du Ministre de l'Intérieur. »

Quant à la liberté d'improvisation, cette condition indispensable pour toutes les productions littéraires, voici la place qu'il lui laissait : « Le Ministre aurait dû s'occuper de faire préparer des chants pour le 2 décembre (1). »

Entrons maintenant dans le détail de ces institutions littéraires dont Napoléon attendait un si grand secours pour l'encouragement des écrivains et pour la production des belles œuvres qui, dans son esprit, devaient illustrer son règne.

Les prix décennaux sont institués par le décret du 11 septembre 1804 ; mais à ne s'en tenir qu'aux confidences faites par Napoléon au Conseil d'État, elles ne seraient pas de nature à montrer qu'il attachait à cette création une réelle importance. L'Empereur, en effet, disait devant ses Conseillers qu'il n'avait eu, en agissant ainsi, d'autre but que de fournir une occupation aux esprits, pour les empêcher de s'attacher à des choses plus sérieuses. Il ne faut pas oublier cependant que Napoléon, qui ne disait pas toujours toute sa pensée, mettait même quelquefois une certaine coquetterie à se montrer ce qu'il n'était pas; il est certain qu'il avait ici un but moins intéressé que celui dont il se vantait au Conseil d'État; nous ne verrons pas moins tout-à-l'heure que, dans l'application, les prix décennaux ne répondirent nullement à ce que Napoléon avait pu en espérer.

Le 7 mars 1807, au camp d'Osterode, Napoléon s'occupe des encouragements à donner à la littérature. Tous les projets qui vont éclore et prendre une forme pendant cette année sont en germe dans cette note au Ministre de l'Intérieur et la création de grand prix à décerner par l'Institut;

et l'idée de la fondation d'un nouveau Port-Royal, centre de lumières; et enfin, ce journal littéraire auquel Napoléon attache une si grande importance. La critique en sera bienveillante, modérée et courtoise; ce sera une réponse aux journaux actuels qui font tout, « pour décourager et détruire. L'inconvénient du moment est qu'on ne forme pas d'opinion en faveur des hommes qui travaillent avec quelque succès. »

Mais, à côté du bon résultat qu'on attend de ces journaux nouveaux, il faut veiller à ne pas tomber dans l'excès contraire : ce serait encourager les incapacités. C'est entre les deux que se trouve la vérité : Napoléon le dit parfaitement, et il est très regrettable qu'il n'ait pas toujours apporté le même esprit de modération dans les prescriptions qu'il édictait : « Un jeune homme qui a fait une ode digne d'éloges et qui est distingué par un ministre sort de l'obscurité, le public le fixe et c'est à lui à faire le reste. »

Cette conclusion de la note marque bien les limites de l'encouragement officiel ; si on dépasse cette mesure, ce n'est plus de la protection, c'est une tutelle qui étouffera le génie.

Le mois d'avril 1807 que Napoléon devait passer au bivouac de Finkenstein est noblement rempli par les efforts de l'Empereur, en vue d'obtenir cette littérature dont il voulait illustrer l'histoire de son règne.

La journée du 2 avril est marquée par la création au collège de France de quatre chaires nouvelles : Éloquence et poésie ; — histoire littéraire critique ; — histoire militaire de la France ; — histoire de la législation française.

Mais le document remarquable qui renferme l'ensemble de la doctrine de Napoléon sur les lettres françaises, c'est cette fameuse dépêche du 19 avril, où tous les sujets littéraires sont traités tour à tour.

Napoléon reconnaît tout d'abord l'impossibilité d'avoir des poètes gagés : « Les productions poétiques portent avec elles tant de récompenses qu'il n'est pas nécessaire que l'autorité publique intervienne. Le seul encouragement raisonnable pour les poètes, ce sont les places de l'Institut parce qu'elles leur donnent un caractère dans l'État. Corneille a-t-il jamais eu de grandes faveurs de la Cour? Celles qui ont été accordées à Racine ont-elles inspiré ses chefs-d'œuvre !... On concevrait l'établissement de deux historiographes, puisque, en les créant historiens, on leur impose l'obligation de dire la vérité et, dès lors, on leur laisse le droit de dire le bien ou le mal ; mais, accordera-t-on à des poètes celui de faire la satire de la Cour à laquelle ils sont attachés, ou leur devoir sera-t-il de louer? Dans l'un et l'autre cas, on ne voit rien d'utile dans l'emploi de leurs talents. La poésie est enfant de la société : la société seule en se réformant au moyen de la tranquillité publique et du bonheur peut, et cela commence déjà à arriver, ramener les poètes au bon goût, à cette aménité et à cette fleur de grâce qui embellissent les lettres et les arts. Toutefois, pourquoi, par exemple, ne pas attacher sous un titre honorable, quelques poètes au théâtre français ? Si l'Italie a eu tant de bons poëtes, cela vient de ce qu'elle renfermait nombre de petites cours et de sociétés oisives et rivales.. »

Puis, s'occupant des moyens d'émulation, Napoléon en revenait à son idée des journaux littéraires : de plus, il érigeait l'Institut en une sorte de tribunal critique qui jugerait les poètes : « Peut-être l'auteur critiqué aura-t-il d'abord un peu d'humeur, mais bientôt, il sentira que le choix qu'on a fait de son ouvrage en est l'éloge. Une bonne opération du Cardinal Richelieu fut la critique du *Cid*. »

Le même jour, Napoléon écrivait une seconde note, moins spéciale, mais tout aussi intéressante. Il faut s'y reporter pour se rendre compte de tous les sujets qu'elle aborde (1). Création d'un nouveau Port-Royal, sorte d'université littéraire ; ouverture d'une partie littéraire dans le *Moniteur* ; — projet d'une école spéciale de littérature et d'histoire, au collège de France. L'Empereur part de ce fait qu'il y a des notions communes que doivent posséder tous ceux qui, sortant du lycée, veulent perfectionner leurs études, achever leur éducation morale et classique ; ces notions portent sur les belles lettres, l'histoire et les mathématiques. Ce n'est qu'après ce complément d'études que le jeune homme peut aborder les écoles spéciales : Polytechnique, Droit ou Médecine. « ... Tout ce qui n'est qu'élémentaire, tout ce qui n'est pas science ne peut former les attributions d'une école spéciale.. mais qu'y-a-t-il de plus à montrer en éloquence et en poésie que ce que tout jeune homme a appris dans sa Rhétorique (1)? Le talent de créer est, dans la Littérature, comme dans la Musique, comme dans la Peinture, un don individuel.. Dans ces créations de l'esprit ou du génie, l'esprit ou le génie arrivent tout de suite et par eux-mêmes à leur plus grand résultat. Nous n'avons surpassé les Grecs ni dans la Tragédie, ni dans la Comédie, ni dans la poésie épique puisqu'ils sont encore nos modèles, tandis que chaque siècle de lumière a fait faire quelques pas aux sciences exactes qui sont les sciences de faits, d'observations et de comparaisons. Le goût et le génie ne peuvent s'apprendre.. »

Au Conseil d'État, Napoléon exposait souvent aussi ses idées sur la littérature; partout on retrouve ce cachet officiel qu'il cherche à lui donner (2). Faisant revivre le souvenir des droits accordés aux anciens parlements, il disait un jour qu'il voulait donner à l'Université Impériale un droit de censure sur les ouvrages : mais ce droit se bornerait à les mettre à l'index de l'Université et à punir les professeurs qui s'en serviraient pour l'enseignement; « cela empêcherait la jeunesse d'être la victime d'erreurs et d'être jetée dans des hérésies scientifiques ou littéraires. »

Malgré tous ses efforts pour se créer une littérature dévouée, Napoléon ne pouvait pas obtenir de ces contemporains ce qu'il aurait désiré. Ils semblaient avoir, tous, adopté la réponse de Lemercier à la question de l'Empereur sur sa prochaine tragédie : « Sire, j'attends. » Quelquefois, le mécontentement de l'Empereur se faisait jour. Qu'on lise cette lettre à Cambacérès (1): « Si l'armée tâche d'honorer la nation autant qu'elle le peut, il faut avouer que les gens de lettres font tout pour la déshonorer. J'ai lu hier les mauvais vers qui ont été chantés à l'Opéra. En vérité, c'est tout-à-fait une dérision. Comment souffrez-vous qu'on chante des impromptus à l'Opéra? Cela n'est bon qu'au Vaudeville. On se plaint que nous n'avons pas de littérature; c'est la faute du Ministre de l'Intérieur. Il est ridicule de commander une églogue à un poète comme on commande une robe de mousseline. Le ministre aurait du s'occuper de faire préparer des chants pour le 2 Décembre; s'il ne l'a pas fait pour cette année, chargez-le de s'en occuper dès à présent pour l'année prochaine. » Napoléon reconnaissait qu'il allait du temps, et il donnait une année! Quelle production remarquable aurait pu surgir sous un pareil régime!

Voyons maintenant si les prix décennaux présentaient un mode d'encouragement mieux raisonnné et plus efficace. Vers 1810, le jury de l'Institut chargé de décerner les prix fondés par l'Empereur désigna deux ouvrages complètement ignorés aujourd'hui : *L'examen critique des historiens d'Alexandre* par Sainte-Croix et *le Catéchisme universel* de Saint-Lambert.

L'Empereur frappé de ces choix en provoqua la revision et il s'adressa pour cela à l'Académie française; celle-ci proposa de nouveaux ouvrages, mais sans penser au *Génie du Christianisme* (A). Napoléon demande alors à l'Académie son opinion formelle sur cette œuvre. Les Académiciens se montraient assez réfractaires et Nodier a pu dire que c'était *un pensum* que l'Empereur imposait à l'Académie.

Les rapports et jugements se produisirent en 1811. Daru se montra un critique sévère ; l'abbé Sicard le fut moins. Le reste de l'Académie professait une opinion moyenne. Enfin, la conclusion était que « l'ouvrage pouvait mériter une distinction, » quelquechose comme un accessit, a dit spirituellement Sainte-Beuve.

Napoléon faisait des pensions aux écrivains contemporains; ceux-là seuls n'y eurent aucune part qui, volontairement, cherchèrent à s'y soustraire. Cependant, l'*Épitre à Voltaire* de Chénier valut à celui-ci sa révocation des fonctions d'Inspecteur de l'Instruction publique (1). Chénier écrivit alors : « On a relevé pour me nuire plusieurs vers défavorables aux conquérants. Mais qu'ai-je dit? Ce que Bourdaloue disait avec bien plus de force dans la chaire et dans la chaire de

---

(A) Le premier Jury avait désigné Sainte-Croix pour le 12e grand prix « destiné à l'auteur du meilleur ouvrage de littérature qui réunira au plus haut degré la nouveauté des idées, le talent de la composition et l'élégance du style. » — Le 13e grand prix, celui qui était attribué à Saint-Lambert, était affecté, « à un ouvrage de philosophie en général, soit de morale, soit d'éducation. »

Les choix de l'Académie française furent pour le 12e grand prix, sur le rapport de Marie-Joseph Chénier, le *Cours de littérature* de la Harpe; pour le 13e, soit le *Cours d'instruction d'un muet de naissance* par l'abbé Sicard, soit les *Rapports du physique et du moral de l'homme* par Cabanis.

Versailles; ce que disait Despréaux, en s'adressant à Louis XIV lui-même dans la belle épitre où se trouve l'entretien de Pyrrhus et de Cinéas. » L'Empereur répara la chose en donnant à Chénier et à sa mère une pension de six mille francs.

En dehors des exils littéraires, dont nous dirons quelques mots un peu plus loin, Napoléon ne se montra pas trop sévère pour les écarts de langage des écrivains de son temps. Aucun auteur de renom ne fut mis en prison sous l'Empire pour ses écrits; c'est que la police et la censure prévenant le délit, il n'y avait jamais lieu de punir (A).

Cette censure que fut-elle et quels étaient les principes de l'Empereur sur la manière dont elle devait être mise en jeu? Toute la doctrine de Napoléon est contenue dans cette phrase d'une de ses lettres : « Tout homme est libre d'écrire et d'imprimer ses pensées; *mais avec bien des restrictions* (1). »

Dès le Consulat, Napoléon avait fait au Conseil d'Etat un exposé assez étendu de ses vues sur cette matière. Il distinguait la censure forcée de la Censure facultative et les définissait ainsi l'une après l'autre: « La Censure forcée est le droit d'empêcher la manifestation d'idées qui troublent la paix de l'État, ses intérêts et le bon ordre : mais elle doit être appliquée suivant le siècle où

(A) Toute la sévérité de l'Empereur était réservée pour les auteurs d'ouvrages immoraux. Le trop fameux marquis de Sade, d'abord interné à Vincennes, fut transféré par ordre formel de l'Empereur, d'abord à Bicêtre, puis à Charenton.

l'on vit et les circonstances où l'on se trouve. Sous ce rapport, on peut distinguer trois époques. Il y a, d'abord, les siècles barbares où tout est sous la puissance des papes, l'autorité du clergé, l'empire des moines. Dans ce temps, on doit nécessairement lier toutes les études aux sciences ecclésiastiques... Cependant, les excès des papes et du clergé finirent par blesser et révolter les souverains. Ils cherchèrent à opposer une digue, ils encouragèrent les lettres et propagèrent l'étude des anciens. Les circonstances servirent ce projet. Les dépositaires de ce qui restait des anciennes connaissances venaient de fuir de l'Orient; les Médicis et François Ier les receuillirent. Alors on vit paraître des ouvrages où les préjugés n'étaient pas ménagés. Joseph II est le dernier souverain qui ait propagé les opinions nouvelles et hardies... Depuis, tout a changé. On ne redoute plus les papes, le clergé ; mais on peut craindre cette fausse philosophie qui, soumettant tout à l'analyse, tombe dans le sophisme, et aux anciennes erreurs substitue des erreurs nouvelles... Peut être par l'effet de cette crainte la censure compromettrait-elle la philosophie véritable. D'un autre côté, si elle n'écartait pas les ouvrages qui, sans attaquer précisément l'État, blessent cependant les maximes reçues, elle semblerait les sanctionner. Par exemple, pourrait-elle, sans blesser toutes les religions suivies en France, laisser passer un livre où l'on enseignerait que le monde dure depuis vingt mille ans ?

« La religion chrétienne est la religion nationale. Divisés sur quelques points, les protestants et les catholiques sont d'accord sur le fond de la doctrine. L'autorité doit donc faire respecter la religion chrétienne. Or, paraîtrait-elle le faire, si l'on approuvait un livre qui donnerait au monde une existence beaucoup plus longue que celle qui lui est assignée par l'Ecriture ?

« Au contraire, l'autorité n'approuvant aucun écrit, on ne tirera pas la même conséquence. Que sera-ce s'il s'agit d'un livre tel que l'*Origine des Cultes* par Dupuis ? La censure le laissera-t-elle imprimer ? Elle se prononcerait contre la religion. Aura-t-elle la faculté d'en empêcher l'impression ? Cela serait dangereux... L'embarras sera bien plus grand encore quand il faudra prononcer sur les questions de morale, si délicates.

« J'admets la Censure facultative exercée par un tribunal contre les décisions duquel on pourra se pourvoir au Conseil d'État dans les formes établies pour les affaires contentieuses. Elle ne se mêlera pas des écrits contre les particuliers, pour lesquels le recours doit être ouvert devant les tribunaux, et on laissera une grande liberté aux écrits sur les matières religieuses, dans la crainte que, sous prétexte d'offense à la religion, on n'étouffe la manifestation de vérités utiles ; mais on sera inexorable pour les écrits dirigés contre l'État (1). »

On voit par là combien Napoléon, cette question politique réservée, devait se montrer libéral en matière de censure ; il l'est à un point qui étonne chez lui, par exemple dans cette lettre (2) : « S'il était convenable d'établir une censure, elle ne pouvait l'être sans ma permission. Lorsque ma volonté est que la censure n'existe pas, j'ai lieu d'être surpris de voir dans mon Empire des formes qui peuvent être bonnes à Vienne et à Berlin... J'ai longtemps calculé et veillé pour parvenir à rétablir l'édifice social ; aujourd'hui, je suis obligé de veiller pour maintenir la liberté publique. Je n'entends pas que les Français deviennent des serfs. En France, tout ce qui n'est pas défendu est permis et rien ne peut être défendu que par les lois, par les tribunaux ou par des mesures de haute police, lorsqu'il s'agit des mœurs et de l'ordre public. Je le dis encore une fois, je ne veux pas de censure parce que... parce que je ne veux pas enfin qu'un commis tyrannise l'esprit et mutile le génie. »

Le sentiment est louable et l'on en trouve des applications dans la Correspondance de l'Empereur. Un jour, il écrit à Fouché, à propos de la suppression des Commentaires de Racine par Geoffroy (1) : « C'est un acte arbitraire bien gratuit. Ce sont des actes qui affligent plus les hommes de sens que les choses sérieuses.. Si quelques particuliers ont à s'en plaindre, il y a les tribunaux. Un acte comme celui que vous avez fait n'est tolérable que lorsqu'il y va de l'intérêt de l'État. »

Une autre fois (2), à propos d'un ouvrage historique susceptible de porter atteinte à la réputation d'un membre de la famille royale d'Angleterre : « Mon intention est qu'on imprime tout, absolument tout, excepté les ouvrages obscènes et ce qui tendrait à troubler la tranquillité de l'État. La censure ne doit faire aucune attention à tout le reste. »

Enfin, de Bonald, dont la *Législation primitive* fut, il est vrai, interdite préventivement, n'eut pas cependant le droit de se plaindre de l'Empereur ; le 21 juin 1806, le *Mercure* publiait un article de lui sur la *Tolérance*. Pour ce fait, il s'était trouvé en butte à toutes les taquineries mesquines de la police locale ; il s'en plaint à Fontanes qui va de suite trouver l'Empereur. Le grand maître de l'Université, dans une lettre du 27 août, 1806, à son ami Guéneau de Mussy, nous fait connaître le résultat de sa démarche : « J'ai couru chez l'Empereur, il ne savait rien de cette persécution. Trois jours après, il a eu la bonté de me dire que tout était fini et d'ajouter : *Que votre ami vienne.* »

En résumé, l'Empereur ici, comme maintes autres fois, fut desservi par des fonctionnaires trop zélés ; mais, nous l'avons déjà dit, à qui la faute ?

La lettre suivante à Cambacérès, datée du 24 février 1806, montre, en revanche, que la raison d'Etat comportait chez lui un champ très étendu et qu'elle lui faisait parfois oublier tous ses principes : « Je suis instruit qu'il s'imprime un ouvrage intitulé : *Mémoires de Louis XIV, écrits par lui-même*, chez un libraire nommé Ganery.. Un ouvrage de cette nature ne peut s'imprimer sans que la police en soit instruite. Lisez effectivement cet ouvrage et dites-moi ce que vous en pensez (1). »

Pour les pièces, destinées à être représentées en public, Napoléon se montrait singulièrement plus ombrageux. C'est qu'il attachait une importance exagérée à l'influence que le théâtre pouvait avoir sur la direction de l'esprit public. Aussi, dès le début de l'Empire, nous le voyons écrire à Fouché, à propos d'un opéra intitulé *Don Juan* : « Je désire connaître votre opinion sur cette pièce, sous le point de vue de l'esprit public. »

A quelque temps de là, à propos de *La mort d'Henri IV* de Legouvé, Napoléon hésita longtemps avant d'autoriser la représentation de cette pièce « parce qu'il n'est pas bon, disait-il, que l'on voie au théâtre la mort d'un roi. »

Que sera-ce quand il peut croire qu'il est mis lui-même en scène ? Alors, il n'a plus assez de sévérité pour les pauvres censeurs. Un jour, à Gros Bois, chez Berthier, après la chasse, il y eut comédie. On joua *Cadet Roussel maître de déclamation*, par Aude. Cadet Roussel (l'acteur Brunet) venait se plaindre, dès le début de la pièce, de n'avoir pas d'héritier. Il disait même : « Décidément, je vais divorcer pour épouser une jeune femme avec laquelle j'aurai des enfants. » On était en 1809. Déjà le divorce de Napoléon faisait l'objet de toutes les conversations. On comprend le malaise de la cour. L'Empereur, mécontent, apprit, en outre, que cette pièce, jouée depuis un an, avait du succès : « C'est fâcheux, dit Napoléon, si j'en avais eu connaissance, je l'aurais interdite. Il semble que MM. les censeurs prennent à tâche de ne faire que des bêtises... (1) »

La propriété littéraire, cette question toujours

pendante, devait naturellement préoccuper le génie législatif et organisateur de Napoléon.

Le 24 août 1805, il écrivait à Barbé-Marbois : « La propriété littéraire est un droit spécial demeurant tout entier au profit de l'auteur, tant qu'il vit, mais limité après lui, à une certaine durée par la concession temporaire et plus ou moins large qui est accordée à ses héritiers ou à ses cessionnaires de la faculté de publier ses œuvres. Il se produit en cette matière entre l'intérêt privé et l'intérêt public, un conflit qui doit faire écarter toute idée de transmission indéfinie et de perpétuité (1). »

Au conseil d'État, Napoléon, une première fois se montre très radical : « M. Séguier, dit-il, a fait prononcer, en 1789, que la propriété des auteurs serait perpétuelle; je pense qu'elle ne devrait durer que pendant leur vie. » A la séance du 2 septembre 1808, il est plus favorable au droit des héritiers; il leur accorde une survivance de dix ans, peut-être même consentirait-il à la prolonger jusqu'à vingt ans : « La perpétuité de la propriété dans la famille des auteurs, dit-il, aurait des inconvénients. Une propriété littéraire est une propriété incorporelle qui, se trouvant dans la suite des temps et par le cours des successions, divisée entre une multitude d'individus, finirait, en quelque sorte par ne plus exister pour personne; car, comment un grand nombre de propriétaires, souvent éloignés les uns des autres et qui, après quelques générations se connaissent à peine, pourraient-ils s'entendre et contribuer pour réimprimer l'ouvrage de leur auteur commun? Cependant, s'ils n'y parviennent pas et qu'eux seuls aient le droit de le publier, les meilleurs livres disparaîtront insensiblement de la circulation.

« Il y aurait un autre inconvénient non moins grave : le progrès des lumières serait arrêté, puisqu'il ne serait plus permis de commenter, ni d'annoter les ouvrages, les gloses, les notes; les commentaires ne pouvant être séparés d'un texte qu'on n'aurait pas la liberté d'imprimer. »

L'Empereur concluait en disant que tous les intérêts seraient sauvegardés si l'on admettait le droit des héritiers pendant dix ans, à la rigueur même pendant vingt ans.

Nous en sommes arrivés à l'étude des relations de l'Empereur avec quelques uns des écrivains contemporains de son règne. Ses prétentions vis-à-vis de l'Académie; le peu de liberté qu'il lui laissait; sa sévérité, poussée jusqu'à l'exil, envers certains auteurs peu agréables, toute cette recherche est intéressante et mérite de fixer l'attention pendant quelques instants.

Le 10 janvier 1811, Marie-Joseph Chénier mourait à Paris; Châteaubriand, rentré en grâce, briguait l'honneur de lui succéder à l'Académie française. Il fut élu.

Le projet de discours de Châteaubriand, soumis d'après l'usage, à la Commission de l'Institut, fut, dès ce moment, l'objet des commentaires les plus variés. L'Empereur fut appelé à donner son avis en dernier ressort; on sait dans quel sens il le fit.

Ce fut le signal de la séparation définitive entre le souverain et l'auteur du *Génie du Christianisme*; celui-ci partit volontairement pour l'exil, où il allait attendre la chute définitive du régime impérial.

Et cependant, son discours contenait, à l'adresse de l'Empereur, de Marie-Louise et du roi de Rome, l'expression de sentiments qui auraient dû triompher des répugnances de Napoléon.

Châteaubriand disait : « Quel temps ai-je choisi, Messieurs, pour vous parler de deuils et de funérailles? Ne sommes-nous pas environnés de fêtes? Voyageur solitaire, je méditais il y a quelques jours sur les ruines des Empires détruits, et je vois s'élever un nouvel empire. Je quitte à peine ces tombeaux où dorment les nations ensevelies et j'aperçois un berceau chargé des destinées de l'avenir. De toutes parts retentissent les acclamations du soldat. Tandis que le triomphateur s'avance, entouré de ses légions, que feront les tranquilles enfants des Muses? Ils marcheront au devant du char pour joindre l'olivier de la paix aux palmes de la victoire. Et vous, fille des Césars, sortez de votre palais avec votre jeune fils dans vos bras, venez ajouter la grâce à la grandeur, venez attendrir la victoire et tempérer l'éclat des armes par la douce majesté d'une reine et d'une mère. »

Mais, derrière ces paroles, Châteaubriand ne dissimulait pas assez les opinions royalistes et libérales qui remplissaient le reste de son discours. Les convenances l'obligeaient à ne parler qu'avec mesure du rôle de Chénier pendant la Révolution, et cependant, il prononçait des paroles comme celles-ci : « Qui peut se flatter d'être trouvé sans tache dans un temps de délire où personne n'avait l'usage entier de sa raison ? » C'était trop la condamnation des régicides.

Aux yeux de Napoléon, ce n'était pas faire oublier cette imprudence que de chanter ainsi la liberté : « M. Chénier adora la liberté ; pourrait-on lui en faire un crime ? Les chevaliers eux-mêmes, s'ils sortaient de leurs tombeaux, suivraient la lumière de notre siècle. »

Pour mettre le sceau à cette manifestation, Châteaubriand célébrait l'alliance de la liberté avec la monarchie : une monarchie qui semblait bien n'avoir rien de commun avec le gouvernement impérial ; cette alliance, il la proclamait dans ces belles paroles : « Ainsi, sous le règne des Valois, les créneaux gothiques couronnaient avec une grâce infinie, les ordres empruntés des Grecs. »

Suivant la parole de Régnault de Saint-Jean d'Angély à l'Empereur, l'incident littéraire devenait un événement politique. C'est ainsi que Napoléon l'envisagera du reste, quand, parlant à Ségur, qui essayait de défendre Châteaubriand, il lui dit avec vivacité : « Les gens de lettres veulent donc mettre le feu à la France ! J'ai mis tous mes soins à apaiser les partis, à rétablir le calme, et les idéologues voudraient ramener l'anarchie ! Sachez, Monsieur, que la résurrection de la monarchie est un mystère. C'est comme l'arche ! Ceux qui y touchent peuvent être frappés de la foudre ! Comment l'Académie ose-t-elle parler des régicides, quand, moi qui suis couronné et qui dois les haïr plus qu'elle, je dîne avec eux et je m'asseois à côté de Cambacérès. »

Cette scène avait lieu à Saint-Cloud, un soir de juillet 1811 : le lendemain matin, Ségur revenait à la charge, il voulait justifier son opinion par de nouveaux arguments. L'Empereur le reçut tout autrement que la veille ; il lui parla encore des côtés mystérieux du pouvoir, en lui disant : « Ceci est de ma politique. » Mais bientôt il donnait à l'entretien une forme plus familière : « Si un autre que Monsieur de Châteaubriand eût fait ce discours, je n'y aurais pas pensé, et voilà ce que, en homme d'État, vous auriez dû sentir. » Puis, il ajouta en riant : « Avouez au reste que les littérateurs visent toujours à l'effet. Avouez encore que, comme homme de lettres et comme homme de goût, M. de Châteaubriand a fait une inconvenance, car enfin, lorsqu'on est chargé de faire l'éloge d'une femme qui est borgne, on parle de tous ses traits, excepté de l'œil qu'elle n'a plus. » La glace était rompue ; L'Empereur termina par ces mots : « Ah ! ça, vous n'êtes plus fâché, ni moi non plus ; mais empêchez l'Institut de parler politique, car cela est plus facile à prévenir qu'à modérer. »

C'était la conclusion que tirait l'Empereur de tout ce scandale qui n'aurait duré que vingt-quatre heures si le discours avait été autorisé et qui, au lieu de cela, est passé dans l'histoire. Quant à la scène en elle-même, on y retrouve l'Empereur avec tous ses défauts de caractère : violences calculées et colères factices. Elle montre aussi à quel point son esprit dominateur était inquiet et ombrageux; l'Académie devait en être la victime plus que toute autre assemblée parce que c'est dans son sein que, sous l'Empire, s'étaient réfugiés les derniers vestiges de la liberté et de l'indépendance des caractères.

Lacretelle dans son *Histoire du Consulat et de l'Empire*, a raconté une autre anecdote, bien intéressante et bien caractéristique relative au même événement. — L'Empereur seul avec Daru, dans son cabinet de travail à St-Cloud, s'entretenait avec l'Académicien du discours de Châteaubriand. Il ne pouvait maîtriser sa mauvaise humeur. Dans sa colère, il s'adressait à Châteaubriand lui-même et il terminait sur ces mots : « Monsieur, si mon Empire et le principe sur lequel je l'ai fondé (la conciliation, la fusion) ne vous conviennent pas, vous êtes libre d'en sortir. Allez porter ailleurs vos haines opiniâtres et des principes que le bien commun m'ordonne d'étouffer. » La fin de cet en-entretien, prononcée sur le ton élevé de la colère, avait été entendue par tous les courtisans qui se trouvaient dans l'antichambre. A la sortie de Daru, le vide se fit autour de lui et ce ne fut que, grâce à un assistant plus courageux que les autres et qui l'aborda, que tout fut expliqué.

D'autres écrivains, Châteaubriand lui-même, avant son élection, avaient éprouvé déjà les terribles effets de la colère impériale.

La vigilance de la police, les procédés de la censure jugés quelquefois excessifs par Napoléon lui-même, ne suffirent pas toujours à prévenir les délits des écrivains. Les exils littéraires tiennent une grande place dans l'échelle des punitions infligées aux auteurs.

Grâce à ce système, toute indépendance était étouffée ; on en était même arrivé à redouter les moindres manifestations littéraires, craignant qu'elles ne devinssent des causes de défaveur auprès du souverain.

Le motif de l'exil de Châteaubriand à la Vallée-aux-Loups, est dans toutes les mémoires. Le 4 juillet 1807, le *Mercure* publiait un article que le grand écrivain commençait ainsi : « Lorsque dans le silence de l'abjection, on n'entend plus retentir que la chaîne de l'esclave et la voix du délateur, lorsque tout tremble devant le tyran et qu'il est aussi dangereux d'encourir sa faveur que de mériter sa disgrâce, l'historien paraît chargé de la vengeance des peuples. C'est en vain que Néron prospère, Tacite est né dans l'Empire (1). »

La sentence d'exil une fois prononcée, Napoléon voulut, du moins, qu'elle fut exécutée avec toutes les formes et tous les adoucissements possibles ; Madame de Châteaubriand elle-même l'a reconnu dans ses *Mémoires*.

Du reste la colère de Napoléon fut de courte durée ; bientôt, comme nous l'avons vu, l'Empereur désigna *le Génie du Christianisme* aux suffrages de l'Institut et c'est aussi, à la recommandation du souverain, que Châteaubriand dut son élection à l'Académie française.

Pour en finir avec le récit des relations de l'Empereur et de l'écrivain, rappelons combien Napoléon avait été heureux de voir coïncider l'apparition *du Génie du Christianisme* avec la réouverture des églises et la signature du Concordat; Châteaubriand l'avait su et il s'en était montré reconnaissant en dédiant la deuxième édition de son ouvrage au Premier Consul. La dédicace se terminait ainsi : « Continuez à tendre une main secourable à trente millions de chrétiens qui prient pour vous au pied des autels que vous leur avez rendus. »

En récompense, Châteaubriand fut nommé secrétaire d'ambassade à Rome auprès du cardinal Fesch.

Son ennui superbe qu'il emmenait partout lui fit bientôt quitter cette position; prenant prétexte de l'affaire du duc d'Enghien, Châteaubriand rentra en France et, dès ce moment, son opposition contre l'Empire ne cessa plus. Comme l'a dit Sainte-Beuve, « la figure grandissante de Napoléon, devint, à la lettre, le cauchemar de Châteaubriand. »

Son élection à l'Académie, due aux démarches de l'Empereur, ne changea pas sa manière de voir. Dans la préface de ses œuvres en 1826, Châteaubriand dit que *les Martyrs* lui attirèrent un redoublement de persécution de la part de Napoléon. « Mon malheureux cousin, Armand de Châteaubriand (1) fut fusillé à l'apparition des *Martyrs*. En vain je sollicitai sa grâce. La colère que j'avais excitée s'en prenait même à mon nom. » La vérité, dit Ste-Beuve, c'est que Châteaubriand refusa par orgueil de demander lui-même la grâce que l'Empereur se déclarait prêt à accorder à la sollicitation de l'auteur du *Génie du Christianisme*. « Châteaubriand, dit Sainte-Beuve en concluant, tenait plus à son grief et à sa vengeance future qu'à son cousin. » Napoléon pensait de même ; car il dit ce mot, quand on lui apprit le refus de Châteaubriand : « Il écrira quelques pages pathétiques qu'il lira dans le faubourg Saint-Germain ; les belles dames pleureront et vous verrez que cela le consolera. »

Ce qui montre combien on redoutait l'opinion de l'Empereur, c'est le fait suivant très caractéristique à ce point de vue.

La duchesse de Chevreuse, née de Narbonne, exilée pour ses opinions royalistes et pour l'indépendance de caractère qu'elle avait maintes fois montrée à la Cour, où elle remplissait les fonctions de dame d'honneur de l'Impératrice Joséphine, avait, en 1807, écrit une petite brochure : *François de Mentel, nouvelle historique*. Cet opuscule ne se faisait remarquer par aucune allusion politique ; tout au plus, le rôle des Juifs, au Moyen-Age, y était-il dépeint avec une certaine vivacité.

Pendant son exil, les amis de cette dame, qui faisaient tous leurs efforts pour la faire rentrer en grâce auprès de l'Empereur, n'eurent pas de préoccupation plus grande, pour arriver à leur but, que de désavouer l'ouvrage et de retirer de la circulation tous les exemplaires qui pouvaient s'y trouver.

On connaissait l'Empereur et on savait que l'on n'obtiendrait de lui la levée de l'exil que s'il n'avait pas surtout à reprocher à la duchesse de Chevreuse d'être un auteur littéraire, quelque insignifiante, d'ailleurs, que pût être l'œuvre sortie de sa plume (A).

Avec de tels principes d'ingérence du pouvoir dans les productions de l'esprit, on ne saurait s'étonner de la pénurie des lettres françaises sous le règne de Napoléon.

Nous en avons dit assez sur ce côté affligeant du gouvernement de l'Empereur et nous allons revenir à une étude plus consolante et qui présente plus d'intérêt, c'est-à-dire aux opinions personnelles de Napoléon, sur la littérature en général, et sur deux genres particuliers : le drame et la tragédie.

Napoléon, mathématicien distingué, n'hésitait pas cependant à proclamer la prééminence des lettres sur les sciences ; il en donnait la raison au moment où l'on discutait les lois fondamentales de la nouvelle Université : « Les sciences, disait-il, sont de belles applications de l'esprit humain. Les

---

(A) Du reste l'Empereur ne pardonna jamais. A toutes les sollicitations en faveur de la duchesse, il répondait: « Je ne veux pas d'insolente chez moi. » Le fait est que sous ce rapport, Mme de Chevreuse avait beaucoup à se reprocher. Un soir, à un bal de la cour, elle était couverte de pierreries. Napoléon, assez maladroitement d'ailleurs, lui demanda si tous ces diamants étaient bien vrais. « Je n'en sais rien, répondit-elle ; mais, en tous cas c'est bien assez bon pour venir ici. » — Ce qui fit déborder la coupe et attira son exil, ce fut sa réponse quand on la désigna comme dame d'honneur de la reine d'Espagne, femme de Charles IV : « Dites à l'Empereur, répondit-elle, que je ne veux pas être une geôlière. »

lettres sont l'esprit humain lui-même. » Il y revenait à Ste-Hélène, quand il proclamait ainsi le côté supérieur de la littérature : « Il est des personnes qui ont reçu de la nature le don d'écrire et de bien exprimer leurs pensées, comme d'autres ont le génie de la musique, de la peinture, de la sculpture (1). »

Le drame, imité de Shakespeare, qui mêle la tragédie à la comédie, le terrible au burlesque ne trouvait pas grâce devant Napoléon. Goëthe s'en était fait le défenseur et l'Empereur lui répondit : « Je suis étonné qu'un grand esprit comme vous n'aime pas les genres tranchés. »

Des deux genres qui restent dès lors en présence, toutes les préférences de Napoléon étaient pour la tragédie, c'est-à-dire le drame antique. C'est que la tragédie répondait à ses secrètes aspirations; on le voit bien dans cette conversation à propos des Romains : « Les combats des gladiateurs et ceux des hommes livrés aux bêtes féroces étaient bien autrement terribles que toutes nos scènes dramatiques ensemble; et c'étaient là, du reste, les seules tragédies propres à la trempe robuste, aux nerfs d'acier des Romains. »

C'est à Goëthe qu'il donnait la définition de la tragédie idéale; on ne saurait en contester l'élévation : « Il faudrait, lui disait-il, que la tragédie fut l'école des rois et des peuples; c'est le point le plus élevé auquel un poète puisse atteindre. Jusqu'à un certain point, elle est placée plus haut que l'histoire. »

C'est là le secret de son admiration pour Corneille. « La tragédie, disait-il, échauffe l'âme, élève le cœur, peut et doit créer des héros. Sous ce rapport, peut-être, la France doit à Corneille une partie de ses belles actions. Aussi, Messieurs, s'il vivait, je le ferais prince. »

Nous détaillerons plus loin les motifs de cette admiration; pour le moment, constatons combien l'Empereur attachait d'importance au naturel et à la vraisemblance. Il ne s'en cachait pas quand il disait à Talma que les vraies tragédies se jouent dans les cours, autour des trônes; que c'est là qu'il faut venir pour puiser, dans les ambitions déçues, dans les efforts pour parvenir, la vraie source des émotions et des larmes.

Mais ce serait ne pas connaître l'Empereur que de s'en tenir à ces idées vagues, à ces notions vulgaires sur la tragédie moderne. Napoléon avait une conception toute particulière, très originale, sur ce genre littéraire. On en trouve comme une ébauche dans cette célèbre entrevue de Napoléon avec Goëthe et Wieland (1); l'Empereur dit à Goëthe en l'abordant : « Vous êtes un homme ! » puis, passant à la critique de Werther, il fit à Goëthe quelques reproches de détail ; le grand Allemand écrit alors : « L'Empereur poursuivit la critique du drame de Werther en homme qui a étudié le théâtre tragique avec le véritable esprit d'investigation d'un juge au grand criminel et qui mettait le doigt sur le faible qu'ont les Français de s'écarter de la nature. Il désapprouvait toutes les pièces où le destin joue un rôle. « Ces pièces, disait-il, appartiennent à une époque obscure. Au reste, que veulent-ils dire avec leur destin ? La politique, voilà le destin. »

Goëthe raconte alors dans ses *Annales* que Napoléon voulait l'emmener à Paris ; du reste, le grand écrivain subit longtemps l'influence fascinatrice de l'Empereur. En 1813, il écrivait, de Dresde, à son ami Koerner : « Oui, levez-vous ! Secouez vos chaînes. Quant à moi, je tremble ! Pour vous, l'homme est trop grand. Vous ne les briserez pas vos chaînes et vous ne ferez que vous les enfoncer plus avant dans les chairs. » Oui, là encore et dans la tragédie plus encore que dans les autres genres littéraires, Napoléon voyait toujours la politique ; cette impression était si profonde qu'on l'entendait un jour dire à son frère Joseph : « Je voudrais être ma postérité et assister à ce qu'un poète tel que le grand Corneille me ferait sentir, penser et dire. »

Et c'est toujours à Corneille, en effet, qu'il en revenait, quand il voulait faire une application de cette théorie de la politique, ressort de la tragédie.

Un jour, en 1811, il disait à ce propos au cardal Maury : « Corneille avait appris dans sa tête l'art de la guerre ; car, où l'aurait-il connu, et pourtant, il le savait ! Ses maximes d'État sont toutes d'une immense portée et aucune n'est de son époque. Ce ne sont pas les ruses de Mazarin, ce ne sont pas les cruautés de Richelieu ; c'est la grandeur antique. Où avait-il pris tout cela ? Dans lui-même, dans son âme. Eh bien ! Savez-vous comment cela se nomme, Monsieur le cardinal ; c'est du génie ! Et le génie, voyez-vous, c'est une flamme tombée du Ciel, mais qui trouve rarement une tête, là, toute prête à la recevoir. »

C'est, qu'en effet, le génie de Corneille devait plaire à l'Empereur ; et comment n'aurait-il pas plu au grand conquérant, au grand administrateur, cet esprit qui excellait à réduire les idées en maximes politiques, à généraliser ces idées et, de plus, à exprimer sa pensée dans des vers presque toujours sublimes.

Ainsi donc, Napoléon remplace la fatalité antique par les nécessités de la politique moderne, ces nécessités qui dominent l'homme et lui imposent parfois des résolutions terribles. Corneille l'a compris ; Napoléon l'en admire. Jamais conversation littéraire et dans laquelle la philosophie devait occuper, elle aussi, une grande place, ne fut tenue dans des circonstances plus bizarres et plus grandioses à la fois que celle qui eût lieu au bivouac d'Austerlitz.

Le soir du 1er décembre 1805, l'Empereur venait de terminer la proclamation qui devait le lendemain électriser tous les courages de l'armée ; suivi de son état-major, il gagna une chaumière où le diner était servi. Murat et Coulaincourt, Junot et Mouton, Rapp et Lemarrois, Yvan et Ségur, l'un des narrateurs de cette soirée, assistaient seuls à ce repas.

Dès qu'il fut fini, l'Empereur mit la conversation sur la littérature, le théâtre et la tragédie. Il se plaignit alors des auteurs de son règne, Raynouard, l'auteur des *Templiers*, avait manqué dans cette pièce, une belle occasion d'expliquer les catastrophes tragiques par la raison d'État. Puis, attaquant le fond des choses : « Voyez Corneille, dit-il, quelle force de conception ! C'eût été un homme d'État ! mais les *Templiers !...* Cette pièce manque de politique... La politique doit renfermer la fatalité, cette fatalité qui rend Œdipe criminel sans qu'il ait cessé d'être innocent, cette fatalité qui nous intéresse à Phèdre en chargeant les dieux d'une partie de ses crimes et de ses faiblesses. Il y a de ces deux principes, il y a tout ensemble de la fatalité antique et de la politique moderne dans l'*Iphigénie* de la scène française ; aussi est-ce le chef-d'œuvre de l'art et c'est bien à tort qu'on accuse Racine de manquer de force. » Puis, ces principes posés, il désignait aux écrivains les sujets qu'il leur restait à traiter ; il montrait au génie la voie dans laquelle il devait marcher : « C'est une erreur, ajoutait-il, de croire les sujets tragiques épuisés. Qui étudiera la politique et ses prescriptions inexorables verra jaillir une source abondante d'émotions fortes. Tout ce que le *fatum* fournissait à Eschyle ou Sophocle, les poètes modernes le retrouveront dans la politique, cette fatalité aussi dure, aussi impérieuse, aussi dominatrice que l'autre. Que faut-il pour cela ? Mettre ses personnages dans une situation où cette nécessité politique se dresse subitement devant eux, leur donner des passions généreuses, des affections humaines, ce qu'il y a de plus contraire à cette loi d'airain, et les faire plier malgré eux sous la puissance invincible. Tout ce qu'on nomme coup d'Etat, crime politique, deviendrait de la sorte un sujet de tragédie où, l'horreur se trouvant tempérée par la nécessité, on verrait se développer un intérêt aussi neuf que puissant. »

Telles étaient les préoccupations de l'Empereur à la veille d'une des plus grandes batailles qu'il eût livrées. Cette conversation en ce lieu, à cette heure, ne montre-t-elle pas, mieux que ne le pourraient faire de longues citations, toute l'importance que Napoléon attachait aux questions littéraires et philosophiques.

Il savait, au milieu des ordres multipliés, des prescriptions diverses qu'exigeait à tous moments la conduite de la grande armée, il savait réserver dans son esprit, une place importante pour l'étude et l'observation de ces grands phénomènes psychologiques à propos desquels il avait pu dire un jour que les lettres sont tout « l'esprit humain lui-même. »

Un jour, le 6 mars 1809, Napoléon, dans une conversation que Rœderer nous a conservée, entrait dans le détail même des questions controversées que soulève ce genre littéraire. A propos de la tragédie semi-romantique de *Walstein* par Benjamin Constant, il se montrait un classique déterminé : « Benjamin Constant, disait Napoléon, a fait une tragédie et une poétique. Ces gens-là veulent écrire et n'ont pas fait les premières études de littérature. Qu'ils lisent les poétiques, celle d'Aristote. Ce n'est pas arbitrairement que la tragédie borne l'action à vingt-quatre heures, c'est qu'elle prend les passions à leur maximum, à leur plus haut degré d'intensité, à ce point où il ne leur est possible ni de souffrir de distractions, ni de supporter une longue durée. Il veut qu'on mange dans l'action ; il s'agit bien de pareilles choses ! Quand l'action commence, les acteurs sont en émoi ; au troisième acte, ils sont en sueur, tout en nage au dernier. »

Poursuivant cette étude, nous allons voir que Napoléon sut dérober encore bien d'autres instants soit au gouvernement de ses peuples, soit à la conduite de ses armées : pendant ces heureux moments, son esprit aimait à s'occuper des productions de l'esprit humain à tous les âges de son existence.

En un mot, Napoléon qui était lui-même un grand écrivain, aussi bien qu'un grand historien, ne dédaignait pas l'étude des maîtres classiques et le champ de ses investigations s'étendait de l'antiquité grecque jusqu'aux écrivains qui, au lendemain de sa chute, préludaient par leurs ouvrages à la grande renaissance littéraire qui allait bientôt occuper tous les esprits (1).

« Homère, disait l'Empereur à Sainte-Hélène, était l'encyclopédiste de son temps » et ce qui frappait le plus Napoléon, c'était cette grossièreté de mœurs marchant de pair avec une infinie perfection dans les idées : mais ce qu'il n'admettait pas, c'est que Homère ait fait de ses héros autant de colosses. « En est-il ainsi parmi nous ? ajoutait-il ou en serions-nous si l'on était encore au bon temps où la force du bras donnait le sceptre ? La civilisation fait tout pour l'âme et par l'âme et la favorise entièrement aux dépens du corps. »

Dans Eschyle, la pièce préférée de l'Empereur était l'*Agamemnon*, dont il admirait l'extrême force jointe à la grande simplicité.

Quant à Sophocle, il avait eu une idée fort originale que, malheureusement, il ne put mettre à exécution. Il aurait voulu faire jouer son *Œdipe* sur le théâtre de Saint-Cloud, « non pas, disait-il pour essayer de ramener une mode ou de corriger notre théâtre ; mais seulement, parce que j'eusse aimé à juger de l'impression de la facture antique sur nos dispositions modernes. »

Napoléon a dicté, à Sainte-Hélène, une étude sur le deuxième livre de l'Énéide de Virgile ; ici Napoléon ne se montre guère plus homme d'État que littérateur ; c'est le grand capitaine qui prend la parole et qui juge, à ce point de vue, une œuvre qui n'avait pas été faite pour affronter une semblable critique.

Quel plaisir ne semble-t-il pas éprouver quand il trouve ainsi une occasion, quelque indirecte qu'elle soit, de donner une nouvelle leçon d'art militaire ! Sans doute, il reconnaît l'éloquence du discours de Sinon, — il admire « le bel et charmant épisode de Laocoon », — il rend au style du poète latin un légitime hommage ; mais ce qui le frappe avant tout c'est l'invraisemblance de la conduite des Troyens : la fable du cheval de bois n'est qu'une tradition populaire « ridicule et indigne d'un poëme épique. »

En rappelant que l'incendie de Moscou, construite en bois, dura onze jours, il fait ressortir avec complaisance tout ce qu'il y a d'illogique à montrer dans une seule nuit, entre une heure et quatre heures du matin, l'incendie, la prise et le pillage d'une ville qui, comme Troie, contenait plus de cent mille combattants.

Ce n'est pas ainsi qu'Homère aurait procédé. « Lorsqu'on lit l'*Iliade*, on sent, à chaque instant, qu'Homère a fait la guerre et n'a pas, comme le disent les Commentateurs, passé sa vie dans les écoles de Chio ; quand on lit l'*Énéide,* on sent que cet ouvrage est fait par un régent de Collège qui n'a jamais rien fait... »

Cette étude d'autant plus courte, que Napoléon ne connaissait guère que les éléments de la langue latine (1), ce qui le forçait à rester dans les critiques générales au lieu d'entrer dans le vif du sujet, est néanmoins fort intéressante,

Le parallèle établi entre Homère et Virgile est le principal attrait de ce travail. Il est curieux de voir la différence raisonnée que Napoléon faisait, alors comme dans sa jeunesse, entre les deux grands poètes épiques de l'antiquité ; et le jugement qu'il porte, pour sévère qu'il soit contre Virgile, n'étonnera pas ceux qui se rappellent qu'enfant, Napoléon adorait la lecture d'Homère et qu'il ne prêta jamais, au contraire, qu'une attention distraite aux œuvres du poète de Mantoue.

Il est des affinités littéraires auxquelles les esprits cultivés chercheraient vainement à se soustraire. L'admiration que Napoléon professait pour Homère devait avoir un contre-coup dans le reste de ses goûts ; de là, son enthousiasme pour Ossian, cet Homère du Moyen-Age.

Tout le monde sait combien Napoléon aimait la lecture de ce poète ; dans ses œuvres, celle qui avait toutes ses préférences était le *Chant de Témora*.

Napoléon consacra assez de temps à l'étude d'Ossian pour avoir pu juger du mérite relatif des traductions qui en ont été faites. Celle qu'il préférait était la traduction italienne de Césarotti.

C'est dans la fréquentation de cet auteur que Napoléon a pris le nom d'Oscar qu'il donna à son filleul, le fils aîné de Bernadotte ; et ainsi, c'est à Napoléon que l'on doit d'avoir vu revenir en Suède et sur le trône, un des noms qu'Ossian avait emprunté aux origines poétiques de la Scandinavie.

S'agit-il de la littérature anglaise, Napoléon la poursuit de ses sarcasmes, comme il a poursuivi la politique de la Grande-Bretagne d'une haine durable : « On s'engoue de l'Angleterre sur parole, disait-il un jour, au Conseil d'État (1); il en est ainsi pour les belles lettres. Shakespeare était oublié depuis deux cents ans, même en Angleterre; il plût à Voltaire, qui était à Genève et qui voyait beaucoup d'Anglais, de vanter cet auteur pour leur faire sa cour, et l'on répéta que Shakespeare était le premier écrivain du monde. Je l'ai lu ; il n'y a rien qui approche de Corneille et de Racine ; il n'y a pas moyen de lire une de ses pièces, elles font pitié. Quant à Milton, il n'y a que son invocation au Soleil et deux ou trois autres morceaux ; le reste n'est qu'une rapsodie. J'aime mieux Vély que Hume... La France, disait-il en concluant, n'a rien à envier à l'Angleterre, un pays que ses habitants désertent dès qu'ils le peuvent. Il y en a actuellement plus de quarante mille sur le continent. »

Quant à Gœthe, son interlocuteur d'Erfurth, il lui manifestait son admiration ; mais il ne lui ménageait pas non plus les critiques. « J'ai lu sept fois votre Werther et toujours avec un nouveau charme. » Puis il blâme Goëthe d'avoir représenté Werther, poussé au suicide, autant par les chagrins de l'ambition froissée que par sa passion pour Charlotte : « Cela, lui dit-il, n'est pas naturel. Vous avez affaibli chez le lecteur l'idée qu'il s'était faite de l'immense amour que Werther éprouvait pour Charlotte. »

Ce jugement de Napoléon sur Goëthe donne absolument raison à cette judicieuse parole de Sainte-Beuve : « Napoléon ne s'était guère donné le loisir de bien comprendre cette nature universelle de Goëthe ; il voyait toujours en lui l'auteur de Werther, c'est-à-dire ce que Goëthe avait été à un instant de sa jeunesse et ce qu'il n'était plus. »

Si de la littérature étrangère (1), nous revenons à celle de notre pays, nous nous trouvons en présence des jugements de Napoléon sur la grande époque du XVIIe siècle.

Nous connaissons déjà toute l'admiration de l'Empereur pour Corneille ; il ne faudrait pas croire que Napoléon s'en soit tenu aux grandes lignes de l'œuvre du poète. Dans deux circonstances, il l'étudie au contraire dans les détails.

Sous le Consulat, Napoléon s'aperçut à une représentation qu'on avait supprimé le rôle de l'infante dans le *Cid*. Il en demanda le motif et comme on lui répondait que ce rôle avait été jugé inutile et ridicule : « Tout au contraire, dit Napoléon ce rôle est fort bien imaginé. Corneille a voulu nous donner la plus haute idée du mérite de son héros et il est glorieux pour le Cid d'être aimé par la fille de son roi en même temps que par Chimène. Rien ne relève ce jeune homme comme ces deux femmes qui se disputent son cœur. »

Une autre fois, quelques jours après Baylen, Napoléon était au Conseil d'État ; il parlait des ressources que le général Dupont aurait dû trouver dans son désespoir. Il s'écria alors : « Oh ! que le vieil Horace a bien raison après avoir dit : « *Qu'il mourût,* » d'ajouter : « *Ou qu'un beau désespoir alors le secourût,* » et qu'il connaissent mal le cœur humain ceux qui blâment Corneille et l'accusent d'avoir, sans nécessité, affaibli, par ce second vers, l'effet du *Qu'il mourût !* »

On sait qu'un jour, à Sainte-Hélène, Napoléon dit ce mot à Las Cases : « Si Corneille avait vécu de mon temps je l'aurais fait prince. » En dehors de la variante que l'Empereur en avait donné lui-même, pendant son règne, ce mot, devenu historique a été l'objet de bien des commentaires, de plusieurs erreurs.

Parmi les plus célèbres, il en est une qui a reçu pour ainsi dire la consécration officielle ; dans une bouche autorisée, la parole de l'Empereur est devenue : « Je l'aurais fait Ministre d'État (A). »

(A) Le mot a été prêté à l'Empereur par M. Gaston Boissier, aux fêtes d'octobre 1884, à Rouen, à propos du deuxième centenaire de la mort de Corneille.

Il importe d'autant plus de relever cette erreur que, dans l'entretien qu'il eût en 1811 avec le cardinal Maury, Napoléon après avoir prononcé cette parole, qu'il ne fit que répéter à Sainte-Hélène : « Je l'aurais fait prince » répondit à Maury qui lui disait : « Et pourquoi pas Ministre ? » — « Parce que, dit l'Empereur, j'ai fait l'expérience que les hommes qui faisaient les plus belles phrases étaient aussi ceux qui faisaient la plus méchante besogne. »

En tout cas, le mot de Napoléon peut-être l'objet d'un rapprochement bien curieux. Voltaire, dans une lettre qu'il écrivait, le 24 juin 1761, à l'abbé d'Olivet, entretenait son correspondant de la publication d'un almanach, quelque chose comme l'annuaire national d'aujourd'hui. L'Académie avec tous ses membres depuis la fondation, devait y figurer. Voici le rang qu'il désignait à ce corps illustre :

« Je crois que je pourrai hardiment donner les noms de tous les Académiciens que je mettrai immédiatement après les princes, *attendu qu'ils sont confrères de Corneille.* »

Cette rencontre entre Voltaire et Napoléon n'est-elle pas des plus curieuses et ne méritait-elle pas d'être signalée ici ?

Victor Hugo, dans son discours de réception à l'Académie française, prononcé en présence du duc d'Orléans, prince royal, ne manqua pas de répéter le mot de l'Empereur avec une intention personnelle qui n'échappa à personne.

L'Empereur, avons-nous dit, avait donné lui-même une variante de ce mot resté célèbre. En mars 1813 (1), le Ministre de l'Intérieur avait proposé à l'Empereur « d'accorder une pension annuelle et viagère de trois cents francs à deux demoiselles, descendantes directes de Pierre Corneille. » Napoléon écrivit en marge du rapport : « Ceci est indigne de Corneille, *de celui dont nous ferions un roi.* Mon intention est de faire baron l'aîné de la famille avec une dotation de dix mille francs de rentes ; je ferai baron l'aîné de l'autre branche avec une dotation de quatre mille francs de rentes, s'ils ne sont pas frères. Quant aux demoiselles, savoir leur âge et leur accorder une pension telle qu'elles en vivent. »

Voilà ce que Napoléon pensait du génie, et comment il savait l'honorer !

Racine, dont Napoléon reconnaissait aussi le talent, était beaucoup moins bien traité que Corneille. Le doux poète avait trop sacrifié aux mœurs de son temps : « L'amour, disait Napoléon à Sainte-Hélène, au xviie siècle, et plus tard encore, était toute l'affaire de la vie de chacun. C'est toujours le lot des sociétés oisives. Pour nous, nous en avons été brutalement détournés par la Révolution et ses grandes affaires. »

Cependant, dans les longues veillées de l'exil, Napoléon aimait à se faire lire, souvent même il lisait à haute voix *Phèdre* et *Athalie*, et chaque fois il s'extasiait davantage.

S'agissait-il de *Mithridate*, le général prenait le pas sur le critique littéraire, comme il l'avait fait pour l'*Énéide*, et Napoléon disait alors : « Le récit peut être beau ; mais le fameux plan de campagne n'a point de sens comme conception. »

Quant à *Britannicus*, l'Empereur entrait dans les détails ; il louait la vérité du caractère de Narcisse, observant que c'était toujours en blessant l'amour-propre des princes qu'on influait le plus sur leurs déterminations. Il a dit qu'on reprochait ici à Racine un dénouement trop prompt ; qu'on ne pressentait pas d'assez loin l'empoisonnement de Britannicus.

S'il comparait entre eux les deux grands tragiques, Napoléon avouait ses préférences pour Corneille, parce qu'il connaissait le monde « et cela, ajoutait-il, était d'autant plus beau qu'il n'y allait pas ! »

Sainte-Beuve, dans son étude sur Châteaubriand, s'exprime ainsi à propos de Napoléon : « Corneille le frappa d'abord. Il ne vint que plus tard à Racine. De bons juges qui l'observaient de près, ont noté le moment où commença à se former en lui cette admiration plus réfléchie, et, si j'ose dire, plus civilisée pour le théâtre de Racine. »

Napoléon aimait beaucoup moins le genre comique ; c'est dire qu'il n'avait pas pour Molière la même admiration que pour Corneille ou Racine. Son génie comprenait bien mieux le genre noble, grandiose de la tragédie. Il n'eut, d'ailleurs, que fort peu d'occasions d'exprimer son opinion sur le grand comique. On remarqua beaucoup qu'à Erfurth, les œuvres de Molière furent tenues en dehors des représentations (a). Napoléon s'étonnait de la décision de Louis XIV, à propos de *Tartuffe;* il n'en aurait point permis la représentation, à cause du caractère de la pièce : « Elle présente, à mon avis, disait-il, la dévotion sous des couleurs si odieuses; une certaine scène offre une situation si décisive, si complètement indécente que, pour mon propre compte, je n'hésite pas à dire que si la pièce eût été faite de mon temps, je n'en aurais pas permis la représentation. »

Il faut reconnaître, pour être juste, que les circonstances n'étaient pas les mêmes; sous Louis XIV, le bigotisme, l'hypocrisie triomphaient partout : au lendemain de la Révolution, au contraire, Napoléon, en chef d'État soucieux des vrais principes de gouvernement, n'avait qu'un devoir, protéger la religion et ses pratiques contre les sarcasmes de l'athéisme, hier encore triomphant.

Napoléon n'avait pas assez de verve pour critiquer la déplorable habitude qu'on a de faire apprendre aux enfants les fables de La Fontaine. Comment peuvent-ils les comprendre, disait-il ? De plus, leur morale n'est-elle pas mauvaise ? Et il prenait comme exemple la fable du loup et de l'agneau,

---

(a) Sainte-Beuve a insinué, et non sans grande apparence de vérité, que le peu de goût de Napoléon pour Molière pouvait bien venir de ce que « les auteurs comiques ont, de temps en temps, de ces mots qui percent à fond tout l'homme et qui démasquent à l'improviste la comédie humaine. Quand on joue soi-même un rôle et qu'on monte une pièce sérieuse et solennelle, il n'est pas sûr d'admettre en tiers ces témoins-là. La tragédie classique, même celle de Corneille, tire moins à conséquence... »

dans laquelle le droit du plus fort est érigé en maxime de conduite, et proclamé comme le meilleur de tous les principes.

Mme de Sévigné n'avait pas su conquérir ses bonnes grâces. A Sainte-Hélène, il laissait entendre à mots couverts qu'il croyait qu'elle avait été la maîtresse de Fouquet. Quant à ses *Lettres*, il leur préférait de beaucoup celles de Mme de Maintenon (A). Il disait des écrits de la grande Marquise : « Quand on en a beaucoup lu, il ne reste rien. Ce sont des œufs à la neige dont on peut se rassasier sans charger son estomac. »

Un soir, à Sainte-Hélène, le traité de la *Direction de la conscience d'un Roi* par Fénelon tomba sous la main de l'Empereur. Il en lut quelques passages, les sabrant tout d'abord avec beaucoup d'esprit et de gaieté ; puis il jeta le livre en disant que le nom d'un auteur n'avait jamais influé sur son opinion, qu'il avait toujours jugé les ouvrages sur ce qu'ils lui faisaient éprouver, louant volontiers, censurant de même, et qu'ici, en dépit du nom de Fénelon, il n'hésitait pas à prononcer que c'était autant de rapsodies.

Lesage, auteur comique, devait avoir sa part de la réprobation générale que Napoléon faisait peser sur ce genre d'auteurs ; sans doute, l'Empereur reconnaissait que *Turcaret* était plein d'esprit ; mais il se déclarait rebuté par cette abjection qui est le véritable cachet de Lesage.

(A) Il se rencontrait en cela avec nombre de bons esprits littéraires. V. Sainte-Beuve. *Causeries du lundi*, t IV, Mme de Maintenon.

D'un autre côté, si *Gil-Blas* était plein d'esprit, l'Empereur ne pouvait oublier qu'il aurait mérité les galères, lui et tous les siens.

La préférence que Montesquieu avouait pour le système constitutionnel de l'Angleterre, faisait que Napoléon estimait peu ce théoricien politique.

On était encore trop près des écrivains précurseurs de la Révolution pour que Napoléon ne leur ait pas fait une grande place dans ses entretiens et dans ses critiques.

On sait la correspondance que, tout jeune encore, il eut avec le célèbre abbé Raynal; celui-ci devait survivre à beaucoup de ses contemporains dans l'estime de Napoléon, et, lorsque le Premier Consul fit aménager la bibliothèque de la Malmaison, il exigea qu'un médaillon fut réservé et que le nom de Raynal fut inscrit parmi ceux d'Homère, du Dante, et de tous les grands auteurs qui ont fait honneur à l'esprit humain (A).

Diderot, Jean-Jacques sont discutés eux aussi.

On sentira dans les jugements de Napoléon sur les auteurs de cette époque une certaine acrimonie, une véritable partialité. Il n'aime pas les Encyclopédistes ; ce sont les ancêtres directs des idéologues sur le compte desquels nous connaissons son opinion.

(A) Un autre écrivain de cette époque, Rulhière, eut aussi l'honneur d'attirer l'attention de l'Empereur. En 1806, dans un but politique, bien plus que comme encouragement aux lettres, puisque Rulhière était mort depuis quinze ans, Napoléon ordonna de publier le manuscrit de cet auteur sur l'*Histoire de l'anarchie de Pologne et du démembrement de cette République*. V. à ce propos Sainte-Beuve. *Causeries du lundi*, tome IV, p. 583.

Et cependant, dans Diderot, ce n'est pas le philosophe qu'il attaque, c'est l'écrivain. Il déclare que le *Père de famille* est une pièce pitoyable. « Tout y est faux et ridicule, dit-il. A quoi bon parler à un insensé dans le fort de la fièvre chaude ? Ce sont des remèdes qu'il lui faut ; de grandes mesures, et non des arguments. Qui ne sait que la seule victoire contre l'amour, c'est la fuite ? Mentor, quand il veut guérir Télémaque, le précipite dans la mer. Ulysse, quand il veut se préserver des sirènes, se fait lier, après avoir bouché avec de la cire les oreilles de ses compagnons. »

Rousseau avait voulu constamment se soustraire à la discipline et à l'esprit de caste des Encyclopédistes. Napoléon ne lui en sait aucun gré.

Il ordonnera bien que l'on réclame les dépouilles mortelles de Jean-Jacques et il dit au Ministre de faire « ces démarches de la manière la plus honorable pour Jean-Jacques Rousseau (1) ; » il reconnaîtra bien les beautés de la *Nouvelle Héloïse ;* il en fera ressortir le charme du style et des expressions ; s'il trouve le sujet chargé, s'il regrette que Rousseau ait fait de l'amour un tourment et non pas un plaisir, en revanche, il avouera que « cet ouvrage a du feu, qu'il remue et qu'il inquiète. » Tout cela est impartial. Mais le jugement d'ensemble est sévère ; c'est celui d'un homme d'État doublé d'un penseur, et, parmi les philosophes eux-mêmes, beaucoup n'y contrediraient pas : « Il eut mieux valu pour le repos de la France, que cet homme n'eût jamais existé. »

Voltaire, le roi de l'époque, est pour l'Empereur un véritable ennemi devant lequel il ne désarme pas. Il ne pouvait lui pardonner son cosmopolitisme qui était la négation même de cette idée de Patrie qui trouve sous Napoléon sa première formule ; il ne comprenait pas son engouement pour l'Angleterre, ses institutions, ses lois, ses écrivains ; il n'admirait pas le souffle d'indépendance qui passe dans tous les écrits de Voltaire. Par tempérament, Napoléon était opposé à ceux qui font profession de renverser l'édifice social, sans avoir quelque chose à mettre à la place : c'était-là, pour lui, la grande faute de Voltaire.

De là ces jugements sévères qui passeront souvent par-dessus le philosophe pour aller frapper même le littérateur.

La critique de *Mahomet* est assurément une des productions littéraires les plus curieuses qui soit sortie de la plume de l'Empereur.

Pendant son règne, Napoléon n'avait exprimé que des idées générales, des vues d'ensemble, bornées le plus souvent à l'étude de ses contemporains. C'est à propos des *Templiers* de Raynouard qu'il fut amené à cette conversation où passant en revue Corneille, Racine et Voltaire, il déposait en germe toute son esthétique littéraire qui n'était que la littérature mise au service de la politique la plus abstraite.

A Sainte-Hélène, pendant les longues heures de l'exil, Napoléon entre dans des détails qu'aurait difficilement abordé même un critique de profession. Et cependant, dans cette œuvre de dissection où il refait pour ainsi la tragédie de Voltaire, supprimant des vers, créant des situations nouvelles, dans cette scrupuleuse et minutieuse étude où il ne semble y avoir de place que pour la Littérature, Napoléon reste encore le général merveilleux, l'homme d'État créateur.

Toutes ses critiques partent de ce point central pour y revenir, comme s'il se sentait invinciblement attiré à parler de ces choses qu'il exécutait si bien.

Napoléon adresse à l'œuvre de Voltaire trois reproches, et, quand il les a développés, il refait la pièce telle qu'il la conçoit.

Le premier des défauts qu'il signale, c'est l'amour de Mahomet pour Palmyre. Il trouve qu'un grand homme ne doit pas être ainsi représenté sur la scène, en butte aux passions humaines dans ce qu'elles ont de plus universel et de plus commun. Il est permis de s'écarter de l'opinion du critique impérial ; l'école moderne a montré que les plus grands hommes pouvaient avec succès monter sur le théâtre avec les passions dont ils ne sont pas plus exempts que les autres hommes, et Voltaire, dans la tragédie de Mahomet, a précisément prouvé qu'il était, sous ce rapport, comme sous bien d'autres, un grand précurseur.

Il y a une autre critique de détail qui est plus juste : on reconnaîtra sans peine, en effet, que « la situation des esprits et la force des factions dans la Mecque ne sont pas suffisamment développées » et que « la politique de Mahomet est à peine et très faiblement tracée. »

Le troisième reproche que Napoléon adresse à cette œuvre, est certainement le plus important ; il est exposé d'une façon spéciale et curieuse.

Pourquoi Mahomet a-t-il, à deux reprises, employé le poison? Sont-ce là des procédés de gouvernement ? Et Voltaire devrait-il laisser croire aux spectateurs que le prophète n'avait pour ranger sous le Croissant les peuples convertis, qu'à immoler de temps à autre quelques victimes? Pour tout dire, Napoléon reprochait à Voltaire de n'avoir pas fait Mahomet aussi grand qu'il l'aurait rêvé.

L'Empereur était un admirateur fanatique et passionné de Mahomet; il lisait et relisait souvent le *Coran;* il voyait presque dans Mahomet son propre portrait et c'est avec un accent de conviction personnelle qu'il le défendait en ces termes: « Quoi ! Mahomet qui a détruit les faux dieux, renversé le temple des idoles dans la moitié du monde, propagé plus que qui que ce soit la connaissance d'un seul Dieu dans l'Univers, Mahomet considéré comme prophète à Constantinople, à Dehli, au Grand Caire, au Maroc, Mahomet ne serait arrivé à ces grands résultats que par les moyens qu'ont employés les Damiens et les Bastide?... Mahomet fut un grand homme, intrépide soldat ; avec une poignée de monde il triompha au combat de Bender ; Grand capitaine, éloquent, grand homme d'État, il régénéra sa patrie. »

N'est-ce pas, en effet, qu'après cette vigoureuse

sortie on ne retrouve plus qu'à peine le critique littéraire, tandis que le général et l'homme d'État reparaissent dans une vision de grandeur évanouie.

Nous savons par une lettre de Voltaire à d'Argental (19 janvier 1741) que le poète avait songé à donner à sa tragédie un autre dénouement. Mahomet demandait à son fidèle Omar de lui donner la mort en cachant à tous les yeux : « Que Mahomet coupable est faible et malheureux. »

Dans la version définitivement adoptée par Voltaire, Mahomet, après la mort de Palmyre, sa victime, conserve l'existence ; il se borne à dicter à Omar la conduite qu'il devra tenir :

« Cache au moins ma faiblesse et sauve encore ma
[gloire :
Je dois régir en Dieu l'Univers prévenu ;
Mon Empire est détruit si l'homme est reconnu. »

Cette situation, l'allusion qu'elle comportait à l'adresse de la souveraine puissance, ne pouvait manquer de frapper Napoléon. Qui s'étonnerait que ce soit pour effacer ces trois vers, que l'Empereur ait voulu supprimer l'amour de Mahomet pour Palmyre, suppression qui entraîne, comme il le demande, le sacrifice des vingt-quatre derniers vers de la pièce.

Faut-il ajouter pour être complet dans l'étude de ce morceau de critique, que le style ne répond pas toujours aux beautés séduisantes du fond ? Que penser de phrases comme celles-ci :

« Pour que l'ouvrage de Mahomet soit vraiment digne de la scène, *il faut qu'il puisse être lu* sans indignation *aux yeux* des hommes éclairés de Constantinople comme de Paris...

« La scène VIe du IVe acte serait à retrancher. *Il faudrait à la place, y substituer* une scène où Séide serait tué, etc... »

L'explication de ces négligences se trouve, je crois, dans ce fait que les compagnons de Napoléon à Sainte-Hélène, ont voulu religieusement et scrupuleusement recueillir le texte même des conversations du captif. Dans les récits historiques, dans les documents qu'il destine à la postérité, il émonde, il corrige son style qui devient alors un modèle de correction et de précision ; mais, dans ces entretiens familiers, dans ces discussions amicales, la fougue de la conversation emporte le narrateur. Il ne compose plus, il n'a plus le loisir de corriger la phrase. On y retrouve, coïncidence curieuse, les fautes si fréquentes dans sa jeunesse. Cette langue française dont il avait à peine étudié les principes, mais qu'il avait devinée d'instinct et dont il avait su triompher, se représente à lui avec les mêmes difficultés. Ces difficultés devant lesquelles il n'a jamais voulu reculer, il recommence non pas à les tourner, mais à les franchir par bonds. La pensée veut aller plus vite que la phrase ; de là, ces heurts, ces saccades qui sont incorrects, mais qui donnent à son style une couleur et une forme toutes spéciales et, jusque dans leurs défauts même, restent inimitables.

L'opinion de Napoléon sur *Mahomet* a cet avantage de nous montrer que si l'Empereur était un critique, et parfois un critique sévère, du moins, ses jugements étaient appuyés sur une étude sérieuse; ils étaient le fruit d'une conviction mûrie et réfléchie.

Aussi, l'opinion d'ensemble que Napoléon portait sur Voltaire n'en est-elle que plus intéressante à connaître.

Résumant un jour une conversation sur les tragiques en général, Napoléon concluait en disant qu'il aimait Racine, qu'il admirait Corneille, mais qu'il faisait peu de cas de Voltaire, « plein de boursouflure et de clinquant, ne connaissant ni les hommes, ni les choses, ni la grandeur des passions. »

Beaumarchais est le trait d'union entre les précurseurs de la Révolution et les contemporains de Napoléon.

La *Folle journée* ou le *Mariage de Figaro*, cette pièce dont l'un des noms paraissait lui-même une amère ironie, a été justement regardée comme le glas de l'ancienne monarchie.

La cour et les nobles venaient s'amuser à cette représentation de leurs vices et de leurs ridicules; l'histoire l'a constaté; les philosophes en ont fait l'objet de nombreuses réflexions; nul n'a dit un mot plus juste que celui de l'Empereur dans son énergique concision : « C'était la Révolution, déjà en action. »

C'est dans un rang bien inférieur à celui qu'occupe Beaumarchais, qu'il faut placer Fabre d'Églantine, dont la pièce intitulée le *Philinte de Molière*, eut l'honneur d'attirer la critique impériale.

Napoléon disait à M. de Bausset, Préfet du Palais, qu'il trouvait l'intrigue de cette pièce, pitoyable sous tous les rapports : « Il faut convenir, ajoutait-il, que tout cela est bien pauvre d'invention. Pour ce qui est de l'exécution, j'ai vu représenter plusieurs fois cette comédie dans ma jeunesse ; j'en ai toujours trouvé le style barbare et étrange pour la fin du xviiie siècle. »

Après cette pièce trop surfaite, après cet auteur qui devait finir sur l'échafaud à côté de Danton et de Camille Desmoulins, qui protestaient en disant qu'ils ne voulaient pas être exécutés en même temps qu'un voleur, nous arrivons au poète sensible, à l'homme vertueux qui devait embellir la langue française de ces deux ravissantes nouvelles : *Paul et Virginie* et la *Chaumière Indienne*.

Le 13 septembre 1797, Bonaparte écrivait à Bernardin de Saint-Pierre : « Votre plume est un pinceau. Il manque à la *Chaumière Indienne* une troisième sœur. »

Sous l'Empire, Napoléon ne rencontrait pas cet auteur sans lui dire : « Eh bien ! Monsieur Bernardin de Saint-Pierre, quand nous donnerez-vous des *Paul et Virginie* ou des *Chaumière Indienne ?* Vous devriez nous en fournir tous les six mois. »

A Sainte-Hélène, Napoléon revenait sur le premier de ces ouvrages. Il disait qu'il l'avait aimé dès sa jeunesse. Il en faisait ressortir les meilleurs endroits, et ceux-là étaient toujours simples et naturels. Ceux où se trouvaient de ces idées abstraites, si fort à la mode à l'époque où l'ouvrage fut publié, étaient tous « froids et manqués. »

Mais, en revanche, l'Empereur n'aimait pas les *Études de la nature*. « Bernardin, disait-il, était à peine géomètre, et cet ouvrage était si mauvais, que les gens de l'art dédaignaient d'y répondre. »

Parmi les écrivains contemporains du règne de l'Empereur, Mme de Staël et Châteaubriand sont seuls hors de pair. Nous savons déjà ce que Napoléon pensait de la première : l'opposition qu'elle lui faisait, n'empêchait pas l'Empereur de rendre justice à son talent. L'impartialité ne l'obligeait pas cependant, à ne pas mettre certaines restrictions à ses éloges. C'est ainsi qu'à Sainte-Hélène, il critiquait *Delphine*, et que, quant à *Corinne*, il disait : « Madame de Staël s'est si bien peinte dans son héroïne, qu'elle est venue à bout de me la faire prendre en grippe. Je la vois, je l'entends, je la sens, je veux la fuir et je jette le livre. »

Les démêlés de l'Empereur avec Châteaubriand, ne l'empêchèrent pas de rester impartial, et dans une dictée de Sainte-Hélène (1), c'est avec une véritable coquetterie qu'il s'exprimait ainsi : « Châteaubriand a reçu de la nature le feu sacré ; ses ouvrages l'attestent. Son style n'est pas celui de Racine ; c'est celui d'un prophète. Il n'y a que lui au monde qui ait pu dire impunément à la tribune des Pairs que la rédingotte grise et le chapeau de Napoléon, placés au bout d'un bâton sur la côte de Brest, feraient courir l'Europe aux armes (A). »

(A) Sainte-Beuve a bien constaté la nature de ce sentiment de l'Empereur : « Malgré tout, on peut affirmer avec certitude que Napoléon ne rencontra nulle part une poésie qui répondît

Cependant l'Empereur n'était pas fâché de montrer, ou, du moins, de chercher à démontrer que le *Génie du Christianisme* n'avait été pour rien dans la renaissance religieuse au lendemain de la Révolution ; c'était dire par là même que cette renaissance était l'œuvre du Concordat. Aussi, à Sainte-Hélène (1), l'Empereur écrivait-il avec complaisance que la Cour de Rome avait sur le *Génie du Christianisme* cette opinion que c'était un livre qui faisait une plaisanterie de la religion.

Par suite de cette disette et de cette pénurie d'écrivains vraiment dignes de ce nom, des talents estimables, mais de second ordre, comme Delille et Raynouard devaient naturellement se trouver surfaits.

Ce que Napoléon signalait dans la *Pitié* de Delille, c'était les vers bien faits, le langage pur, les idées agréables ; mais, à côté de cela, quel manque de création et de chaleur. Sans doute, comme versification, c'était bien supérieur à Voltaire ; mais quelle différence néanmoins entre cette œuvre et celle des vrais grands maîtres !

Napoléon devait naturellement être frappé par tout le bruit qui se faisait autour de la tragédie des *Templiers*. De là sa lettre du 1ᵉʳ juin 1805, adressée de Milan à Fouché, écrite avant d'avoir lu la

---

pleinement à la sienne et qui le satisfit. Châteaubriand seul, lui en offrait quelques traits ; aussi, malgré les incartades qu'il en essuya il lui conserva toujours une prédilection et lui rendit justice. Il le jugeait en définitive avec le calme que donne le sentiment de la supériorité. » Châteaubriand, au contraire, ne fut jamais juste pour Napoléon (*Châteaubriand et son groupe littéraire sous l'Empire*, t. I, p. 398).

pièce : « Il me paraît que le succès de la tragédie des *Templiers* dirige les esprits sur ce point de l'histoire française : cela est bien, mais je ne crois pas qu'il faille laisser jouer des pièces dont les sujets seraient pris dans des temps trop près de nous. Je lis dans un journal qu'on veut jouer une tragédie de Henri IV. Cette époque n'est pas assez éloignée pour ne point réveiller les passions. La scène a besoin d'un peu d'antiquité et, sans trop porter de gêne sur le théâtre, je pense que vous devez empêcher cela sans faire paraître votre intervention... Pourquoi n'engageriez-vous pas M. Raynouard, qui paraît avoir du talent, à faire une tragédie du passage de la première à la deuxième race ? Au lieu d'être un tyran, celui qui lui succéderait serait le sauveur de la nation. C'est dans ce genre de pièces surtout que le théâtre est neuf ; car, sous l'ancien régime, on ne les aurait pas permises. L'oratorio de Saül n'est pas autre chose ; c'est un grand homme succédant à un roi dégénéré. »

On sent, sous ces masques antiques, toutes les allusions contemporaines que Napoléon cherchait ainsi à provoquer.

A son retour de Milan, Napoléon vit la pièce et c'est alors qu'il constata dans cette tragédie le défaut absolu d'*inspiration politique*.

Aussi, est-ce en connaissance de cause que, dans la fameuse scène littéraire du bivouac d'Austerlitz, Napoléon disait à ses interlocuteurs que l'auteur avait eu le plus grand tort de rendre les Templiers sympathiques afin que l'odieux de cette

histoire pesât d'un poids plus lourd sur la royauté.
« Les *Templiers*, disait-il, c'est une tragédie manquée ; je l'ai dit à l'auteur qui ne me le pardonnera jamais, je le sais d'avance. Il n'y a qu'un seul caractère suivi dans cette pièce, un seul qui se tienne, c'est celui d'un homme qui veut mourir (A) ; mais cela n'est pas dans la nature, cela est faux, cela ne vaut rien. Il faut vouloir vivre et savoir mourir ; voilà la vérité. »

Pour en finir avec cette pièce, nous allons citer les principales critiques que Napoléon lui adressait dans une conversation qu'il eut, sous l'Empire, avec Bausset, préfet du palais et que celui-ci nous a transmise dans ses *Mémoires*. « Cette pièce, en général, m'a paru très froide, disait l'Empereur, parce que rien ne vient du cœur et n'y va. » L'auteur a voulu éclaircir un point d'histoire ; c'était inutile. « L'entière innocence des Templiers, leur entière perversité sont également incroyables : serait-il donc si pénible de rester dans le doute, lorsqu'il est bien évident que toutes les recherches ne pourraient *arranger* un résultat satisfaisant. »

Le vrai caractère de Philippe le Bel était théâtral ; c'était donc un grand bonheur de se trouver ici d'accord avec l'histoire. « Au lieu de cela, M. Raynouard nous le présente comme un homme froid, impassible, ami de la justice, qui n'a aucune raison d'aimer ou de haïr les Templiers... L'auteur paraît surtout avoir oublié une maxime classique

---

(A) Rôle du jeune Marigny, secrètement affilié aux Templiers, que son père a juré de faire périr et impatient de mourir avec eux.

établie sur une véritable connaissance du cœur humain : c'est que le héros d'une tragédie, pour intéresser, ne doit être ni tout à fait coupable, ni tout à fait innocent. Il aurait pu, sans s'écarter de la vérité historique, faire l'application de ce principe au grand maître des Templiers, mais il a voulu le représenter comme un modèle de perfection idéale, et cette perfection idéale sur le théâtre est toujours froide et sans intérêt... Toutes les faiblesses, toutes les contradictions sont malheureusement dans le cœur des hommes et peuvent offrir des couleurs éminemment tragiques. »

Suivant son habitude, l'Empereur refaisait la pièce, corrigeait les rôles, changeait le fond même de la tragédie. Il n'est pas jusqu'à certains mots qui n'aient été critiqués par lui. Ainsi, l'auteur mettait dans la bouche de Philippe le Bel le mot d'*échafaud* et Napoléon de faire cette remarque : « Un roi emploie quelquefois l'échafaud ; mais ce mot ne sort jamais de sa bouche. »

En général, les règles tracées par Napoléon, les observations qu'il présente ont une autre importance : « Pourquoi l'auteur a-t-il négligé d'exciter la sensibilité par le spectacle de ces grandes vicissitudes de la fortune qui renversent tout à coup les grandeurs les plus solidement établies en apparence et vouent au malheur des hommes distingués par d'éclatants services et par une naissance illustre ? Toutes ces réflexions, quand elles sortent naturellement du sujet, et qu'elles ne sont point amenées avec affectation et d'une manière trop commune, parlent toujours à l'âme du spectateur. L'histoire offrait également à l'auteur des couleurs assez tranchées pour donner une physionomie forte et prononcée à deux ministres tels que Nogaret et Engherrand ; mais il a mieux aimé en faire deux membres subalternes des comités. Quant à la reine Jeanne et par quelques vers qu'il lui a donnés, ce rôle peut conduire à des allusions... »

Voici la conclusion de Napoléon sur cette pièce : « Du reste, cette tragédie est naturellement écrite, il y a de beaux vers et des pensées heureusement exprimées. Cependant, je persiste à penser qu'il doit en être de cette pièce, comme du procès des Templiers, et qu'elle n'est ni aussi bonne, ni aussi faible qu'on l'a prétendu ; comme les Templiers n'étaient probablement ni aussi innocents, ni aussi coupables qu'on l'a raconté. »

Quelle qu'ait été la désillusion de l'Empereur à propos de cette pièce des *Templiers*, Napoléon comptait encore sur Raynouard pour relever le niveau des lettres françaises. Je n'en veux pour preuve que cette lettre du 31 décembre 1806, à Fouché : « M. Raynouard est très capable de faire de bonnes choses, s'il se pénètre bien du véritable esprit de la tragédie chez les anciens : la fatalité poursuivait la famille des Atrides, et les héros étaient coupables sans être criminels ; ils partageaient les crimes des dieux. Dans l'histoire moderne, ce moyen ne peut être employé ; celui qu'il faut employer c'est la nature des choses ; c'est la politique qui conduit à des catastrophes sans des crimes réels. M. Raynouard a manqué cela dans les *Templiers*. S'il eût suivi ce principe, Philippe le Bel aurait eu un beau rôle ; on l'eût plaint et on eût compris qu'il ne pouvait faire autrement. Tant que le canevas d'une tragédie ne sera pas établi sur ce principe, elle ne sera pas digne de nos grands maîtres. Rien ne montre davantage le peu de connaissance que beaucoup de nos auteurs font voir des moyens et des ressorts de la tragédie que les procès criminels qu'ils établissent sur la scène. Il faudrait du temps pour développer cette idée et vous sentez que j'ai autre chose à penser. Toutefois, je crois l'auteur des *Templiers* capable de faire de bonnes choses.

La tragédie des *Etats de Blois*, écrite en mai 1804, arrêtée pendant six ans par la censure, devait-elle réaliser les espérances de Napoléon ? Il est certain que non.

Rencontrant l'architrésorier Lebrun, quelques jours après une représentation qui en avait été donnée à la cour (1), Napoléon se plaignit beaucoup de ce sujet qu'il trouvait mauvais : « M. Raynouard, dit-il, a manqué tout à fait son affaire ; il ne montre ici d'autre talent que celui de la versification. Il viole la vérité de l'histoire ; ses caractères sont faux ; sa politique est dangereuse et peut être nuisible... Il y a dans sa pièce pour tous les partis, pour toutes les passions ; si je la laissais donner à Paris, on pourrait venir m'apprendre que cinquante personnes se sont égorgées dans le parterre. De plus, l'auteur a fait d'Henri un vrai Philinte et du duc de Guise un Figaro, ce qui est trop choquant en histoire. Le duc de Guise était un des plus grands personnages de son temps, avec des qualités et des talents supérieurs et auquel il ne manqua que d'oser pour commencer, dès lors, la quatrième dynastie... L'auteur a plus d'une fois étrangement méconnu toutes les convenances. »

A la représentation, on ne manqua pas de remarquer quelques allusions qui indisposèrent évidemment l'Empereur. Comment pouvait-il prendre des vers comme ceux-ci :

> « Souvent par un rapide et terrible retour
> Le héros de la veille est le tyran du jour ! »

Et celui-ci :

> « Qui parle est factieux, et qui se tait conspire. »

De plus, il y avait une allusion, voulue ou non, à l'événement de Vincennes. Crillon refusait de participer au meurtre du duc de Guise et toute la salle semblait se rappeler, qu'en 1804, Murat lui aussi avait refusé de prendre la moindre part au procès du duc d'Enghien.

Dès lors, Napoléon devait perdre à tout jamais son dernier espoir de voir, sous son règne, la place de Corneille occupée par un écrivain français.

Ce ne sont ni les Laharpe, ni les Lemercier, ni Luce de Lancival, impuissants ou silencieux, qui devaient remplir le vide que laissait Raynouard. Les jugements de Napoléon sur les écrivains secondaires ne sont ni très importants, ni, par conséquent, bien intéressants (1).

Dans le drame de *Mélanie*, la prise d'habit d'une religieuse est la scène principale. Napoléon en disait : « Laharpe ne fait que de fausses peintures ; il ne fallait point attaquer des institutions vicieuses avec des instruments vicieux. »

L'*Hector* de Luce de Lancival lui plaisait beaucoup plus ; il y trouvait de la chaleur, de l'élan et l'appelait une *pièce de quartier général*, assurant qu'on irait mieux à l'ennemi après l'avoir entendue.

Enfin, il ne faudrait pas oublier que Napoléon fut le collaborateur d'Arnault. Un jour le futur Empereur lui avait dit : « Faisons une tragédie ensemble. » — « Volontiers, général, répondit l'auteur, mais quand nous aurons fait ensemble un plan de campagne. » L'occasion se présenta, à bord de l'*Orient*, pendant qu'on faisait voile pour l'Égypte. Arnault a reconnu, dans la dédicace des *Vénitiens* que l'idée du V° acte de cette tragédie était dûe au général Bonaparte et Sainte-Beuve qui raconte la chose dit que le conseil était bon car la pièce de romanesque qu'elle était, dans l'esprit de l'auteur, atteignit ainsi l'effet tragique (1).

Quant au poème de *Charlemagne*, œuvre de son frère Lucien, Napoléon y trouvait du travail et de l'esprit : mais pas de couleur, pas de but, pas de résultat. « C'est une histoire en vers, disait-il, et non pas un poëme épique... » Il aurait préféré que Lucien, profitant de son séjour forcé à Rome, passât son temps à faire une bonne histoire d'Italie : « Il eût fait un vrai présent au monde littéraire et se fût rendu immortel. » Son poème, au contraire, ne lui attirera aucune réputation, « ... Il s'ensevelira dans la poussière des bibliothèques et son auteur obtiendra tout au plus quelques minces articles, peut-être ridicules, dans les dictionnaires biographiques ou littéraires. »

Le mouvement historique était presque aussi nul que le mouvement littéraire ; les historiens nationaux lui semblaient à peine suffisants, si l'on en croit cette lettre à Fouché (1) : « J'ai parcouru l'*Histoire du Directoire* de Lacretelle ; elle m'a paru écrite en bon esprit. J'ai remarqué sur le siège de Saint-Jean d'Acre des choses ridicules, telles que celles sur S. Smith qui n'est qu'un fou qui n'a rien fait. Il n'avait que deux vaisseaux de guerre avec lesquels il croisait et, par là, il maintenait les Turcs, maîtres de la mer ; du côté de la terre, il n'a contribué en rien au siège. Si M. de Lacretelle fait une autre édition, il faut qu'il change cela pour la vérité de l'histoire. C'est la seule chose qui m'a frappé, parce qu'elle tend à donner de la réputation à un homme qui ne la mérite pas. Ce qu'il dit de Phélippeaux et autres ingénieurs émigrés, cela est vrai. »

Si Napoléon désirait avoir une littérature officielle et soumise, il réclamait encore bien plus ces deux choses de l'histoire. Nous le savons déjà ; en voici une nouvelle preuve dans cette lettre écrite pendant la campagne d'Iéna (2) : « Je vous envoie un manuscrit trouvé dans le cabinet du roi de Prusse ; je désire qu'il soit imprimé à Paris sur beau papier et que vous fassiez faire par un homme de lettres un précis rapide qui peigne toute l'indignité du partage de la Pologne et son influence sur l'abaissement de la Suède et de la Porte et, dès lors, sur l'équilibre de l'Europe. »

L'Empereur, visitant un jour le lycée Napoléon,

se fit présenter les deux élèves que leurs succès désignaient comme des littérateurs et des écrivains d'avenir.

On fit sortir des rangs deux jeunes gens sur le point de quitter le collège; l'Empereur ayant dit qu'il leur accorderait une grâce à leur choix, le premier demanda l'exemption du service militaire : le second sollicita, au contraire, une place de sous-lieutenant. L'Empereur tint sa promesse ; mais il ne dissimula pas toutes ses préférences pour le second.

Le premier s'appelait Casimir Delavigne et l'autre Barjot de Montluçon. Lorsqu'il passait les troupes en revue, Napoléon adressait toujours la parole à celui-ci; devenu lieutenant, Barjot mourut à Bautzen.

Quant à Casimir Delavigne, qui avait débuté dans la carrière littéraire par un *Dithyrambe sur la naissance du roi de Rome*, la protection de Napoléon ne lui fut pas inutile; la sinécure qu'il obtint de la faveur impériale lui permit de se livrer à ses goûts littéraires et c'est ainsi que celui qui devait servir de transition entre l'école absolue des Classiques et les nouveautés, alors si audacieuses, des Romantiques, dut à l'Empereur Napoléon d'avoir été distingué et d'occuper, dans l'histoire littéraire de son temps, la place secondaire, mais honorable, qu'il s'y est faite.

§ 2. — *Napoléon polémiste.*

I. — COLLABORATION DE NAPOLÉON A DIVERS JOURNAUX ET SPÉCIALEMENT AU « MONITEUR »

Napoléon a beaucoup écrit dans les journaux qui parurent sous la Révolution et sous l'Empire. Les bulletins de ses armées étaient un moyen de communication directe et avouée avec le public: ses articles de journaux étaient un nouveau mode d'influence, anonyme celui-là, qu'il se réservait sur ses contemporains. Son public de lecteurs, dans les deux cas, était loin de s'arrêter aux limites de la France, quelque étendues qu'elles fussent alors. Ses bulletins, aussi bien que les articles du *Moniteur*, étaient répandus, distribués gratuitement dans toute l'Europe. Pendant les diverses campagnes et jusqu'aux premiers désastres de la guerre de Russie, des courriers, venant de France, chargés des correspondances officielles ou privées, avaient en outre pour mission de répandre dans les bivouacs de la Grande Armée, des liasses de numéros du *Moniteur*.

Non seulement les soldats étaient instruits ainsi de tout ce qui pouvait les intéresser, mais l'Empereur employait le même système pour tenir les généraux en chef au courant de sa politique. Il écrit, à Berthier, le 9 avril 1811 : « Je désire que vous fassiez partir ce soir le fils du sénateur Lecouteulx, aide de camp du prince d'Essling ; il sera porteur de plusieurs exemplaires du *Moni-*

teur d'aujourd'hui, que vous adresserez au prince d'Essling, au duc d'Istrie et au général Caffarelli. » (*Mémoires et correspondance du roi Joseph*, t. VII, p. 505). Le 19 novembre de la même année, il s'adresse encore au même correspondant: « Envoyez au duc de Raguse les *Moniteurs* d'un mois; il y verra que les Anglais ont dix huit mille malades et paraissent décidés à rester sur la défensive. » (Id., t. VIII, p. 104.)

Ainsi, ses soldats apprenaient de lui, ses pensées sur la politique générale, sur la guerre, sur les divers faits qui se produisaient en France, en même temps que l'Europe anxieuse y cherchait à lire ses futures destinées arrêtées d'avance dans l'esprit du vainqueur. Dans cette direction qu'il donnait ainsi à l'opinion publique, Napoléon mit tout son esprit et toute sa stratégie, et il est à remarquer que là, comme sur les champs de bataille, il réussit presque toujours.

Ainsi que j'ai eu l'occasion de le faire remarquer pour les bulletins de la Grande Armée, le style de Napoléon, toutes les fois qu'il s'adressait au public, était particulièrement correct et châtié; cela est aussi vrai pour les écrits de Sainte-Hélène que pour les articles du *Moniteur* où, malgré l'absence, dans la plupart des cas, de toute trace authentique de la collaboration de l'Empereur, il est facile de retrouver le style et la façon du maître, à cette vigueur correcte et fougueuse à la fois, où Sainte-Beuve prétendait reconnaître toujours « la griffe du Lion. »

C'est à ce procédé, toujours difficile à employer,

dangereux toutes les fois qu'il s'agit d'un autre écrivain, que nous avons eu recours pour retrouver les articles dictés et corrigés par l'Empereur.

Par une sorte de fatalité, les articles dont il s'agit, que la commission devait publier, dans les œuvres complètes, ainsi qu'elle le dit formellement dans son rapport du 20 janvier 1858 (A), furent brûlés ou disparurent lors de l'incendie des ateliers et de l'hôtel du *Moniteur Universel* en 1858.

De cette absence de documents authentiques ne saurait résulter toutefois le moindre doute sur la collaboration de Napoléon au *Moniteur*. Elle est universellement affirmée par les auteurs les plus divers (1), et, M. Thiers, dans un article du *National*, le 24 juin 1830, écrivait : « Nous connaissons, dans le *Moniteur* de 1800 à 1803, des articles écrits par lui pour répondre aux attaques des journaux étrangers, qui sont des chefs-d'œuvre de raison, d'éloquence et de style. » Dans le

---

(A) Il convient toutefois de remarquer que le Président de la seconde commission, le Prince Napoléon, s'est montré opposé à cette publication ; tout en reconnaissant qu'au moment de l'assassinat de Paul Ier et des pourparlers de la paix d'Amiens, Napoléon avait fourni des articles au *Moniteur* il prétendit que ces écrits ne sauraient figurer dans les œuvres de Napoléon : Les articles de journaux, disait-il, ont, d'une façon générale, un caractère qui ne permet pas de les considérer comme représentant l'opinion permanente de l'écrivain, et, par conséquent, leur place n'était pas dans un recueil destiné à conserver à l'histoire des documents invariables ; de plus, presque ordinairement, Napoléon se bornait à corriger quelques mots. L'article en réalité n'était pas de lui. Il n'y a donc là qu'un très petit fragment de la pensée de l'Empereur. — Tout en faisant les réserves les plus absolues sur cette manière de voir, l'auteur doit à la vérité de dire que cette opinion, soutenue de 1864 à 1869 par le prince Napoléon, est encore celle qu'il professe aujourd'hui.

tome III de son *Histoire du Consulat et de l'Empire*, il a donné un résumé de ces divers articles.

M. le comte Rapetti, secrétaire des deux commissions successives de publication, dont les recherches ont été aussi approfondies que possible sur tout ce qui avait trait aux écrits de l'Empereur, a dit, dans la *Nouvelle biographie générale*, à l'article « Napoléon », dont il est l'auteur : « On conserva au *Moniteur*, jusqu'à l'incendie de 1858, de nombreuses épreuves portant des corrections de la main de Napoléon. » Que la destruction de ces épreuves soit le résultat de l'incendie ou qu'on se soit aperçu de leur disparition à cette époque seulement, ce n'est là qu'une question de détail peu intéressante, puisque malheureusement le résultat est le même et que ces documents si curieux et si importants paraissent à jamais perdus pour les lettres et pour l'histoire (1).

D'un autre côté, des épreuves corrigées de la main de Cambacérès, sur l'ordre de Napoléon, qui toutes étaient relatives aux discussions qui eurent lieu au Conseil d'Etat lors de la confection du Code Civil, étaient conservées dans les archives du Conseil d'Etat où elles ont été anéanties par l'incendie criminel de mai 1871.

Enfin pour achever les preuves irréfutables de la collaboration de l'Empereur au *Moniteur*, il suffit de rappeler qu'à Sainte-Hélène, il défendit, devant ses compagnons de captivité, les articles qu'il avait écrits dans ce journal. Cet aveu sorti de la bouche du principal intéressé, serait de nature à lever tous les doutes, s'il pouvait en subsister encore (2).

Active pendant le Consulat et les premiers jours de l'Empire, la collaboration de Napoléon fut bientôt remplacée par une simple direction donnée dans ses grandes lignes par l'Empereur dont Maret reste toujours l'intermédiaire.

D'autres journaux avaient reçu, pendant la Révolution, des articles de Napoléon : Ce furent le *Rédacteur*, journal officiel du Directoire, qui contient les bulletins des opérations militaires de l'armée d'Italie, œuvre que Napoléon n'eût confiée à personne ; le *Journal de Milan*, courrier de l'armée d'Italie ; le *Patriote Français* qui paraissait à Milan pendant les premières campagnes d'Italie ; et enfin la *Décade philosophique* et le *Courrier d'Égypte* (1) qui parurent au Caire. En ce qui concerne spécialement ces deux derniers journaux, ce fut Napoléon qui les fonda et les dirigea d'une façon effective pendant les premiers temps de leur existence.

Napoléon possédait le véritable esprit de la polémique. En dehors même des journaux, il trouve la vraie note. C'est ainsi que dans diverses parties de ses œuvres, nous rencontrons des phrases comme celles-ci : « Que l'inquiétude générale du danger saisisse ce squelette de François II que le mérite de ses ancêtres a placé sur le trône, » (XI. 84) ou le 1er septembre 1805 : « D'ici peu de jours nous verrons qui aura les rieurs de son côté, de la cour de Vienne ou de moi. » Quelquefois, ce sont dans sa correspondance de véritables leçons : « Pour être mère d'un Empereur de Russie, on n'en doit pas moins se souvenir de la maison d'où

l'on sort, » (XI. 419) ou cette phrase à Joséphine :
« Si la reine de Prusse veut voir une bataille, elle
aura ce cruel plaisir. » (XIII. 344) (1)

Ainsi donc, non content de surveiller la presse
comme il le fit pendant tout son règne, Napoléon
trouva même le temps de l'inspirer (2), et ce n'est
pas une chose des moins curieuses, après avoir vu
la manière dont il la comprenait, que de savoir,
comment il mettait lui-même ses vues en pratique.

II. — Idées de Napoléon sur la presse en général

Dans une lettre qu'il écrivait le 24 février 1814,
à son frère Joseph, Napoléon, après avoir annoncé ses succès en Champagne, et avoir parlé
de la terreur des ennemis, ajoute : « Il est nécessaire que les journaux de Paris soient dans le sens
de leurs craintes. Les journaux ne sont pas l'histoire, pas plus que les bulletins ne sont l'histoire.
On doit toujours faire croire à son ennemi qu'on a
des forces immenses. »

Fiévée, dans le tome II de sa correspondance,
page 114, donne la note suivante dictée par Napoléon : « Toutes les fois qu'il parviendra une
nouvelle désagréable au gouvernement, elle ne
doit pas être publiée, jusqu'à ce qu'on soit tellement sûr de la vérité qu'on ne doive plus la dire,
parce qu'elle est connue de tout le monde (3). »

Ces deux théories qui peuvent se résumer dans
cette pensée unique que la presse ne doit être, dans
les mains du pouvoir, qu'un moyen d'action et
quelquefois même de dissimulation, suffiraient pour

condamner au point de vue moderne, l'idée que Napoléon se faisait du rôle de la presse dans un État civilisé : mais il faut, pour juger avec équité l'opinion de l'Empereur, se replacer à l'époque de son règne, au lendemain de la Révolution, et alors, que l'Europe, poussée par l'Angleterre, renouvelait constamment contre la France, ces coalitions qui, d'abord vaincues, finirent par écraser notre pays.

Napoléon, quelque grand administrateur qu'il ait été, n'oubliait jamais qu'il était général ; il portait dans tous les actes de son gouvernement le même esprit d'unité de direction et de but qui caractérise sa tactique militaire. Dans les journaux comme dans les préliminaires d'une bataille, il cherche à tromper l'ennemi, sur le nombre réel de ses troupes ; quand le résultat est obtenu, si l'événement est défavorable, il faut le cacher le plus longtemps possible, afin d'éviter les paniques toujours si terribles : c'est de la stratégie ; ce n'est plus de la politique.

Cet esprit militaire, que Napoléon porte toujours avec lui était, d'ailleurs, constamment tenu en éveil par la préoccupation qui attire ses regards sur l'Angleterre ; c'est par la presse, aussi bien que par les armes, qu'il cherche à l'écraser. Pour arriver à ce résultat, il ne comprend que la dictature qui est inconciliable avec tout esprit de libre discussion, soit à la tribune politique, soit dans les journaux ; aussi faut-il déplorer que l'Empereur ait adopté ce système qui, s'il excuse dans une certaine mesure les entraves qu'il mit aux manifestations de la critique, devait aboutir infailliblement à la négation de toutes les libertés.

Dans cette question, aux aspects multiples, que l'on est convenu d'appeler la liberté de la presse, Napoléon envisageait d'abord deux choses : les ouvrages d'une certaine importance et les feuilles périodiques.

Pour les premiers et jusqu'au décret du 5 février 1810 qui rétablit purement et simplement la censure, Napoléon professa, au début de son règne, un grand libéralisme. Sous ces apparences, il n'y a pas besoin de chercher longtemps les motifs que trouvait sa haute intelligence pour professer une opinion qui donnait à son gouvernement les semblants d'une véritable liberté. Il avoue franchement, dès le 28 juillet 1803, au grand juge Régnier, « que, si la police ne connaît pas un ouvrage de plusieurs volumes avant qu'il soit imprimé, c'est de la faute de la police. » L'histoire est là pour dire que si la police se trompa sous l'Empire, ce ne fut jamais pour avoir manqué à sa mission, mais, trop souvent, pour l'avoir dépassée.

Mais il y a d'autres motifs, et Napoléon les expose aussi franchement à Fouché (1), qui allait toujours trop loin : « Je le dis encore une fois, je ne veux pas de censure, parce que tout libraire répond de l'ouvrage qu'il débite, parce que je ne veux pas être responsable des sottises qu'on peut imprimer, parce que je ne veux pas enfin qu'un commis tyrannise l'esprit et mutile le génie. »

N'en déplaise à la mémoire de l'Empereur, je

crois que ce dernier motif était celui qui le préoccupait le moins ; oui, le génie ne sera pas mutilé, s'il ne traite que de matières religieuses, morales ou littéraires ; de ce côté, l'Empereur est à l'abri de toute attaque ; il n'y a pas de censeurs ou la censure est très bienveillante, donc, il n'approuve pas ou n'incrimine pas l'ouvrage ; il le dit fort bien « il n'est pas responsable des sottises qu'on peut imprimer (1) ; » mais si l'écrivain a dirigé ses traits contre le gouvernement, la police est là pour prévenir le crime et l'ouvrage ne paraît pas (2).

En tous cas, Napoléon proclamait bien haut que la censure doit appartenir au Ministère de l'Intérieur et non à la police : « Qui garantira les écrivains contre les vexations de celle-ci, disait-il au Conseil d'État, si leurs plaintes ne peuvent parvenir que par la police ?... Où irait ce pouvoir exorbitant du Ministère de la Police ? Il serait tout entier dans ses bureaux ; cet inconvénient peut se rencontrer plus ou moins dans le Ministère de l'Intérieur ; mais il n'y sera pas aussi grand, parce que j'en serai averti par la police. »

Pour la presse périodique, Napoléon ne lui laissa aucune liberté, à ce point, qu'après le 18 brumaire, treize journaux seulement continuèrent à paraître, et encore furent-ils l'objet d'une surveillance des plus actives, et ce n'est pas sans étonnement qu'on lit dans nos annales un arrêté consulaire du 8 prairial an VIII qui supprimait *L'Ami des lois* uniquement parce qu'il s'était moqué de l'Institut.

Aussi, pour avoir le droit de vivre, les journaux ne devaient entretenir leurs lecteurs que des événements heureux pour le gouvernement; toute critique leur était interdite. Dans cette modeste sphère, ils n'étaient même pas les maîtres de leurs informations, et c'est dans le *Moniteur* qu'ils devaient venir puiser leurs inspirations et leurs renseignements.

Quelques exemples, pris dans les lettres mêmes de Napoléon, prouveront qu'il n'y a ici aucune exagération. Le 20 mai 1805, il écrit à Fouché pour lui donner l'ordre de ne plus laisser paraître les *Débats*, qu'après qu'ils auront été soumis la veille à une censure. Le censeur, — idée bizarre et sévère à la fois, — recevra douze mille francs d'appointements qui seront payés par les propriétaires du journal. Si la feuille continue les mêmes errements, elle sera supprimée; aussi Napoléon, pour lui éviter cette pénalité, pour empêcher surtout la divulgation de ses plans diplomatiques ou militaires, indique-t-il ce criterium : « Toute nouvelle désagréable et désavantageuse pour la France, les journaux doivent la mettre en quarantaine, parce qu'ils doivent la soupçonner dictée par les Anglais. » Il avait déjà écrit à Fouché, le 28 avril de la même année : « Il est par trop bête d'avoir des journaux qui n'ont que l'inconvénient de la liberté de la presse sans en avoir les avantages et qui, par malveillance ou ineptie, colportent tous les bruits propres à alarmer le commerce et toujours dans le sens et la volonté de l'Angleterre. »

Le 15 décembre 1805, de Schœnbrunn, il écrivait à Joseph : « Je blâme les articles que le *Journal de Paris* ne cesse de publier, et qui sont du plus sot et du plus mauvais goût. »

Enfin, Napoléon ne veut pas que les journaux s'occupent de lui. Le 4 avril 1807, il écrit à Fouché que « les journaux sont, en général, mal dirigés ; » ils ne doivent pas plus parler de lui que des Bourbons. Le *Courrier Français* et les *Débats* lui déplaisent surtout. « L'esprit de parti étant mort » il ne peut « voir que comme une calamité dix polissons, sans talent et sans génie, clabauder sans cesse contre les hommes les plus respectables, à tort et à travers... Contenez-les dans les bornes. »

Dans une lettre du 24 avril 1805, à Fouché, Napoléon se montre autoritaire au-delà de toute expression : « Je ne les jugerai point sur le mal qu'ils auront dit, mais sur le peu de bien qu'ils n'auront pas dit. Oiseaux de mauvais augure, pourquoi ne présagent-ils que des orages éloignés ? Je les réduirai de quatorze à sept et conserverai non ceux qui me loueront, — je n'ai pas besoin de leurs éloges, — mais ceux qui auront la touche mâle et le cœur français, qui montreront un véritable attachement pour moi et mon peuple. »

Que de plaintes ces malheureux journaux n'arrachent-ils pas constamment à Napoléon. Un jour, il dira : « Il me semble que les journaux n'animent pas assez l'esprit public ; les journaux sont lus partout. Faites faire des articles qui fassent connaître aux Allemands et aux Hongrois combien ils sont dupes des intrigues anglaises ; que l'Empereur d'Allemagne vend le sang de ses peuples pour de l'or. » (XI, 287)

Un autre jour : « Empêchez qu'on ne mette dans les journaux de Paris ce que M. Lebrun fait imprimer à Gênes, entre autre des lettres supposées de moi, dans lesquelles on me fait parler comme un savetier. » (XI, 358)

Le *Moniteur* doit être le modèle copié par tous les journaux ; l'Empereur le dit formellement dans cette lettre du 6 mars 1806, à Talleyrand, lettre qui prouve que Napoléon se méfiait même du journal de ses prédilections : « Mon intention est que les articles politiques du *Moniteur* soient faits par les relations extérieures et quand j'aurai vu pendant un mois comment ils sont faits, je défendrai aux autres journaux de parler politique autrement qu'en copiant les articles du *Moniteur*. »

Napoléon va jusqu'à s'occuper des titres que peuvent porter les journaux qui paraissent dans l'Empire (1). *Journal des Débats, Lois du pouvoir exécutif, Actes du gouvernement* ne lui plaisent pas ; la raison est curieuse : « Ces titres rappellent trop la Révolution. La *Gazette de France* est le véritable mot... » Le *Journal de Paris*, le *Bulletin de l'Europe*, le *Courrier Français* sont des noms qui trouvent encore grâce devant lui.

Pour justifier cette mise en tutelle de la presse, Napoléon disait, lorsqu'il avait l'occasion de s'en expliquer (2), que la constitution impériale de la France n'admettait pas, comme en Angleterre, la participation du peuple au gouvernement par l'intermédiaire d'un parlement; il était dès lors inutile que la presse discutât, en cherchant à former un courant d'opinion dans un sens ou dans l'autre. Les ministres irresponsables ne dépendent que du souverain ; la représentation nationale n'existe pas. Dans ce système constitutif, il est certain que la liberté de la presse n'est qu'un danger sans aucune compensation.

Voici, d'après Napoléon lui-même (1), la limite extrême des concessions qu'il consentait à faire : « Il y a dans le vague de la liberté de la presse quelque chose dont il est bon de profiter et, quoique mon intention ne soit pas de laisser aux journaux la liberté que les constitutions anglaises laissent aux journaux anglais, je ne veux point qu'on la règle comme on le fait à Vienne ou à Venise. Il faut qu'ils puissent mettre quelque article vague, contre telle ou telle puissance, et qu'on puisse répondre aux ambassadeurs : « Faites une plainte, on les poursuivra devant les tribunaux » ou « l'on s'en fera rendre compte. »

Telle était, du moins jusqu'en 1814, la théorie de l'Empereur ; elle ne comportait qu'une exception. Toute latitude était laissée aux journaux lorsqu'ils voulaient attaquer l'Angleterre; ils y étaient encouragés et, dans ce cas, ils ne pouvaient pas avoir un meilleur modèle et inspirateur que le *Moniteur*.

Dans une lettre à Fouché, Napoléon exposait ainsi ses véritables désirs (2): « Je voudrais que les rédacteurs des journaux conservés fussent des hommes attachés, qui eussent assez de sens pour ne point mettre des nouvelles contraires à la nation. Il faudrait que l'esprit de ces journaux fût dirigé dans ce sens d'attaquer l'Angleterre dans ses modes, ses usages, sa littérature, sa constitution. Geoffroi n'est recommandable que sous ce point de vue et c'est le grand mal que nous a fait Voltaire de tant nous prêcher l'anglomanie. »

En dehors de cette règle de conduite patriotique qui leur est tracée, les journaux doivent encore aider le gouvernement dans la direction de l'opinion publique. Leur rédaction puisera ses inspirations dans les notes du gouvernement de l'Empereur; sans cela, ils seront brisés. C'est ainsi qu'on voit rappeler, dans un article de la *Gazette de France*, du 28 septembre 1804, auquel on pense que Napoléon n'était pas étranger, les motifs qui avaient déterminé Constantin à quitter Rome pour Byzance. C'était un avertissement donné à Paris dont l'esprit semblait mauvais à l'Empereur.

Une autre fois, le 22 mai 1805, dans une lettre qui ne se trouve pas dans la correspondance, Napoléon écrit à Fouché pour lui parler de son projet de réunir les *Débats* à la *Gazette de France;* en attendant, on donnera un censeur aux *Débats* et Fouché « fera faire des articles contre la princesse Dolgorouki qui, à Rome, se livre à des bavardages inutiles et inconvenants. Vous savez, ajoute Napoléon, qu'elle a vécu longtemps avec un chanteur, que ses diamants viennent de Potemkin et sont le prix de sa honte. Il vous sera facile d'avoir des renseignements sur elle et de la couvrir de ridicule. Elle tient à passer pour une femme d'esprit, est liée avec la reine de Naples et, ce qui est tout aussi choquant, avec Mme de Staël. »

Fontanes, mieux que tout autre, avait compris le sens des désirs de l'Empereur. C'est ainsi qu'à la fin de juillet 1803, il écrivait à Guéneau de Mussy, à propos de la ligne à suivre par le *Mercure* : « Nous ne devons pas hurler comme certains journaux contre les philosophes; mais leur donner des ridicules. Cela est plus efficace; ils ne craignent que le mépris. »

Après les journaux qui s'occupent des questions générales, il faut parler ici des journaux spéciaux sur lesquels Napoléon exerça aussi sa surveillance.

Considérant la nature d'esprit de certaines feuilles ecclésiastiques, en face surtout du danger que présente la diversité des opinions en matière religieuse, l'Empereur ordonne qu'à partir du 7 février 1806 tous les journaux religieux cesseront de paraître, sauf un seul le *Journal des Curés* dont les rédacteurs seront nommés par l'archevêque de Paris. En 1811, ce journal lui-même disparaissait et était réuni au *Journal de Paris*.

Dans une lettre en date du 7 mars 1807 (1), Napoléon remarquant qu'on ne forme pas d'opinion en faveur des hommes qui travaillent avec quelque succès, se préoccupe de la création d'un journal littéraire dont la critique serait « éclairée, bien intentionnée, impartiale et dépouillée de cette brutalité injurieuse qui caractérise les discussions des journaux existants et qui est si contraire aux véritables mœurs de la nation », mais, en même temps, il veut que, pour éviter un écueil, on ne se jette pas dans un autre sur la rive opposée ; l'abus du panégyrisme inonderait la littérature de mauvais ouvrages et n'aurait comme effet que d'enorgueillir des médiocrités ; c'est donc dans un juste milieu que Napoléon voyait la vérité. Le 19 avril 1807, au milieu des loisirs du bivouac de Finkeinstein, revenant sur la même idée, il se plaint amèrement, dans des observations qu'il adresse au Ministre de l'Intérieur, de ce que « la critique des journaux est dirigée quelquefois par la haine, plus souvent par l'esprit de satire et toujours par le désir d'amuser les oisifs, jamais dans l'intention d'éclairer le public. »

D'ailleurs Napoléon donne lui-même un exemple de la façon dont il faut procéder quand il inspire à Fontanes un article sur le *Génie du Christianisme* qui parut simultanément dans le *Mercure* du 15 avril 1802 et dans le *Moniteur* du 18 du même mois.

Pour parer à cet inconvénient, puisqu'il y a « déjà trop de journaux », il faut recourir au « *Moniteur* qui est un journal nécessaire. » Rien n'empêche de consacrer la dernière de ses pages à des articles de critique littéraire. « ... La partie du *Moniteur* qui se trouverait exclusivement destinée à la littérature devrait être distincte des autres, à raison des matières graves dont celles-ci sont remplies... » Le projet de Napoléon fut réalisé ; il est inutile de rappeler que cet essai de critique d'État ne produisit aucun résultat (1).

Enfin Napoléon surveillait avec autant de soin la presse des pays alliés de la France ; cette surveillance s'étendait spécialement aux pays dans lesquels ses frères étaient rois. Ainsi, de Berlin, le 12 novembre 1806, il écrivait à Joseph, alors roi de Naples : « Vos gazettes ne contiennent que de petits détails d'assassinats et de meurtres. Cela sert merveilleusement le but des ennemis qui est de faire croire que tout est sens dessus dessous dans le royaume de Naples. Défendez qu'on n'imprime désormais que ce qui est important. »

Par une contradiction bizarre, Napoléon affecte, dans plusieurs lettres, de croire que la presse n'a aucune puissance sur l'opinion publique. « C'est une grande erreur de croire qu'en France on puisse faire entrer les idées de cette façon, dit-il une fois. » (XXV. 255). En 1814, à deux reprises (XXVII. 215 et 239), il s'exprime ainsi : « Dans ce moment, il nous faut des choses réelles et sérieuses, et non pas de l'esprit en prose et en vers... Les journaux ne sont pas l'histoire, pas plus que les bulletins ne sont l'histoire : on doit toujours faire croire à son ennemi qu'on a des forces immenses. »

Alors comment expliquer ces précautions : dans une lettre déjà citée à Fouché, du 4 avril 1807, nous trouvons ces paroles : « L'un attribue tout le malheur de la Révolution à la philosophie, comme si, dans tous les temps, les hommes ne s'étaient pas divisés, déchirés, persécutés. Je n'attache aucune importance aux débats des folliculaires; cependant, je ne veux pas qu'on laisse un journal parler des Bourbons, de la dynastie, comme le fait le *Courrier Français*. Qu'on soit athée comme Lalande, religieux comme Portalis, philosophe comme Regnault, on n'en est pas moins fidèle au gouvernements, bon citoyen. Les ecclésiastiques, vingt millions d'hommes attachés au culte sont tous de l'ancien régime (1). » Une autre fois, Napoléon s'exprime ainsi : « J'entends que les journaux servent le gouvernement et non contre. » (X. 328), ou : « Je ne souffrirai jamais que les journaux disent ou fassent rien contre mes intérêts; ils pourront faire quelques petits articles où ils montreront un peu de venin, mais un beau matin, on leur fermera la bouche. » (X. 326)

« Ce n'était pas à Sainte-Hélène, a dit Littré (2), c'était aux Tuileries qu'il fallait compter la liberté pour quelque chose. » Ce reproche n'est pas, quant à la question qui nous occupe, aussi sérieux qu'il le paraît; à son retour de l'île d'Elbe, en 1815, Napoléon promit et donna réellement à la France la liberté de la presse. Il la défendit, dans son Conseil, lorsque se tournant, en plaisantant, vers ses Ministres qui cherchaient les moyens d'en atténuer les effets, il leur dit: « Messieurs, c'est apparemment vous autres que vous voulez défendre, car pour moi, désormais, je demeure étranger à tout cela. La presse s'est épuisée sur moi pendant mon absence; je la défie bien à présent de rien produire de neuf ou de piquant contre moi. » Il la défendit encore, lorsque dans la séance du 7 juin 1815, à la veille de Waterloo, il prononça ces paroles : « La liberté de la presse est inhérente à la Constitution actuelle; on n'y peut rien changer sans altérer tout notre système politique; mais il faut des lois répressives, surtout dans l'état actuel de la nation. »

Les événements ne permirent pas de connaître les fruits de la nouvelle constitution ; Napoléon en aurait-il accepté sans révolte toutes les conséquences. Il est permis d'en douter. Cependant, nous devons reconnaître que l'Empereur fit tout ce qui dépendait de lui pour que cet essai fut loyalement entrepris. Fouché avait fait saisir le *Censeur Européen* ; dès que Napoléon l'apprit, il fit rendre les exemplaires confisqués et permit leur mise en circulation. En tout cas, il est certain qu'à Sainte-Hélène, revenant sur ce sujet, il dit que l'interdiction de la liberté de la presse serait, dans un gouvernement représentatif, un anachronisme choquant, une véritable folie, et il eut la franchise de reconnaître que cette liberté n'avait été pour rien, dans sa seconde chute, en 1815 (1).

III. — LES ARTICLES DE NAPOLÉON AU MONITEUR.

Presque tous les articles qui, dans le *Moniteur*, sont dûs à la plume de Napoléon ont rapport aux premiers jours de la lutte qui arma la France contre l'Angleterre pendant les quinze premières années de ce siècle.

De 1800 à 1803, pendant les préliminaires de la paix d'Amiens et les courts instants qui suivirent cette pacification, le Premier Consul fournit presque tous les jours des articles au *Moniteur*. C'est à peine si la Campagne de Marengo interrompt pendant quelques mois la polémique engagée.

Ces articles, très soignés dans la forme (2),

sont presque toujours censés venir de Londres, sous forme de lettres, partiales bien entendu, en faveur de la France; le correspondant est du parti de Fox, ennemi par conséquent du ministère des Pitt et des Windham (1).

C'est à ceux-ci, comme à leur organe le « *Times* » qu'il s'attaque avec le plus de verve : « Comme le monde dans ce pays est déterminé à soumettre ses volontés et ses opinions à celles du ministre du jour, il faut attendre avec une pieuse résignation que son auguste personne soit lasse de la guerre; il faut attendre de nouvelles expéditions, de nouvelles capitulations bien honteuses, de nouveaux désastres, des revers plus terribles encore que ceux que nous avons éprouvés ; alors, nous verrons peut-être tourner à la paix la girouette plantée sur la Trésorerie... » (N° du 29 frimaire, an VIII.) Et ailleurs : « S. M. le peuple anglais s'est avisé cependant de se fâcher contre le premier ministre de Georges III. Au retour de M. Pitt du parlement, un détachement nombreux du peuple a suivi sa voiture, en le huant et le sifflant. Il est fâcheux que notre souverain, le seigneur roi, ne soit pas de la même opinion que notre souverain John Bull... » (N° du 21 thermidor, an VIII.)

La polémique prend parfois un ton d'aigreur des plus vifs; un entrefilet est consacré, dans le *Moniteur* du 5 prairial an IX, aux dettes de M. Pitt et il montre à quel point d'acrimonie les relations étaient arrivées entre les deux gouvernements; une autre fois, c'est la plaisanterie qui domine: « Nouvelle intéressante : un lièvre de M. Pitt s'est échappé de son hôtel par les derrières de Dowing-Street. Poursuivi par un basset il s'est réfugié chez M. Dundas, d'où on l'a rapporté avec empressement à son maître. . » (N° du 21 nivôse, an VIII.)

Nelson n'est pas oublié, et à propos de la bataille avec la flotte danoise, le *Moniteur* du 16 floréal an IX, s'exprime ainsi: « Le nom ne fait rien à la chose et on est bien le maître de décorer du nom de victoire cet événement, remarquable par une bravoure extrême des deux parts, mais dans lequel on ne dirait jamais que les Danois se soient montrés inférieurs aux Anglais, tandis qu'on pourra observer que notre brave Nelson y a bien laissé quelques petites taches sur sa bonne foi. »

Quelquefois, négligeant les personnalités, l'illustre rédacteur s'attaque aux procédés mêmes du gouvernement de ses ennemis; c'est ainsi que, dans le numéro du 12 prairial an XIII (1er juin 1805) il dénonce le système qui consiste à donner de fausses nouvelles, quitte à les démentir bientôt, tout cela pour soutenir le change pendant quelques jours; « on va de la sorte tout aussi longtemps que l'on peut aller, et l'on ira en effet jusqu'à l'inévitable catastrophe qui fera sentir au peuple anglais le vide et les conséquences funestes d'un tel système (1). » Il reprochait aussi à l'Angleterre la politique religieuse qu'elle pratiquait en Irlande, sachant bien quel embarras il créait à ses ennemis: « Vous avez réuni le parlement de l'Irlande à votre parlement, et vous lui refusez l'exercice de sa religion! Vous savez pourtant bien que la chose la plus sacrée parmi les hommes, c'est la conscience et que l'homme a une voix secrète qui lui crie que rien sur la terre ne peut l'obliger à croire ce qu'il ne croit pas. La plus horrible de toutes les tyrannies est celle qui oblige les dix-huit vingtièmes d'une nation à embrasser une religion contraire à leur croyance, sous peine de ne pouvoir ni exercer les droits de citoyens, ni posséder aucun bien, ce qui est la même chose que de n'avoir plus de patrie sur la terre. » (*Moniteur* du 10 vendémiaire, an XII.)

Contre le *Times*, il s'exprime ainsi : « Le *Times*, que l'on dit être sous la surveillance ministérielle, se répand en invectives perpétuelles contre la France. Deux de ses quatre mortelles pages sont tous les jours employées à accréditer de plates calomnies. Tout ce que l'imagination peut se peindre de bas, de vil, de méchant, le misérable l'attribue au gouvernement français. Quel est son but?.. Qui le paye?.. Sur qui veut-on agir?.. » (20 thermidor an X.)

Quelquefois la famille royale d'Angleterre elle-même n'est pas épargnée; témoin cet article peu généreux du 17 ventôse an XII: « Le Premier Consul, supérieur à tous les événements, tranquille au milieu de toutes ces vaines conjurations, tout entier aux travaux de la guerre et de l'administration est plus en état que jamais d'accomplir l'ordre des destinées et de venger le droit des nations, le droit des gens si souvent violé, tandis que le roi d'Angleterre, frappé le jour même qu'il avait marqué pour l'assassinat du Premier Consul, environné d'un crêpe funèbre, déjà privé de sa raison, se débat entre la démence et la mort; que sa nation est en proie aux divisions et aux alarmes; que, dans sa famille, le frère s'arme contre le frère, la mère contre son fils aîné!!.. A la vue de ces preuves éclatantes de l'existence d'une Providence divine et juste, on se rappelle les tableaux les plus sublimes des prophéties d'Isaïe, on dit avec Daniel: Mane, Thecel, Pharès. »

Pour obtenir la paix que le Premier Consul désirait tant il oppose le triste tableau de l'Angleterre à la brillante situation de la France sous le Consulat; tantôt, c'est la politique de l'Angleterre qu'il attaque en ces termes: « Votre seule politique, le Grand Frédéric l'a dit il y a longtemps, est d'aller frapper à toutes les portes une bourse à la main... » (N° du 12 ventôse an X.); tantôt, comme dans un article du 6 brumaire an XI, il montre le peu de surface que présente l'alliance de l'Angleterre. Plus la situation de l'Angleterre est mauvaise, plus la paix lui est nécessaire. « Le mécontentement répandu dans toutes les classes de la Société, la dette toujours croissante de l'État, la surcharge insupportable des taxes publiques, la stagnation du commerce, la cherté excessive du pain et des denrées de première nécessité..., ne sont-ce pas là des matériaux combustibles qui n'attendent qu'une étincelle pour s'embraser et dévorer l'Angleterre?.. »

Pour ramener la prospérité, « le plus puissant de tous les moyens, le seul peut-être qui soit efficace, c'est la paix ! » (N° du 26 brumaire an VIII.)

Sur le même sujet, il s'écrie, le 24 nivôse : « Ah ! ne la contrarions pas cette paix et croyons qu'enfin les deux gouvernements la veulent, parce que c'est leur intérêt et qu'ils sont éclairés. » Il ajoute aussitôt avec malignité : « A la lettre du Consul Bonaparte en était jointe une autre du Ministre des Relations extérieures, le citoyen Talleyrand au lord Grenville. On dit que la première était adressée à S. M. et portait derrière : A S.M. le Roi de la Grande Bretagne et de l'Irlande. L'ancien titre de Roi de France était omis. Grand sujet d'étonnement sans doute. »

Dans le *Moniteur* du 2 pluviôse de la même année, il revient encore sur ce besoin de paix qui se fait universellement sentir : « Kotzebue et Schiller, ces deux grands auteurs dramatiques allemands, se sont réunis à Wec.... Ils se sont donné rendez-vous, dit-on, pour composer une pièce en société. Les deux plus grands gouvernements de l'Europe ne se réuniraient-ils point pour lui donner la paix ? Nous aurions un chef-d'œuvre de plus... »

Mais il faut bien qu'on sache que ce désir de la paix n'est pas le résultat de la crainte ; jamais les affaires de la France n'ont été plus brillantes. L'illustre rédacteur se charge de défendre son gouvernement et d'en montrer tous les avantages. Le 18 frimaire an VIII, il fait l'éloge « des hommes qui se trouvent chargés en ce moment de fixer enfin les destinées de la France, de ces hommes courageux qui, au milieu de la tempête, ont saisi le gouvernail pour conduire le bâtiment au port... »

Puis, c'est une apologie directe et personnelle :
« Quelle que soit ici la diversité des opinions sur le Consul Bonaparte, tout le monde est d'accord sur ses rares talents, sur son intrépidité dans l'exécution de ses plans, la fermeté de son caractère et sa constance dans ses principes : depuis qu'il a été nommé au commandement des armées, il n'a cessé de montrer une énergie que les obstacles n'ont fait qu'accroître, et une activité qui a déconcerté toutes les mesures de l'ennemi. Toujours actif, toujours Bonaparte, soit qu'il combatte ou qu'il négocie, soit qu'il récompense ou qu'il punisse, se décider est pour lui l'affaire d'un moment, d'un mot, tant son esprit est prompt et juste. Partout où il rencontre le nœud gordien, il s'arme de l'épée d'Alexandre et le tranche, sans s'amuser à le défaire. Lorsque Bonaparte s'est écrié : « Le XVIIIe siècle ne ressemble point au XIVe, ni la fin de celui-ci à son commencement », il a donné à quiconque a bien lu l'histoire, la mesure de son ambition et de ses lumières, comme il en a fait connaître le véritable caractère. » (Numéro du 14 nivôse an VIII) (1.)

Et, quelques jours après, le 21 nivôse, le *Moniteur* disait encore : « Il ne faut pas se le dissimuler, le gouvernement actuel de la France est régi par des hommes très capables et qui paraissent bien convaincus que la force permanente d'un peuple est dans son humanité et sa justice. »

Du mois de pluviôse à la fin de thermidor an VIII, Napoléon garde le silence au *Moniteur* : Il est question de la paix avec l'Angleterre, le premier Consul ne veut pas en compromettre les chances par des articles violents. Puis, c'est la Campagne de Marengo, pendant laquelle Napoléon n'a pas le temps de s'occuper de polémique dans les journaux.

Le nouveau Ministère, qui amenait Fox au pouvoir, arrive enfin ; Napoléon va le saluer et le caresser, mais, d'abord, il veut décocher un dernier trait à l'adresse de Pitt : « M. Pitt se retire ; si l'on peut appeler se retirer que de passer d'une rue dans celle qui est à côté. » (Numéro du 6 germinal an IX.)

Puis, il admire dans les nouveaux ministres anglais « un langage modéré et tout à fait convenable à une nation éclairée et puissante, langage qui contraste en tout avec celui de leurs prédécesseurs. » (23 prairial an IX.)

Bientôt, c'est le congrès d'Amiens, qu'il qualifie ainsi : « Les relations de la France avec l'Angleterre sont le traité d'Amiens, tout le traité d'Amiens, rien que le traité d'Amiens. » (6 brumaire an XI.)

Cette paix tant désirée, la voilà enfin obtenue ; Napoléon en vante les bienfaits. Le *Moniteur* du 13 mars 1802 s'exprimait ainsi : « Les détails du congrès d'Amiens mis au grand jour, la nation anglaise qui tient un rang si distingué dans le monde par son sens droit et profond et la liberté de ses idées, aurait envers le Premier Consul un nouveau mouvement d'estime et de bienveillance parce qu'elle verrait qu'il n'aurait pas dépendu de lui que la paix fut prompte, honorable et éternelle. »

Mais, rapidement, tout se brouille à nouveau.

Les anciens Ministres soudoient une presse haineuse contre laquelle Napoléon ne cesse de protester dans le *Moniteur* : « Que l'on compare le ton sage et mesuré que prennent tous les écrivains français avec le ton furibond, dégoûtant et mal intentionné qu'ont le plus grand nombre des feuilles anglaises, et l'on reconnaîtra que les uns expriment les sentiments d'un peuple qui aime et qui veut la paix, qui cherche à seconder les intentions de son gouvernement et que les autres soutiennent un parti ennemi de la paix du monde, des plus simples convenances. » (13 prairial an X) (1). Il reproche à l'Angleterre la faveur dont elle entoure les Français criminels qui se sont réfugiés sur son territoire pour y tramer des conspirations contre la tranquillité de la France et, dans son indignation, il maudit, avec éloquence, « les hommes qui voudraient faire renaître pour l'Angleterre, pour la France, pour l'Europe, pour le monde, l'horrible fléau de la guerre. Ces hommes, qui mettent toutes leurs voiles dehors pour retourner au sein des tempêtes, comme les autres pour rentrer dans le port. » (1 germinal an X.)

Fox est renversé, Pitt rentre aux affaires ; le sort en est jeté : il faut que la guerre recommence entre les deux peuples. Ce n'est pas la France qui est ambitieuse, c'est l'Angleterre ; ou plutôt, c'est son gouvernement, car sous les Pitt et les Windham, l'Angleterre n'est pas libre (2).

Il est curieux de lire les articles qui précèdent la reprise des hostilités. Les menaces, d'abord dissimulées, deviennent chaque jour plus violentes.

Un jour (7 brumaire an XI), Napoléon se borne à montrer la France dans l'attitude constante que les Athéniens ont donnée à Minerve : « Le casque en tête et la lance en arrêt. » Une autre fois, il faut, en attendant que le *bon vent souffle* (tout le camp de Boulogne est en germe dans cette idée), attaquer l'Angleterre partout où elle peut être atteinte. (25 prairial an XI.) Puis, en fin, croyant, en franchise, qu'il ne fait qu'escompter l'avenir, le *Moniteur* reconnaît que « Les courtauts de Westminster » peuvent avoir « assez bonne mine dans leur uniforme rouge ; mais si les légions de César ajustent au visage, gare que cette belle troupe ne s'occupe bientôt de pourvoir à sa sûreté individuelle. » (17 brumaire an XII.)

La guerre a donc recommencé et « l'Angleterre offre de nouveau l'image d'un vaisseau naviguant dans des mers nouvelles et en proie à un genre de tempêtes inconnu aux pilotes qui tiennent le gouvernail. Ces pilotes mal habiles, incertains dans leur marche, divisés sur la route qu'ils doivent tenir, sont de l'espèce de ceux qui perdent les navires. » (6 pluviôse an XII.)

Pour en finir avec les péripéties curieuses de cette polémique, et revenant de quelques années en arrière, il faut lire, dans le numéro du 20 pluviôse an IX, un article qui, intitulé « de l'Angleterre », contenait, sous ce titre, un résumé des griefs du monde entier contre l'ennemie de la France et de Napoléon.

Après avoir dépeint, dans un style remarquable, l'orgueil et la cupidité de son ennemie, Napoléon, plongeant dans l'avenir, indiquait deux moyens pour détruire la Grande Bretagne. Le blocus continental qui lui fermerait l'Europe et le percement de l'isthme de Suez qui la ruinerait dans l'Inde. « Ce but important pourrait être atteint, si quelque jour l'Egypte rouvrait la route de l'ancien monde à tous les peuples de l'Europe. Alors, les richesses de l'Inde, exploitées par des nations rivales, deviendraient leur commun partage... »

Le blocus continental excitait parfois la verve de l'Empereur. A la fin de 1808, les gazettes anglaises annoncent que les marchands de la Cité vont envoyer des habits aux Espagnols qui luttent contre Napoléon. Le *Moniteur* reproduit la nouvelle avec ce commentaire de l'Empereur : « Nous avons déjà une grande quantité d'habits, de gibernes, de fusils, de tonneaux de poudre, de munitions de toute espèce qui avaient été apportées par les Anglais. MM. les principaux marchands et les principaux personnages distingués qui se sont réunis à eux feront grand plaisir à notre armée en faisant de nouveaux envois. Les fournitures sont belles et la prohibition des marchandises anglaises ne s'étend pas jusque là (1). »

M. Thiers ne pouvait passer sous silence une série de documents si importants pour l'histoire de la lutte de la France et de l'Angleterre, sous le premier Empire.

Dans le livre XIe de son *Histoire du Consulat et de l'Empire* (2), il donne un résumé rapide de ces articles, « modèles de polémique nette et pressante, dévorés par les lecteurs de toutes les nations, attentives à cette scène singulière... Remarquables par une logique vigoureuse, par un style passionné, ils attiraient l'attention générale et produisaient sur les esprits une sensation profonde. Jamais gouvernement n'avait tenu ce langage ouvert et saisissant... »

Napoléon eut encore l'occasion de faire connaître son opinion d'une façon suivie, par la voie de la presse, dans deux autres circonstances : au début de sa carrière politique et militaire, attaqué par les clubs de Paris, il croit devoir se défendre à la fois contre les énergumènes révolutionnaires et contre les royalistes déguisés de Clichy.

De Milan, Bonaparte écrit un article qui est inséré au *Moniteur* du 25 ventôse an V : « Comment, pourra-t-on espérer *la liberté sans révolution*, selon le juste désir de Bonaparte, si ceux qui sont chargés de l'établir trahissent impunément ses intérêts. Nous avons déjà des Cazalès, des Maury qui bravent le juste ressentiment des patriotes indignés de lire, au lieu des actes majestueux de l'assemblée régénératrice de l'Italie, les subtilités, les sophismes d'avocats payés pour soutenir la *prepotenza* de quelques individus et perpétuer l'avilissement du grand nombre. Ils veulent nous enchaîner une seconde fois pour prix de leur avoir confié l'auguste mission de fonder une seule nation de plusieurs peuples comprimés par la tyrannie et à qui la fortune présente la liberté. »

Le tome III de la Correspondance, pp. 156, 159 et 161 contient trois notes, dont une est écrite en entier de la main de Bonaparte et les deux autres sont dictées par lui, en juin et juillet 1797, pour répondre à des brochures publiées à Paris, qui attaquaient son rôle dans les événements militaires d'Italie. Ces notes sont de la véritable polémique : l'auteur s'y défend. La note personnelle est très accentuée. Dans l'une d'elles, prenant à parti les Messieurs de Clichy, comme il les appelle, il les menace de venir les trouver dans leur club et il leur dit : « Si vous y obligez, les soldats d'Italie viendront à la barrière de Clichy avec leur général : mais, malheur à vous ! »

Dans l'autre, il raille ainsi l'auteur de la brochure : « M. Dunan trouve donc que l'armée d'Italie n'a pas assez fait. Elle devait sortir des champs clos de l'Italie ! Peste ! Il paraît que M. Dunan a une carte d'une échelle bien petite !... » Et plus loin, cette phrase qui montre que Napoléon connaissait déjà son génie : « Vous pensez donc que si César, Turenne, Montécuculli, le grand Frédéric ressuscitaient sur la terre, ils seraient vos écoliers ?...

« Que l'on fasse l'honneur d'accorder à Bonaparte quelque vaillance et la fougue de trente ans, qu'on le fasse spadassin, joueur de cartes ou écolier, sa gloire est dans la postérité, dans l'estime de ses frères d'armes, de ses ennemis mêmes... » Il commence en ces termes la troisième note : « Quelle est la chose ridicule et improbable que l'on ne fasse pas croire aux habitants d'une grande ville ; ou plutôt, quel intérêt peuvent avoir des hommes d'esprit, à chercher, avec autant de mauvaise foi, à obscurcir la gloire nationale ?... » et c'est par une définition magistrale qu'il la termine : « L'art de la guerre consiste, avec une armée inférieure, à avoir toujours plus de forces que son ennemi sur le point que l'on attaque ou sur le point qui est attaqué; mais cet art ne s'apprend ni dans les livres, ni par l'habitude; c'est un tact de conduite qui, proprement, constitue le génie de la guerre. » La marque du caractère de Napoléon n'est-elle pas imprimée dans toutes ces lignes, et le général n'y prouve-t-il pas, aussi bien que dans ses articles au *Moniteur*, que l'esprit de discussion et de polémique était inné chez lui ?

Napoléon s'occupa aussi de la Russie que l'Angleterre tenait à sa solde en 1799. Il est facile de suivre, dans les articles du *Moniteur*, la marche des relations du Premier Consul avec le Czar Paul Ier. Ce sont d'abord des attaques non dissimulées ; puis le Czar est adroitement flatté, et lorsqu'il est assassiné, Napoléon, dans un article de deux lignes, en jette avec éclat toute la responsabilité sur l'Angleterre.

Le 7 frimaire an VIII, le correspondant qui n'est autre, nous l'avons déjà dit, que Napoléon, écrit de Londres, à propos du séjour des Russes dans cette ville et dans ses environs : « Malgré la bonne envie qu'avaient nos Ministres de les garder dans notre île, il paraît que, craignant le mauvais effet que pourrait produire sur l'esprit ombrageux des Anglais le séjour de ces hordes étrangères, ils se sont décidés à les envoyer attendre à Jersey et à Guernesey les ordres de leur souverain. »

Et quelques jours après, le 28 frimaire : « Nos

ministériels publient que Paul Ier est plus que jamais voué à la coalition ; que les revers que ses armes ont essuyés, soit en Hollande, soit en Helvétie, ne sont pas capables d'ébranler cet intrépide vengeur du trône et de l'autel ; qu'il est déterminé à sacrifier de nouvelles armées pour le succès de la cause commune ; que pourvu que nous lui donnions de l'or, nous en aurons des hommes autant que nous voudrons, car le sang de ses sujets ne coûte pas plus à l'Empereur russe que nos guinées ne coûtent à M. Pitt.. » Quelque cruelles que soient ces paroles, il faut dire cependant que, dès 1797 (23 ventôse an V), au moment où la Russie refusait de reconnaître le gouvernement de la République Française, Napoléon avait cru devoir faire appel au caractère qu'avait annoncé le Czar, « pour faire cesser ces petites subtilités politiques que le rôle qu'il est appelé à jouer, sur le théâtre de l'Europe, doit lui faire dédaigner... »

On sait le reste : la sympathie qui rapprocha le Czar et le Premier Consul, l'entrée de Paul Ier dans la ligue des Neutres, enfin son assassinat. Le *Moniteur* l'annonçait ainsi : « Paul Ier est mort dans la nuit du 24 au 25 mars !

« L'escadre anglaise a passé le Sund, le 31 !

« L'histoire nous apprendra les rapports qui peuvent exister entre ces deux événements ! » (27 germinal an IX.)

Quel coup de tonnerre dans ces quelques lignes! Quelle allusion terrible pour l'Angleterre !

Après la mort de Paul Ier, Napoléon parla, deux fois encore de la Russie, dans les colonnes du *Mo-*

niteur. En 1803 (1), c'est pour démontrer que la Russie ne doit pas intervenir dans les affaires du midi de l'Europe : « Quelque puissants que soient les monarques, quelques braves que soient les soldats, ce sont des hommes ; ils ne peuvent rien au delà des limites marquées par la nature des choses humaines. » N'est-ce pas au nom du même principe, qu'à Erfurth, Napoléon s'entendait avec le czar Alexandre pour avoir le droit d'agir seul et à sa guise dans cette malheureuse Espagne qui devait être le tombeau de ses armées et de sa grandeur.

Au mois d'avril 1804, le *Moniteur* contenait une note des plus curieuses, signée par Talleyrand, mais que Napoléon avait dictée tout entière, à propos de l'intervention de la Russie dans l'affaire du duc d'Enghien : « D'où vient cette étrange prétention de la Russie ?... Lorsque l'Empereur Paul tomba sous les coups de ses assassins vendus à l'Angleterre, la France s'avança-t-elle pour exercer un droit politique d'examen dans ce mystère d'iniquité ? Et si l'on avait fait arrêter les auteurs du complot à deux lieues de la frontière russe, le cabinet de Saint-Pétersbourg aurait-il vu de bon œil qu'on lui demandât des explications sur cette violation de territoire ?.. » Sans juger ici la question de fonds, n'est-il pas permis de faire remarquer la force immense et la logique de l'argumentation de Napoléon ?

On trouve encore épars dans le *Moniteur* quelques articles dus à la plume de l'Empereur.

Ils se produisent au fur et à mesure des causes qui les font naître ; mais ils ne forment pas une suite régulière comme ceux que nous venons de voir ; ce n'est plus une polémique d'ensemble, mais quelques vues sur divers sujets, et à cause même de cette diversité, ces écrits sont fort intéressants : la forme seule n'a pas varié. C'est toujours la même vivacité, la même précision de style. Les articles sont courts et dans ces quelques lignes, la polémique se montre supérieure. Rien n'est omis. Tout mot porte.

C'est ainsi qu'entre Ulm et Austerlitz, Napoléon rédige lui-même des articles et même de simples notes (Lettres à Joseph de Brünn, 24 novembre 1805). « Vous ferez mettre dans le *Moniteur* l'article suivant : etc. ... »

Quelquefois, après avoir montré comment se forment les coalitions, il fait ressortir les avantages que la France a retirés de celles qui ont été faites contre elle (1). Puis, c'est un jugement porté sur les levées en masse et sur les dangers révolutionnaires qu'elles amènent (2).

En apprenant la capitulation de Dupont, à Baylen, il s'écrie (3) : « Il y a peu d'exemples d'une conduite aussi contraire à tous les principes de la guerre. Ce général, qui n'a pas su diriger son armée, a ensuite montré dans les négociations encore moins de courage civil et d'habileté. Comme Sabinus Titurius, il a été entraîné à sa perte par un esprit de vertige, il s'est laissé tromper par les ruses et les insinuations d'un autre Ambiorix ; mais, plus heureux que les nôtres, les soldats romains moururent tous les armes à la main. »

Le *Moniteur* du 25 février 1806 annonçait l'entrée de Joseph à Naples. Parlant de la reine Marie-Caroline, il s'exprime ainsi : « Le sceptre de plomb de cette moderne Athalie vient d'être brisé sans retour. » La veille du jour où paraissaient ces lignes, le 24 février, Napoléon avait assisté au Théâtre-Français à une représentation d'*Athalie*. Le rapprochement est curieux ; l'article a sans nul doute, été écrit, la nuit, en sortant du théâtre, alors que l'esprit de l'Empereur était encore occupé de la pièce de Racine.

Ailleurs, c'est Jeanne d'Arc sur laquelle il écrit de sa propre main, une note que nous avons rappelée plus haut (1).

A ceux qui voulaient lui fabriquer une généalogie, il répond dans les colonnes du journal (2) : « Ces recherches sont bien puériles, et à tous ceux qui demanderaient de quel temps date la maison Bonaparte, la réponse est bien facile : elle date du 18 brumaire. Comment, dans le siècle où nous sommes, peut-on être assez ridicule pour amuser le public de pareilles balivernes ? Si c'est un écrivain qui a voulu faire sa cour à l'Empereur par cet article, c'est bien le cas de dire : Il n'y a rien de dangereux comme un sot ami (3). »

Les journaux ayant rapporté que l'Impératrice Joséphine, dans sa réponse à une députation du Corps Législatif, à l'occasion d'un envoi de drapeaux pris sur les Espagnols, avait dit qu'elle était bien aise de voir que le premier sentiment de l'Empereur avait été pour le Corps Législatif qui représente la nation, le *Moniteur* du 14 décembre 1808 dit : « S. M. l'Impératrice n'a point dit cela : elle connaît trop bien nos constitutions ; elle sait trop bien que le premier représentant de la nation, c'est l'Empereur ; car tout pouvoir vient de Dieu et de la nation. » Suit une leçon de droit constitutionnel que l'Empereur seul pouvait donner à l'Impératrice (A).

Ces leçons, le Premier Consul avait déjà employé le *Moniteur* pour les donner, même au clergé. Le numéro du 29 vendémiaire an XI con-

(A) Sainte-Beuve (*Revue des Deux-Mondes* du 15 décembre 1838) a rappelé cet épisode et la réponse de Fontanes à l'article du *Moniteur*. Quinze jours après la note du *Moniteur*, à la séance de clôture de la session, le 31 décembre 1808, Fontanes dit : « Mais les paroles dont l'Empereur accompagne l'envoi de ses trophées méritent une mention particulière. Il fait participer à cet honneur les collèges électoraux. Il ne veut point nous séparer d'eux et nous l'en remercions. Plus le Corps Législatif se confondra dans le peuple, plus il aura de véritable lustre. Il n'a pas besoin de distinctions, mais d'estime et de confiance. »

En marge de l'article contredit, l'Empereur avait écrit ceci : « L'Impératrice n'a point dit cela, elle sait bien qu'il n'y a qu'un représentant de la nation : c'est moi. » On voit que l'article s'écarte bien peu de la forme donnée par l'Empereur. C'est à M. le comte Rapetti, qui a vu l'épreuve du *Moniteur*, que je dois la connaissance de ce fait. — Le renseignement suivant m'a également été donné par lui : Lorsqu'il fut question d'annoncer à la France que l'Impératrice était enceinte, le rédacteur s'était servi du terme « grossesse ». L'Empereur mit en marge ce mot : « C'est inconvenant » et il refit ainsi la phrase : « S. M. l'Impératrice, vu son état, n'a pu assister à la parade. » C'est ainsi que la France apprit les espérances de l'Empereur. Cette dignité d'expressions rappelle le mot de Louis XIV, en présence de toute la cour, quand, pour annoncer la fausse couche arrivée à la duchesse de Bourgogne qu'il affectionnait réellement, il prononça cette simple parole : « La duchesse est blessée » La noblesse de l'expression était pour ainsi dire instinctive chez l'Empereur comme chez le grand roi !

tient une note dictée par Napoléon, à propos du refus qu'avait fait le curé de Saint-Roch de donner la sépulture religieuse à une danseuse de l'Opéra, Mlle Chameroy. Après avoir parlé de la punition disciplinaire infligée au curé par l'Archevêque de Paris, Napoléon en donne ainsi les raisons. « Afin qu'il puisse se souvenir que Jésus-Christ commande de prier, même pour ses ennemis, et que, rappelé à ces devoirs par la méditation, il apprenne que toutes ces pratiques superstieuses, conservées par quelques rituels, ont été proscrites par le Concordat et la loi du 18 germinal. »

Villeneuve et Murat ne devaient pas non plus échapper à ces blâmes indirects, mais publics. Il disait, en faisant allusion au premier : « Si un homme de caractère et de courage, froid et audacieux se rencontre un jour, on verra ce que pourvaient faire nos marins. »

Quant à Murat, au moment de la retraite de 1812, le *Moniteur* dit : « Le roi de Naples étant indisposé a dû quitter le commandement de l'armée qu'il a remis entre les mains du vice-roi. Ce dernier a plus l'habitude d'une grande administration ; il a la confiance entière de l'Empereur. »

En 1815, il semble que Napoléon reprend à la rédaction du *Moniteur* la part active des premiers jours du Consulat. Fleury de Chaboulon dans son *Histoire des Cent-Jours* a cité plusieurs articles qui sont sortis de la plume de l'Empereur ; nous ne pouvons qu'y renvoyer (1).

Je ne saurais terminer cette longue nomenclature sans mentionner ici la tradition qui voudrait que Napoléon eût écrit au *Moniteur* un article sur le *Don Juan* de Mozart; je ne pense pas pour ma part, que l'Empereur ait eu jamais le loisir, pendant son règne, d'écrire un article sur ce sujet; j'ai voulu néanmoins, pour être aussi complet que possible, indiquer l'existence de cette tradition qui avait couru dans le temps.

Le *Moniteur* contient encore quelques pièces que Napoléon lui-même intitulait : Notes pour le *Moniteur*. Mais ces documents ne sont autre chose que des bulletins militaires. Comme tels ils ne rentrent nullement dans le genre qui fait l'objet de ce chapitre (1).

Napoléon, qui se servait du *Moniteur* pour faire connaître à la France et à l'Europe, les procédés et les actes de son gouvernement, en fit usage aussi dans certaines circonstances toutes particulières; ainsi, le 17 Décembre 1809, de Trianon, il écrit à Joseph (2) : « Monsieur mon frère, j'envoie à V. M. le *Moniteur* qui lui fera connaître le parti que j'ai cru devoir prendre... » Qui pourrait jamais croire que c'est ainsi que Napoléon fit part à son frère aîné de son divorce avec Joséphine?

M. Eugène Despois, dans son livre sur *Les lettres et la liberté* fait un reproche à Napoléon de l'article du *Moniteur* où La Harpe, exilé de Paris, était traité de vieillard en enfance (3). C'était, dit-il, peu généreux, puisque La Harpe ne pouvait répondre. Que le *Moniteur* ait eu tort d'attaquer M. de La Harpe, caractère d'ailleurs bien peu sympathique, nous l'accordons. Mais, quelque grande qu'ait pu être la collaboration de l'Empereur, quelque sérieuse qu'ait été sa surveillance, il est impossible de rendre Napoléon responsable de toutes les lignes qui ont été écrites pendant les vingt ans de son règne dans cet immense recueil.

Il suffit de regarder comme son œuvre personnelle, en dehors des articles dont j'ai parlé, la direction générale, qu'il imprima au *Moniteur*. Cela est déjà suffisant, et il ne faut que se rappeler l'habileté remarquable avec laquelle il se servit de la plume, comme de l'épée, pour défendre son pays contre l'Angleterre et contre l'Europe qu'elle avait ameutée, pour trouver là un titre suffisant de gloire. Les victoires furent trop belles, un moment, et, malheureusement pour la France, Napoléon ne sût pas se souvenir de ce qu'il écrivait dans ce même *Moniteur*, le jour où il félicitait l'Angleterre des nouveaux ministres qu'elle s'était donnés : « Heureuses les nations lorsque, arrivées à un haut point de prospérité, elles ont des gouvernements sages qui n'exposent pas tant d'avantages aux caprices et aux vicissitudes d'un seul coup de la fortune ! »

§ 3. — *Napoléon à l'Institut* (A)

Le 18 fructidor, en expulsant Carnot, créait une vacance à l'Institut. Après un scrutin préparatoire, bientôt ratifié par les trois classes réunies, Bona-

---

(A) V. la *Revue scientifique* du 10 septembre 1881. *Bonaparte, membre de l'Institut national*, par E. Main Iron. L'auteur qui a eu, entre les mains, les documents les plus comparte fut élu. Il semble que l'illustre corps se soit moins préoccupé des titres du candidat que du désir de s'adjoindre un confrère dont la gloire commençait à remplir le monde. Napoléon partageait ce désir et, cependant, comme l'a si bien dit M. Arago, dans l'éloge de Carnot : « Est-il aucune considération au monde qui doive faire accepter la dépouille académique d'un savant victime de la rage des partis, et cela, surtout, lorsqu'on se nomme le général Bonaparte. Je me suis souvent abandonné à un juste sentiment d'orgueil en voyant les admirables proclamations de l'armée d'Orient, signées : Le membre de l'Institut, Général en chef ; mais un serrement de cœur suivait ce premier mouvement lorsqu'il me revenait à la pensée que le membre de l'Institut se parait d'un titre qui avait été enlevé à son premier protecteur et à son ami. »

Sur la foi d'un article du *Courrier de Paris* du 16 nivôse, on a attribué à Napoléon un rapport sur un cachet polygraphique destiné à composer et à imprimer les circulaires. Napoléon fut simplement un des trois membres, désignés pour examiner cette nouvelle invention ; mais le rapport fut écrit et lu le 11 nivôse, en séance publique, par

plets, a écrit une étude très substantielle et très intéressante sur ce sujet. — Citons aussi, mais simplement à titre de curiosité, le chapitre intitulé « une séance à l'Académie des sciences », dans l'ouvrage si original, de Geoffroy-Château, sur *Napoléon et la Monarchie Universelle*. — Ce chapitre, dans sa forme humoristique, n'est que le récit fort exact de ce qui se passa à l'une des séances des premiers jours du Consulat. — V. précisément l'étude de M. Maindron, p. 327, col. 2.

son véritable auteur, le citoyen Prony (1). A la même séance, le président Camus donna lecture de la lettre modeste par laquelle Bonaparte remerciait l'Institut de l'honneur qu'il lui faisait en l'accueillant dans son sein (2) : « Je sais bien qu'avant d'être l'égal des hommes distingués qui composent l'Institut, je serai longtemps leur écolier. Les vraies conquêtes, les seules qui ne donnent aucun regret sont celles que l'on fait sur l'ignorance. L'occupation la plus honorable comme la plus utile pour les nations, c'est de contribuer à l'extension des idées humaines. La vraie puissance de la République française doit consister désormais à ne pas permettre qu'il existe une seule idée nouvelle qui ne lui appartienne. »

Cette séance fut marquée par les discours élogieux de Prony, Fourcroy, Monge et Garat.

Napoléon ne prit jamais une part active aux travaux de la section dont il faisait partie ; il fut simplement appelé, dans plusieurs circonstances, à donner son avis sur divers objets présentés ; il dut notamment, examiner, à ce titre, la machine de Cugnot qui était le premier essai d'application de la vapeur au transport des fardeaux. Aucun rapport ne fut fait (3).

Napoléon a raconté, à Sainte-Hélène, avec quel plaisir il prenait place dans les rangs de l'Institut. Comme science, il plaçait avant lui Lagrange, Laplace et Monge ; mais il pouvait se considérer, dit-il, comme le dixième de ce grand corps, qui comptait alors environ cinquante membres. Il aimait à rappeler qu'on l'appelait à cette époque le

Géomètre des batailles, le mécanicien de la victoire.

Voilà le quatrain, déplorable d'ailleurs, de Lebrun, à ce propos :

> « Collègues, amants de la gloire
> Bonaparte en est le soutien ;
> Pour votre mécanicien,
> Prenez celui de la victoire. »

C'était le moment où tout Paris se faisait le complice de son élévation. Entre le retour de Campo-Formio et le départ pour l'Égypte, on frappe des médailles en son honneur, on le reçoit solennellement au Luxembourg ; on lui donne des fêtes au Corps Législatif.

En partant pour l'Égypte, il emmenait avec lui des savants illustres : Fourier, Monge, Berthollet, etc., et le lendemain de la victoire des Pyramides, il fondait l'Institut du Caire qu'il divisa en quatre classes. Monge était le président; Bonaparte, vice-président ; Fourier, secrétaire perpétuel.

Bonaparte soumit à ce corps une série de questions qui portaient à la fois sur l'alimentation et l'hygiène de l'armée, en même temps que sur l'état des lois et de l'enseignement dans le pays. De son côté, l'Institut du Caire s'était mis en relation avec celui de Paris, et de ces rapports jaillirent souvent des œuvres d'une réelle importance (1).

A son retour d'Egypte, où Napoléon avait toujours invoqué son titre en tête de ses ordres et de ses proclamations, l'Institut reçut Bonaparte avec honneur. Le récit de ses voyages fut fait à ses collègues par le jeune général; une médaille, frappée en son honneur, sur l'ordre de l'Institut, lui fut remise avec solennité. Les procès-verbaux en font mention.

Lors de l'élévation de Bonaparte à la dignité consulaire, l'Institut lui adressa des félicitations publiques ; il fut choisi comme président de la classe des sciences physiques et mathématiques. Napoléon ne marqua son passage à la présidence que par les diverses modifications qu'il fit voter pour le mode d'élection des membres de ce corps savant.

Un arrêté consulaire du 8 prairial an VIII, supprimait le journal l'*Ami des lois*, qui s'était moqué de l'Institut; certainement, la place qu'occupait le premier Consul parmi les membres de ce corps, ne devait pas être étrangère à cette répression.

Enfin, ce fut encore pendant le Consulat que Napoléon organisa l'Institut National sur de nouvelles bases qui subsistèrent jusqu'à la Restauraion (Loi du 3 pluviôse an XI) (1).

On comprend que, pendant les jours occupés de l'Empire, Napoléon n'ait plus pris aucune part aux travaux de l'Institut. L'inauguration de sa statue dans la salle des séances et la sympathie qu'il conserva pour ses confrères, sont les seules traces que l'on retrouve à cette époque.

Au mois de décembre 1805, il y eut cependant, dans l'enceinte de l'Institut, une scène des plus pénibles; Napoléon l'avait exigée. Lalande, l'illustre astronome, venait d'écrire un ouvrage où il professait l'athéisme ; il avait en outre cherché à faire parler de lui par des annonces indignes de son ancienne réputation et du corps auquel il appartenait; il fut mandé par ordre de l'Empereur, en présence de ses confrères, et là, il lui fut enjoint, au nom du corps illustre dont Napoléon s'honorait de faire partie (1) « de ne plus rien imprimer, et de ne pas obscurcir dans ses vieux jours ce qu'il avait fait dans ses jours de force pour obtenir l'estime des savants. » Lalande déclara se soumettre aux intentions qui venaient de lui être communiquées.

Toutefois, c'est encore à ses confrères que Napoléon s'adressa pour obtenir un mémoire sur la guérison du croup, et d'un autre côté, en même temps qu'il instituait les prix décennaux, il recommandait à plusieurs reprises, à toute l'attention de ses collègues, les recherches relatives à l'électricité et à ses applications. Il faut encore rappeler que le lendemain de Tilsitt, Napoléon déclarait à l'Institut que la Compagnie était chargée de lui rendre compte des « progrès accomplis en France, dans les sciences, les lettres et les arts, depuis 1789. »

Au mois de février 1808, le travail était achevé; il fait honneur à ses auteurs, que Napoléon sut remercier dans ce grand style qu'il possédait si bien.

Lors du retour de 1815, le 10 avril, Carnot faisait connaître le désir qu'avait l'Empereur de voir remplie la place qu'il lui était impossible d'occuper d'une façon effective. Napoléon ne voulait plus être que le protecteur de l'Institut; mais il désirait cependant que, sur les listes imprimées, on rappelât qu'il avait été élu membre le 5 nivôse an VI.

« Bizarre coïncidence, fait remarquer M. Maindron ; c'est Carnot, l'illustre fructidorisé devenu Ministre de l'Empire, Carnot à qui Bonaparte a succédé comme membre de la section des arts mécaniques, qui est chargé par celui-ci de transmettre sa démission au président de l'Institut. »

Deux détails, qui sont bien d'accord avec le caractère connu de Napoléon, ont encore trait à son passage dans les rangs de l'Institut: on rapporte que, pendant l'Empire, le trésorier de la couronne avait l'ordre de faire figurer, au moins pour mémoire, en tête des revenus du souverain, les douze cents francs d'appointements qui lui revenaient comme membre de la docte Compagnie.

L'autre anecdote est celle-ci : Sous le Directoire, le gouvernement et les corps constitués durent se rendre en cérémonie à une fête commémorative de l'exécution de Louis XVI. Napoléon « qui eut voulu rester étranger à tous les actes de ce genre, » comme il l'a dit lui-même, fut vivement invité à y paraître en costume de général. Il s'y refusait ; enfin, l'on trouva un moyen terme et comme l'Institut se rendait à la fête, il fut convenu que, comme membre de l'Institut, Bonaparte marcherait avec les savants et suivrait la classe à laquelle il appartenait, « remplissant ainsi un devoir de corps, ce qu'il ne considérait pas comme un acte volontaire. » Quelle étrange habileté jusque dans les plus petites choses et comme l'on retrouve bien là l'homme qui eut toujours le talent de ne jamais se compromettre ; il revenait, une fois de plus, à cette politique qu'avait si bien suivie, à quelques mois d'intervalle seulement, et le révolutionnaire, ami de Robespierre le jeune, et le général victorieux qui, traversant les États du Pape, mettait aux pieds du Pontife les hommages d'un fils profondément respectueux et soumis !

CHAPITRE IV

GOUTS LITTÉRAIRES ET ARTISTIQUES DE NAPOLÉON

§ 1. — *Les lectures et les bibliothèques de Napoléon.*

Nous savons que, dans son enfance, Napoléon aimait surtout à lire Homère, Plutarque et Ossian. Pendant les premiers loisirs de sa carrière militaire, il s'occupait à écrire une *Histoire de la Corse* pour laquelle il réclamait souvent des matériaux aux cabinets de lecture, bien pauvres sans doute, des villes où il tenait garnison.

La première bibliothèque, digne de ce nom, quoique bien peu importante encore, qui ait appartenu au futur Empereur, est celle qu'il forma au retour de son expédition d'Italie; les livres, généralement reliés en veau, portent sur le dos ces deux lettres entrelacées, B. P., Bonaparte La Pagerie, du nom de famille de Joséphine.

Une brochure intitulée : *Les cartons d'un ancien bibliothécaire de Marseille* (1) contient un article dû à la plume de M. Jauffret et qui porte ce titre : *Particularités sur quelques volumes ayant appartenu au général Bonaparte.*

D'après cet opuscule, au moment de son départ

pour l'Égypte, Bonaparte aurait reçu de sa sœur Pauline, une collection de livres qu'il emporta dans son expédition. Au retour, ces livres furent, au nombre de trente-quatre, déposés à la bibliothèque de Marseille. Le reste fut égaré.

M. Jauffret dit avoir cherché la signification du B. P. entrelacé qui se trouve au dos des volumes. Il lui paraissait sans doute assez vraisemblable d'y voir les initiales de Pauline Bonaparte, puisqu'il en fait la prétendue donataire des livres en question.

Ce qui est beaucoup plus sérieux, c'est que l'auteur de la brochure veut voir la trace des lectures habituelles de Napoléon, dans les pages où un signet se trouve aujourd'hui. Une tache de café, en marge d'une page, lui paraît indiquer que l'attention du général a été spécialement attirée sur ce passage. Tout cela est bien hypothétique. Dans n'importe quel ouvrage contenant des considérations philosophiques, on pourra trouver des passages ayant trait au personnage à qui appartient le livre ; et à se lancer dans un pareil système, on entre dans le domaine de la fantaisie pure (1).

Je passe avec intention sur toute cette partie de la brochure que je considère comme dénuée de ce qui fait, à défaut de la certitude historique, du moins la vraisemblance ; mais je relève, comme de nature à nous éclairer sur les lectures et les goûts littéraires et philosophiques de Napoléon en 1798, les titres de quelques uns de ces ouvrages qui firent avec lui, la chose paraît certaine, le glorieux voyage d'Égypte :

Cours d'Études, par *Condillac.*
Œuvres diverses d'*Arnaud.*
Les Essais de Bacon.
De l'influence des passions, par Mme *de Staël.*
Les visions philosophiques, par *Mercier*, etc.

A son retour d'Égypte et pendant le Consulat, Napoléon habita souvent la Malmaison. Il enrichit la bibliothèque de cette résidence de nombreux ouvrages : l'histoire et la philosophie tenaient la place la plus importante sur les rayons de cette bibliothèque qui pouvait contenir de cinq à six mille volumes. Le Premier Consul aimait beaucoup à travailler dans cette pièce contiguë à la salle du Conseil.

Les ouvrages qui ont fait partie de cette bibliothèque, vendue et dispersée au vent des enchères, en 1827, portent toujours sur le dos les lettres B. P. entrelacées ; sur les plats, il y a cette inscription : *Malmaison.*

L'Empereur, quittant la France, en 1815, emporta-t-il de cette bibliothèque de sa jeunesse, — qui était réellement sa bibliothèque particulière, — quelques ouvrages destinés à charmer les longues journées de l'exil ? On ne saurait l'affirmer ; bien que sur un livre qui lui a appartenu, et qui portait cette indication de la Malmaison, le Général Gourgaud ait écrit ces mots : « Ouvrage provenant de la bibliothèque particulière de l'Empereur Napoléon. »

L'Empereur donna-t-il ce livre à Gourgaud ; ou, au contraire, celui-ci s'en est-il rendu acquéreur, en 1827, seulement, au moment de la vente dont nous parlions tout à l'heure ?

La solution de cette question n'aurait d'importance que dans le cas où nous n'aurions aucun renseignement sur les lectures de l'Empereur, pendant sa captivité ; or nous verrons bientôt qu'il n'en est rien et que l'histoire possède au contraire quelques documents assez précieux sur cette période.

En prenant possession du pouvoir consulaire, Napoléon n'était plus seulement un homme privé : celui-ci au contraire, devait disparaître devant l'homme public, devant le gouvernant.

De là, le commencement des bibliothèques officielles de Napoléon ; malgré le caractère général de ces réunions d'ouvrages, nous retrouverons, pendant tout le Consulat et tout l'Empire, dans les bibliothèques des résidences, la marque et le cachet des goûts de l'Empereur.

La première de ces bibliothèques est celle qui, en 1799, peu après le 18 brumaire, fut réunie par ordre des Consuls ; ceux-ci avaient décidé qu'il serait choisi, dans la bibliothèque du Directoire, des livres pour leur usage personnel et que le reste formerait la bibliothèque du Conseil d'État. Napoléon, pour sa part, prit les livres d'histoire et d'art militaire.

Ripault, membre et bibliothécaire de l'Institut d'Égypte, fut alors nommé bibliothécaire particulier de Napoléon ; à partir de 1804, l'abbé Denina lui fut adjoint, mais seulement comme bibliothécaire honoraire. Enfin, en 1807, A. Barbier, bibliothécaire du Conseil d'État depuis 1800, fut appelé à remplacer Ripault (1).

C'est pendant la durée des fonctions de Ripault, que l'Empereur étant à l'armée, fit un jour écrire par Méneval la lettre suivante (2) : « L'Empereur se plaint de ne recevoir aucune nouveauté de Paris. Il vous est cependant facile de nous faire passer deux ou trois volumes tous les jours par le courrier qui part à huit heures du matin. Il a paru, depuis peu, plusieurs ouvrages qu'il serait intéressant de lire, tels que le *Directoire exécutif*, de Lacretelle, etc.., »

A quelque temps de là, une conversation de l'Empereur au Conseil d'État nous donne des renseignements encore plus précis sur les goûts littéraires de l'Empereur : « Mes lectures habituelles, en me couchant, disait-il à ses confidents de prédilection, sont de vieilles chroniques des IIIe, IVe, V^e et VIe siècles ; je les lis ou je me les fais traduire. Rien n'est plus curieux et plus ignoré que le passage des anciennes mœurs aux mœurs nouvelles, la transition des anciens États aux nouveaux, fondés sur leurs ruines. On se figure, par exemple, que les anciens Gaulois étaient barbares ; c'est une grande erreur ; ce furent les barbares qui leur apportèrent la barbarie. »

Ces confidences sur les occupations de l'Empereur ne nous ouvrent-elles pas un jour tout nouveau sur la tournure de son esprit ? Quel homme infatigable, que celui qui dispute au sommeil les heures de la nuit afin d'enrichir le fonds de ses études et de ses observations !

Dans ses campagnes aussi bien qu'à Paris, l'Empereur ne veut rien ignorer du mouvement littéraire de son temps; on dirait qu'il attend toujours l'apparition de ces grandes œuvres qu'il appelait de tous ses vœux pour embellir le côté littéraire de son règne.

Dans ces conditions, la charge de bibliothécaire n'était pas une sinécure; et nous allons voir Barbier, aux prises avec cette activité fiévreuse, ne parvenant jamais, malgré les plus grands efforts, à la satisfaire complètement.

En 1807, Napoléon ordonna le transfert de la bibliothèque du Conseil d'État au château de Fontainebleau. Ce fut la première occupation de Barbier qui adressa même un discours à l'Empereur, lorsque celui-ci vint, en personne, inaugurer la bibliothèque. Une partie de la jurisprudence et de l'économie politique fut cependant conservée à Paris. La bibliothèque du Conseil d'État fut reformée avec celle du Tribunat qui venait d'être supprimé.

Les attributions et les fonctions de Barbier étaient nettement définies. Comme bibliothécaire de l'Empereur, il était souvent appelé auprès de lui. Napoléon se faisait apporter plusieurs fois par semaine, — ordinairement pendant et après le repas, quelquefois même dans la nuit, — les meilleurs ouvrages qui paraissaient ou ceux que les auteurs avaient envoyés pour lui être présentés (1).

Ces livres étaient souvent accompagnés de pétitions que l'Empereur remettait à son bibliothécaire, chargé de présenter un rapport sur leur objet. C'est ainsi que, sur la proposition de Barbier, Napoléon l'autorisa à remettre à la bibliothèque impériale quelques ouvrages très précieux, tels que les *Fables de Pilpay*, imprimées en langue persane, à Calcutta, en 1805 ; l'*Iliade*, en grec, imprimée sur vélin par Bodoni, et plusieurs autres chefs-d'œuvre de celui-ci ; *la Jérusalem délivrée*, traduite par le prince Lebrun, imprimée également sur vélin (1).

Après avoir rendu compte à l'Empereur des nouvelles publications, le bibliothécaire devenait, au besoin, lecteur, lorsque Napoléon, ce qui arrivait souvent, non content de l'avis d'un autre, voulait juger par lui-même.

Pendant les campagnes de l'Empereur, les nouveautés lui étaient expédiées chaque jour avec des analyses et des jugements sur chacune d'elles.

Barbier avait, en outre, à répondre à diverses questions de l'Empereur : Continuation de l'histoire de France de Vély ; — traduction de divers ouvrages ; — libertés de l'Église Gallicane et déclaration du clergé de France, en 1682 ; — constitution civile du Clergé ; — manuscrits relatifs au procès des Templiers ; — à celui de Galilée. A propos de ce dernier, Barbier avait proposé à l'Empereur de le publier. Cette idée fut acceptée ; mais 1814 arriva et le Pape réclama ces manuscrits, enlevés de Rome en 1810.

Fidèle à son rôle de protecteur officiel, Napoléon se servait de Barbier comme d'un intermédiaire entre lui et les hommes de lettres. C'est ainsi qu'ayant ordonné la traduction de la *Géographie de Strabon*, il se fit faire par son bibliothécaire un rapport sur le mérite de cette œuvre entreprise par La Porte du Theil, Coray et Gosselin.

C'est à la partie qui était l'œuvre exclusive du dernier que Barbier donnait manifestement la préférence. Néanmoins, Napoléon voulut accorder deux mille francs de pension viagère à chacun des collaborateurs.

De Saint-Ange, offrant à l'Empereur sa traduction en vers des *Fastes d'Ovide*, la fit précéder d'une dédicace en vers plats et emphatiques. L'Empereur cependant fit répondre au traducteur : « Auguste exila Ovide, Napoléon se plaît à assurer de son entière bienveillance l'interprète, en vers, d'Ovide. » Puis, il fit souscrire à la traduction des *Métamorphoses* du même ; cependant, le *Moniteur*, invité à annoncer cet ouvrage, n'en parla jamais.

A la fin d'une lettre datée de Bayonne, 17 juillet 1808, Napoléon demandait à Barbier un mémoire sur les principales expéditions des Parthes. En septembre, Barbier le fournissait; pour les cartes, il annonça à l'Empereur qu'il s'était adressé à Barbié du Bocage, membre de l'Académie des Inscriptions et Belles-Lettres et le 23 septembre 1808 il écrivit à Talleyrand, Grand Chambellan, chargé de tout le service des bibliothèques, pour lui demander un acompte pour ce géographe. Peu à peu, cet ouvrage fut abandonné : les événements mirent fin à cette publication.

On verra plus loin comment Méneval raconte que certains livres envoyés à l'Empereur pendant qu'il était en campagne ne faisaient qu'un saut de la valise dans la cheminée ; c'est que, pour les œuvres sans importance, Napoléon se bornait à parcourir rapidement, ne lisant que les livres qui lui plaisaient, rejetant les autres.

Vers 1805 (1), l'Empereur écrivit un jour à l'archevêque de Ratisbonne, archichancelier d'Allemagne : « J'ai reçu votre lettre avec l'ouvrage qui y était joint. *Allant un soir faire une partie de chasse à Rambouillet, je l'emporterai dans ma voiture pour le lire...* »

C'est là, en effet, une des habitudes ordinaires de l'Empereur ; soit en voyage, soit en campagne, il trompait la longueur de la route par des lectures de toute espèce ; sa berline de voyage était aménagée de telle façon qu'il pût y lire et travailler sans difficulté. Quand il lisait en voiture et qu'un livre lui déplaisait, Napoléon le jetait par la portière ; les pages de service qui accompagnaient la voiture les ramassaient et se procuraient ainsi des lectures pour les séjours et les bivouacs.

Cela explique la grande quantité de livres aux armes de Napoléon qui se trouvent dans le commerce. En dehors des soixante-dix mille volumes environ qui se trouvaient dans les bibliothèques des résidences impériales et dont beaucoup ont été mis en vente publique, il ne paraissait presque aucun ouvrage qui ne fût mis sous les yeux de Napoléon : ils étaient reliés aux armes, condition d'étiquette (2). On voit ce que l'Empereur faisait de ceux qui lui déplaisaient : cheminée ou portière de la voiture. De plus, certains ouvrages tels que la *Relation de Marengo, d'Austerlitz*, etc., édités par l'Imprimerie Impériale, étaient reliés aux armes de l'Empereur et distribués aux maréchaux et grands dignitaires.

Quand l'Empereur assistait à la représentation d'une pièce, à Saint-Cyr ou à Saint-Denis, on lui mettait entre les mains l'ouvrage, souvent manuscrit, relié à ses armes. Enfin la maison de l'Empereur jouissait d'une bibliothèque également aux armes. C'est ainsi que j'ai vu des livres de médecine, ayant servi à Corvisart, qui portaient tous cette marque (1) (A).

Si maintenant nous voulons suivre à partir de 1808, année par année, les ordres de l'Empereur relatifs à ses bibliothèques et les documents qui se rattachent à cette matière, nous trouvons, dès le 20 février 1808, cette lettre à Barbier : « L'Empereur demande instamment des livres pour la bibliothèque de son cabinet qui peut tenir de quinze cents à deux mille volumes. Il veut de très beaux livres. Il voudrait qu'ils fussent placés demain. Sa Majesté m'a aussi chargé de faire connaître à M. Barbier l'importance qu'elle attache à avoir, pour sa bibliothèque de voyage, de belles éditions et de riches reliures. *Il est assez riche pour cela.* Ce sont ses expressions. Meneval. »

Le 28 avril 1808, Barbier adresse à l'Empereur un rapport qui lui avait été demandé sur la nouvelle édition de Racine, avec les commentaires de Geoffroy.

(A) Voir aux documents annexes du présent ouvrage les catalogues complets des bibliothèques particulières de l'Empereur aux Tuileries et à Trianon.

L'Empereur est possédé d'un besoin insatiable de lecture. De Bayonne, le 7 mai 1808, Méneval accuse réception de plusieurs ouvrages et témoigne à Barbier la satisfaction de l'Empereur.

Le 17 juillet, de Bayonne, l'Empereur faisait demander à son bibliothécaire le plan d'une bibliothèque portative d'un millier de volumes. Les ouvrages, destinés à l'usage particulier de l'Empereur, ne devaient point avoir de marge, afin de ne pas perdre de place. Voilà la composition approximative indiquée par Napoléon :

Quarante volumes de Religion ;
— — des Épiques ;
— — de Théâtre ;
Soixante — de Poésie ;
Cent — de Romans ;
Soixante — d'Histoire ;

« Le surplus, pour arriver à mille, serait rempli par des *mémoires historiques* de tous les temps. »

Parmi les ouvrages de religion, Napoléon réclamait avant tout les Deux Testaments, le Coran, une Histoire de l'Église.

Les Épiques devaient être Homère, Lucain, Le Tasse, Télémaque, La Henriade, etc.

Les tragédies : ne mettre de Corneille que ce qui est resté ; ôter de Racine, les *Frères ennemis, Alexandre et les Plaideurs ;* de Voltaire, que ce qui est resté.

Pas un mot pour Molière ; *les Plaideurs,* signe bien caractéristique, sont exclus de l'œuvre de Racine.

Comme histoire, de bons ouvrages de Chronologie et les principaux originaux anciens ; l'*Esprit des lois ; la Grandeur des Romains ;* ce qu'il est convenable de garder de l'histoire de Voltaire.

Parmi les Romans : *La Nouvelle Héloïse, les Confessions,* Richardson, Lesage, *Les Contes* de Voltaire.

Napoléon recommande bien qu'on ne mette de Rousseau ni *l'Émile,* ni une foule de lettres, mémoires, discours et dissertations inutiles ; même observation pour Voltaire.

L'Empereur demandait, en outre, à son bibliothécaire, quelques détails sur l'exécution matérielle de ce projet.

Ce document est de la plus haute importance et démontre, mieux que ne le feraient de nombreuses pages, la nature réelle des goûts littéraires de l'Empereur. De telles prescriptions se passent de commentaires ; elles permettent, à elles seules, de juger l'homme et son esprit.

Bien que Barbier ait satisfait au désir de l'Empereur, ce projet ne fut pas mis à exécution ; nous verrons qu'il en fut de même, l'année suivante, pour un projet à peu près identique.

Les lettres de l'Empereur se suivent à peu d'intervalle Le 27 septembre de cette année 1808, Napoléon réclame encore des nouveautés : les *Mémoires de Favart,* par exemple. Le 28 novembre, le 16 décembre, nouvelles demandes de livres. Méneval donne ces détails sur les occupations de l'Empereur. « Il y a plusieurs heures de la journée que S. M. emploierait à lire, lorsque son quartier général se trouve dans des villages. J'objecte autant que possible à S. M. la stérilité des romanciers et la saison des Almanachs. »

L'Empereur, d'ailleurs, ne demandait des romans que pour se délasser de ses grandes fatigues; ses goûts l'attiraient bien plus vers l'histoire ; nous n'allons pas tarder à en avoir la preuve.

L'année 1809, pendant laquelle Napoléon entreprit la nouvelle campagne d'Autriche, est marquée par un nouveau projet de bibliothèque portative, dans le genre de celui qui avait échoué l'année précédente.

En partant pour Wagram, Napoléon emportait dans ses bagages, quelques caisses qui pouvaient être considérées comme la première ébauche de ces bibliothèques de campagne tant réclamées (1).

Les caisses, recouvertes en cuir et garnies à l'intérieur de velours ou de drap vert, contenaient chacune soixante volumes environ, reliés en maroquin ; ils étaient sur deux rangs, comme dans les rayons d'une bibliothèque. Un catalogue général de toutes les caisses permettait de trouver immédiatement l'ouvrage que l'Empereur demandait.

Au mois de juin, à Schœnbrunn, Napoléon, ayant besoin de quelques ouvrages, fut très contrarié d'apprendre, qu'à cause de leur format, ils n'avaient pu être placés dans les caisses. Il dicta, aussitôt, à Méneval, une note qui était destinée à M. Barbier (2).

L'Empereur demandait la formation d'une bibliothèque de trois mille volumes, tous du format in-18, ayant de quatre à cinq cents pages et imprimés en beaux caractères de Didot, sur papier vélin mince.

Ces trois mille volumes devaient être placés dans trente caisses, ayant trois rangs, chaque rang contenant trente-trois volumes.

Quant à la composition même de cette bibliothéque, l'Empereur donnait les indications suivantes. Elle devra se diviser en cinq parties :

1° Chronologie et histoire universelle ;

2° Histoire ancienne par les originaux et par les modernes ;

3° Histoire du Bas-Empire par les originaux et par les modernes ;

4° Histoire générale et particulière, comme *l'Essai* de Voltaire, etc. ;

5° Histoire moderne des États de l'Europe, de France, d'Italie.

« Il faudrait faire entrer dans cette collection : *Strabon, les cartes anciennes de d'Anville ; la Bible ;* quelque histoire de l'Église. »

Napoléon faisait, en outre, prévoir qu'il demanderait un jour trois mille nouveaux volumes d'histoire naturelle, de voyages et de littérature.

Enfin, l'Empereur voulait qu'un « certain nombre d'hommes de lettres, gens de goût, fussent chargés de revoir ces éditions, de les corriger, d'en supprimer tout ce qui est inutile, comme notes d'éditeurs, tout texte grec ou latin ; ne conserver que la traduction française. Quelques ouvrages, seulement, italiens, dont il n'y aurait pas de traductions, pourraient être conservés en italien (1). »

En novembre, lors du retour de l'Empereur à

Fontainebleau, Barbier lui présenta le catalogue raisonné qu'il avait demandé pendant son séjour à Schœnbrunn et il y joignit un rapport sur la formation de cette bibliothèque historique ainsi qu'un aperçu de la dépense qu'elle occasionnerait (1).

Napoléon examina avec intérêt les pièces que lui remettait son bibliothécaire ainsi que les *spécimens* exécutés à l'imprimerie Impériale. Néanmoins, pas plus qu'en 1808, il ne fut donné suite à ce projet.

Pendant ce temps, Barbier continuait à faire à l'Empereur des envois presque quodiliens. Au mois de juin, c'est un poëme sur *Napoléon en Prusse*, en douze chants, par Bruguière, du Gard, qu'il expédie au quartier-général. Il ne s'en dissimule nullement le peu de mérite et il trouve que Napoléon pourrait « tenir envers les poëtes la conduite d'Alexandre envers les peintres et les sculpteurs. »

Méneval qui, pendant les campagnes de Napoléon, sert presque toujours d'intermédiaire entre celui-ci et son bibliothécaire répond à Barbier, le 8 juin 1809 qu'il partage absolument son avis. Les romans envoyés sont détestables « et ne font qu'un saut de la valise du courrier dans la cheminée. Il ne faut plus nous envoyer de ces ordures-là.. Envoyez le moins de vers que vous pourrez à moins que ce ne soit de nos grands poëtes. C'est vous dire de n'en pas envoyer souvent. »

Le 15 juin, Barbier insiste sur la difficulté qu'il éprouve à trouver de belles éditions, comme l'Empereur les aime tant. « Le goût qui dirige Sa

Majesté, ajoute-t-il, sera remarqué et, peut-être déterminera-t-il nos amateurs à préférer bientôt les livres utiles aux livres de fantaisie... »

A la même date, Méneval informait Barbier que l'Empereur venait de faire retirer de sa bibliothèque *Parny*, *Bertin*, les *Lettres de Dupaty*, les *Trois règnes de la nature de Delille*, les *Lettres de Sévigné* parce que onze volumes prennent trop de place et qu'il suffirait d'un choix de ces lettres. Pour remplacer ces livres, Napoléon demande *Tacite* en français, *Gibbon*, *Diodore de Sicile*, le poème de *la Pitié*, *Gil Blas*, la *Bible de Sacy* et une traduction en prose de l'*Enéide*.

Dès le 23 juin, Barbier envoyait tous ceux de ces ouvrages qu'il avait pu se procurer.

La fin de la campagne est marquée par l'envoi, sur la demande de l'Empereur, d'une nouvelle traduction de *Machiavel*; de la continuation récente de l'histoire de l'abbé Millot; et enfin, d'une *Chronologie d'Hérodote* par Volney.

En 1810, les préoccupations du moment, la lutte contre la Papauté et le récent divorce trouvent un écho dans les rapports de l'Empereur avec son bibliothécaire : au mois de février, c'est la demande d'une dissertation sur la *Tiare* et sur son origne ; puis, en mars 1811, l'Empereur demande le volume de l'Abbé Fleury où il est question avec quelques détails de la Pragmatique Sanction de Bourges, sous Charles VII. Deux mois après, l'Empereur demande à son bibliothécaire un rapport sur la conduite des Évêques à la Constituante en 1790, et sur ce qu'ils ont proposé pour parer le coup de la Constitution civile du Clergé.

Quand au divorce, il y a une allusion évidente à cet événement dans l'ordre que l'Empereur donne à Barbier, de faire parvenir à Joséphine, à la Malmaison, l'ouvrage intitulé : *Un trait de la vie de Charlemagne* (1).

Le 19 décembre 1811, une lettre de Méneval nous montre que la pensée constante de l'Empereur ne quitte plus la Russie où il brûle de se lancer. Le secrétaire du cabinet de Napoléon demande à Barbier quelques bons ouvrages, les plus propres à faire connaître la topographie de la Russie et surtout de la Lithuanie, sous le rapport des marais, rivières, bois, chemins, etc. Et comme si l'Empereur était pris tout à coup d'un étrange pressentiment la lettre se termine ainsi : « Sa Majesté désire aussi avoir ce que nous en avons en français de plus détaillé sur les campagnes de de Charles XII en Pologne et en Russie. »

Le 7 janvier 1812, Napoléon demande encore des livres sur la Russie.

Le 26 février, à l'approche de la grande guerre, les lectures deviennent de plus en plus sérieuses : « L'Empereur désire remplacer dans sa bibliothèque les romans et la plus grande partie des poésies, par des ouvrages d'histoire. Je prie M. Barbier de rassembler un choix d'ouvrages de ce genre et de m'envoyer, en attendant, une *Histoire de France* de Vély, complétée jusqu'à la Révolution. Sa Majesté désire lire cette histoire. »

Le 7 mai 1812, de Saint-Cloud, nouvelle demande d'ouvrages sur la Russie ; « un *Montaigne*, petit format, serait peut-être bon à mettre dans la petite bibliothèque de voyage. »

Quel penseur profond que ce général et ce souverain, partant pour une expédition dont il ne se dissimulait nullement l'importance, et réclamant, pour ses lectures de bivouacs, un exemplaire de l'immortel auteur des *Essais!*

Le 7 août 1812, de Witepsk, Napoléon fait écrire à Barbier, par Méneval : « .. L'Empereur désirerait avoir quelques livres amusants ; s'il y avait quelques romans, nouveaux ou plus anciens, qu'il ne connût pas, ou des mémoires d'une lecture agréable, vous feriez bien de nous les envoyer ; car nous avons des moments de loisir qu'il n'est pas aisé de remplir ici. »

A Moscou, le 30 septembre, Napoléon réclame encore les livres nouveaux qui paraissent à Paris.

Si l'Empereur demande ainsi les nouveautés, surtout les romans ou les mémoires, il ne faudrait pas croire qu'il fasse de ce genre d'écrits l'objet exclusif de ses lectures; il n'en est rien. Napoléon avait dans sa bibliothèque de campagne, tous les ouvrages qui forment le fond des collections sérieuses.

La preuve même du genre ordinaire des lectures de l'Empereur se trouve encore aujourd'hui dans la bibliothèque de l'Université de Dorpat : on y conserve un *Plutarque*, aux armes impériales, qui fut pris par un Cosaque dans la voiture de Napoléon, lors de la retraite de Russie.

La bibliothèque de campagne, qui avait suivi Napoléon dans toutes ses expéditions, fut brûlée en grande partie, et le reste tomba au pouvoir des Russes pendant cette retraite désastreuse.

Avant de partir pour la campagne de 1813, Napoléon donnait des ordres pour réparer autant que possible les pertes de 1812. C'est ainsi qu'il écrit, le 18 février : « Je n'ai pas besoin qu'on forme une nouvelle bibliothèque de voyage; il faut seulement préparer quatre caisses pour les in-12 et deux pour des in-18.

« Quelque temps avant mon départ, on me remettra la liste des livres de ce format que j'ai dans ma bibliothèque et je désignerai les volumes qu'il faudra mettre dans les caisses. Ces volumes seront successivement échangés contre d'autres de ma bibliothèque et le tout sans qu'il soit nécessaire de faire de nouvelles dépenses. »

Voici un détail qui montrera aux amateurs de livres que Napoléon avait le droit d'être compté comme un des leurs. En partant pour la campagne de Russie, il avait emprunté certains livres à la bibliothèque royale de Dresde. Dans la retraite, ces livres furent brûlés ainsi que le fourgon qui les portait. Le 27 février 1813, de retour à Paris, Napoléon donna l'ordre exprès de se procurer à tout prix des exemplaires de ces livres afin de les réintégrer dans le dépôt d'où ils étaient sortis.

Pendant les campagnes de Saxe et de France, le quartier général de l'Empereur fut tellement désorganisé, les moments de Napoléon furent si absorbés que nous ne trouvons plus de traces de ses relations avec son bibliothécaire.

Ce n'est qu'à Fontainebleau, pendant les neuf

jours que Napoléon passa dans cette résidence après son abdication, qu'il recommença à s'occuper de ses livres préférés. Il fit choix dans la bibliothèque du Palais d'un certain nombre de volumes de littérature, d'histoire ancienne et moderne, d'art militaire, de géographie et de voyages. Parmi les ouvrages que l'Empereur emporta ainsi à l'île d'Elbe, on remarque le *Bulletin des lois*, le *Recueil des traités de paix* par Kock et Martens, les *Codes*, le *Recueil complet des comptes du Ministère des Finances et du Trésor public*, *Virgile*, *le Tasse*, l'*Arioste*, *César*, *Salluste*, *Tacite*, *Polybe*, *Thucydide*, *Suétone*, *Plutarque*, le *Moniteur*, etc…

En dehors de ses auteurs préférés, Napoléon emportait tous les documents qui devaient lui permettre de tenir la promesse, faite à ses soldats au moment de son départ, d'écrire l'histoire de son règne et de ses campagnes.

Le 2 mai 1814, dès l'arrivée à l'île d'Elbe, le régisseur de l'Impératrice Marie-Louise, M. Ballouhey, était chargé par l'Empereur d'abonner le comte Bertrand aux journaux politiques et littéraires les plus estimés.

Enfin, l'Empereur ayant voulu organiser à l'île d'Elbe, un observatoire, un cabinet de chimie et une bibliothèque, Barbier fut chargé de cette dernière partie et de l'envoi de tous les ouvrages nouveaux.

Au retour de ce premier exil, quelques jours apres sa rentrée triomphale du 20 mars, Napoléon visitait la bibliothèque du Louvre avec le général Bertrand; il fut heureux de retrouver son bibliothécaire et il lui annonça qu'il lui rapportait des livres de l'île d'Elbe. Plusieurs ouvrages furent, en effet, réintégrés, quelques jours plus tard, à la bibliothèque des Tuileries.

Au lendemain de Waterloo, avant de partir pour son dernier exil, le 25 juin 1815, Napoléon occupe ses derniers moments sur la terre de France à parler à ses soldats et à composer la liste de la bibliothèque qu'il voulait emporter avec lui.

A cette date, l'Empereur comptait encore qu'il serait libre de se retirer en Amérique ; le dernier paragraphe de sa lettre à Barbier le montre bien : « La grande bibliothèque devra être consignée à une maison américaine qui la fera passer en Amérique, par le Havre. »

L'Empereur demandait à son bibliothécaire de lui apporter le lendemain, à la Malmaison :

1° la liste des dix mille volumes et des gravures, comme celles des voyages de Denon et de la Commission d'Égypte, dont l'Empereur avait plusieurs milliers ;

2° des ouvrages sur l'Amérique ;

3° un état particulier de tout ce qui a été imprimé sur l'Empereur pendant ses diverses campagnes.

Napoléon ajoutait : « Il faut compléter la bibliothèque de voyage qui doit se composer de toutes les bibliothèques de campagne et y joindre plusieurs ouvrages sur les États-Unis. » De plus, Napoléon demande une collection complète du *Moniteur*, la meilleure encyclopédie, les meilleurs dictionnaires.

Déjà Napoléon n'était plus sur le trône et ce

désir, pourtant si naturel, devait non seulement soulever les objections du nouveau gouvernement, mais encore échouer en présence de la manifestation violente d'un général prussien.

Le 29 juin 1815, Barbier écrivait au Président du gouvernement provisoire : « Monsieur le Président, le bibliothécaire de l'Empereur Napoléon croit devoir vous prévenir que S. M., quelques jours après son abdication, lui a témoigné le désir d'emporter, dans sa retraite, la bibliothèque du palais de Trianon, composée d'environ deux mille deux cents volumes avec *les grandes descriptions de l'Égypte* et l'*Iconographie grecque* de M. Visconti. L'impression de ces deux derniers ouvrages est due à la munificence de l'Empereur. Il est bien naturel qu'il désire en conserver un exemplaire.

« Quant à la bibliothèque de Trianon, ce n'est qu'une très petite partie des livres rassemblés par ses ordres dans les palais Impériaux. Ceux qui resteront pourront encore s'élever à plus de soixante mille volumes.

« J'ai l'honneur de vous prier de me faire donner les autorisations convenables pour expédier les objets mentionnés dans cette lettre. »

La chambre des représentants, par une décision spéciale (1), accorda à Napoléon la bibliothèque de Trianon ; mais, apprenant que cette discussion avait lieu, Bulow, en garnison à Versailles, envoya mettre de suite, les scellés à Trianon.

Quand Hudson-Lowe partit pour Sainte-Hélène, il demanda qu'on lui remit ces livres pour les porter à l'Empereur ; le gouvernement de Louis XVIII refusa au captif cette consolation qui n'aurait été qu'une vulgaire restitution (1) !

C'est ainsi que l'Empereur Napoléon fut obligé de se procurer, à ses frais, pendant son séjour, à Sainte-Hélène, un exemplaire de la grande *Description de l'Égypte*, ouvrage qui, sans lui, n'aurait jamais vu le jour (2).

Malgré les tracasseries de la Restauration, malgré la mauvaise volonté évidente de l'Angleterre, Napoléon put néanmoins charmer ses derniers jours par la lecture des grands auteurs qu'il n'avait jamais négligés, même aux heures les plus occupées de sa puissance.

Depuis *Polybe*, rapporté comme une relique par un des compagnons de sa captivité (3), jusqu'à l'*Histoire des Cent-Jours* de Fleury de Chaboulon (4), annotée de sa main ; depuis cette *Bible*, objet de réflexions journalières, jusqu'à *Voltaire* critiqué de main de maître, tous les grands histotoriens, les grands poètes et les grands littérateurs contribuèrent à adoucir l'amertume de l'exil, à charmer les dernières heures de cette grande existence; et c'est ainsi que les livres méritèrent une fois de plus, et plus que jamais peut-être, l'éloge qu'on en a fait, à toutes les époques, en les appelant des consolateurs et des amis qui ne trompent jamais.

§. 2. — *Napoléon et les Arts.*

L'art dramatique est celui dont la manifestation devait le plus préoccuper Napoléon en sa qualité de chef d'Etat : C'est ainsi qu'il attachait une très grande importance aux représentations scéniques pour la direction de l'esprit public et de là, chez lui, un soin constant pour réglementer les théâtres et pour les rendre conformes au but qu'il en attendait.

C'est au Conseil d'État que Napoléon a exposé le plus souvent sa manière de voir sur ce sujet ; il se montrait opposé à la liberté illimitée : « On prétend, disait-il, qu'il faut laisser une entière liberté pour l'établissement des théâtres et pour leur répertoire ; le public gagnerait, dit-on, à ce qu'il y eût deux Opéras, deux Théâtres-Français. C'est un préjugé de quelques personnes qui croient ramener par là les grands acteurs du bon vieux temps. »

De cette théorie devait découler la règle générale que l'Empereur voulait appliquer en semblable matière. « Il ne faut pas trop réduire le nombre des théâtres, disait-il ; mais il faut les bien placer. Douze théâtres doivent suffire à Paris. Il faut les répartir dans les différents quartiers de manière qu'ils ne se nuisent pas. » En Province, Napoléon en tolère deux dans les grandes villes comme Marseille, Lyon et Bordeaux. Partout ailleurs, un seul théâtre doit suffire. Cette révolution dans le régime des théâtres ne doit entraîner aucune indemnité au profit des directeurs dont les établissements sont déplacés ou supprimés. « C'est bien assez d'avoir à payer annuellement douze cent mille francs pour les théâtres ; il ne sera pas dit que je prends l'argent du peuple pour des histrions (1). »

Dès les premiers jours de sa carrière et même dans les intimités de sa vie privée, Napoléon devait témoigner de son goût pour les représentations théâtrales.

On se rappelle la salle de théâtre de la Malmaison où les amis du Premier Consul et de Madame Bonaparte aimaient à jouer les *Héritiers,* les *Étourdis,* le *Dépit amoureux.*

Napoléon demanda un jour qu'on lui donnât une représentation du *Barbier de Séville*. Nous savons par une lettre de Napoléon à Joséphine, qui était alors à Plombières, qu'Hortense joua le rôle de Rosine, où elle remporta un succès éclatant.

Le Théâtre-Français attirait, plus que tout autre, l'attention constante de l'Empereur. Il disait un jour au Conseil d'État que ce théâtre méritait « d'être soutenu, parce qu'il faisait partie de la gloire nationale. »

Quant aux représentations populaires, c'est à l'Empereur qu'en revient la première idée. Voici comment il s'exprime : « Le Théâtre-Français devrait réduire, le Dimanche, à vingt sous les places du parterre afin que le peuple pût en jouir. On ne doit pas se régler toujours sur ce qui a existé précédemment, comme s'il était impossible de faire mieux. »

Napoléon reste encore aujourd'hui comme le codificateur complet et respecté de la Comédie-Française. C'est lui qui, à Saint-Cloud, le 18 janvier 1803, préparait les bases d'une organisation définitive qui allait devenir, par l'acte du 17 avril 1804, la base de la Constitution commerciale de la

Comédie, comme le décret de Moscou en sera la Constitution administrative.

Que dire de ce décret du Kremlin, daté du 15 octobre 1812, au lendemain de l'incendie allumé par Rostopchine, au moment même des premières angoisses de la défaite. Si le temps et les gouvernements successifs de la France l'ont respecté, c'est que jamais rien de plus simple, de plus humain et de plus logique à la fois n'est sorti de la plume d'un Chef d'État. C'est, en somme, la codification des réglements en usage depuis Molière ; l'expérience a profité des leçons du passé et l'œil du législateur a plongé suffisamment dans l'avenir pour que l'avenir n'ait pas eu besoin d'abroger les mesures prises en 1812.

Un écrivain dont la compétence ne peut-être discutée, M. Albert Delpit, résume ainsi la portée de ce grand acte : « Il a eu assez de calme et de sang froid pour s'occuper du sort de la Comédie, lorsque commençait, devant le grand théâtre de l'histoire, la tragédie sinistre de sa fin.. Ceux qui lisent et étudient le décret de Moscou y voient, claire et nette, la pensée de l'Empereur. Il n'a jamais voulu créer une république artistique, mais bien une royauté constitutionnelle. Les articles 2 et 3 sont formels.. Quant à la réception des pièces (art. 68 à 73) il en est à présent comme en 1812 et c'est un bonheur !.. Qu'on applique le décret de Moscou comme par le passé : mais intégralement sans l'amollir et l'énerver. Et si quelqu'un veut rédiger un nouveau Code pour régir la Comédie, nous l'acceptons à l'avance, nous n'y mettons qu'une petite condition : c'est que son auteur ait autant de génie, de bon sens et de clarté que Napoléon. »

Sans entrer dans l'étude détaillée de ce décret qu'il soit permis d'insister sur la place capitale que Napoléon y faisait aux mesures destinées à assurer le recrutement de ce grand théâtre.

Il devait toujours y avoir au Conservatoire une pépinière de dix-huit élèves, neuf de chaque sexe.

Autorisés à suivre les classes de Musique, ils devaient être plus spécialement appliqués à l'art de la déclamation.

« Indépendamment des professeurs, il y aura pour l'art dramatique deux répétiteurs d'un genre différent, lesquels feront répéter et travailler les élèves, chaque jour, dans les intervalles des classes, à des heures fixées.

« Il y aura, en outre, un professeur de grammaire, d'histoire et de mythologie appliquées à l'art dramatique ; ce professeur enseignera spécialement les élèves destinés au Théâtre-Français. »

Les élèves devaient subir des examens annuels et, en cas d'insuffisance, ils étaient remplacés: quant aux débuts, sauf les cas exceptionnels, ils étaient faits soit à l'Odéon, soit sur une scène de province.

Napoléon en consacrant ainsi des moments précieux à l'organisation de la comédie se donnait bien le droit de considérer un peu ses acteurs comme une création de lui-même, comme un résultat de son génie organisateur.

S'il était fier de ses *Comédiens ordinaires* ceux-ci le lui rendaient bien et quelquefois, sous une forme touchante, quand, par exemple, le 28 janvier 1813, la Comédie-Française approuva, en assemblée générale, le don de trois chevaux pour le service des armées.

Napoléon aimait beaucoup à assister aux représentations du Théâtre-Français ; on a conservé, dans les archives de ce théâtre, la liste de toutes les pièces que l'Empereur honora de sa présence (1).

Sans vouloir entrer dans le détail complet de ces représentations fort nombreuses, nous relevons des renseignements curieux tels que ceux-ci : pendant le mois de mai 1803, Napoléon assiste deux fois à la représentation de *Polyeucte*, avec Talma dans le rôle de Sévère. Le 25 mai, c'est *Tartufe*. Le 29 septembre, *Cinna* avec Talma et Mlle Georges.

En septembre 1804, une partie de la Comédie suit l'Empereur à Mayence où on joue *Iphigénie en Aulide, Phèdre, Cinna, Andromaque, Horace, Bajazet*.

Le 29 janvier 1806, on jouait le *Manlius* de Lafosse, avec Talma. L'Empereur qui paraissait pour la première fois en public depuis son retour d'Autriche est reçu avec enthousiasme. La première scène était jouée au moment de son entrée dans sa loge, mais le public fit recommencer la pièce.

Le 24 février 1806, on jouait *Athalie*, avec Saint-Prix, Talma et Mlle Raucourt. Entre le premier et le second acte, l'Empereur fit annoncer au public l'entrée de l'armée française dans Naples (1).

C'est le 19 septembre 1807, dans une représentation de *Cinna* avec Talma, que Napoléon parut, pour la première fois, au théâtre, à Paris, depuis son retour de l'armée.

Le 16 janvier 1808, Napoléon assistait encore à *Cinna*; on devait jouer après *Bruéis et Palaprat* d'Etienne ; mais, après la tragédie, Napoléon dut quitter le théâtre dont la température était glaciale.

A Weimar et à Erfurth, en septembre 1808, l'Empereur désignait le matin à déjeuner les pièces qui devaient être jouées le soir. On trouve, parmi celles qui furent le plus souvent représentées, les suivantes: *Cinna*, *Rodogune* et le *Cid*, de Corneille ; *Andromaque*, *Britannicus*, *Mithridate*, *Iphigénie en Aulide*, *Phèdre*, *Bajazet*, de Racine; *Zaïre*, *Œdipe* la *Mort de César*, *Mahomet*, de Voltaire, *Rhadamiste*, de Crébillon ; *Manlius*, de Lafosse.

Le 6 mars 1809, Napoléon assistait à la représentation de retraite de Mlle Contat; on donna *Othello* avec Talma (2).

Le 19 mars 1809, la Comédie était convoquée à la Malmaison, pour y jouer la *Gageure imprévue;* c'est, à notre connaissance, la dernière représentation qui fut donnée sur le théâtre de cette résidence.

Le 20 juin 1810, pour la première apparition de Marie-Louise au Théâtre-Français, on donna *Cinna* et *Les Fausses infidélités*.

En février et mars 1812, il y eut plusieurs représentations au théâtre du palais de l'Elysée.

En juin 1813, la Comédie est à Dresde : on renouvelle l'époque d'Erfurth. On donne le *Philinte de Molière*, par Fabre d'Eglantine ; le *Secret du Ménage*, de Creuzé de Lesser ; la *Gageure imprévue*, de Sedaine ; on ajoute les grandes tragédies du répertoire ; mais les grands auteurs comiques, si peu aimés de Napoléon, les Molière, les Regnard, les Le Sage, les Beaumarchais ne sont jamais représentés.

La première représentation qui fut donnée à la Cour, après le 20 mars, eut lieu le 13 avril 1815 : on donna *La Nièce supposée*.

Le 21 avril, *Hector*, cette pièce que Napoléon qualifiait si bien, est donnée au Théâtre-Français, avec Talma et Mlle Duchesnois.

Deux premières représentations pendant la durée de l'Empire ont laissé des souvenirs vivaces dans les archives de la Comédie-Française. La première eut lieu le 30 avril 1808 ; c'était l'*Artaxerce* de Delrieu ; le succès fut grand et l'Empereur accorda à l'auteur une pension de deux mille francs. La seconde, c'est l'*Hector*, de Luce de Lancival, joué pour la première fois le 1er février 1809 ; cette pièce réussit complétement et le poète reçut une pension de six mille francs due à la générosité personnelle de l'Empereur.

Les comédiens n'étaient pas non plus négligés, et leurs déplacements étaient toujours la source pour eux de gratifications plus ou moins importantes.

En 1813, on donne aux comédiens qui ont été à Dresde : à Talma, huit mille francs ; à Mlle Georges, huit mille francs ; à Emilie Contat, six mille francs ; à Mlle Mars, dix mille francs.

De plus, Napoléon qui comprenait et qui voulait que l'art trouvât toujours des protecteurs aux plus hauts degrés de l'échelle sociale, payait vingt-et-un mille francs sa loge impériale ; il exigeait aussi que sa famille et les grands dignitaires eussent chacun la leur.

La liste de ces représentations confirme bien ce que nous avons dit des goûts de l'Empereur qui le portaient tous du côté de la tragédie, de préférence à la comédie ; Corneille, Racine, Voltaire même, l'emportèrent toujours dans son esprit sur Molière, Regnard et Beaumarchais.

L'histoire a raconté comment l'Empereur savait, au besoin, descendre des sphères les plus hautes de la politique ou de la guerre, jusqu'aux détails, en apparence, les plus futiles ; il en était de même ici.

Non content d'admirer Racine ou Corneille dans les grandes lignes de leurs ouvrages, Napoléon, nous le savons, discutait les rôles les plus effacés. Ce qu'il faisait pour l'œuvre littéraire, il l'étendait aux détails de l'interprétation.

Deux fois, celui à qui l'on reproche d'avoir reçu des leçons de Talma, se fait au contraire le professeur du grand tragédien. C'est ainsi qu'un soir, après une représentation de *Britannicus*, à Erfurth, Napoléon dit à Talma que, fidèle au ca-caractère que l'histoire a donné à Néron, il montrait trop, dès son arrivée en scène, le despote ; que, d'après l'intention de Racine, dans le commencement de la pièce, Néron ne devait pas paraître cruel ; que c'était seulement lorsque son amour est contrarié et qu'il devient jaloux (scène VIII° du III° acte), que son caractère violent se développait tout entier ; que l'acteur devait donc garder pour les derniers actes toute la force de l'expression ; Talma reconnut la justesse de cette remarque (1).

Une autre fois, Talma venait de jouer le rôle de César dans la *Mort de Pompée*. Napoléon lui adressa cette critique : « En débitant cette longue tirade contre les rois, dans laquelle se trouve ce vers :

« Pour moi qui tiens le trône égal à l'infamie, »

César ne pense pas un mot de ce qu'il dit ; il ne parle ainsi que parce qu'il a derrière lui ses Romains, auxquels il est de son intérêt de persuader qu'il a le trône en horreur ; mais il est loin d'être convaincu que ce trône, qui est déjà l'objet de tous ses vœux, soit une chose méprisable (2). Il importe de ne pas le faire parler en homme convaincu, et c'est ce qui doit être soigneusement indiqué par l'acteur (3). »

Que d'observation, que de connaissance du cœur humain, que de politique même dans la façon dont l'Empereur comprend ce rôle ; l'allusion naturelle et forcée se présente à l'esprit ; on dirait que Napoléon, loin de la redouter, met une certaine coquetterie à la provoquer dans l'esprit de son auditeur.

Les anecdotes, quand elles sont vraies, et c'est le cas de celle que nous allons raconter, en apprennent plus sur un homme et sur les habitudes de son esprit que toutes les dissertations possibles, quels que soient les documents qu'elles appellent à leur aide.

Arsène Houssaye, qui a été directeur de la Comédie-Française, qui en a connu merveilleusement l'histoire, raconte dans ses *Confessions* (1) qu'un soir Napoléon était venu à l'improviste voir jouer le *Cid* au Théâtre-Français. L'empereur se cachait dans sa loge. Le chef-d'œuvre de Corneille était si mal interprété qu'à la fin du second acte, Napoléon sortit furieux ; il appela M. de Rémusat, chambellan, chargé de la direction de la Comédie : « Vous ne voyez donc pas que le *Cid* joué ainsi n'est qu'une parodie. » M. de Rémusat voulait répondre, mais d'un ton impératif, Napoléon lui dit : « Monsieur, écrivez la distribution que je vais vous donner :

Rodrigue	Talma
Don Diègue	Monvel
Gormas	Saint-Prix
Le roi	Lafon
Don Sanche	Damas
Chimène	Mlle Duchesnois

Il n'est qu'onze heures. Allez vous-en à la Comédie-Française ; faites assembler le Comité et remettez-lui cette distribution. Vous ajouterez que je veux que le *Cid* soit joué comme je l'ai distribué et ce jour-là je serai à sept heures précises dans ma loge. Mais, qu'ils n'en sachent rien ! car je veux qu'ils jouent pour le premier venu comme pour moi. »

« L'œil du maître voyait tout, ajoute le narrateur. Mais quel amour de la tragédie ! Il est vrai que c'était le *Cid !* »

Après l'art dramatique, qui parle aux foules, la musique qui s'adresse aux élites de l'intelligence et du sentiment.

Le 26 juillet 1797, Napoléon écrivant aux inspecteurs du Conservatoire de Paris, s'exprimait ainsi : « De tous les beaux-arts, la musique est celui qui a le plus d'influence sur les passions, celui que le législateur doit le plus encourager. Un morceau de musique morale et fait de main de maître touche immanquablement le sentiment et a beaucoup plus d'influence qu'un bon ouvrage de morale qui convainc la raison sans influer sur nos habitudes. »

A Sainte-Hélène, rencontre bien curieuse, il en parlait à son médecin dans des termes presque identiques. Qu'on en juge : « C'est de tous les arts libéraux celui qui a le plus d'influence sur les passions, celui que le législateur doit le plus encourager. Une cantate bien faite touche, attendrit et produit plus d'effet qu'un ouvrage de morale qui convainc la raison, nous laisse froids et n'altère pas la plus légère de nos habitudes (1). »

Napoléon fut d'accord pendant tout son règne avec cette doctrine ; protecteur de cet art, nous le verrons subventionner l'Opéra, encourager les compositeurs par des cadeaux et des pensions ;

amateur lui-même, il fera de la musique une de ses distractions privilégiées.

Le soir du 3 nivôse, on jouait la *Création* d'Haydn à l'Opéra ; Napoléon ne voulut pas se dérober aux ovations du public et, derrière son attitude calme, il était impossible de connaître les émotions bien naturelles qui devaient l'agiter en ce moment. C'est ainsi que la musique se trouva mêlée à l'une des heures les plus dramatiques de sa carrière.

Napoléon adorait la musique italienne; il choisit Paësiello comme maître de chapelle, et, maintes fois, il a répété que, sans se lasser, il entendrait volontiers, tous les soirs, les mêmes airs de ce compositeur.

Qu'il fût dans un moment de bonne humeur ou qu'au contraire, il fût absorbé par les préoccupations qui ne lui manquaient pas, très souvent les personnes de son entourage l'entendirent chanter à voix basse des airs italiens ; mais l'histoire doit constater, et d'après le témoignage unanime, que l'Empereur chantait faux.

Cette préférence pour la musique italienne, on la retrouve dans le choix qu'il fait des compositeurs ou des acteurs qui doivent l'accompagner dans ses campagnes ; nous en avons la preuve dans cette lettre à Joséphine, datée de Posen, 12 décembre 1806 : « Paër, le fameux musicien, sa femme, virtuose que tu as vue à Milan, il y a douze ans, et Brizzi sont ici. Ils me donnent un peu de musique tous les soirs (1). »

Le goût très prononcé de Napoléon pour les

compositeurs italiens lui attira même une mystification dont il eut l'esprit de ne pas se fâcher. En 1801, Méhul fit représenter sous le nom d'un Napolitain de fantaisie un opéra intitulé l'*Irato* ; la pièce avait été applaudie à outrance par Napoléon. Quel ne fut pas l'étonnement du Premier Consul et la stupéfaction de son entourage quand le nom du véritable compositeur fut annoncé au public à la fin de la pièce !

Chérubini, bien qu'Italien, disait l'Empereur, n'écrivait pas de musique italienne ; aussi était-il très mal en cour. La représentation de *Pygmalion*, en 1809, étonna l'Empereur, mais elle ne le fit pas revenir sur son opinion première.

Il n'en était pas de même de Spontini dont la *Vestale* fut récompensée par un des grands prix décennaux. Cette pièce avait rencontré une opposition énorme. La première eut lieu enfin le 11 décembre 1807, grâce à la volonté formelle de Napoléon. Le succès fut immense et c'est alors que Napoléon donna au même compositeur le sujet de *Fernand Cortez* qui fut joué le 28 novembre 1809.

Pendant la campagne d'Austerlitz, Napoléon entend le *Don Juan* de Mozart et voici le jugement qu'il porte sur cette pièce, le plus italien des opéras, malgré son origine (1) : « J'ai entendu hier au théâtre de cette cour (Wurtemberg), l'opéra allemand de *Don Juan* ; j'imagine que la musique de cet opéra est la même que l'on donne à Paris. *Elle m'a paru fort bonne...* » La musique allemande au contraire, ne lui inspire que cette boutade : « Tout en faisant la guerre, j'ai entendu hier de très bonne musique. Le chant allemand m'a paru cependant un peu baroque. »

Si Napoléon, dans ses goûts comme dans ses paroles, se prononce ainsi en faveur de la musique italienne, c'est de sa part une question d'affinité intellectuelle. En musique, à la différence de ce qui se passe dans la littérature, la forme et le fond sont une seule et même chose ; de là, une unité qui, pour se traduire, n'a que deux modes : prééminence du sentiment ou prééminence de l'action.

La musique italienne est surtout une musique de sentiment ; les compositeurs allemands, au contraire, à l'exception de Mozart et de quelques autres cependant, ne comptent que sur l'action pour traduire leur idéal. Mais, cette classification n'a rien d'absolu et de même que l'école italienne peut réclamer Mozart, les Allemands, dans bien des cas, peuvent regarder Rossini comme un des leurs.

Napoléon, homme d'action si l'on n'en croit que les apparences, se prononce pour la musique du sentiment ; il n'y a là rien qui doive nous étonner. Qu'on se rappelle l'effet que produisait sur lui le son des cloches, à la Malmaison. Quelque paradoxale que l'affirmation puisse paraître, Napoléon, en effet, est plus encore un sentimental qu'un réaliste ; son imagination, mère de son ambition et de ses irréalisables chimères politiques, est là pour le montrer.

Napoléon, toujours absolu, et gêné ici par une éducation musicale absolument insuffisante, ne comprenait pas toutes les nuances délicates que l'on peut obtenir d'un éclectisme sagement admis; la musique française n'est-elle pas, ne fût-elle pas surtout, à son principe, un charmant composé des deux qualités essentielles aux écoles Italienne et Allemande.

Cependant, si les préférences de l'Empereur ne l'attirent pas vers la musique française, il se montre toutefois très généreux pour Méhul et Grétry, ces deux chefs de la musique française à son époque.

Le *Joseph* du premier lui valut un cadeau de l'Empereur et cette marque de satisfaction (1): « En général, la meilleure manière de me louer est de faire des choses qui inspirent des sentiments héroïques à la nation, à la jeunesse et à l'armée. »

Pour le *Richard Cœur de Lion*, de Grétry, Napoléon suivit avec cette pièce une politique qu'il est bien regrettable qu'il n'ait pas adoptée plus souvent; il hésitait à la laisser reprendre; mais quand l'autorisation fut donnée, il exigea qu'elle fut jouée quinze jours de suite, « *jusqu'à indigestion*, disait-il. Le charme rompu, *Richard* a continué d'être joué sans qu'on y songeât davantage, jusqu'au moment où les Bourbons, à leur tour, l'ont proscrit parce qu'un tendre intérêt consacrait désormais cette pièce à ma personne. »

Depuis lors, Grétry reçut une pension annuelle de quatre mille francs sur la cassette de Napoléon.

Lesueur, l'auteur des *Bardes*, n'eut pas non plus à se plaindre des procédés de l'Empereur à son égard. Le lendemain de la première représentation de cette pièce à l'Opéra, Duroc lui porta la croix de la Légion d'Honneur et une tabatière d'or sur laquelle étaient gravés ces mots : « L'Empereur des Français à l'auteur des *Bardes*. » Il y avait dedans six mille francs, et dans l'année Napoléon lui en fit encore remettre douze autres mille (1).

Les encouragements officiels ne devaient pas plus manquer à la musique qu'à la littérature ; le résultat ne fut guère plus heureux dans un cas que dans l'autre.

En 1805 (2), Napoléon écrit au prince Eugène, vice-roi d'Italie : « Informez-vous si l'on ordonne à la fin des messes une prière pour le Roi dans toutes les Églises du royaume ; faites-y adapter une *très belle musique* et faites la chanter constamment. »

Quant à l'Opéra de Paris, Napoléon veut qu'il soit protégé non seulement par une subvention, mais encore d'une manière plus éclairée et plus digne.

Il disait au Conseil d'État : « L'Opéra coûte au Gouvernement huit cent mille francs par an ; mais il faut soutenir un établissement qui flatte la vanité nationale. On peut l'aider sans recourir à un nouvel impôt ; il n'y a qu'à protéger l'Opéra aux dépens des autres théâtres pour certains privilèges. Il faut que le Grand-Opéra puisse seul donner des ballets... »

Nous verrons tout à l'heure ce que Napoléon disait et faisait pour les ballets. Il commençait d'abord par s'assurer de la dignité de la scène.

De là cette lettre à Champagny (1) : « Prend-on à tâche en France, de dégrader les lettres et depuis quand fait-on à l'Opéra ce qu'on fait au Vaudeville, c'est-à-dire des impromptus ? Défendez qu'il soit rien chanté à l'Opéra qui ne soit digne de ce grand spectacle. »

Quelquefois l'Empereur est satisfait ; témoin cette lettre (2) : « J'ai lu avec plaisir l'intermède joué à l'Opéra. Il m'a paru qu'il y avait du mérite. » Mais, souvent aussi, l'Empereur est obligé de revendiquer les droits du pouvoir. C'est ainsi qu'il écrit, du fond de la Pologne, en 1807, à propos des machines et des décors (3) : « Les actrices monteront dans les nuages ou n'y monteront pas... Je ne veux plus en entendre parler... Faites-y respecter l'autorité et que ce spectacle qui intéresse les plaisirs de la Capitale soit maintenu dans toute sa prospérité.. » Voici maintenant que l'Empereur va se fâcher tout à fait et terminer la querelle par des arguments de sa façon. « On n'est pas content à l'Opéra de M. de Luçay ; si cela ne cesse pas, je leur donnerai un bon militaire qui les mènera tambour battant. »

L'activité de l'Empereur ne connait pas de bornes : après les machines, ce sont les pièces dont la représentation est difficile comme la *Vestale* (4) ou même les opéras dont il veut suivre les répétitions dans tous leurs détails (5).

Il n'est pas jusqu'aux ballets auxquels Napoléon ne dédaigne pas de collaborer ; lisez plutôt cette lettre de Postdam, 25 octobre 1806 : « Je vous envoie mon approuvé de la dépense relative à la mise en scène du ballet du *Retour d'Ulysse*. Faites vous rendre compte en détail de ce ballet et voyez-en la première représentation pour vous assurer qu'il n'y a rien de mauvais; vous comprenez dans quel sens. Ce sujet me paraît, d'ailleurs, beau. *C'est moi qui l'ai donné à Gardel.* »

A quelques jours de là (1), Napoléon revient encore sur le même ballet : « Le sujet du retour d'Ulysse dans sa patrie ne peut prêter à aucune allusion de ce côté-ci ; il pourrait seulement en prêter d'un autre côté (2). Dites à M. de Luçay de le faire jouer. »

Napoléon s'occupe aussi de l'Opéra-Comique et veut rendre à ce théâtre son ancienne splendeur (3) : « Je donnerai volontiers cent mille francs d'encouragement au théâtre de l'Opéra-Comique, mais à la condition que les premiers acteurs y rentreront et qu'il sera digne de son ancienne réputation ; sans quoi, je cesserai de lui donner aucun secours. »

C'est ainsi que Napoléon, qui personnellement aimait la musique, prenait pour en assurer la bonne exécution sur les scènes publiques des moyens qu'il croyait bons, qui ne l'étaient peut-être pas, mais qui, du moins, témoignaient de l'importance réelle qu'il attachait à cette sérieuse question qui touche aux intérêts artistiques les plus élevés.

L'Empereur n'aimait pas moins la peinture et la sculpture que la musique, et la galerie particulière qu'il possédait à la Malmaison témoigne de ses goûts élevés et de ceux de Joséphine ; cette collection qui aurait pu rivaliser avec les plus belles de l'Europe comptait parmi ses joyaux des toiles de l'Albane, des Carrache, de Philippe de Champaigne, de Gérard Dow, d'Albert Durer. Claude le Lorrain, comme Murillo, Rubens et Téniers, Van Ostade et Fra-Bartolomeo y étaient représentés. Rembrandt y figurait avec une *Descente de Croix*. Les modernes n'étaient pas non plus oubliés, et, dans la salle où étaient réunis les émaux, les porcelaines, les miniatures et les dessins, on pouvait voir parmi les chefs-d'œuvre de tous les arts, le *Pâris* et la *Danseuse* de Canova (a).

En résumé, c'était la demeure d'un homme aux goûts nobles et élevés ; moins luxueuse et moins riche sans doute que les anciennes résidences des fermiers généraux, mais plus choisie, plus artistique et témoignant d'aspirations plus généreuses.

Napoléon n'attendit pas la possession du pouvoir suprême pour donner carrière à ses goûts artistiques. Ce qu'il aimait à voir chez lui, lui plaisait sans doute ; mais, il avait, ici encore, des vues plus ambitieuses bien que moins égoïstes.

Il voulait que la France fût riche par ses arts, autant que par son or et, dès le 9 mai 1796, général en chef depuis quelques jours seulement, il se préoccupe de donner à son pays ce patrimoine glorieux ; il écrit à cette date, au Directoire, qu'il enverra prochainement à Paris « les plus beaux tableaux du Corrège, entre autres un *saint Jérôme*

(a) V. aux pièces annexes le catalogue de la galerie de la Malmaison, paru en 1811, chez Didot jeune.

que l'on dit être son chef-d'œuvre. J'avoue, dit-il, que ce saint prend un mauvais temps pour arriver à Paris ; j'espère, néanmoins, que vous lui accorderez les honneurs du Muséum (1). »

Triste époque que celle où il fallait prendre ainsi des précautions oratoires pour ouvrir à ces belles œuvres la porte de nos musées ! Napoléon eut, du moins, le courage, et c'est à son éternel honneur, de placer l'art au-dessus de la politique et d'assurer ainsi à son pays des conquêtes plus nobles que l'argent ou les territoires.

Napoléon s'en montre fier à bon droit quand, écrivant à Sainte-Hélène le récit de la première campagne d'Italie, il revient avec complaisance sur cet épisode des débuts de sa carrière (2). « *C'est le premier exemple de ce genre*, dit-il, *que l'on rencontre dans l'histoire moderne.* » Et il ajoute en parlant de ce *saint Jérôme* auquel le duc de Parme tenait tant : « Le duc fit proposer deux millions pour conserver ce tableau. Les agents de l'armée étaient fort de cette opinion. Le général en chef dit qu'il ne resterait bientôt plus rien des deux millions, tandis que la possession d'un pareil chef-d'œuvre à Paris ornerait cette capitale pendant des siècles, et enfanterait d'autres chefs d'œuvre. »

Cette première campagne qui n'était cependant pas une promenade militaire est remplie d'épisodes qui témoignent tous de la satisfaction qu'éprouvait le général Bonaparte à se trouver sur la terre classique de la littérature et des arts. C'est ainsi qu'il raconte, à quelques jours de là, que, un soir, après dîner, « le grand duc (de Toscane) conduisit son hôte dans la célèbre galerie de Florence pour y considérer les chefs-d'œuvre des arts : Napoléon admira la *Vénus de Médicis* (1). »

Ce souvenir des premières années, tant est grande la puissance de l'art ! avait donc survécu aux grandeurs prestigieuses suivies des chutes les plus terribles.

Sans vouloir entrer ici dans le détail des objets que Bonaparte fit passer à Paris (A), nous ne saurions cependant omettre de constater la régularité des procédés du général. C'est en vertu d'armistices ou de traités de paix qu'il stipule la livraison des chefs-d'œuvre; de plus, comme il se méfie de ses connaissances personnelles, il cherche à s'entourer de tous les éléments d'appréciation. Le 7 floréal, il écrit, de Chérasco, au Directoire : « Il me serait utile d'avoir trois ou quatre artistes connus pour recueillir les monuments des beaux arts. »

Après la prise de Milan, Napoléon signe avec le duc de Modène un armistice où se lit cet article : « Le duc de Modène sera tenu de livrer vingt tableaux à prendre dans sa galerie ou dans ses États, au choix des citoyens qui seront commis à cet effet. »

Ceux-ci arrivent ; Bonaparte les met immédiatement au travail et peu de jours après il écrit au Directoire : « Le citoyen Barthélemy s'occupe,

---

(A) Voir aux pièces annexes la liste de ce que Napoléon fit enlever de Milan.

dans ce moment-ci, à choisir les tableaux de Bologne. Il compte en prendre une cinquantaine, parmi lesquels se trouve la *sainte Cécile* qu'on dit être le chef-d'œuvre de Michel-Ange (1). »

Napoléon avait une manière très large de comprendre le rôle de la peinture ou de la sculpture quand elle s'applique à la représentation des personnages historiques; cette théorie nous expliquera bien des jugements qui, sans cela, pourraient nous sembler tout au moins sévères. « Ce n'est pas l'exactitude des traits, un petit pois sur le nez, qui font la ressemblance. C'est le caractère de la physionomie, ce qui l'anime, qu'il faut peindre. Certainement, jamais Alexandre n'a posé devant Appelles. Personne ne s'informe si les portraits des grands hommes sont ressemblants. Il suffit que leur génie y vive. »

De là, ce jugement donné au Conseil d'État, sur la statue dans laquelle Canova l'avait représenté avec une attitude menaçante. « Croit-il donc que je fais mes conquêtes à coups de poing? » De là aussi, cette critique du portrait peint par David, en 1805 (2) : « Je viens de voir le portrait qu'a fait de moi David. C'est un portrait si mauvais, tellement rempli de défauts que je ne l'accepte point et ne veux l'envoyer dans aucune ville, surtout en Italie, où ce serait donner une bien mauvaise idée de notre école. »

Si, au contraire, la peinture lui paraît rentrer dans le genre idéal qu'il en a tracé, Napoléon n'a plus assez d'enthousiasme pour l'artiste.

On sait que David fut nommé *premier peintre* de l'Empereur, ce qui fut pour beaucoup, du reste, dans son exil en Belgique, lors de la Restauration. La familiarité de l'Empereur, l'hommage que celui-ci lui rendit solennellement en 1808, devaient effacer les traces de la critique de 1805.

De tous temps, Napoléon avait aimé la fréquentation des artistes; pour Talma, la légende s'en est emparée : pour David, l'histoire répète qu'au lendemain de Marengo, le premier Consul fit venir David qui peignait alors son *Léonidas aux Thermopyles*. « Tant pis, lui dit Napoléon, vous avez tort de vous fatiguer à peindre des vaincus. » Et lui indiquant alors ses récentes victoires et son désir de les voir immortaliser : « Peignez-moi, lui dit-il, calme sur un cheval fougueux. »

Une date célèbre dans l'histoire de l'art sous le premier Empire, est celle du 4 janvier 1808. Ce jour là, l'Empereur se rendit chez son premier peintre en grand cérémonial; les voitures étaient précédées et suivies d'une garde à cheval. On voyait que l'Empereur voulait lui rendre hommage (1).

Quand Napoléon fut arrivé en face du tableau du *Sacre*, exposé dans l'atelier de l'artiste, il le contempla longuement, puis il s'écria : « Que cela est grand ! Quel relief ont tous les objets ! Cela est bien beau ! Quelle vérité ! Ce n'est pas une peinture; on marche dans ce tableau ! » L'Empereur cita le nom de tous les personnages représentés, puis il ajouta : « Le moment est bien choisi; l'action est bien indiquée ; chacune des deux figures est très bien. » Napoléon fit alors quelques critiques de détail dont le peintre se plut à reconnaître la justesse et l'exactitude.

David fut de tous les peintres de l'Empire, celui avec qui Napoléon eut le plus de relations.

On raconte cependant qu'un jour, Napoléon, Premier Consul, vit devant lui les deux représentants extrêmes de l'École française du premier Empire.

On avait demandé au Premier Consul de laisser faire son portrait ; il ne consacrait à la pose que les dix minutes de son déjeuner. Greuze et Ingres furent, un jour, convoqués à Saint-Cloud, afin de profiter de ces rares instants. En les apercevant, pour la première fois, Napoléon dit ces seuls mots : « L'un est bien vieux, l'autre est bien jeune (1). »

Du reste, Napoléon se montra toujours généreux pour les représentants de cette école un peu raide, un peu factice, peut-être, mais qui ne manquait pas d'une réelle grandeur.

Il avait emmené avec lui Denon en Égypte ; en arrivant au pouvoir, il l'avait nommé Directeur Général des Musées Impériaux. Napoléon le choisit comme intermédiaire dans ses relations avec les artistes.

C'est à lui qu'il dit ce mot charmant, quand on lui annonça que Greuze, ce représentant d'un autre âge, venait de mourir dans la misère : « Que ne parlait-il ? Je lui aurais donné une cruche de Sèvres pleine d'or, pour payer toutes ses cruches cassées. »

Au Salon de 1810, Gérard exposait la *Bataille d'Austerlitz*. Napoléon s'en montra très satisfait et il dit à ses jeunes aides-de-camp : « Allez voir,

Messieurs, comme nous étions à Austerlitz (1). »

La sculpture ne fut pas non plus négligée. L'Empereur écrivait à Denon (2) : « Sa Majesté croit qu'il y aurait de l'avantage pour l'effet et pour l'art à faire la statue en pied, comme dans les siècles passés, » et à quelques jours de là (3), à propos des monuments du général Leclerc, de Voltaire et de Rousseau : « Ces monuments doivent être très beaux Il paraîtrait convenable de revenir à l'usage de placer des statues sur les tombeaux, en évitant le plus possible, dans la composition, toute espèce d'allégorie. »

Canova fut appelé deux fois à Paris par Napoléon. Celui-ci fut mécontent de la statue où il était représenté nu, tenant à la main une statuette de la victoire. Il en défendit l'exposition publique, et tous ceux qui virent la statue, ratifièrent l'opinion de l'Empereur.

Bosio, ce Canova français, comme l'appelait Napoléon, fut comblé de faveurs par le souverain.

Les graveurs eux-mêmes sont encouragés ; témoin cette décision (4) : « Il existe à la bibliothèque beaucoup de pierres précieuses brutes. Il faut les distribuer aux bons graveurs de Paris, pour graver divers portraits. Cela encouragera l'industrie et donnera du travail aux artistes. »

En architecture, Napoléon prétendait qu'on pouvait « en faire jusque dans la cabane d'un charbonnier. Il y faut l'unité, le bel arrangement et la méthode ; c'est la condition du beau et de l'imposant. »

Cependant l'on peut dire qu'ici l'exemple de

Louis XIV le poursuivait comme une véritable obsession... « Les architectes ont ruiné Louis XIV, » disait-il au Conseil d'État, et il partait de là, pour faire contre eux une sortie violente.

Dans cette disposition d'esprit, on devine quelle devait être l'opinion de l'Empereur sur Versailles, « ville bâtarde », dont il rêvait de faire avec le temps une espèce de faubourg, un site voisin, un point de vue de la grande capitale. Et c'est avec amertume qu'il disait au Conseil d'État : « Pourquoi la Révolution qui a tant détruit, n'a-t-elle pas démoli le château de Versailles ? Je n'aurais pas aujourd'hui un tort de Louis XIV sur les bras et à rendre supportable un vieux château mal fait. Comme ils l'ont dit : un favori sans mérites (1). »

Le Louvre, Fontainebleau, le Temple de la Gloire occuperont en retour toute son attention ; Napoléon voulait faire du Louvre un monument remarquable, quelque chose comme le temple de Minerve à Athènes ; il servirait de dépôt pour les richesses artistiques de la France et de lieu de réunion pour les grandes et pompeuses cérémonies. L'Empereur voulait qu'on laissât à chacune des parties le caractère de son origine, qu'on n'effaçât ni les chiffres, ni les inscriptions : « Je ne serais pas fâché, disait-il au Conseil d'État, qu'un jour mon nom se trouvât auprès de celui d'Henri IV ; on verra qui de nous deux aura le plus fait pour le bien et la gloire de son pays. »

L'achèvement du Louvre, la construction de l'arc de triomphe du Carrousel sont l'œuvre de Fontaine et de Percier. Pendant de longues heures,

Napoléon s'enfermait avec Fontaine, il discutait tous les plans, exigeait des modifications, étonnait son interlocuteur par l'à-propos de ses observations.

Napoléon disait que Fontainebleau était « la demeure des rois, la maison des siècles » ; que c'était ce qu'il y avait de mieux situé en Europe pour le souverain, car c'était, en même temps, la situation politique et militaire la plus favorable.

S'agit-il du Temple de la Gloire (qui deviendra la Madeleine), Napoléon écrit à Champagny, le 30 mai 1807 : « C'est un temple que je veux et non une église... Je ne veux rien en bois... rien dans ce temple ne doit être mobile et changeant ; tout, au contraire, doit y être fixé à sa place. Ce monument tient en quelque sorte à la politique ; il est, dès lors, du nombre de ceux qui doivent se faire vite... Tout ce qui est futile n'est pas simple et noble ; tout ce qui n'est pas de longue durée ne doit pas être employé dans ce monument... Par temple, j'ai entendu un monument tel qu'il y en avait à Athènes et qu'il n'y en a pas à Paris. Il y a beaucoup d'églises à Paris ; il y en a dans tous les villages (1). »

Mais toutes ne valent pas cette église de Brou (2), « une des plus belles de France où il est bien dommage qu'on n'officie pas », ou cette cathédrale de Milan (3) dont Napoléon raconte qu'une des choses qui le choqua le plus, lors de l'un de ses passages dans cette ville, ce fut le spectacle hideux de la façade de cette belle cathédrale qui, depuis trois cents ans, était en ruine. Il dit alors : « Un Visconti l'a commencée dans le xiiie siècle ; c'est moi qui la ferai finir. »

Les projets ne chomaient jamais dans le cerveau de l'Empereur et la vie humaine, la plus longue, n'aurait pas eu le temps de les réaliser.

C'est d'abord la construction d'un palais pour le roi de Rome, sur les hauteurs occupées aujourd'hui par le Trocadéro ; le bruit avait couru que ce palais serait fortifié ; l'Empereur proteste contre cette supposition : « La confiance et l'estime, voilà les remparts de la demeure que je veux bâtir..., Que les Parisiens se rassurent : je n'ai jamais prétendu les effrayer. Mon fils apprendra de moi à les gouverner sans forteresses, ni canons. »

Puis ce sont les arcs de triomphe, avec lesquels Napoléon pense « alimenter l'architecture de France pendant vingt ans (1). »

Ce sont encore les embellissements de Paris dont il veut faire la plus belle ville du monde ; il va jusqu'à la boutade quand, par exemple, on lui propose pour la place de la Concorde des Naïades qui jetteront l'eau par leurs mamelles. « C'est indécent. Otez-moi ces nourrices, ajouta-t-il en riant. Les Naïades étaient vierges. »

Napoléon, nous le savons déjà, se montra toujours particulièrement sévère pour les architectes. C'est ainsi qu'il écrivait à Eugène (2) : « Je vous croyais plus d'ordre. On ne doit rien faire sans un devis, avec engagement de ne pas le dépasser. Vous avez fait tout le contraire ; l'architecte s'en est donné tant qu'il a voulu et voilà des sommes immenses jetées dans la rivière... Portez plus d'attention et de savoir que cela aux affaires de ma liste civile d'Italie ; les architectes sont partout les mêmes. »

C'est autant par économie que par esprit d'ordre et de régularité que Napoléon se montre aussi sévère. Il veut que tout soit bien fait, promptement fait et que cela ne coûte pas cher. Quand on lit certaines des lettres de Napoléon, on croirait que c'est un propriétaire très riche, uniquement occupé de la gestion de sa fortune. Le 30 août 1805, il écrit à propos du château de Strasbourg : « Recommandez à l'architecte Fontaine de n'y mettre ni colle, ni odeur ; c'est la pire de toutes les choses et je puis y être d'un moment à l'autre (1). »

De Vienne, il écrit encore, à cette époque de 1805 (2) : « Faites-moi connaître si, enfin, le château des Tuileries est achevé. Il ne faudrait pas que M. Fontaine se fiât sur ce que je suis à Vienne dans les palais de l'Empereur d'Allemagne. » Et à quelques jours de là, à Cambacérès (3) : « Quoi que vous puissiez dire, je doute que Messieurs les architectes veuillent obéir et ils m'empoisonneront encore, comme ils l'ont déjà fait, avec leurs barbouillages. »

La nature particulière de ces préoccupations nous donne des détails intéressants sur la vie intime et sur les goûts privés de l'Empereur. C'est ainsi que de Finkenstein (4), il écrit à Joséphine pour lui dire qu'il vient de déplacer son quartier général et de le fixer « dans un très beau château où il y a beaucoup de cheminées. Ce qui m'est fort agréable, ajoute-t-il, car, me levant souvent la nuit, j'aime à voir le feu (a). »

Quittons maintenant ces préoccupations un peu terre à terre pour remonter avec Napoléon dans les sphères élevées de l'art pur.

Pendant sa campagne de 1796, ce qui le frappe surtout en Italie ce sont les vestiges de la période romaine ; à tout instant, il se montre ému des proportions grandioses des monuments laissés par ces anciens maîtres du monde. Le 15 prairial, de Vérone, il écrit au Directoire : « Je viens de voir

---

(A) Avant de quitter ce sujet, disons que Napoléon, dans maintes autres ciconstances, sût se montrer un véritable artiste. Nous ne saurions trop engager le lecteur à se reporter aux points suivants : XVI, 248 et XX, 303. Denon est autorisé à acheter la *statue de Pompée* et plusieurs autres antiquités. Cette statue ne put être acquise. — XIII, 241. Détails d'administration du Musée. — XI, 66, à Daru V, toute la lettre : « Je ne me refuserai pas à accorder tout ce que vous jugerez nécessaire pour encourager les artistes ; mais je ne veux pas que ce soit une obligation qui me soit imposée... Je dois vous faire connaître que mon intention est de tourner spécialement les arts vers des sujets qui tendraient à perpétuer le souvenir de ce qui s'est fait depuis quinze ans... » — XII, 27. L'Empereur d'Allemagne avait demandé à retirer d'un des châteaux du Tyrol des armes qui s'y trouvaient. Napoléon répond à Berthier par cette phrase qui n'est pas d'accord avec son opinion ordinaire sur le plus célèbre des Valois : « J'espère que tout ce qu'il a de curieux et surtout l'armure de François Ier ne lui aura pas été donné, j'attache surtout une grande importance à conserver cette armure. » Mais là où Napoléon, comme il l'écrivait lui-même, était surtout un artiste, c'était dans l'exercice du pouvoir. Le 2 février 1809, il disait à Rœderer : « J'aime le pouvoir, moi ; mais, c'est en artiste que je l'aime. Je l'aime comme un musicien aime son violon ; je l'aime pour en tirer des sons, des accords, des harmonies. » En effet, les rêves sur l'Orient, la campagne de Russie et les horizons qu'elle entrouvre ; les idées grandioses sur Paris, capitale du monde, avec le Pape assis auprès du trône Impérial, tout cela c'est bien réellement le côté artiste de son caractère.

l'amphithéâtre; ce reste du peuple romain est digne de lui. Je n'ai pu m'empêcher de me trouver humilié de la mesquinerie de notre Champ de Mars; ici, cent mille spectateurs sont assis et entendraient facilement l'orateur qui leur parlerait. »

Cet idéal dans les arts ne l'abandonnera pas. C'est qu'il correspondait à la nature même de son génie qui lui permit de s'élever jusqu'aux plus hautes conceptions de l'esprit; et si parfois il néglige le détail ou s'y montre inférieur, en retour il saisit admirablement les vues d'ensemble et tout ce qui est grand.

C'est dans ce mot que se trouve toute la conclusion de ce chapitre; elle est empruntée à Napoléon lui-même qui disait, un jour, au Conseil d'État : « Il n'y a de beau que ce qui est grand ; l'étendue et l'immensité peuvent faire oublier bien des défauts. »

CONCLUSION

Parvenu à la fin de ce long travail, je laisse à ceux qui l'ont lu le soin de tirer la conclusion qu'il emporte avec lui.

M'étant éloigné avec autant de précaution des flatteurs compromettants qui accordent toutes les vertus à leur héros et des pamphlétaires injustes qui ne veulent lui reconnaître aucune qualité, je crois avoir montré Napoléon, tel qu'il s'est présenté lui-même à la postérité, dans des documents qui ne sauraient être réfutés par aucun parti.

Montaigne disait, il y a plusieurs siècles, que pour bien connaître un homme il faut le regarder avec son front, son teint et ses verrues. Sainte-Beuve poussait hier ce cri : « Aurons-nous toujours l'idole et jamais l'homme ? » J'ai voulu suivre la voie tracée par ces deux grands esprits, en tâchant d'inspirer à ceux qui jugent Napoléon, et ils sont nombreux, le désir de l'étudier dans ses œuvres.

Mon but sera pleinement atteint s'ils ont pu clairement apercevoir l'homme dans le Napoléon que je leur ai montré, ensemble de qualités et de vertus, de défauts et d'erreurs ; esprit universel, auquel ne devaient manquer aucune gloire, aucune infortune, exemple frappant de la grandeur à laquelle l'homme peut s'élever quand il est éclairé par cette flamme sublime : le Génie.

APPENDICE

I. — DOCUMENTS ET ÉCLAIRCISSEMENTS
BIBLIOGRAPHIQUES

Dans la période comprise entre la mort de Napoléon et l'avénement du second Empire, il y eut de nombreuses éditions des œuvres de l'Empereur.

Les compagnons de Sainte-Hélène s'empressèrent, dès leur retour en Europe, de publier les documents divers qui leur avaient été dictés par l'illustre captif. C'est ainsi que parurent, vers cette époque, sans parler du *Mémorial de Sainte-Hélène* par le comte de Las Cases, un *Recueil de pièces authentiques sur le captif de Sainte-Hélène, de mémoires et documents écrits ou dictés par l'Empereur Napoléon* (Paris 1821-1825. 12 vol.); et aussi, les *Mémoires pour servir à l'histoire de Napoléon, écrits à Sainte-Hélène par les généraux Gourgaud et Montholon et publiés sur les manuscrits corrigés de sa main* (Paris Didot, 1822 et années suivantes. 8 vol.) En 1836, Marchand, premier valet de chambre, publiait, à Paris, un volume intitulé *Précis des guerres de César, écrit à l'île Sainte-Hélène sous la dictée de l'Empereur*.

Il serait trop long et très inutile d'énumérer tous les ouvrages qui, sans présenter le même caractère d'authenticité que ceux que nous venons de citer, ont eu pour but, cependant, de livrer au public les écrits qui sont incontestablement l'œuvre de l'Empereur.

Il convient seulement de remarquer que ce courant littéraire s'étendit bientôt de la France à toute l'Europe, et que chaque pays posséda une ou plusieurs éditions différentes des écrits de Napoléon.

Parmi les principales nous citerons :

1° En Angleterre : « *The Bonaparte Letters and Despatches secret* » Londres 1846. — 2 vol. in-8 ;

2° En Allemagne : « *Deukwürdigkeiten, Gedanken.* » (Mémoires, pensées de Napoléon, traduits du français. 1822. in-16).

« *Napoleon als Feldherr.* » Napoléon homme de guerre..., par Guillaume Hammer. Stuttgard 1833. in-12). Ce sont des jugements recueillis particulièrement sur certains hommes de la Révolution et empruntés au Mémorial de Sainte-Hélène pour la plupart.

« *Napoleon's Werke* » (Œuvres de Napoléon. Traduction de Alvensleben. Chemnitz. 1840. in-18).

Cet ouvrage est précédé d'une très courte préface. Il contient la fameuse fable, la lettre à Buttafuaco, le souper de Beaucaire, diverses lettres, proclamations, etc.

« *Achthundert bis jetzt ungedruckte briefe* » (huit cents lettres de Napoléon inédites. Berlin 1855. in-16).

« *Ausgewahlte Correspondenz Napoleon's* I » (S D) in-12. Prospectus.

3° En Russie. Examen de trois passages contenus dans les *Mémoires de Napoléon* par Denys Davidoff. Moscou. Imprimerie de Semen-Selivanovskof 1825. in-8 (En Russe).

Malgré la diversité et la multiplicité des éditions parues en France, il est certain que pour tous ceux qu'intéressait la grande figure de l'Empereur, il y avait dans tous ces recueils une lacune regrettable. Aucune édition n'était complète; aussi, dès les premiers jours du second Empire, moins peut-être dans le but de satisfaire aux légitimes désirs de la littérature et de l'histoire que pour adresser au nouveau pouvoir une flatterie peu dissimulée, une réunion d'écrivains se proposa de publier une édition complète des œuvres de l'Empereur Napoléon Ier.

De ce projet qui n'aboutit à aucun résultat, comme nous le verrons tout à l'heure, il n'est resté qu'un prospectus dont la première partie faisait ressortir l'opportunité de la publication et dont la seconde contenait le véritable plan et la distribution de l'ouvrage.

Ces littérateurs et ces publicistes placés sous la direction de MM. de la Guéronnière, Lefèvre-Deumier et Paul Lacroix (bibliophile Jacob) étaient déjà parvenus à recueillir assez de documents pour annoncer au public que l'ouvrage comprendrait trente volumes in-8. Il se produisit, dès ces premiers moments du travail, un fait curieux qui se renouvela lors de la publication officielle de la *Correspondance* et qui se reproduirait encore aujourd'hui si quelque éditeur tentait d'achever l'ensemble dont la *Correspondance* n'est qu'une partie.

D'après le plan de cette édition, la *Correspondance* proprement dite, c'est-à-dire les lettres écrites par l'Empereur, ne devait comprendre que huit volumes sur les trente qui étaient annoncés. Au début de son travail, la commission officielle, qui remplaça la réunion d'écrivains dirigés par M. de la Guéronnière, annonça que la *Correspondance* embrasserait seize volumes. En négligeant beaucoup de lettres inutiles et qui n'étaient que des répétitions d'une lettre déjà admise, malgré quelques omissions volontaires, sans tenir compte d'une immense quantité de lettres que les familles ou les possesseurs ne voulaient pas livrer à la publicité, les deux commissions officielles arrivèrent bien vite et sans difficulté au total incroyable de vingt-huit volumes.

Le génie littéraire le plus fécond n'a jamais atteint un pareil chiffre ; combien plus doit-on être étonné, quand on songe que celui qui écrivit ainsi plus de vingt-huit volumes de correspondance, était en même temps le général qui dirigea des armées formidables, parcourut l'Europe et l'ancien monde et dirigea dans ses moindres détails l'administration du plus vaste Empire.

Bien que le projet de M. de la Guéronnière, dont les relations avec l'Empereur Napoléon III étaient connues, dût-être bien vu du pouvoir, M. Achille Fould, ministre d'État, eut l'idée de remplacer l'entreprise privée par une Commission officielle de publication.

En conséquence, un décret du 7 septembre 1854

institua une Commission dans le but de « recueillir, coordonner et publier la *Correspondance* de Napoléon Ier, relative aux différentes branches d'intérêt public. »

La Commission, présidée par le Maréchal Vaillant et qui comptait dans son sein, le baron Dupin et Prosper Mérimée, membres de l'Institut, se mit immédiatement à l'œuvre. En 1858, elle donna son premier volume, en tête duquel se trouvait un rapport daté du 20 janvier 1858 dans lequel la Commission exposait à l'Empereur le procédé qu'elle avait suivi pour remplir la mission qui lui était confiée. Les commissaires déclaraient notamment qu'ils s'étaient interdit toute altération, tout retranchement, toute modification des textes. Tout ce qui ne présentait pas le caractère d'une véritable authenticité était écarté. Enfin, après avoir fait connaître que la Commission s'était arrêtée au choix de l'ordre chronologique pour le classement des pièces (A), le rapport indique qu' « en déclarant que sa vie publique datait du siège de Toulon, Napoléon a déterminé lui-même le point de départ que la commission devait choisir. » — Il est un autre

---

(A) Lorsque le gouvernement prussien fit publier, par une Commission officielle, les œuvres du Grand Frédéric, c'est aussi l'ordre chronologique qui fut adopté, et j'ai lieu de penser que ce précédent ne fut pas sans influence sur la décision prise par la commission de publication de *la Correspondance* de Napoléon.

Une lettre dont j'ai eu l'original entre les mains, écrite par l'un des membres de la Commission, le comte Boulay de la Meurthe, à M. Louis Barbier, fils du bibliothécaire de l'Empereur Napoléon Ier, semble indiquer que ce fut là l'un des motifs déterminants du choix de l'ordre chronologique.

point sur lequel ce document s'explique formellement : La publication des lettres de Napoléon n'était considérée par la Commission aussi bien que par le Ministre d'État (dans son rapport de 1854 pour l'institution de la commission), que comme une réunion de « matériaux précieux pour le monument que la France devait élever plus tard à la gloire de Napoléon par la publication de ses œuvres immortelles. »

Ce n'était donc dans l'esprit du pouvoir, comme dans celui de la Commission, qu'une partie de ce gigantesque travail, la plus importante, il est vrai, que la Commission de publication de la *Correspondance* était appelée à remplir.

L'œuvre de la première Commission s'étend du mois d'octobre 1793 au 1er septembre 1807 ; elle comprend quinze volumes.

Le 3 février 1864, un décret instituait une nouvelle Commission qui, présidée par le Prince Napoléon, comptait parmi ses membres MM. Sainte-Beuve, de l'Académie française ; et Amédée Thierry, le célèbre historien. Plus tard, M. Alfred Maury, de l'Institut, y fut adjoint. Le Comte Rapetti restait secrétaire de la deuxième Commission comme il l'avait été de la première.

Dans un rapport, inséré en tête du seizième volume, le Prince Napoléon fit connaître à son tour les principes dont il s'inspirait pour l'exécution du travail confié à la Commission dont il était le président.

Le prince posait d'abord cette règle que, pour éviter des répétitions inutiles, on négligerait de donner cette foule de prescriptions particulières qui ne sont souvent que le développement d'une mesure générale et qui ont l'inconvénient de nuire à toute vue d'ensemble, en faisant disparaître l'esprit général.

Tout ce qui pouvait être blessant pour les personnes était écarté ; enfin, la Commission ne publiait « que ce que l'Empereur aurait livré à la publicité si, se survivant à lui-même et devançant la justice des âges, il avait voulu montrer à la postérité sa personne et son système. »

Ce mode de sélection, vivement blâmé par tous les écrivains qui s'occupèrent de la publication de la *Correspondance* au fur et à mesure de l'apparition des volumes, n'était que le résultat du caractère officiel de l'entreprise ; et si l'on n'a pas adressé à la première Commission le même reproche de partialité dans la recherche des pièces, c'est que, dans son rapport, elle n'avait pas avoué aussi franchement son procédé.

On peut regretter, sans doute, que la publication n'ait pas été l'œuvre d'un groupe de littérateurs et d'historiens, dont la qualité principale aurait dû être l'indépendance vis-à-vis du pouvoir ; mais étant données les conditions officielles de l'œuvre il fallait s'attendre à ce qu'un choix fût fait dans les pièces soumises au public.

Il est difficile d'admettre, en effet, que le neveu de l'Empereur, respectueux comme il l'a toujours été de la mémoire de son oncle, ait pu laisser publier sous sa direction des pièces inutiles au point de vue historique et dans lesquelles la malignité publique aurait, seule, pu trouver un aliment.

D'ailleurs, et malgré les conditions défectueuses de cette publication, il est indispensable de remarquer qu'aucune pièce importante, au point de vue historique, n'a été supprimée; tous les documents retrouvés depuis dans les archives et dans les grands dépôts publics en font foi (A). Les suppres-

(A) Ces documents on été l'objet de quelques publications assez récentes ; dans son livre sur *Bonaparte et son temps*, M. Jung n'a fourni aucun de ses documents nouveaux que l'on pourrait croire accablants pour la mémoire du général Bonaparte, si l'on s'en référait au ton si peu bienveillant de son ouvrage. Les quelques pièces inédites qu'il a publiées étaient parfaitement connues de la Commission qui ne les a pas données pour des motifs qui honorent le travail qu'elle a fait, et nullement pour soustraire la mémoire de Napoléon à la critique. — On en a trouvé des preuves dans le texte de notre étude.

La *Nouvelle presse libre* de Vienne du 27 juillet 1881 a publié treize lettres inédites de Napoléon ; les extraits de ces documents ont été reproduits par le *Temps* les 31 juillet et 3 août 1881 En voici une rapide analyse : La lettre du 15 novembre 1807 à Champagny est sans importance ; celle du 18 novembre 1808, au même, sur Mlle Patterson, première femme de Jérôme, et sur la protection que Napoléon promet à son fils, ne présente, quoi qu'en dise le commentateur, aucun intérêt, car tout le monde sait que c'est *de son plein gré* que Mlle Patterson avait renoncé à son mariage. La lettre de Napoléon à Talleyrand (9 décembre 1809) est formelle sur ce point. — Les autres lettres n'ont trait qu'à des questions d'étiquette ou aux bruits de paix que l'on fait courir, en juin 1813. Napoléon dit : « Il faudrait qu'elle fût honorable. » Il y a dans la *Correspondance*, plus de cent lettres où le même sujet est traité.

« Ces lettres, dit l'auteur de l'article du *Temps*, M. Alfred Marchand, prouvent clairement une chose. L'histoire de Napoléon n'est pas encore achevée dans tous ses détails et il suffit de secouer la poussière des archives pour découvrir des faits nouveaux et pleins d'intérêt. »

Même en admettant l'authenticité de ces documents, qu'y trouve-t-on d'intéressant ? Il est facile de voir que si ces lettres n'ont pas été publiées, c'est par suite de l'ignorance où la Commission était de leur existence La figure de Napoléon est désormais fixée et *la Correspondance*, malgré ses lacunes y a suffi.

Dans son ouvrage paru en 1883, sur *les rois frères de Napoléon*, M. du Casse n'a, lui non plus, fourni aucun document nouveau. D'un autre côté, le même auteur, dans la *Revue historique* (nos de juillet et novembre 1886 et de janvier 1887), a signalé sous ce titre : *Lacunes de la Correspondance*, quelques omissions sans importance. Ce sont des appréciations personnelles, sans valeur historique, et qui ont été supprimées par un sentiment très honorable et bien facile à comprendre. En veut-on quelques exemples ? La lettre du 28 janvier 1808 où Napoléon se plaint de l' « incapacité du général *** » s'appliquait à César Berthier, le frère du prince de Neufchâtel. — Dans une lettre du 16 mars 1808 à Joseph, on a supprimé ces deux membres de phrase : « On peut être bête, mais, l'être à ce point, c'est un peu trop fort. » Et plus loin : « C'est un misérable homme que ce Cosmao. » — A la date du 2 janvier 1809, d'Astorga, on supprime : « Il y a une telle imbécilité dans la correspondance du duc de Dantzig que je n'y conçois rien. J'espère que Merlin l'aura rejoint et lui aura appris à lire... » Au mois de juin 1809, le 9, on retire d'une lettre à Jérôme, ce membre de phrase : « Ce qu'on peut faire de pire, c'est de donner l'alarme en se montrant pressé et en faisant de faux mouvements. » — On a supprimé complètement une lettre de Fontainebleau, 7 novembre 1809, au Ministre de la Guerre pour lui donner l'ordre de mettre le général Saint-Cyr aux arrêts.

En un mot, les lacunes signalées par le baron du Casse consistent presque exclusivement dans l'omission de lettres de famille, elles rentrent donc dans la catégorie des suppressions que la Commission avait avouées. Ces quelques passages vifs et brusques sur certains personnages étaient des paroles que l'Empereur aurait certainement regrettées, une fois la colère passée. On voit que le principe, posé par le prince Napoléon, de représenter l'Empereur « tel qu'il aurait voulu se présenter lui même à la postérité » a été loyalement appliqué, car, qui pourrait soutenir que, dans les suppressions que nous venons de signaler, il a été porté une atteinte, même minime, aux droits imprescriptibles et supérieurs de la vérité historique ?

Nous en dirons autant de l'ouvrage de M. Rocquain sur *le roi Louis* ; nous n'avons relevé parmi les inédits, comme présentant un certain intérêt, qu'une lettre du 11 juin 1811, au major général. Il y est question de quelques Français, Tascher, Miot, Expert qui se sont présentés aux Tuileries avec la cocarde Espagnole. Napoléon ne veut pas recevoir chez lui les Français qui sont au service étranger. Que ce fait ne se reproduise plus ; que Joseph ne dépense pas son argent à amener ainsi avec lui un tas de gens inutiles, etc.

Enfin, dans les *Papiers et Correspondance de la famille Impériale* trouvés aux Tuileries, après le 4 septembre et pu-

sions n'ont porté que sur des lettres d'un caractère particulier, généralement intime, et aussi sur quelques notes militaires dont la publication n'aurait été qu'une répétition de lettres plus complètes qui sont données. Elles n'ajoutent ou ne retranchent rien au portrait que l'Empereur a tracé de lui-même dans les vingt-huit volumes de sa *Correspondance* et nous espérons avoir montré dans cette étude que ce qui a paru avait laissé à la critique tous ses droits ; il suffit, du reste, d'en donner, comme preuve, la facilité avec laquelle, lors de l'apparition des volumes, les journaux trouvaient dans chaque tome paru, des documents qui autorisaient les appréciations les plus diverses. Quant à l'authenticité absolue de tout ce qu'a publié la Commission, elle est incontestable. On peut donc dire qu'à aucun moment, l'histoire impartiale n'a perdu ses droits, et c'est là l'essentiel.

La seconde Commission mena son travail avec une grande activité.

Chaque pièce était l'objet d'un travail assez long ; son anthenticité, les circonstances auxquelles elle

---

bliés en 1871, il n'y a aucun document qui concerne directement la correspondance ou les œuvres de l'Empereur.

Le soin avec lequel les éditeurs ont recherché tous les documents de nature à nuire aux membres de la famille de l'Empereur, est une preuve que, si quelque document compromettant eût été trouvé, il aurait été publié avec fracas.

L'impossibilité de trouver dans ces publications nouvelles dont trois sont manifestement hostiles à l'Empire, un seul fait de nature à engager la responsabilité de la Commission vis-à-vis de l'histoire, n'est-il pas très probant ?

Sans rien changer à cette conclusion, je dois cependant signaler l'indication, par M. Henry Houssaye dans son « 1814 », p. 253, d'une lettre de Napoléon qui n'est pas donnée dans la *Correspondance* et qui est d'une réelle importance.

faisait allusion, son importance, au point de vue de la publication, étaient soigneusement examinées dans un travail quotidien dont le résultat fut l'apparition, au bout de cinq années, de dix-sept volumes nouveaux (A).

Au mois de Décembre 1869, la Commission avait terminé son œuvre. Le rapport final ne fournissait aucun fait nouveau. La question de réunir dans un supplément les documents recueillis pendant la publication fut agitée. On y renonça en raison du peu d'intérêt que présentaient les pièces retrouvées. Les événements d'ailleurs, n'auraient pas permis d'achever cette nouvelle tâche.

Ainsi fut terminée la publication de cette *Correspondance* de l'Empereur dont M. Thiers avait dit, dès 1845, avec un ton prophétique « que, sans doute, elle paraîtrait un jour et surprendrait le monde. »

Dans l'intervalle, en 1867, à l'occasion de l'Exposition universelle, l'Imprimerie Impériale donna une édition des œuvres de Sainte-Hélène, sous le titre *de Commentaires de Napoléon*. Cette édition, très soignée comme exécution, bien que moins scrupuleuse dans la recherche des textes que la

---

(A) Sur ces dix-sept volumes, les quatre derniers sont consacrés aux œuvres de Napoléon à Sainte-Hélène. Dans le rapport placé en tête du XXIX⁰ volume, le Président de la Commission expose que la publication des œuvres de Sainte-Hélène est une suite nécessaire de la *Correspondance ;* après avoir montré l'Empereur sur le trône, il faut le voir dans sa captivité, « philosophe, penseur, précurseur en quelque sorte d'une ère nouvelle qui va se manifester. » Pour la question d'authenticité, elle a été résolue ici d'une façon pleinement satisfaisante, la Commission ayant eu presque constamment sous les yeux les documents corrigés de la main même de l'Empereur.

Correspondance, est précédée d'une préface fort intéressante où sont réunis les jugements portés par les grands noms de la littérature contemporaine sur la valeur historique et littéraire des écrits de l'Empereur.

Enfin, depuis 1870, sous la Présidence de M. Thiers et par son ordre, M. Camille Rousset publia, en deux volumes, dans la bibliothèque de l'armée française, le récit des campagnes d'Italie, d'Égypte, et de Syrie, dictées par Napoléon; de 1875 à 1877, l'éditeur Plon fit paraître, en dix volumes, une *Correspondance militaire de Napoléon extraite de la Correspondance générale et publiée par ordre du Ministère de la Guerre*.

En ce moment même (janvier 1889) se poursuit à Paris la publication *des Œuvres littéraires de Napoléon Bonaparte*. Elle doit compter plusieurs volumes.

Pendant la publication *de la Correspondance*, des articles parus dans les journaux quotidiens et dans quelques revues rendaient compte au public, au fur et à mesure de l'apparition des volumes, de leur contenu et des réflexions qu'ils inspiraient à chacun suivant ses opinions. Restreinte dans des bornes aussi resserrées, la critique fut forcément incomplète.

Ce n'est pas l'opuscule d'un ancien représentant de l'Yonne, M. Raudot, qui pouvait l'élargir. Paru, en 1865, longtemps avant la fin de la publication *Napoléon peint par lui-même*, est une longue compilation d'une distribution bizarre où l'on cherche vainement un fait nouveau ou même un jugement sur l'ensemble de l'œuvre parue.

Il n'en a pas été de même à l'étranger, notamment en Angleterre, où les revues ont publié, avec des articles critiques assez longs, une partie des lettres de l'Empereur.

Sur les divers procédés de publication de la *Correspondance*, on consultera avec profit les préfaces des tomes I, XVI, XXI, XXIX, et encore XXIIIe vol., p. 520, la note relative à certains bulletins de la campagne de 1812 qui n'ont pas été insérés dans la *Correspondance*.

La lettre à Champagny du 13 décembre 1805, (XI, p. 472) fait allusion au *Dictionnaire des Athées* de Sylvain Maréchal que Lalande s'était chargé de présenter au public.

Le fameux *Mémoire sur la Corse pour la Convention*, juin 1793, publié par Jung (II. p. 263), dont le manuscrit qui est aux archives de la Guerre avait été signalé par Blanqui, le savant, dès 1838, à l'Académie des sciences morales et politiques, et dont nous avons parlé ci-dessus, n'a pas été inséré dans la *Correspondance*, par suite d'une simple omission. Il n'y faut voir aucun parti pris. En effet, il n'y avait rien dans cet écrit qui pût être reproché à Napoléon. Le comte Rapetti, secrétaire des deux Commissions de publication, à la mémoire duquel je suis heureux de consacrer ici un sympathique souvenir pour son accueil toujours si empressé, m'a répété à maintes reprises combien cette lacune était regrettable et, dans une lettre du 29 juillet 1865, que j'ai entre les mains, il s'exprimait ainsi à ce sujet : « La Commission a jugé dans le temps qu'on ne devait pas publier ce document. C'était, disait-on, une sorte de dénonciation contre le parti de Paoli et l'on y trouve peu de faits importants, plutôt ce qu'on appelle des cancans de petite localité.

« Pour moi, je pense que l'on a mal apprécié le document. En ce moment, Napoléon jugeait Paoli et pressentait en lui l'homme qui devait faire défaut à la France. Chef du parti français en Corse, il le défendait, lui et les siens, et il luttait pour empêcher que son pays ne passât à l'Angleterre. Quoi de plus louable ?

« Mais il y aura un supplément (il n'y en eut pas) et j'espère bien que l'on reviendra sur cette erreur qui, malheureusement, n'est pas unique. — Rapetti. »

L'omission n'en est pas moins regrettable: De semblables lacunes ont permis à ceux qui ont donné les documents plus tard de dire qu'on les avait voulues parce qu'elles entachaient la mémoire de Napoléon et en publiant les pièces pour la première fois, il leur a, dès lors, été facile d'en travestir la portée.

Dans son ouvrage sur *Napoléon et ses détracteurs*, le prince Napoléon, pour démontrer l'esprit qui avait présidé aux omissions volontaires, a donné à la page 238 de la petite édition une lettre datée d'Ostende le 20 mai 1810 et adressée à Louis, roi de Hollande. Comme le dit le neveu de l'Empereur, cette lettre, « magnifique, grande et touchante à la fois » ne fait rien perdre à la mémoire de Napoléon. « Il n'y avait à la dissimuler aucun intérêt politique, *tout au contraire.* » C'est par pure déférence pour Napoléon III qu'elle ne fut pas insérée dans la *Correspondance*.

Dans un tout autre ordre d'idées, il faut signaler une lettre qui a été admise par les éditeurs de la *Correspondance* sans un contrôle suffisant. C'est, d'ailleurs, le seul document dont l'authenticité ne soit pas absolument établie à nos yeux. Il s'agit d'une lettre de Napoléon à Louis, datée du château de Marrac, le 3 avril 1808. Or, la *Correspondance* elle-même reconnaît que cette lettre a été publiée, non sur un texte authentique, mais d'après le *Mémorial de Sainte-Hélène*; de plus les éditeurs avouent qu'il y a également erreur soit pour la date, soit pour le lieu d'envoi, Napoléon n'étant arrivé à Marrac que le 17 avril.

Le style et la longueur de cette lettre sont absolument inusités dans les écrits de l'Empereur; ce n'est pas le ton ordinaire de Napoléon, et tout fait supposer que ce document est apocryphe, sinon dans sa totalité, du moins dans sa plus grande partie.

II. — CATALOGUE

DE LA BIBLIOTHÈQUE DU CABINET PARTICULIER DE S. M. L'EMPEREUR ET ROI (AUX TUILERIES) (A)

RELIGION

Le P. de Ligny (ex-jésuite). — *Histoire de la vie de Jésus-Christ*, enrichie de figures. Paris 180... 2 vol.

LÉGISLATION

Montesquieu. — *Œuvres*. 5 vol.

— *Code Napoléon*, imprimé sur peau de vélin. Paris, 1 vol.

Montesquieu. — *Code de procédure*, imprimé sur peau de vélin Paris. 1 vol.

Montesquieu. — *Code de commerce*, imprimé sur peau de vélin. Paris. 1 vol.

POLITIQUE

Favier. — *Politique de tous les cabinets de l'Europe* pendant les règnes de Louis XV et de Louis XVI, édition de Ségur aîné. Paris, 1801. 3 vol.

SCIENCES MATHÉMATIQUES

Montucla et Lalande. — *Histoire des Mathématiques*. Paris. 4 vol.

(A) Communiqué par le fils du bibliothécaire de l'Empereur. M. Louis Barbier, qui avait bien voulu, avec une obligeance inépuisable, mettre au service de l'auteur ses souvenirs personnels et les pièces curieuses qu'il possédait, est mort pendant l'impression de cet ouvrage. Que sa mémoire vénérée reçoive ici les remerciements qui lui sont dus!

ART MILITAIRE

Nouveau dictionnaire historique des sièges et batailles mémorables. Paris, 1809. 6 vol.

BELLES-LETTRES

GRAMMAIRES ET DICTIONNAIRES

Dictionnaire de l'Académie, 5ᵉ édition. Paris, 1799. 2 vol.
Boiste. — *Dictionnaire universel de la langue française.* Paris. 1 vol.

DRAMATISTES FRANÇAIS

Corneille. — *Théâtre avec les commentaires de Voltaire.* Paris, 1764. 12 vol.
Racine. — *Œuvres complètes avec les commentaires de Geoffroy.* Paris, 1808. 7 vol.
Voltaire. — *Théâtre.* V. ses œuvres complètes.

MÉLANGES

Racine (L.). — *Œuvres complètes.* Paris, 1808. 6 vol.
Voltaire. — *Œuvres complètes.* Kehl, 1785. 70 vol.
Frédéric II. — *Œuvres primitives et œuvres posthumes*, suivies de sa vie, par M. Denina. Postdam, 1803. 24 vol.
Duclos. — *Œuvres complètes.* Paris, 180.... 10 vol.
Rousseau (J.-J.). —   —   —   20 vol.

EPISTOLAIRES

Sévigné. — *Lettres* avec les notes de Grouvelle. Paris, 1806. 8 vol.
Mᵐᵉ de Maintenon. — *Lettres et mémoires* publiés par La Beaumelle. Bruxelles et Amsterdam, 1755 et 1756. 15 vol.
La Même. — *Loisirs.* Londres et Paris, 1757. 1 vol.

GÉOGRAPHIE

Strabon. — *Géographie* traduite en français, par Dutheil, Gosselin et Coräy. Paris, 1805-1812. 3 vol.

Bruzen de la Martinière. — *Dictionnaire géographique.* Paris, 1768. 6 vol.

Pinkeston. — *Abrégé de géographie.* Paris, 1805.

VOYAGES

Voyages autour du monde.

Cook. — *Voyage autour du monde,* traduit par Suard et Démeunier. Paris, 1774-1785. 13 vol. et atlas.

La Billardière. — *Voyage à la recherche de La Peyrouse.* Paris, 1800. 2 vol. et atlas.

Marchand. — *Voyage autour du monde.* Paris, 1798. 5 vol. et atlas.

Vancouver. — *Voyages de découvertes à l'Océan pacifique du Nord et autour du monde,* traduit par Démeunier et Morellet. Paris, 1800. 3 vol.

d'Entrecasteaux. — *Voyage.* Paris, 1809. 2 vol.

VOYAGES EN ASIE

Chardin. — *Voyages en Perse et autres lieux de l'Orient.* Amsterdam, 1735. 4 vol.

Fleurieu. — *Découvertes des Français en 1768 et 1769 dans la nouvelle Guinée.*

de Guignes. — *Voyage en Chine, à Manille et à l'île de France.* Paris, 1809. 3 vol. et atlas.

HISTOIRE UNIVERSELLE ANCIENNE

Justin. — *Histoire universelle,* traduite en français par La Martinière. Paris, 1698. 2 vol.

Bossuet. — *Discours sur l'histoire universelle.* Paris, 1802. 1 vol.

Auteurs anglais. — *Histoire universelle,* traduite en français par différents auteurs. Paris, 1779-1789. 126 vol.

Ferrand. — *Esprit de l'histoire,* Paris, 1805. 4 vol.

Sleidan. — *Abrégé chronologique de l'histoire universelle, depuis les premiers empires du monde jusqu'à l'an-*

née 1725, traduit du latin et augmenté par Harnot. Amsterdam, 1757. 1 vol.

Lacombe. — *Abrégé chronologique de l'histoire ancienne des Empires et des Républiques qui ont paru avant Jésus-Christ.* — Paris, 1757. 1 vol.

HISTOIRE UNIVERSELLE MODERNE

Méhégan. — *Tableau de l'histoire moderne.* Paris, 1766. 3 vol.

Millot. — *Eléments d'histoire générale.* Lausanne, 1797. 9 vol.

Raynal. — *Mémoires historiques, militaires et politiques.* Paris, 1772. 3 vol.

Koch. — *Tableau des révolutions de l'Europe moderne.* Paris, 1800. 3 vol.

Ségur (aîné). — *Tableau de l'Europe.* Paris, 1800. 3 vol.

HISTOIRE DE LA DIPLOMATIE MODERNE

Bongeant. — *Histoire des guerres et des négociations qui précédèrent le traité de Westphalie.* Paris, 1744. 3 vol.

Maubert de Gouvert. — *Histoire politique du siècle.* 1757. Deux tomes en 1 vol.

HISTOIRE RELIGIEUSE

Charbrey. — *Abrégé chronologique de l'histoire des Juifs.* Paris, 1759. 1 vol.

Macquer. — *Abrégé chronologique de l'histoire ecclésiastique,* revu et augmenté par Dinouart. Paris, 1768. 3 vol.

VIES DES PAPES

Platine. — *Vies et actions des Papes.* Traduit en français. 1651.

Gordon. — *Vie du pape Alexandre VI et de son fils César Borgia.* Amsterdam, 1732. 2 vol.

Roscoe. — *Histoire de Léon X.* Traduit en français par Henry. 4 vol.

de Bourgoing. — *Mémoires sur Pie VI.*

HISTOIRE DES ANCIENS PEUPLES

Rollin. — *Histoire ancienne.* Paris. 13 vol.
Royon. — *Histoire ancienne abrégée.* Paris, 1803. 4 vol.

ÉCRIVAINS ANCIENS DE L'HISTOIRE GRECQUE

Pausanias. — *Voyage historique de la Grèce,* traduit par Gedoyn. Paris, 1731. 2 vol.
Hérodote. — *Histoire* traduite en français avec des remarques par Larcher. Nouvelle édition. Paris, 1802. 9 vol.
Thucydide. — *Histoire grecque,* traduite par Levesque et Gail. Paris, 1808. 4 vol.
Xénophon. — *Retraite des dix mille,* traduite en français par Le Cointe. 2 vol.
Xénophon. — *Expédition de Cyrus,* traduite par Dacier. Paris, 1777. 2 vol.
Xénophon. — Trois ouvrages : 1° *Condition des Rois,* traduit par Coste ; 2° *Retraite des dix mille,* traduit par d'Ablancourt ; 3° *Choses mémorables de Socrate,* traduit par Charpentier. Amsterdam, 1758. 2 vol.
Diodore de Sicile. — *Histoire universelle,* traduite par Terrasson. Paris, 1737. 7 vol.
Arrien. — *Histoire des expéditions d'Alexandre,* traduite par Chaussard. Paris, 1802. 3 vol. et atlas.
Quinte Curce. — *Histoire d'Alexandre,* traduite par Beauzée. Paris, 1789. 2 vol.

ÉCRIVAINS MODERNES DE L'HISTOIRE GRECQUE

Cousin-Despréaux. — *Histoire générale et particulière de la Grèce.* Paris, 1780. 16 vol.
Barthélemy. — *Voyage d'Anacharsis.* Paris.
Olivier. — *Histoire de Philippe.* Paris, 1740. 2 vol.
Linguet. — *Histoire du siècle d'Alexandre.* 2ᵉ édition. Paris, 1769. 1 vol.

BOUGAINVILLE (DE). — *Parallèle d'Alexandre et de Thomas Koulikan.* Paris, 1752. 1 vol.

BOUGAINVILLE (DE). — *Réflexions sur le caractère d'Alexandre.* 1 vol.

JOURDAN. — *Histoire de Pyrrhus, roi d'Epire.* Paris, 1749. 2 vol.

CARY. — *Histoire des rois de Thrace.* Paris, 1752. 1 vol.

HISTOIRE ROMAINE

ÉCRIVAINS ANCIENS DE L'HISTOIRE ROMAINE

TITE-LIVE. — *Histoire romaine,* traduite par Guérin, revue par Cosson. Paris, 1770. 10 vol.

PATERCULUS. — *Histoire de Velléius Paterculus* avec les suppléments de ce qui s'est perdu de cet auteur, traduit en français par Donjot. Paris, 1672. 1 vol.

XIPHILIN — *Abrégé de l'histoire de Dion Cassius,* traduit en français par Boisguilbert. 2 vol.

POLYBE. — *Histoire* traduite par Thuillier, avec les commentaires de Folard. Amsterdam, 1759. 7 vol.

DE MAROLLES. — *Augmentation de l'histoire romaine* contenant entre autres choses : 1º *La suite de l'histoire romaine d'Eutrope* depuis Valentinien et Valcus jusqu'à Léon III ; 2º *l'histoire des Empereurs romains* par J.-B. Egnace, depuis Jules César, avec l'histoire depuis l'Empire de Charlemagne jusqu'à celui de Maximilien Ier par le même Egnace. Paris, 1664. 2 vol.

APPIEN. — *Histoire des guerres civiles des Romains,* traduite du grec en français par M. Combes-Doumons. Paris, 1808. 3 vol.

SALLUSTE. — *Histoire romaine* traduite par Dotteville. Paris, 1769.

SALLUSTE. — *Histoire de la république romaine,* par de Brosses. Dijon, 1777. 3 vol.

GORDON. — *Discours historiques et politiques sur Salluste,* traduit de l'anglais. 1759. 2 vol.

César. — *Commentaires,* traduit par d'Ablancourt. Amsterdam, 1763. 2 vol.

ÉCRIVAINS MODERNES DE L'HISTOIRE ROMAINE

Macquer. — *Annales romaines ou abrégé de l'histoire romaine.* Paris, 1756. 1 vol.

Royan. — *Histoire romaine.* Paris, 1809. 4 vol.

Vertot. — *Révolutions romaines.* Paris, 1806. 4 vol.

Rollin. — *Histoire romaine.* Paris. 16 vol.

Laurent-Echard. — *Histoire romaine* traduite de l'anglais, par Larroque et Desfontaines. Paris, 1737. 16 vol.

Seran de la Tour. — *Histoire de Catilina.* Amsterdam, 1749.

Meisner. — *Spartacus ou la guerre des gladiateurs,* traduit par Viollant. Paris, 1801.

Citry de la Guelte. — *Histoire du Triumvirat,* depuis la mort de Catilina jusqu'à celle de César. Nouvelle édition augmentée de l'histoire d'Auguste, par Larrey. Trévoux, 1741. 4 vol.

De Bury. — *Histoire de la vie de Jules César.* Paris, 1758. 2 vol.

De Martignac. — *Révolution de l'Etat populaire en monarchique* par le différend de César et de Pompée. Paris, 1679. 1 vol.

Montesquieu. — *Grandeur et Décadence des Romains.* Paris, 1748. 1 vol.

Ferguson. — *Histoire des progrès et de la chute de la république romaine,* traduite par Démeunier. Paris, 1791. 7 vol.

HISTOIRE DES EMPEREURS

Tacite. — *Annales,* traduit par La Bleterie. *Vie d'Agricola* traduite par le même. *Histoire* traduite par Dotteville. Paris, 1768-1772. 7 vol.

Gordon. — *Discours sur Tacite,* traduits en français par Daudé. Amsterdam, 1751. 3 vol.

Suétone. — *Les douze Césars,* traduit par La Harpe. Paris, 1805. 2 vol.

Xiphilin, *Abréviateur de Dion Cassius.* — *Zonare* et *Zosime.* Histoire romaine traduite par Cousin. Paris, 1678.

Hérodien. — *Histoire romaine* traduite par Mongault. Paris, 1784. 1 vol.

Ammien Marcellin. — *Les dix-huit livres de son histoire,* traduit par de Moulines. Berlin, 1775. 3 vol.

Spartien Gallican. — *Ecrivains de l'histoire Auguste,* traduit par de Moulines. Berlin, 1782. 3 vol.

Richer. — *Nouvel abrégé chronologique de l'histoire des Empereurs.* Paris, 1767. 2 vol.

Weguelin. — *Caractères des Empereurs.* 2 vol.

Tillemont. — *Histoire des Empereurs,* Paris, 1690. 6 vol.

Crévier. — *Histoire des Empereurs romains.* Paris, 1749 et suiv. 12 vol.

Royan. — *Histoire des Empereurs romains.* Paris, 1749 et suiv. 4 vol.

Linguet. — *Histoire des révolutions de l'Empire romain.* Paris, 1766. 2 vol.

Gibbon. — *Histoire de la décadence et de la chute de l'Empire romain,* traduit par Septchênes, Cautwell. Paris, 1788-1795. 18 vol.

ÉCRIVAINS DE L'HISTOIRE PARTICULIÈRE DES EMPEREURS
ET DES IMPÉRATRICES

DEPUIS AUGUSTE JUSQU'A CONSTANTIN

Larrey. — *Histoire d'Auguste.* Voir le dernier volume de l'*Histoire du Triumvirat* ci-dessus.

Blackwell. — *Mémoires de la cour d'Auguste,* traduit par Feutry. Paris, 1768. 2 vol.

Richer. — *Vie de Mécène avec des notes historiques et critiques.* Paris, 1746. 1 vol.

Pétrone. — *Histoire secrète de Néron,* traduite par Lavaur. Paris, 1626. 1 vol.

Barrett. — *Histoire des deux règnes de Nerva et de Trajan.* Paris, 1790. 1 vol.

Gautier de Gibert. — *Vie des Empereurs Tite, Antonin et Marc-Aurèle.* Paris, 1769. 1 vol.

Serviez. — *Les Impératrices romaines.* Paris, Prault, 1728. 3 vol.

Historiens du Bas-Empire, anciens et modernes.

Les Auteurs de la Bizantine. — *Histoire de Constantinople depuis le règne de l'ancien Justin jusqu'à la fin de l'Empire.* Paris, 1772. 8 vol.

Procope. — *Histoire de la Guerre contre les Perses.* (V. tome I de l'*histoire de Constantinople.*)

Procope. — *Histoire de la guerre contre les Vandales.* (V. tome I de l'*histoire de Constantinople.*)

Procope. — *Histoire de la guerre contre les Goths.* (V. tome I de l'*histoire de Constantinople.*)

Procope. — *Histoire mêlée et histoire secrète de Justinien.* (V. le tome II de l'*histoire de Constantinople.*)

Agathias. — *Histoire de Justinien.* (V. tome II de l'*histoire de Constantinople.*)

Nicéphore. — *Histoire abrégée du règne de Constantin et de Héraclius.* (V. tome III de l'*histoire de Constantinople.*)

Léon l'Arménien. — *Vies des Empereurs.* (V. tome III de l'*histoire de Constantinople.*)

Nicéphore (Bryenne Cezar). — *Histoire de Constantin, Ducas Romain, Diogène, Michel Ducas, Nicéphore Boloniate.* (V. tome III de l'*histoire de Constantinople.*)

Ménandre. — *Ambassades des empereurs Justinien, Justin le Jeune et Tibère.* (V. tome III de l'*histoire de Constantinople.*)

Théophilacte (Simocatte). — *Histoire de l'empereur Maurice.* (V. tome III de l'*histoire de Constantinople.*)

Commène (Anne). — *Histoire de l'empereur Alexis.* (V. tome IV de l'*histoire de Constantinople.*)

Nicetas. — *Histoire de Constantinople depuis l'empereur*

Jean Commène jusqu'à l'empereur Baudoin. (V. tome V de l'*histoire de Constantinople*.)

Pachymère. — *Histoire des empereurs Michel et Andronie.* (V. tome VI de l'*histoire de Constantinople*.)

Cantacuzène. — *Histoire des Empereurs Andronique et des empereurs Jean Paléologue et Jean Cantacuzène.* (V. tome VII de l'*histoire de Constantinople*.)

Ducas. — *Histoire des empereurs Jean Manuel, Jean et Constantin Paléologue.* (V. tome VIII de l'*histoire de Constantinople*.)

Chalcondyle. — *Histoire générale des Turcs.* Paris, 1662. 2 vol.

Burigny. — *Histoire des révolutions de l'Empire de Constantinople.* Paris, 1750. 3 vol.

Le Beau et Ameilhon. — *Histoire du Bas-Empire.* Paris, 1757-1807. 25 vol.

Royon. — *Histoire du Bas-Empire.* 4 vol.

HISTOIRES PARTICULIÈRES DES EMPEREURS DEPUIS CONSTANTIN

de Varenne. — *Histoire de Constantin le Grand.* Paris, 1728. 1 vol.

La Blèterie. — *Vie de Julien.* Paris, 1746.

Julien (Empereur). — *Discours contre les chrétiens*, traduit par le marquis d'Argens. Berlin, 1769. 1 vol.

Julien l'Apostat ou l'abrégé de sa vie. 1 vol.

de la Blèterie. — *Histoire de l'empereur Jovien.* Paris, 1748. 2 vol.

Fléchier. — *Histoire de Théodose.* Paris, 1734. 1 vol.

Mignot. — *Histoire de l'impératrice Irène.* Amsterdam, 1762. 1 vol.

Geoffroy de Villehardouin. — *Histoire de la conquête de Constantinople par les Français et les Vénitiens en 1204*, d'un côté en son vieux langage et de l'autre en français plus moderne par Blaise de Vigenère. Paris, 1585. 1 vol.

HISTOIRE DES GOTHS, DES VANDALES, ETC.

Jornandès. — *Histoire générale des Goths,* traduite par Drouet de Maupertuis. Paris, 1703. 1 vol.

D. Gervaise. — *Histoire de Boëce, sénateur romain.* Paris, 1715. 1 vol.

Ste-Marthe. — *Vie de Cassiodore.* Amsterdam, 1695. 1 vol.

HISTOIRE D'ITALIE

Guichardin. — *Histoire des guerres d'Italie,* traduite par Fabre et Georgeon. Londres, 1738. 3 vol.

Gorani. — *Mémoires secrets des cours d'Italie.* 3 vol.

St-Marc (Lefebvre). — *Abrégé chronologique de l'histoire générale d'Italie.* Paris, 1761-1770. 6 vol.

Du Cerceau. — *Histoire de Nicolas Rienzy.* Paris, 1743. 1 vol.

Du Bos. — *Histoire de la Ligue de Cambray.* Paris, 1728. 2 vol.

Simonde Sismondi. — *Histoire des républiques italiennes du moyen âge.* Zurich, 1808. 4 vol.

Jubé. — *Histoire des guerres d'Italie.* 5 vol. et atlas.

Galluzzi. — *Histoire du grand duché de Toscane,* traduite par de Kéralio. Paris, 1784. 9 vol.

Roscoé. — *Vie de Laurent de Médicis,* traduite par Thurot. Paris, 1800. 2 vol.

Dénina. — *Révolutions d'Italie,* traduit en français par Jardin. 8 vol.

Nardini. — *Mes périls pendant la révolution de Naples.* Paris, 1806. 1 vol

HISTOIRE DE FRANCE
GÉOGRAPHIE ET STATISTIQUE

Dictionnaire universel, géographique, statistique, historique et politique de la France. Paris, 1804. 5 vol.

Dictionnaire des treize départements réunis. 1 vol.

HISTOIRE ANCIENNE DE LA FRANCE

D'Anville. — *Notice de l'ancienne Gaule* tirée des monuments romains. Paris, 1760. 1 vol.

de Buat. — *Les origines de l'ancien gouvernement de la France, de l'Allemagne et de l'Italie.* la Haye, 1757. 4 vol.

Laveaux. — *Histoire des peuples libres qui ont habité la France.* 3 vol.

Picot de Genève. — *Histoire des Gaulois.* 3 vol.

du Bores. — *Histoire de l'établissement de la monarchie française dans les Gaules.* 2 vol.

Garnier, continuateur de Vély. — *Traité de l'origine du gouvernement français.* Paris, 1765.

Dubroca. — *Les quatre fondateurs des dynasties françaises.* 1 vol.

Montfaucon. — *Monuments de la monarchie française.* Paris, 1729. 5 vol.

Le Grand d'Aussy. — *Histoire de la vie privée des Français.* Paris, 1782. 3 vol.

Brunet (P. Nicolas). — *Abrégé chronologique des grands fiefs de la couronne.* Paris, 1759. 1 vol.

HISTOIRES GÉNÉRALES DE LA FRANCE

Le Président Hénault. — *Abrégé chronologique de l'histoire de France.* Paris, 1768. 3 vol.

Vély, Villaret et Garnier. — *Histoire de France.* Paris, 30 vol.

Fantin des Odoards. — *Histoire de France* pour servir de suite à celle de Vély. Paris, 1808. 6 vol.

Millot et de Sales. — *Eléments de l'histoire de France.* Paris, 1801. 4 vol.

HISTOIRE POLITIQUE DE FRANCE

de Flassan. — *Histoire de la diplomatie française.* Paris, 1808. 6 vol.

d'Hauterive. — *Etat de la France à la fin de l'an VIII.* Paris, 1801.

Gaillard. — *Histoire de la rivalité de la France et de l'Angleterre.* Paris, 1771 et suiv. 11 vol.

Portiez. — *Influence du gouvernement anglais sur la révolution française.* Paris, 1804.

HISTOIRES PARTICULIÈRES DES ROIS DE FRANCE, DE LEURS RÈGNES ET DES HOMMES ILLUSTRES DE FRANCE

PREMIÈRE ET SECONDE RACE

Dreux du Radier. — *Anecdotes des Reines et Régentes de France.* 6 vol.

De Sauvigny. — *Essais historiques sur les mœurs des Français.* Paris, 1785 et suiv. 10 vol. contenant :

Grégoire de Tours. — *Histoire des Francs.* (V. tomes I, II et III des *Essais historiques*.)

Frédégaire. — *Continuation de l'histoire des Francs de Grégoire de Tours ou chroniques des VIe et VIIe siècles.* (V. *Essais historiques*, tome III.)

Roricou. — *Gestes des Français depuis leur origine jusqu'à la mort de Clovis, leur premier roi.* (V. *Essais historiques*, tome V.)

Sidonius Apollinaris. — *Lettres relatives à l'état des Gaules au VIe siècle.* (V. *Essais historiques*, tomes VII et VIII.)

Viallon. — *Clovis le Grand, premier roi chrétien, fondateur de la monarchie française.* Paris, 1788. 1 vol.

Eginhard et autres. — *Histoire de l'Empire d'Occident*, de la traduction du président Cousin contenant : 1° *La vie de Charlemagne,* par Eginhard; 2° *les annales d'Eginhard;* 3° *la vie de l'empereur Louis le Débonnaire,* par Thégan; 4° *une autre vie du même empereur* par un anonyme; 5° *l'histoire des différends des fils de Louis le Débonnaire* par Nithard; 6° *les annales de saint Bertin* rédigées par saint Prudence, évêque de Troyes et par Hincmar, évêque de Reims; 7° *une lettre de l'empereur Louis II à Bazile, empereur d'Orient;* 8° *l'histoire de l'Empire* et des autres Etats de l'Europe depuis 892 jusqu'en 964, par Luitprand, évêque de Crémone, avec l'ambassade du même vers Nicéphore Phocas; 9° l'histoire de Saxe, par le moine Witikind.

GAILLARD. — Histoire de Charlemagne. Paris, 1782. 4 vol.

LEGEWISCH. — Histoire de Charlemagne, traduite de l'allemand par M. Bourgoing. Paris, 1806.

HISTOIRE DE LA TROISIÈME RACE OU DES CAPÉTIENS JUSQU'A HENRI IV

DE GERVAISE. — Histoire de l'administration de Suger. Paris, 1721. 3 vol.

FILLUAU DE LA CHAISE. — Histoire de saint Louis. Amsterdam, 1688. 2 vol.

LÉVESQUE. — La France sous les cinq premiers Valois. Paris, 1788. 4 vol.

BAUDOT DE JUILLY. — Histoire de Charles VII. Paris, 1754. 2 vol.

LENGLET-DUFRESNAY. — Histoire de Jeanne d'Arc. Paris, 1753. 3 tomes, 1 vol.

GUYARD DE BERVILLE. — Histoire du chevalier Bayard. Paris, 1760. 1 vol.

COMINES. — Mémoires contenant l'histoire des rois Louis XI et Charles VIII. Edition de Godefroy. Bruxelles, 1723. 5 vol.

BRIZARD. — Discours historiques sur Louis XI. Paris, 1789. 1 vol.

BRIZARD. — V. l'histoire de Louis XI dans les œuvres de Duclos.

BRIZARD. — Lettres de Louis XII. Bruxelles, 1712. 4 vol.

GAILLARD. — Histoire de François Ier. Paris, 1769. 8 vol.

GOEZMANN. — Histoire politique des grandes querelles entre l'empereur Charles V et François Ier roi de France. Paris, 1777. 2 vol.

NIÉVILLE. — Mémoires. 5 vol.

CARLOIX (Vincent). — Mémoires de la vie de François de

Scépeaux, maréchal de France, publiés par le P. Griffet. Paris, 1757. 5 vol.

Abbé de Sauvigni. — *Histoire de Henri III, roi de France et de Pologne.* Paris, 1788. 1 vol.

Satyre Ménippée. — 3 vol.

de l'Estoile. — *Journal de Henri III.* Nouvelle édition publiée par Lenglet-Dufresnay. La Haye, 1744. 5 vol.

de Thou. — *Histoire universelle depuis 1543 jusqu'en 1607,* traduite sur l'édition latine de Londres. Londres, 1734. 16 vol.

Secousse. — *Mémoires de Condé ou recueil pour servir à l'histoire de France,* contenant ce qui s'est passé de plus mémorable sous les règnes de François II et de Charles IX. Londres, 1640. 6 vol.

HISTOIRE DU RÈGNE DE HENRI IV

de l'Estoile. — *Journal du règne de Henri IV* avec des notes du P. Bouges, nouvelle édition publiée par Lenglet-Dufresnay. La Haye, 1741. 4 vol.

Anquetil. — *Esprit de la Ligue.* Paris, 1767. 3 vol.

Musset-Patay. — *Vie privée et militaire de Henri IV.* 1 vol.

Dugour. — *Histoire publique et secrète de Henri IV.* 1 vol.

— *L'éducation de Henri IV.* 1 vol.

— *Lettres inédites de Henri IV.* 1 vol.

Sully. — *Mémoires.* Édition revue par de l'Ecluse. Londres, 1745. 3 vol.

Mme d'Arconville. — *Vie de Marie de Médicis.* Paris, 1774. 3 vol.

Mongez. — *Histoire de la reine Marguerite de Valois.* 1 vol.

HISTOIRE DU RÈGNE DE LOUIS XIII

Mongez. — *Esprit de la Fronde.* 5 vol.

Anquetil. — *Intrigues du cabinet.* Paris, 1780. 4 vol.

Bury. — *Histoire de la vie de Louis XIII.* Paris, 1768. 4 vol.

— *Recueil de testaments politiques du cardinal de*

Richelieu, du duc de Lorraine, de Colbert et de Louvois. Amsterdam, 1749. 4 vol.

DE CAMPION. — *Mémoires.* Paris, 1807.

Mme DE MOTTEVILLE. — *Mémoires pour servir à l'histoire d'Anne d'Autriche.* Amsterdam, 1739. 6 vol.

BRIENNE (Comte de). — *Mémoires.* Amsterdam, 1719. 3 vol.

DE ROHAN. — *Mémoires et lettres sur la guerre de la Valteline,* publiés par le baron de Zurlauben. Genève, 1758. 3 vol.

FEUQUIÈRES. — *Lettres et négociations en Allemagne en 1633 et 1634.* Amsterdam, 1753. 3 vol.

LECLERC. — *Vie du cardinal de Richelieu.* Paris, 1755. 5 vol.

RICHARD. — *Histoire du P. Joseph Lecler du Tremblaye, capucin.* Paris, 1702. 2 vol.

RICHARD. — *Le véritable P. Joseph, capucin,* nommé cardinal, contenant l'*histoire anecdotique du cardinal de Richelieu.* St-Jean-de-Maurienne, 1704. 1 vol.

HISTOIRE DU RÈGNE DE LOUIS XIV

LOUIS XIV. — *Œuvres.* Paris, 1806. 6 vol.

REBOULOT. — *Histoire du règne de Louis XIV.* Amsterdam, 1756. 9 vol.

RETZ ET JOLY. — *Mémoires.* 6 vol.

LA ROCHEFOUCAULD. — *Mémoires.* 1 vol.

LA FARE. — *Mémoires et réflexions sur le règne de Louis XIV.* Amsterdam, 1749.

DUGAY-TROUIN — *Mémoires,* 1740.

ANQUETIL. — *Vie du maréchal de Villars.* Paris, 1784. 4 vol.

SENAC DE MEILHAN. — *Mémoires d'Anne de Gonzague,* princesse Palatine. Londres, 1786. 1 vol.

AUBERY. — *Histoire du cardinal Mazarin.* Amsterdam, 1751. 4 vol.

CHOISY. — *Mémoires pour servir à l'histoire de Louis XIV.* Utrecht, 1727. 1 vol.

BERWICK. — *Mémoires* écrits par lui-même. Paris, 1778. 2 vol.

Saint-Simon. — *Mémoires*. 7 vol.

Mme Charlotte Elisabeth de Bavière. — *Fragments de lettres*, traduits par de Maimieux. Paris, 1788. 2 vol.

De Saint-Hilaire. — *Mémoires*. Amsterdam, 1766. 4 vol.

Gourville. — *Mémoires*. Amsterdam, 1782. 2 vol.

Mlle de Montpensier. — *Mémoires* revus par de Boisi. Paris, 1806. 4 vol.

Mme de Maintenon. — *Mémoires et lettres*. 16 vol.

HISTOIRE DU RÈGNE DE LOUIS XV

Lacretelle jeune. — *Histoire de France pendant le xviiie siècle*. Paris, 1809. 6 vol.

Marmontel. — *Régence du duc d'Orléans*. Paris, 1805. 2 vol.

Dangerville. — *Vie privée de Louis XV*. Londres, 1781. 4 tomes, 2 vol.

Faur. — *Vie privée du maréchal de Richelieu*. Paris, 1791. 3 vol.

Richelieu. — *Mémoires*. Paris, 1790. 9 vol.

de Choiseul. — *Mémoires*. Chanteloup et Paris, 1790. 2 tomes, 1 vol.

de Maurepas. — *Mémoires*. Paris, 1792. 4 vol.

HISTOIRE DU RÈGNE DE LOUIS XVI

Soulavie. — *Mémoires du règne de Louis XVI*. 6 vol.

Montigny. — *Les illustres victimes vengées contre M. Soulavie*. 1 vol.

Montigny. — *Examen impartial de la vie privée de Louis XVI*. Hambourg, 1797. 1 vol.

Proyart. — *Louis XVI détrôné avant d'être roi*. Paris, 1803. 1 vol.

Le Même. — *Louis XVI et ses vertus, aux prises avec la perversité de son siècle*. Paris et Lyon, 1808. 5 vol.

Le Même. — *Histoire de Marie-Antoinette*. 1 vol.

HISTOIRE DE LA RÉVOLUTION FRANÇAISE JUSQU'A L'ÉTABLISSEMENT DE L'EMPIRE

Deux Amis. — *Histoire de la Révolution française.* Paris, 20 vol.

Fantin des Odoarts. — *Histoire de la Révolution française.* Paris, 1804. 9 vol.

Payer. — *Histoire de la Révolution française.* 7 vol.

Bertrand de Molleville. — *Histoire de la Révolution française.* 10 vol.

Bonneville. — *Portraits des personnages célèbres de la Révolution.*

Bonneville. — *Remarques historiques sur la Bastille.*
— *Les crimes constitutionnels.* 1 vol.
— *Histoire du départ du Roi.* 1 vol.

Peltier. — *Révolution du 10 août.* 2 vol.

Mathon de la Varenne. — *Histoire particulière des mois de juin, juillet, août et septembre 1792.* Paris, 180... 1 vol.

Mathon de la Varenne. — *Correspondance secrète de plusieurs grands personnages illustres.* 1 vol.

Montjoye. — *Histoire de la conjuration de Robespierre.* 1 vol.

Montjoye. — *L'Ecole des factieux.* 2 vol.
— *Les chemises rouges.* 2 vol.

Monnier. — *De l'influence attribuée aux philosophes, aux francs-maçons et aux illuminés sur la révolution de France.* Tubinge, 1801. 1 vol.

Monnier. — *Dialogue sur la Révolution française.* 1 vol.

De Puisaye. — *Mémoires.* Londres, 1813. 5 vol.

Montesquiou. — *Correspondance.*
— *L'espion de la Révolution française.* 2 vol.

Sallier. — *Essai sur l'histoire de la Révolution.* 1 vol.
— *Procès des Bourbons.* 2 vol.
— *La Monarchie vengée.* 1 vol.

Henry. — *Histoire du Directoire exécutif.* 2 vol

Gallais. — *Le 18 fructidor.* 1 vol.

GALLAIS. — *Tableaux historiques de la Révolution française.* 3 vol.

GALLAIS. — *Portraits des personnages célèbres de la Révolution.* 4 vol.

BARRUEL. — *Mémoires pour servir à l'histoire du Jacobinisme.* 5 vol.

BARRUEL. — *Gazette nationale ou le Moniteur depuis 1790.* 39 vol.

HISTOIRE DE L'EMPIRE FRANÇAIS

BARRUEL. — *Collection générale de lettres, proclamations, discours, messages,* etc., *de Napoléon le Grand,* publiée par Fischer. Leipzig, 1808. 2 vol.

BARRUEL — *Histoire militaire de la Révolution française jusques et y compris l'histoire militaire de l'Empire français.*

DE BEAUCHAMPS. — *Histoire de la guerre de la Vendée et des Chouans.* Paris, 1807. 3 vol.

BERTHRE DE BOURNISSEAUX. — *Précis historique de la guerre de la Vendée.* Paris, 1802. 1 vol.

BERTHRE DE BOURNISSEAUX. — *Guerre de la Vendée.* 1 vol.

DEDON L'AÎNÉ. — *Précis historique des campagnes de l'armée de Rhin et Moselle pendant l'an IV et l'an V.* Paris, 1 vol.

LATTIL. — *Campagnes de Bonaparte à Malte, en Egypte et en Syrie.* Marseille, 1802.

LATTIL. — *Campagnes de Souwarow.* 2 vol.

MATHIEU-DUMAS. — *Précis des événements militaires* ou *essai historique sur la guerre présente,* avec cartes et plans. Paris, 1800. 2 vol.

DAVID. — *Campagnes de Pichegru.* Paris, 1796. 1 vol.

DE MARCILLAC (Louis). — *Histoire de la guerre entre la France et l'Espagne pendant les années 1793, 1794 et partie de 1795.* Paris, 1808. 1 vol.

BULOW. — *Histoire de la campagne de 1800,* traduite par Sevelinges. Paris, 1 vol.

Bulow. — *Histoire de Souwarow.*

Ritchie. — *Mémoires historiques et militaires sur les principaux événements arrivés depuis la conclusion du traité de Campo-Formio jusqu'à celle du traité d'Amiens,* traduit de l'anglais par Henry. Paris, 1804. 2 vol.

Ritchie. — *Campagne de la grande armée et de l'armée d'Italie en 1805.* Paris, 1806. 1 vol.

Ritchie. — *Campagne de la grande armée en Saxe, en Prusse et en Pologne en 1806 et 1807.* Paris, 1807. 1 vol.

Ritchie. — *Campagne de Prusse.* 4 vol. 1807.

HISTOIRE DES PROVINCES DE FRANCE

Henriquez. — *Abrégé chronologique de l'histoire de Lorraine.* Paris, 1775. 2 vol.

Panckoucke. — *Abrégé chronologique de l'histoire de Flandre.* Dunkerque, 1762. 1 vol.

HISTOIRE DES PAYS-BAS

Bentivoglio. — *Histoire des guerres de Flandre,* traduite par Loiseau. Paris, 1769. 4 vol.

Cerisier. — *Tableau de l'histoire des Provinces-Unies.* 10 vol.

HISTOIRE DE LA SUISSE

Mallet. — *Histoire des Suisses.* Genève, 1803. 4 vol.

HISTOIRE D'ESPAGNE ET DE PORTUGAL

Mariana. — *Histoire d'Espagne.* 6 vol.

Ferreras. — *Histoire générale d'Espagne,* traduite par d'Hermilly. Paris, 1751. 10 vol.

Macquer. — *Abrégé chronologique de l'histoire d'Espagne et de Portugal.* Paris, 1765. 2 vol.

Robertson. — *Histoire de Charles-Quint,* traduite en français par Suard. 6 vol.

Gregorio Leti. — *Vie de Philippe II, roi d'Espagne.* Amsterdam, 1734. 6 vol.

Watson. — *Histoire de Philippe II, roi d'Espagne,* traduite en français par Mirabeau et Durival. Amsterdam, 1777. 4 vol.

De Marcillac. — *Aperçus sur la Biscaye, les Asturies et la Galice,* précis de la défense des frontières du Guipuscoa et de la Navarre par le général D. Ventura Caro, en 1793 et 1794, et campagne du général D. Ant. Ricardos dans le Roussillon en 1793.

La Clède. — *Histoire du Portugal.* 2 vol.

Dumouriez et autres. — *Mémoires sur le Portugal* (sans date) 1 vol.

Albéroni. — *Testament.* Lausanne. 1753. 1 vol.

Gaillard. — *Rivalité de la France et de l'Espagne.* Paris, 1807. 8 vol.

Vertot. — *Révolutions de Portugal.* Paris, 1806. 1 vol.

HISTOIRE D'ANGLETERRE ET D'IRLANDE

Salmon. — *Abrégé chronologique de l'histoire d'Angleterre,* traduit de l'anglais. Paris, 1751. 2 vol.

Millot. — *Histoire d'Angleterre.* Paris, 1773. 3 vol.

Hume. — *Histoire d'Angleterre,* traduite par Mme Relot et l'abbé Prévost. Paris. 18 vol.

Ferri. — *Londres et les Anglais.* Paris, 1804. 4 vol.

Baert. — *Tableau de la Grande-Bretagne et de l'Irlande.* Paris, 1802. 4 vol.

Le Général d'Arçon. — *Conseil de guerre privé sur l'événement de Gibraltar en 1782.* 1 vol.

Le Général d'Arçon. — *Histoire du siège de Gibraltar.* Cadix, 1783.

Magdett et Dutems. — *Histoire de Malborough.* Paris, 1808. 3 vol.

Gordon. — *Histoire d'Irlande,* traduite par La Montagne. Paris, 1808. 3 vol.

Robertson. — *Histoire d'Écosse sous les règnes de Marie Stuart et de Jacques VI.* Londres, 1784. 4 vol.

HISTOIRE D'ALLEMAGNE

Pfeffel. — *Abrégé chronologique de l'histoire et du droit public d'Allemagne.* Paris, 1777. 2 vol.

Duchatel. — *Éléments de l'histoire d'Allemagne,* sous le nom de l'abbé Millot. Paris, 1807. 3 vol.

De Sacy. — *Histoire générale de Hongrie.* Paris, 1778. 2 vol.

Villers. — *Essai sur l'esprit et l'influence de la réformation de Luther.* Paris, 1808.

HISTOIRE MILITAIRE D'ALLEMAGNE

Schiller. — *Histoire de la guerre de Trente ans,* traduite par Chaufeux. Paris, 1803. 2 vol.

Retzow. — *Nouveaux mémoires historiques sur la guerre de Sept ans,* traduit de l'allemand. Paris, 1803. 2 vol.

HISTOIRE DU NORD EN GÉNÉRAL

Lacombe. — *Abrégé chronologique de l'histoire du Nord.* Paris, 1762. 2 vol.

HISTOIRE DE SUÈDE

Vertot. — *Révolutions de Suède.* Paris, 1806. 2 vol.

Archenholtz. — *Histoire de Gustave Adolphe.* Amsterdam, 1764. 4 vol.

De Grimoard. — *Histoire des conquêtes de Gustave Adolphe.* Neufchatel, 1789. 3 vol.

HISTOIRE DE DANEMARK

Mallet. — *Histoire de Danemarc* (sic). Genève et Paris, 1787. 9 vol.

HISTOIRE DE PRUSSE, DE POLOGNE, DE RUSSIE ET DE TURQUIE

Rulhière. — *Histoire de l'anarchie de Pologne et du démembrement de cette république.* Paris, 1807. 4 vol.

Levesque. — *Histoire de Russie.* Nouvelle édition. Paris, 1800. 7 vol.

Comte de Hordt. — *Mémoires historiques, politiques et militaires,* rédigés par Borrelly. Paris, 1805. 2 vol.

Malte-Brun. — *Tableau de la Pologne.* 1807.

— *Mémoires sur la révolution de Pologne.* Paris, 1806.

de Sthoelin. — *Anecdotes originales de Pierre le Grand* Strasbourg et Paris, 1787. 1 vol.

Basseville. — *Précis historique sur la vie et les exploits de François-le-Fort.* Paris, 1786. 1 vol.

de la Croix. — *Abrégé chronologique de l'histoire Ottomane.* Paris, 1768. 2 vol.

de la Croix. — *Tableau de l'Empire Ottoman,* traduit de l'anglais par Lefebvre. Paris, an VII. 2 vol.

HISTOIRE DE L'ASIE

du Cerceau. — *Histoire des révolutions de Perse.* Paris, 1742. 2 vol.

Turpin. — *Histoire civile et naturelle du royaume de Siam.* Paris, 1771. 2 vol.

Ockley. — *Histoire des Sarrasins.* Paris, 1748. 2 vol.

HISTOIRE DE L'AFRIQUE

Marin. — *Histoire de Saladin, sultan d'Egypte.* Paris, 1758. 2 vol.

de la Croix. — *Relation de l'Afrique ancienne et moderne.* Lyon, 1688. 4 vol.

de la Croix. — *Histoire des États barbaresques.* 2 vol.

Marigny. — *Histoire des Arabes.* Paris, 1750. 4 vol.

HISTOIRE D'AMÉRIQUE

Robertson. — *Histoire de l'Amérique,* traduite de l'anglais par Suard. Paris, 1780. 4 vol.

Raynal. — *Histoire philosophique et politique des établissements et du commerce des Européens dans les deux Indes.* Genève, 1780. 10 vol. et atlas.

HISTOIRE DE LA NOBLESSE

La Roque. — *Traité de la Noblesse.* 1 vol.

VIE DES HOMMES ILLUSTRES

Plutarque. — *Vie des hommes illustres,* traduite par Dacier. Amsterdam, 1724 10 vol.

Séran de la Tour. — *Histoire de Scipion l'Africain.* Paris, 1752.

Séran de la Tour. — *Histoire d'Epaminondas* Paris, 1739.

Midleton. — *Histoire de Cicéron,* traduite par Prévost. Paris, 1749. 4 vol.

d'Auvigny et Pérau. — *Vies des hommes illustres de la France.* Amsterdam et Paris, 1769. 26 vol.

Gagnier. — *Vie de Mahomet.* Amsterdam, 1748. 3 vol.

DICTIONNAIRES HISTORIQUES

Chaudon et Delaudine. — *Nouveau Dictionnaire historique.* Lyon, 1804 13 vol.

III. — CATALOGUE

DES LIVRES DU CABINET DE TRIANON (a)

THÉOLOGIE

La Bible, traduite par Lemaistre de Sacy, avec les figures de Marillier. 12 vol.

LÉGISLATION

Code Napoléon.
Code de commerce.
Code de procédure civile.
Code d'instruction criminelle et *Code pénal.*
Bulletin des Lois. 37 vol.
Répertoire de Beaulat.
Supplément au répertoire de Beaulat.

DROIT NATUREL ET DES GENS

Gérard de Rayneval. — *Principes du droit de la nature et des gens.*

DROIT PUBLIC DE L'EUROPE

Dumont et Rousset. — *Corps diplomatique*, ou *recueils de traités de paix*, alliances faites en Europe depuis Charlemagne jusqu'en 1726. Amsterdam, 1726-1731. 8 vol.
Les mêmes. — *Supplément au corps diplomatique*, avec le cérémonial des cours de l'Europe. Amsterdam, 1739. 5 vol.

(a) Communiqué par M. Louis Barbier.

Martens. — *Recueil de traités de paix* 11 vol.
de Flassan. — *Diplomatie française.* 8 vol.
Colbert. — *Comte de Torcy*, mémoires sur les négociations. 3 vol.

LIBERTÉS DE L'ÉGLISE GALLICANE

Durand-Meillane. — *Les Libertés de l'Église Gallicane.* 5 vol.
Bossuet. — *Défense de la déclaration de 1682.* 3 vol.

FINANCES

Comptes des dépenses des sept ministères pendant l'an VIII. 1806 et 1807. 3 vol.

Administration des Finances, années VIII, IX, X, XI, XII, XIII. 1806-1807-1808. 5 vol.

Comptes généraux du Trésor public, années X, XI, XII, XIII. 1806-1807-1808. 4 vol.

SCIENCES ET ARTS

INTRODUCTION

Diderot. — *Encyclopédie.* 35 vol.
Encyclopédie méthodique. 125 vol.
Cicéron. — *Traité de la nature des dieux.* 2 vol.
Bartez. — *Théorie du beau.*

HISTOIRE NATURELLE, MÉDECINE

Buffon. — *Histoire naturelle.* 36 vol.
Lacépède. — *Histoire des poissons, ovipares et serpents.* 6 vol.
Bernardin de Saint-Pierre. — *Études de la nature.* 5 vol.
Vénette. — *Tableau de l'amour conjugal.*

AGRICULTURE

L'Agronome, par Alliez. 2 vol.
Duhamel du Monceau. — *Éléments d'agriculture.* 2 vol.
Lebreton. — *Manuel de Botanique.*
La Marck. — *Flore française.* 3 vol.

PHYSIQUE

CHIMIE

Four .roy. — *Système des connaissances chimiques.* 10 vol.
Chaptal. — *La chimie appliquée aux arts.* 4 vol.

MATHÉMATIQUES

Bezout. — *Cours de mathématiques.* 6 vol.
Mascheroni. — *Géométrie du compas* (a).
Bossut. — *Calcul différentiel et intégral.* 2 vol.
Lagrange. — *Calcul des fonctions analytiques.*
Lacroix. — *Traité d'arithmétique, d'algèbre et de géométrie.* 6 vol.
Allayze, Billy et autres. — *Cours de mathématiques.*

ART MILITAIRE

Polyen et Frontin. — *Ruses de guerre,* traduit en français. 2 vol.
Guischardt. — *Mémoires militaires,* traduit en français. 2 vol.
de Chennevières. — *Détails militaires,* traduit en français. 6 vol.
Morin. — *Théorie de l'administration militaire.*
Quillet. — *Administration militaire.* 3 vol.
Décrets, règlements, instructions, circulaires sur l'administration des hôpitaux militaires. 1806.
Trois arrêts des Consuls, de l'an VIII, concernant les hôpitaux militaires.
Courtin. — *Recueil général des lois, règlements, décisions et circulaires* sur le service des hôpitaux militaires. 3 vol.
Collection des lois, arrêtés et règlements sur les différents services de l'artillerie. 1808.
Décret impérial contenant règlement sur les

(a) Nous avons signalé dans le texte cet ouvrage comme un des livres de chevet de Napoléon.

revues, la solde et les masses, du 25 germinal an XIII. 1808.

Arrêtés des Consuls de la République contenant règlement sur l'administration et la comptabilité des corps, du 8 floréal an VIII.

Recueil des divers règlements et instructions concernant l'administration de la première et deuxième portion de la masse générale. 1808.

Ordonnance pour régler le service dans les places et dans les quartiers, du 1er mars 1768. 1808.

Règlement provisoire sur le service des troupes à cheval en campagne, du 12 août 1788. 1808.

Manuel d'infanterie. 1808.

Règlement concernant l'exercice et les manœuvres de l'infanterie. 2 vol.

Règlement provisoire sur le service de l'infanterie en campagne, du 5 avril 1792. 1808.

Perrier. — *Guides des juges militaires.* 1808.

— *Code penal militaire.* 1806.

Règlement concernant le service intérieur, la police et la discipline de l'infanterie, du 24 juin 1792. 1808.

Journal militaire. 50 vol.

CAMPAGNES

Général Pommereul. — *Les campagnes de Bonaparte en Italie.*

Suwarow. — *Campagnes.* 3 vol.

Campagne d'Égypte par Berthier et autres. 6 vol.

Dictionnaire des sièges et batailles. Nouvelle édition. 6 vol.

BELLES-LETTRES, GRAMMAIRES ET DICTIONNAIRES

De la Jonchère. — *Nouveau dictionnaire abrégé et portatif des principales langues de l'Europe.*

Heym. — *Dictionnaire français, russe, allemand.*

Heym. — *Dictionnaire russe, français, allemand.* 2 vol.
— *Dictionnaire allemand, russe, français.*
— *Dictionnaire de l'Académie française.* 2 vol.
Wailly. — *Vocabulaire français.*

RHÉTEURS ET ORATEURS

Rollin. — *Traité des études.* 4 vol.
Domairon. — *Principes de Belles-Lettres.* 3 vol.
Laharpe. — *Cours de Littérature.* 16 vol.
Cicéron. — *Oraisons* traduites en français par Villeforce. 8 vol.
      Choix de discours de réception prononcés dans l'Académie française. 2 vol.

POÈTES ÉPIQUES

Homère. — *L'Iliade*, traduite par Lebrun. 2 vol.
— *Iliade* et *Odyssée*, traduites par Bitaubé. 6 vol.
Quintus de Smyrne. — *La guerre de Troie*, traduite par Tourlet. 2 vol.
Apollonius de Rhodes. — *L'expédition des Argonautes*, traduite en français par Caussin.
Ovide. — *Métamorphoses*, traduites par de Saint-Ange. 4 vol.
Catulle. — *Traduction* de Pezay. 2 vol.
Virgile. — *Les Géorgiques*, traduites par Delille.
— *Œuvres* traduites par Binet. 4 vol.
Horace. — *Œuvres* traduites par Daru. 4 tomes. 2 vol.
Le Tasse. — *Jerusalemme liberata.* Venise, 1745.
— *Jérusalem délivrée*, traduite par Lebrun. 2 vol.
— *Jérusalem délivrée*, traduite en italien et en français par Panckoucke. 5 vol.
Arioste. — *Roland furieux*, traduit en italien et en français par Panckoucke et Framery. 10 vol.
Le Camoens. — *La Luisiade*, traduite par d'Hermilly et revue par Laharpe. 2 vol.
Dante. — *L'Enfer*, traduit en français par Rivarol.
Voltaire. — *La Henriade.*
Milton. — *Paradis perdu.* 4 vol.

Milton. — *Paradis perdu.* Édition de Defer de Maisonneuve. 1792. 2 vol.
Milton. — *Paradis perdu*, traduit par Mosneron. 2 vol.
Fénelon. — *Télémaque.* 2 vol.

POÈTES DRAMATIQUES

de la Porte et Clément. — *Anecdotes dramatiques.* 3 vol.
Duc de la Vallière. — *Bibliothèque du Théâtre-Français.* 3 vol.
Corneille. — *Œuvres*, avec les commentaires de Voltaire. 12 vol.
Racine. — *Œuvres*, avec les commentaires de Geoffroy. 7 vol.
Crébillon. — *Œuvres.* 2 vol.
Molière. — *Œuvres*, avec les commentaires de Bret. 6 vol.
Carmontelle. — *Proverbes dramatiques.* 10 vol.
— *Répertoire dramatique.* 23 vol.

POÈTES FRANÇAIS

Boileau. — *Œuvres*, avec les notes de Saint-Marc. 5 vol.
Rousseau (J.-B.). — *Œuvres.* 4 vol.
La Fontaine. — *Œuvres.* 5 vol.
Deshoulières. — *Œuvres.* 2 vol.
Saint-Lambert. — *Les Saisons.*
Delille. — *Les Jardins, l'Imagination, la Pitié, Poésies diverses, l'Homme des champs.* 6 vol.

ROMANS

Galland. — *Les mille et une nuits.* 9 vol.
Le Sage. — *Gil Blas de Santillane.* 4 vol.
La Fayette et Tencin. — *Œuvres.* 5 vol.
Cervantès. — *Don Quichotte*, traduit par Bouchon-Dubournial. 8 vol.
Cervantès. — *Nouvelles*, traduites par Pelitot. 4 vol.
Mme de Flahaut. — *Adèle de Senange.* 1 vol.
Mme Cottin. — *Eugénie et Mathilde.* 3 vol.
— *Amélie Mansfield.* 3 vol.
— *Mathilde.* 3 vol.
Mme de Stael. — *Delphine.* 3 vol.

Mme DE MARAIS. — *Charles de Montfort.* 2 vol.

POLYGRAPHES

ATHÉNÉE. — *Banquet des savants.* 5 vol.
MACHIAVEL. — *Œuvres* traduites par Guiraudet. 9 vol.
MONTESQUIEU. — *Œuvres.* 5 vol.
VOLTAIRE. — *Œuvres complètes.* 70 vol.
ROUSSEAU (J.-J.). — *Œuvres complètes.* Édition de Didot. 25 vol.
DUCLOS. — *Œuvres complètes.* 10 vol.
THOMAS. — *Œuvres.* 7 vol.
RAYNAL. — *Anecdotes littéraires.* 3 vol.

ÉPISTOLAIRES

CICÉRON. — *Lettres familières*, traduites par l'abbé Prévost, et *Lettres à Atticus*, traduites par l'abbé Mongault. 11 vol.
Mme DE SÉVIGNÉ. — *Lettres.* 11 vol.

GÉOGRAPHIE ET CHRONOLOGIE

LA MARTINIÈRE. — *Dictionnaire de Géographie.* Paris. 6 vol.
D'AUVILLE. — *Abrégé de la Géographie ancienne.* 3 vol.
D. CLÉMENT. — *Art de vérifier les dates.* 3 vol.
D'AUVILLE. — *Atlas.*
MALTE-BRUN. — *Géographie.* 16 vol. et atlas.
BUSCHING. — *Géographie.* 16 vol.
LAHARPE. — *Abrégé de l'histoire générale des voyages.* 32 vol.

VOYAGES, COLLECTIONS DE VOYAGES ET VOYAGES EN DIVERS LIEUX

BARROW. — *Découvertes des Européens dans les différentes parties du monde.* Paris, 12 vol.
JEAN-ALPHONSE. — *Voyages aventureux.* Poitiers, 1559.
— *Recueil de voyages au Nord.* Amsterdam 1717. 10 vol.
CONSTANTIN. — *Recueil des voyages de la compagnie des Indes.* 7 vol.
DESBOIS. — *L'Odyssée* ou *diversité d'aventures, rencontres et voyages en Europe, Asie et Afrique.*

Wheler. — *Voyage de Dalmatie, de Grèce et du Levant.* 2 vol.
Arvieux. — *Mémoires contenant des voyages à Constantinople, dans l'Asie,* etc. 6 vol.

VOYAGES EN EUROPE

Doisy. — *Le royaume de France et des États de Lorraine.*
P. Villers. — *Manuel du voyageur à Paris.* 2 vol.
Millin. — *Voyages dans les départements du Midi.* 4 vol. et atlas.
Fortis. — *Voyage en Dalmatie,* 2 tomes. 1 vol.
Choiseul-Gouffier. — *Voyage en Grèce.*
de Lalande. — *Voyage en Italie.* 9 vol. et atlas.
Creuzé de Lesser. — *Voyage en Italie.*
Suiner. — *Voyage dans la Suisse.* 2 vol.
Riesbeck. — *Voyage en Allemagne.* 3 vol.
Townson. — *Voyage en Hongrie.* 3 vol.
Twiss. — *Voyages en Espagne et en Portugal.*
de Langle. — *Voyage en Espagne.*
Linck. — *Voyage en Portugal.* 3 vol.
Crattwell. — *Description de l'Angleterre.* 5 vol.
La Martinière. — *Voyages des pays septentrionaux.*
Outhier. — *Journal d'un voyage au Nord.*
Beauplan. — *Description de l'Ukraine.*
— *Voyages au Kamtschatka* 2 vol.

VOYAGES EN ASIE

Maundrell. — *Voyage à Jérusalem.*
Laflotte. — *Essais historiques sur l'Inde.*
Le P. Paulin de Saint-Barthélemy. — *Voyage dans l'Inde.* 3 vol.
Rennell. — *Description de l'Inde.* 3 vol.
Sonnerat. — *Voyages aux Indes orientales.* 4 vol. et atlas.
Macartney. — *Voyage en Chine.* 5 vol. et atlas.
de Guignes. — *Voyage en Chine.* 3 vol. et atlas.

VOYAGES EN AFRIQUE

DE LA ROQUE. — *Voyages de Syrie et du mont Liban.* 2 vol.
SMITH. — *Voyage de Guinée.* 2 vol.
LABARTHE. — *Voyage à la côte de Guinée.*
OVINGTON. — *Voyages faits à Surate.* 2 vol.
SANGUIER — *Voyages à la côte d'Afrique, à Maroc, au Sénégal.*
BERNARDIN DE SAINT-PIERRE. — *Voyage à l'Isle de France.*

VOYAGES EN AMÉRIQUE

CORÉAL. — *Recueil de voyages dans l'Amérique méridionale.* 3 vol.
BARTRAM. — *Voyages dans les parties sud de l'Amérique septentrionale.* 2 vol.
ROBIN. — *Voyages dans l'intérieur de la Louisiane, de la Floride occidentale et dans les îles de la Martinique et de Saint-Domingue.* 3 vol.
MANDRILLON. — *Le voyageur Américain.*
— *Histoire naturelle et civile de la Californie,* traduite par Eidous. 3 vol.
J -R. — *Voyage à la Martinique.*
COURTE DE LA BLANCHERIE. — *Nouveau voyage au Pérou.*
D'ACUNA. — *Relation de la découverte de la rivière des Amazones.* 2 vol.
DE PAGAN. — *Relation historique de la rivière des Amazones*
BAJOU. — *Mémoires pour servir à l'histoire de Cayenne et de la Guyane française.* 2 vol.
FERMIN — *Description de Surinam.* 2 vol.

VOYAGES A LA MER DU SUD

DALRIMPLE. — *Voyage dans la mer du Sud.*

HISTOIRE

BOSSUET. — *Discours sur l'histoire universelle.*

Anquetil. — *Précis de l'histoire universelle.* 12 vol.
Millot. — *Éléments d'histoire générale.* 9 vol.
Domaison. — *Les Rudiments de l'histoire.* 3 vol.
Koch. — *Tableaux des révolutions de l'Europe.* 3 vol
Hérodote. — *Histoire,* traduite par Larcher. 9 vol.
Diodore de Sicile. — Traduit en français par Terrasson. 7 vol.
Xénophon. — *Cyropédie,* traduite en français par Dacier 2 vol.
Thucydide. — *Histoire Grecque,* traduite par Gail. 4 vol.
Arrien. — *Histoire des expéditions d'Alexandre.* 3 vol. et atlas.
Quinte-Curce. — Traduit par Beauzie. 2 vol.
Rollin. — *Histoire ancienne.* 13 vol.
Cousin-Despréaux. — *Histoire générale de la Grèce.* 16 vol.
Barthélemy. — *Voyage d'Anacharsis.* 7 vol.

HISTOIRE ROMAINE

Tite-Live.
Appien. — *Histoire des guerres de la république romaine,* traduite par Combes-Donnons. 3 vol.
Salluste. — Traduit par Dureau de la Malle.
Gordon. — *Discours sur Salluste,* traduit en français par Daudé. 2 vol.
Tacite. — *Traduction de Dureau de la Malle.* 3 vol.
Gordon. — *Discours sur Tacite,* traduit en français par Daudé. 2 vol.
César. — *Commentaires,* traduits en français par de Botidaux. 5 vol.
Suétone. — Traduit en français par Maurice Lévesque. 2 vol.
Ammien Marcellin. — *Les Dix-huit livres de son histoire,* traduit par de Moulines. 3 vol.
Ammien Marcellin. — *Les écrivains de l'histoire Auguste,* traduit en français par de Moulines. 3 vol.
Rollin. — *Histoire Romaine.* 16 vol.
de Vertot. — *Révolutions Romaines.* 2 vol.
Levesque. — *Histoire critique de la République Romaine.* 3 vol.

Gibbon. — *Histoire de la décadence et de la chute de l'Empire Romain,* traduite en français par Leclerc, de Sept-Chênes, Cautwell et Boulard. 18 vol.

Richer. — *Abrégé chronologique de l'histoire des Empereurs.* 2 vol.

Crévier. — *Histoire des Empereurs.* 12 vol.

La Bléterie. — *Histoire de l'Empereur Jovien.* 2 vol.

Gautier de Sibert. — *Vies des Empereurs Tite, Antonin et Marc-Aurèle.*

Lebeau et Ameilhon. — *Histoire du Bas-Empire.* 26 vol.

Lefèvre de morsan. — *Mœurs des Romains.* 1 vol.

HISTOIRE D'ITALIE

Lefèvre de saint-marc. — *Abrégé chronologique de l'histoire d'Italie.* 6 vol.

Denina. — *Révolutions d'Italie,* traduites par Jardin. 8 vol.

Simonde-Sismondi. — *Histoire des républiques italiennes du moyen âge.* 8 vol.

Roscoé. — *Vie de Laurent de Médicis,* traduite par Thuriot. 2 vol.

Roscoé. — *Vie de Léon X,* traduite par Henry. 4 vol.

— *Vie de Philippe Strozzy,* traduite de l'italien par Requier.

Laugier. — *Histoire de Venise.* 12 vol.

Dubos. — *Histoire de la Ligue de Cambray.* 2 vol.

HISTOIRE DE FRANCE

Vély, Villaret et Garnier. — *Histoire de France.* 30 vol.

des Odoarts. — *Suite de l'histoire de France.* 26 vol.

Chaulaize et Peuchet. — *Statistique de la France.* 50 vol.

Hénault et des Odoarts. — *Abrégé chronologique de l'histoire de France.* 5 vol.

Dubroca. — *Les quatre fondateurs des dynasties françaises.*

Millot. — *Eléments de l'histoire de France.* 3 vol.

Dampmartin. — *La France sous ses rois.* 5 vol.

Brunet. — *Abrégé chronologique de l'histoire des grands fiefs de la Couronne.*
Gaillard. — *Histoire de Charlemagne.* 4 vol.
Hegewisch. — *Histoire de Charlemagne,* traduite de l'allemand par Bourgoing.
Larrey. — *L'héritière de Guyenne* ou *Histoire d'Eléonore, femme de Louis VII.*
de Gervaise. — *Histoire de l'abbé Suger.* 3 vol.
Lévêque. — *La France sous les cinq premiers Valois.* 4 vol.
Commines. — *Mémoires.* 5 vol.
Duclos. — *Histoire de Louis XI.* 3 vol.
Gaillard. — *Histoire de François Ier.* 8 vol.
Anquetil. — *Esprit de la Ligue.* 3 vol.
de Rohan. — *Mémoires.* 3 vol.
Péréfixe. — *Histoire de Henry le Grand.*
— *Vie militaire et privée de Henry IV.* 1 vol.
Mlle de Guise. — *Les amours du grand Alcandre.* 2 vol.
Leclerc. — *Vie du cardinal de Richelieu.* 5 vol.
Anquetil. — *Intrigues du Cabinet.* 4 vol.
de Mailly. — *Esprit de la Fronde.* 5 vol.
Retz et Jolly. — *Mémoires.* 6 vol.
Aubery. — *Histoire du Cardinal Mazarin.* 4 vol.
La Rochefoucauld. — *Mémoires.*
La Beaumelle. — *Mémoires et Lettres de Mme de Maintenon.* 16 vol.
Désormaux. — *Histoire du Grand Condé.* 4 vol.
Mme de Bavière. — *Fragments de lettres originales.* 2 t., 1 vol.
Mme de Staal. — *Mémoires.* 2 vol.
Mme de Caylus. — *Souvenirs.*
Ramsay. — *Histoire de Turenne.* 4 vol.
Abbé de Choisy. — *Mémoires pour servir à l'histoire de Louis XIV.* 2 vol.
Berwick. — *Mémoires.* 2 vol.
Duclos. — *Mémoires secrets sur les règnes de Louis XIV et de Louis XV.* 2 vol.

Saint-Simon. — *Œuvres.* 13 vol.
Le P. Griffet. — *Mémoires pour servir à l'histoire de Louis Dauphin.* 2 vol.
Lacretelle. — *Histoire de France pendant le xviiie siècle.* 4 vol.
d'Aiguillon. — *Mémoires.*
de Choiseul. — *Mémoires.*
Maurepas. — *Mémoires.* 4 t., 2 vol.
Richelieu. — *Mémoires.* 9 vol.
Deux Amis. — *Histoire de la Révolution française.* 20 vol.
Piganiol de la Force. — *Description de Paris.* 10 vol.
— *Description de Versailles.* 2 vol.
Saint-Victor. — *Tableau de Paris.* 3 vol.
Poncet de la Grave. — *Description de Vincennes, Saint-Cloud, Marly,* etc. 4 vol.
de Flassan. — *Histoire de la diplomatie française.* 8 vol.
Le Moniteur. 50 vol.

HISTOIRE DE SUISSE

Mallet. — *Histoire des Suisses.* 4 vol.

HISTOIRE DES PAYS-BAS

Bentivoglio. — *Histoire des guerres de Flandre,* traduite en français par l'abbé Loyseau. 4 vol.

HISTOIRE D'ESPAGNE ET DE PORTUGAL

Désormeaux. — *Histoire d'Espagne.* 5 vol.
Hénault. — *Abrégé chronologique de l'histoire d'Espagne et de Portugal.* 2 vol.
Robertson. — *Histoire de Charles V.* 6 vol.
Gaillard. — *Rivalité de la France et de l'Espagne.* 8 vol.
La Clède. — *Histoire de Portugal.* 8 vol.
Pombal. — *Administration.* 4 vol.
— *Anecdotes du ministère du marquis de Pombal.*
de Vertot. — *Révolutions de Portugal.*
Laborde. — *Itinéraire de l'Espagne.* 5 vol.

Laborde. — *Description de l'Espagne et du Portugal.* 1 vol. et atlas

Fischer. — *Description de Valence.*

HISTOIRE D'ALLEMAGNE

Duchatel sous le nom de Millot. — *Eléments de l'histoire d'Allemagne.* 3 vol.

Coxe. — *Histoire de la Maison d'Autriche,* traduite par Henry. 5 vol.

Pfeffel. — *Abrégé de l'histoire d'Allemagne.* 2 vol.

Mauvillon. — *Histoire du Prince Eugène.* 5 vol.

Abbé André. — *Histoire générale et particulière de Bohême.* 2 vol.

Fromageot. — *Annales du règne de Marie-Thérèse.*

HISTOIRE D'ANGLETERRE

Salmon. — *Abrégé chronologique de l'histoire d'Angleterre,* traduite en français par Garrigue de Froment. 2 vol.

Hume. — *Histoire d'Angleterre,* traduite par Mme Belot et par l'abbé Prevost. 18 vol.

Gaillard. — *Histoire de la rivalité de la France et de l'Angleterre.* 11 vol.

de Baert. — *Tableau de la Grande-Bretagne.* 4 vol.

Ferry. — *Londres et les Anglais.* 4 vol.

Swist. — *Vie de la reine Anne,* traduite de l'anglais.

Madgett et Dutems. — *Histoire du duc de Malborough.* 3 vol.

Robertson. — *Histoire d'Écosse,* traduite en français par Besset de la Chapelle. 4 vol.

Gordon. — *Histoire d'Irlande,* traduite en français par de la Montagne. 3 vol.

HISTOIRE DU NORD

HISTOIRE DE POLOGNE

Ch. de Solignac. — *Histoire de Pologne.* 6 vol.

Rulhière. — *Histoire de l'anarchie de Pologne.* 4 vol.
Malte-Brun. — *Tableau de la Pologne.*
Cayer. — *Histoire de Sobieski.* 3 vol.

HISTOIRE DE SUÈDE

de Vertot. — *Révolutions de Suède.* 2 vol.
Shéridan. — *Histoire de la dernière révolution de Suède,* traduite de l'anglais. 1783.
Posselt. — *Histoire de Gustave III,* traduite par Mauget.

HISTOIRE DE DANEMARCK

Mallet. — *Histoire de Danemarck.* 9 vol.

HISTOIRE DE RUSSIE

Levesque. — *Histoire de Russie.* 8 vol.
Manstein. — *Mémoires historiques et militaires sur la Russie.* 2 vol.

HISTOIRE DE TURQUIE

Delacroix. — *Abrégé chronologique de l'histoire ottomane.* 2 vol.
Mouradja d'Hosson. — *Tableau de l'Empire ottoman.* 2 vol.

HISTOIRE D'ASIE

d'Herbelot. — *Bibliothèque orientale.* 6 vol.
du Halde. — *Description de la Chine.* 4 vol.
Le P. le Comte. — *Mémoires sur la Chine.* 3 vol.
Koempfer. — *Histoire naturelle, civile et ecclésiastique du Japon,* traduite en français par Naudé. 3 vol.

HISTOIRE D'AFRIQUE

Laugier de Tassy. — *Histoire du royaume d'Alger.*
— *Histoire des Etats barbaresques,* traduite de l'anglais 2 vol.
Marin. — *Histoire du sultan Saladin.* 2 vol.

HISTOIRE DE L'AMÉRIQUE

Robertson. — *Histoire de l'Amérique*, traduite par Stuart et Morellet. 4 vol.

HISTOIRE HÉRALDIQUE ET GÉNÉALOGIQUE
Dictionnaire du blason.

De la Roque. — *Traité de la Noblesse.*
La Chesnaye-Desbois. — *Dictionnaire de la Noblesse.* 15 vol.

ANTIQUITÉS

Bévy. — *Histoire des inaugurations des rois*, etc.
Montfaucon. — *Antiquité expliquée.* 15 vol.

VIES DES HOMMES ILLUSTRES

Plutarque. — *Vies des hommes illustres*, traduites par Dacier. 10 vol.
Seran de la Tour. — *Histoire de Scipion l'Africain.*
Cornelius Népos. — *Vies des grands capitaines*, traduites en français.
Midleton. — *Vie de Cicéron*, traduite en français par Prevost. 4 vol.
D'Anvigny. — *Hommes illustres de France.* 26 vol.
Bayle. — *Dictionnaire historique et critique.* 4 vol.
Chandon et Delandine. — *Nouveau dictionnaire historique.* 13 vol.
Taillefer. — *Tableau des littérateurs français.* 4 vol.

Il y a dans le cabinet de Trianon :
    132 vol. in-f°
    288 vol. in-4°
    1516 vol. in-8 et in-12
 Total : 1928 vol.

ADDITION
ENCYCLOPÉDIE MÉTHODIQUE

IV. — GALERIE DE LA MALMAISON

CATALOGUE DES TABLEAUX

DE S. M. L'IMPÉRATRICE JOSÉPHINE DANS LA

GALERIE

ET APPARTEMENTS DE SON PALAIS DE MALMAISON

(Paris, de l'imprimerie de Didot jeune, 1811, petit in-4°, 32 pages)

1 François Albane. — *La Nature*, figurée par une femme allaitant ses enfants.
2 François Albane. — *L'Enlèvement d'Europe.*
3 — *Diane au bain avec ses nymphes.*
4 — *Danse d'enfants*, allégorie sur la fortune.
5 Jean Asselin. — *Environs de Rome*, paysage avec figures et animaux.
6 Francesco Barbieri (dit le Guerchin). — *Saint Sébastien percé de flèches.*
7 Francesco Barbieri (dit le Guerchin). — *Repos en Egypte.*
8 — — *Prophète et Sybille* (deux têtes).
9 Le Bachiche. — *Les trois Parques.*
10 Ludolph Backuysen. — *Combat naval.*
11 Pompée Battoni. — *Incrédulité de saint Thomas.*
12 Jean Bellin. — *Vierge et Enfant Jésus.*
13 Nicolas Berghem. — *Marche d'animaux entre des rochers.*

14 Nicolas Berghem. — *Ruines d'Italie et marche d'animaux.*
15 Nicolas Berghem. — *Annonce aux Bergers.*
16 — *Paysage et animaux.*
17 — *Marche d'animaux à travers des rochers.*
18 Nicolas Berghem. — *Paysage orné de figures et d'animaux.*
19 Guérard Berkeiden. — *Place et cathédrale d'Harlem.*
20 — *Vue d'Harlem.*
21 — *Prairie et animaux.*
22 Blanchard. — *La Vierge et l'Enfant Jésus endormi.*
23 Bartholomé Breenberg. — *Bacchanale dans un paysage.*
24 Jacob Bunel. — *Bataille de Henri IV.*
25 Jules César Procaccini. — *Assomption de la Madeleine.*
26 Guido Cagnacci. — *La petite Martyre.*
27 Denis Calvart. — *Apothéose de la Madeleine.*
28 Antonio Campi (de Crémone). — *Sainte Famille.*
29 Bernardino Campi. — *Sainte Cécile.*
30 Canini. — *L'Ecole d'Athènes, de Raphaël,* copie faite pour le cardinal de Richelieu.
31 Alonzo Cano. — *Saint Antoine de Padoue et la Vierge.*
32 Louis Carrache. — *La Madeleine dans le désert.*
33 Augustin Carrache. — *Vénus et l'Amour.*
34 Louis Cardi (dit le Cigoli). — *Retour du jeune Tobie avec l'ange.*
35 Philippe de Champagne — *Figure d'homme drapée se reposant dans un jardin* (saint Augustin).
36 Claudio Coello. — *Saint Pierre del Cantara avec un de ses compagnons.*
37 Daniel Crespi. — *Samson et Dalilah.*
38 Albert Cuyp. — *Halte de cavaliers* (Bois).
39 Carlin Dolci. — *Saint Jean l'Evangéliste.*
40 — *Tête de Vierge.*
41 — *Sainte Cécile.*

42 CARLIN DOLCI. — *Saint Mathieu, Saint Antoine.* Deux ovales en travers.
43 DOMINIQUE ZAMPIERI. — *La communion de saint Jérôme.*
44 GÉRARD DOW. — *Dentiste; Harengère.* Deux pendants cintrés par le haut.
45 GÉRARD DOW. — *Marchande de harengs.*
46 ALPHONSE DUFRESNOY. — *Myrrha s'échappant du lit de Ciniras.*
47 ALPHONSE DUFRESNOY. — *Mort de Pompée.*
48 KAREL DUJARDIN. — *Paysage et animaux.*
49 ALBERT DURER. — *Allégorie sur la vie.*
50 SASSO FERRATO. — *Tête d'ange.*
51 — *Copie de la Madone DELLA SEDIA* de Raphaël.
52 GAUDENZIO FERRARI. — *Repos en Egypte.*
53 FRANC FRANCIA. — *La Vierge en extase devant l'Enfant Jésus.*
54 BALTHAZAR GALANINO (dit Aloïsi, élève et parent des Carrache). — *Amour adolescent appuyé sur son arc.*
55 BENVENUTO GAROFALO. — *Nativité.*
56 CLAUDE GELLÉE, dit le Lorrain. — *Paysage d'Italie. Soleil levant.*
57 CLAUDE GELLÉE, dit le Lorrain. — Quatre tableaux représentant *les quatre heures du jour.*
58 DOMENICO GHIRLANDAJO. — *La Vierge, l'Enfant Jésus, saint Jean et deux anges en adoration.*
LUCA GIORDANO. — *Massacre des Innocents.*
60 J.-B. GREUZE. — *Tête de jeune fille.*
61 JEAN VAN DER HEYDEN. — *Vue de la ville de Harlem.* (Figures de Van de Velde.)
62 JEAN VAN DER HEYDEN. — *Vue d'une place à Cologne.*
63 — *Vue d'un canal d'Amsterdam.*
64 J. DAVID DE HEEM. — *Fleurs et fruits.*
65 — *Fruits.*
66 MELCHIOR HOUDERKOUTER. — *Volailles dans une basse-cour.*

CATALOGUE DES TABLEAUX

67 Pierre de Hooge. — *La Nourrice hollandaise*. Intérieur.
68   — *Intérieur de cour et vestibule.*
69 Jacques Jordaens. — *Musiciens ambulants.*
70 S. M. Lantara. — *Deux paysages.*
71   — *Paysage* (Figures de Taunay).
72 Philippe Laur. — *Education de la Vierge.*
73 Jean Linghelbach. — *Vue d'un port de la Méditerranée.*
74 Nicolas Loir. — *Les sept Sacrements*, d'après le Poussin (sept tableaux).
75 Bernardino Luini. — *Vierge* (Bois).
76   — *Saint Jérôme dans le désert* (Bois).
77   — *Sainte Famille* (Bois).
78 Georges Mantouan. — *Chasse aux lions.*
79 Carle Maratte. — *Repos en Egypte.*
80 Fra Bartholoméo. — *Circoncision.*
81 Martin. — *Siège d'une ville sur les bords du Mein.*
82 Fra Mazzuoli, dit le Parmesan. — *Sainte Famille* (peinture sur marbre).
83 A. Raphael Mengs. — *Madeleine.*
84 Gabriel Metzu. — *Femme malade* (Bois).
85   — Intérieur. *La Femme aux huîtres.*
86 Fr. Mieris. — *Son portrait avec sa femme* (Bois).
87 Jean Miel. — *L'Abreuvoir.*
88 Mignard. — *Sainte Famille*, d'après Raphaël.
89 J.-B. Mole. — *Vénus et Adonis.*
90 Murillo. — *La Vierge et sainte Anne.*
91 Nattier. — *Portrait du czar Pierre Ier.*
92 Pierre Neefs. — Deux tableaux. *Intérieur d'église.*
93 *Deux intérieurs d'église* (Figures de Taunay).
94 A. Van der Neer. — *Paysage.* Effet de neige.
95 C. F. Nuvolone, dit Pamphile. — *Joseph et la femme de Putiphar.*
96 A. Van Ostade. — *Intérieur hollandais* (Cuivre).
97 Isaac Ostade. — *Chariot de Poste à la porte d'une hôtellerie.*

98 Isaac Ostade. — *Intérieur rustique.*
99 Paul Potter (a). — *Prairie à l'entrée d'un bois.* Tableau connu sous le nom de la *Vache qui pisse* (Bois).
100 Paul Potter. — Série de quatorze tableaux (bois) représentant les différents moyens qu'on emploie pour subjuguer les animaux, la vengeance des animaux qui jugent l'homme et l'exécution du jugement.
101 J César Procaccini. — *Suzanne et les vieillards.*
102 Piazetta. — *Jeune homme prenant des mesures sur un globe.*
103 Pellegrini. — *Orphée charmant les bêtes.*
104 Rembrandt. — *Descente de Croix.*
105 — *Deux portraits cintrés du haut.*
106 — *Portrait d'homme* (Bois).
107 Marc et Sébastien Ricci. — *Deux paysages avec ermites.*
108 Guido Reni, dit le Guide. — *Repos de l'Amour.*
109 — — *La Vierge de douleurs.*
110 David Rickaert. — *Intérieur, le Ménage du Savetier.*
111 Mattéo Roselli. — *Mariage de sainte Catherine.*
112 P. P. Rubens. — *Saint Jean et l'Enfant Jésus.*
113 — *Descente de Croix* (Provenant du couvent des capucins de Laer, près Anvers).
114 P. P. Rubens. — *Baigneuses surprises par un orage.*
115 Salviousse. — *Deux paysages d'architecture* avec figures de J. Miel.
116 Raphael. — *Saint Georges; saint Michel.* Pendants (Bois).
117 Raphael. — *Sainte Famille* (Bois).
118 — *Crèche ou Visite des Bergers* (Bois).
119 André del Sarto. — *Sainte Famille* (Bois)
120 — *Sainte Famille* (Bois)

(a) La Russie, on le sait, a acquis à l'amiable la fleur de la collection de la Malmaison. De cette élite, achetée en bloc huit cent mille francs, font partie les chefs-d'œuvre de l'école flamande et hollandaise, les Paul Potter, les Berghem, les Claude, le *Pâris* et la *Danseuse* de Canova, etc.

CATALOGUE DES TABLEAUX 593

121 ANDRÉ DEL SARTO. — *La Vierge, Jésus et saint Jean* (Bois).
122 JACQUES STELLA. — *Vierge et deux enfants* (Peinture sur marbre noir).
123 JACQUES STELLA. — *Sainte Famille et saint François* (Peinture sur marbre noir).
124 BARTH. CHIDONE. — *L'Éducation de Jésus.*
125 GÉRARD SÉGHERS. — *Intérieur de corps de garde* (Effet de lumière).
126 CÉSAR DA SESTO. — *Vierge et deux enfants.*
127 BERNARD STROZZI (dit le Capucino). — *Ivresse de Noé.*
128 DAVID TÉNIERS. — *Intérieur de corps de garde* (Bois).
129 — *Réunion des Arquebusiers du Brabant*, à Anvers.
130 DAVID TÉNIERS. — *Intérieur de cuisine* (Bois).
131 — *Saint Jérôme dans le Désert* (Pastiche de Rubens) (Bois).
132 DAVID TÉNIERS. — *Cuisine de Singes* (Bois).
133 LÉONARD DE VINCI. — *Sainte Marguerite* (Bois).
134 — *Vierge allaitant l'Enfant Jésus* (Bois).
135 LÉONARD DE VINCI. — *Vierge et deux enfants* (Bois).
136 — *Vierge* (Bois).
137 ADRIEN VAN DER VERF. — *Adam et Ève chassés du paradis* (Bois).
138 ADRIEN VAN DER VERF. — *Vierges sur des nuages* (Bois).
139 TITIEN VECELLI. — *Portrait de la reine Mathilde.*
140 PIETRO VANUCCI (dit le Perugin). — *Sainte Catherine et sainte Apolline; sainte Barbe et sainte Luce* (Bois).
141 PAUL VÉRONÈSE. — *Portrait de femme tenant un enfant.*
142 ALEXANDRE VÉRONÈSE (Turchi ou l'Orbetto). — *Sainte en prison* (Peinture sur marbre noir).
143 PIERINO DEL VAGA. — *L'Incertitude.* Allégorie.
144 CARLE VANLOO. — *Le Pacha faisant peindre sa maitresse.*
145 ADRIEN VAN DE VELDE. — *Canal avec patineurs* (Bois).

TOME II. 38

146 CLAUDE-JOSEPH VERNET. — *Paysage d'Italie*. Soleil couchant.
147 JOSEPH WYNANTS. — *Vue d'un canal d'Amsterdam* (fig. d'Eylon van der Necv).
148 J.-B. WENINX. — *Gibier sur une table*.
149 EMMANUEL DE WITT. — *Intérieur d'un temple protestant* (fig. d'Adrien Van de Velde) (Bois).
150 EMMANUEL DE WITT. — *Eglise de Delft* (fig. du vieux Weninx)
151 PHILIPPE WOUWERMANS. — *Repos de paysans* auprès d'une charrette de foin (Bois).

ARTISTES MODERNES

152 BERGERET. — *Hommage rendu à Raphaël après sa mort*.
153 BERRÉ. — *Lionne couchée avec ses lionceaux*.
154 BARON BACLER D'ALBE. — *Páris blessé implorant les secours d'Œnone*. Paysage historique.
155 Mme CHAUDET. — *Jeune fille faisant un sacrifice à la Raison*.
156 Mme CHAUDET. — *Jeune fille donnant à manger à des poussins*.
157 CHARLOTTE. — *Corbeille de fleurs et de fruits*.
158 DEMARNE. — *Procession de la Fête-Dieu dans un village* (Bois).
159 DEMARNE. — *Foire de Village;* tombeau gothique au milieu du tableau (Bois).
160 DEMARNE. — *Chapelle à l'entrée d'une grande route Paysage avec figures et animaux* (Bois).
161 DEMARNE. — *Charlatan au milieu d'une foule sur la place d'un port de mer*.
162 DUCIS. — *Quatre bustes d'enfants*, portraits des jeunes princes. Tableaux ovales.
163 DUPÉREUX. — *Vue de la vallée de Roncevaux et du tom-*

beau de Roland. Bayard en revenant de Pampelune fait sa prière au pied du monument.

164 Dupéreux. — *Vue du château de Pau* (fig. de Demarne.) Après la bataille de Coutras, Henri IV revient à Pau et fait hommage à Catherine d'Albret sa sœur (ou plutôt à Corisande d'Andouins) des drapeaux conquis.

165 Dupéreux. — *Vue de Bidassoa.* Retour de François Ier en France.

166 Dupéreux. — *Vue des eaux de Bonnes* (sic).

67 Baron de Forbin. — *Ossian chantant ses poèmes.* Paysage.

8 Baron de Forbin. — *Procession de Pénitents Gris.*

69 Baron de Turpin. — *Vue de Civita Castellana.* Ovale.

170 — *Maison de Michel-Ange à Rome.*

171 — *Petit pont à Tivoli.*

172 Gérard. — *Portrait de S. M. la Reine de Naples* (Caroline Murat).

173 Mlle Gérard. — *Clémence de S. M. l'Empereur et Roi.*

174 Guérin. — *Anacréon réchauffant l'Amour* (Bois).

175 Gauthier. — *Prise d'un fort en Piémont par l'armée française allant à Marengo.*

176 Hersent. — *Fénelon rend à un paysan sa vache enlevée par les ennemis.*

177 F. Hue. — *Marine.* Arrivée à Fréjus.

178 Imbert. — *Fleurs et fruits.*

179 Laurent. — *Portrait en pied de S. M. l'Impératrice Joséphine* (Bois).

180 Laurent. — Deux tableaux représentant *Musicien et Musicienne sur appui de croisée* (Bois).

181 H. le Comte. — *Chevaliers faisant leur prière à la Vierge.*

182 Mme Henriette Lormier. — *Jeanne de Navarre et son fils au tombeau de son époux Jean V, duc de Bretagne.*

183 Mme Millet de Caux. — *Fleurs et fruits.*

184 Mlle Mayer. — *Sommeil de Vénus. Flambeau de Vénus.*

185 MIGNARD. — *Portraits de deux femmes accompagnées d'un Amour.*

186 O'MÉGANCK. — Deux tableaux représentant *Prairies et animaux* (Bois).

187 O'MÉGANCK. — *Prairie et animaux* (Bois).

188 VAN OST. — *Fleurs et fruits.*

189 WEN PÉTERS. — *Deux Lièvres mangeant des légumes.*

190 RICHARD FLEURI. — *La reine Blanche éloignant saint Louis de son épouse malade.*

191 RICHARD FLEURI. — *Valentine de Milan.*

192 — *Les Adieux de Charles VII à Agnès Sorel* (Bois).

193 RICHARD FLEURI. — *L'Église d'Ainay. Bayard, accompagné de son ami Balabre, consacre ses armes à la Vierge.*

194 RICHARD FLEURI. — *Henri IV chez la belle Gabrielle.* Le duc de Bellegarde, qui se trouvait auprès d'elle, se cache sous le lit ; le roi, se doutant de sa présence, lui jette des confitures en disant : « Il faut que tout le monde vive. » (Bois).

195 RICHARD FLEURI. — *Jacques Molay, grand Maître des Templiers, marchant au supplice* (Bois).

196 RICHARD FLEURI. — *François Ier.* Il montre à sa sœur, la reine de Navarre, les vers qu'il vient d'écrire sur une vitre avec son diamant :

> Souvent femme varie,
> Bien fol est qui s'y fie.
>
> (Gravé par Dunoyer.)

197 RÉGNAULT. — *Portrait de S. M. l'Impératrice Joséphine.* Tableau ovale.

198 TAUNAY. — Deux tableaux : *Sites d'Italie.* L'un représentant S. M. l'Impératrice recevant un messager qui lui apporte la nouvelle d'une victoire. L'autre : transport de divers objets d'art présentés à S. M. l'Impératrice qui fait distribuer de l'argent au peuple.

199 THIBAULT. — Paysage représentant la *Fontaine de la nymphe Egérie.*

CATALOGUE DES TABLEAUX

200 Thiénon. — *Vue prise de la ville d'Est, à Tivoli.*
201 Rigo. — Six portraits de Scheck (sic) (Toile).
202 Roehn. — *Foire dans un village.*
203 Vandael. — Deux tableaux : *Groupes de fleurs dans des corbeilles et des vases.*
204 Vandael. — *Fruits groupés sur une table* (Bois).
205 — *Grappe de raisin noir* (Peinture sur marbre blanc).
206 Vandael. — *Groupe de fleurs dans un vase d'albâtre* (Bois).
207 Wafflord. — *Le chien de l'hospice du mont Saint-Bernard.*
208 César Vanloo. — *Auberge au pied des Alpes* (Effet de neige).
209 César Vanloo. — *Deux paysages* (Effet de neige et de clair de lune).
210 Vernet. — *Marie Stuart recevant son arrêt de mort.*
211 Van Spandonck (Corneille). — *Fleurs et fruits sur une table* (Bois).

INCONNUS

212 *Incendie d'une ville.*
213 *Portrait équestre de S. M. l'Empereur.*
214 *Portrait du Grand Frédéric.*

ÉMAUX, PORCELAINES, MINIATUTES ET DESSINS

215 Sweback Desfontaines. — *Bataille de Marengo*, peinte sur porcelaine, ovale. Manufacture de Sèvres.
216 Sweback Desfontaines. — Deux tableaux sur porcelaine de la manufacture de Sèvres représentant des sultanes dans leur appartement, d'après Vanloo.
240 P. J. Redouté. — *Tableau de fleurs.* Vase d'albâtre posé sur un stylobate dans un jardin.
241 P. J. Redouté. — Sept aquarelles sur papier blanc. *Études de fleurs.*

243 Isabey. — *Portrait en pied de S. M. l'Empereur et Roi.* Dessin au crayon noir sur papier blanc.
248 Denon. — Deux dessins au bistre : *Batailles d'Aboukir et des Pyramides.*
250 Nicole. — Six dessins coloriés : *Vues des châteaux de la Malmaison, Saint-Cloud et Saint-Leu.*

SUPPLÉMENT AU CATALOGUE DE 1811

253 André del Sarto. — *La Vierge, l'Enfant Jésus et saint Jean* (Bois).
254 L'Albane. — *Vénus et l'Amour.*
255 Carlo Cittadini. — Deux tableaux, sujets de : *Repos de sainte Famille en Égypte.*
256 Jean Bellin. — *Saint Antoine entre saint Roch et sainte Catherine* (Bois).
257 Bonifazio. — *Adoration des Bergers.*
258 Fra Bartholomeo. — *Sainte Famille sous une arcade.* Deux personnages votifs sont en adoration devant.
259 Carlo Bonone. — *Les enfants de Jacob lui annoncent la nouvelle de la mort de Joseph.*
260 Corrége. — *La Vierge, l'Enfant Jésus, saint Jérôme et saint Antoine de Padoue.*
261 Carrache (Annibal). — *Polyphème et Galathée.*
262 Carrache (Louis). — *Flagellation du Christ* (Cuivre).
263 Calvart (Denis). — *Visite de la Vierge à sainte Anne.*
264 Dolci (Carlino). — *Saint Jean dans le désert* (Cuivre).
265 Van Dyck. — *Portrait de Charles Ier et de la reine sa femme.*
266 Van Dyck. — *Enfants de Charles Ier* (Charles, Jacques et Marie).
267 Giorgione. — *La Vierge et l'Enfant Jésus* (Bois).
268 Garofalo. — *La Cène ou le Lavement des pieds* (Bois).
269 — *Repos de la sainte Famille.*
270 Le Guide. — *Sainte Famille et saint François adorant.*

271 Van der Myn. — Deux portraits de femmes dans des paysages.
272 Pérugin (le). — La Vierge, l'Enfant Jésus, saint Joseph et saint Jean (Bois).
273 Le Parmesan. — Danse d'Amours dans un paysage (Bois).
274 Palma le vieux. — Sainte Famille (Bois).
275 Pesarese (le) Simon Cantarini. — Repos de sainte Famille.
276 Raphael del Colle. — Mariage de sainte Catherine.
277 Rochus Marchonius. — Femme adultère.
278 Sébastien del Piombo. — Saint Augustin, saint Jean et saint André.
279 Swanevelt (Hernant). — Deux paysages d'Italie.
280 Backuysen (Ludolph). — Port de Hollande.
281 Ruysdael (Jacques). — Intérieur de forêt.
282 — Paysage avec une église.
283 Titien. — La Toilette de Vénus.
284 Titien. — La Vierge et l'Enfant Jésus avec saint Jean et saint Georges (Bois).
285 Titien. — Madeleine au désert.
286 Pierre de Cortone. — Réconciliation de Jacob et Laban.
287 Franc. del Cairo. — Charité.
288 Nic Tannay. — Port de la Méditerranée (Bois).
289 Bidault. — Deux paysages d'Italie.
290 Paul Potter. — Chien de basse-cour près de sa niche.
291 Guerchin. — Vierge et Enfant Jésus.
292 Murillo. — Nativité.
293 Poussin (le). — Paysage avec Orphée et Eurydice.
294 Topfer. — Deux vues de Suisse, avec figure de Pasteur et figure d'Ermite.
295 Taruffi (Émilio). — Repos en Égypte (Bois).
296 Albane. — Bacchus et Ariane dans l'île de Naxos (Bois).
297 Holbein. — Portrait de la Belle Laure (Bois).

298 Van Tol. — *Deux enfants jouant avec une souricière* (Bois).
299 Wouvermans. — *Paysage*, gravé sous le nom de la Ferme au Colombier (Bois).
300 Weninx (J.-B.). — *Port de la Méditerranée.*
301 Tiarini (Alexandre). — *Saint Pierre et la Madeleine.*
302 Van der Helst. — *Famille hollandaise dans un parc.*
303 Ribeira. — *Saint Sébastien.*
304 Guerchin. — *Femme adultère.*
305 Spada (Lionello). — *Sainte Famille.*
306 Ochterveld. — *Intérieur hollandais* (Bois).
307 David. — *Les enfants de Brutus après l'exécution.*
308 Kobel. — *Prairie et animaux.*
309 Coglinianensis (J.-B.). — *Sainte Famille* (Bois).
310 Schidone. — *Diane et Actéon.*
311 — *Repos de l'Amour.*
312 Ribalta (F.). — Deux tableaux : *Triomphe de Neptune. Triomphe de l'Amour.*
313 Poelemburgh. — *Paysage avec baigneuse* (Bois).
314 P. P. Prudhon. — *Les quatre Saisons.*
315 Guaspre (le). — *Paysage d'Italie.*
316 Gérard Terburg. — *Intérieur hollandais.*
317 V. Maas. — *Intérieur hollandais* (Bois).
318 Van de Velde. — *Marine.*
319 Murillo. — *Ange Gardien.*
320 P. Véronèse. — *Famille vénitienne.*
321 Duclos. — *Manège et Diligences.*

V. — TABLEAUX ET OBJETS D'ART DIVERS
ENVOYÉS
D'ITALIE A PARIS PAR LE GÉNÉRAL BONAPARTE

Bibliothèque Ambroisienne (DE MILAN)

Le carton de l'École d'Athènes, par Raphaël.
Un tableau de Luisini, représentant *une Vierge*.
— de Rubens, *Une Vierge et des fleurs*.
— du Giorgione, représentant *un concert*.
— de Lucas d'Olande, représentant *une Vierge*.
— *Une tête de femme*, de Léonard de Vinci.
Un soldat et un vieillard, du Calabrese.
Un vase étrusque représentant diverses figures avec ornements.
Un manuscrit sur papyrus d'Egypte, ayant environ onze cents ans, sur les *Antiquités* de Josèphe, par Ruffin.
Un Virgile manuscrit ayant appartenu à Pétrarque, avec des notes de sa main.
Un manuscrit très curieux sur l'histoire des Papes.
Un tableau peint par le Titien, représentant *un couronnement d'épines*.
Un tableau, *saint Paul*, de Gondenzo Ferrari.

ALLA VITTORIA

Un tableau de Salvator Rosa, représentant *une Assomption*.

A L'ACADÉMIE DE PARME

La Vierge de saint Jérôme, par le Corrège.

Un tableau de Schidone.
Une Adoration, par Majolla.

Aux Capucins

Un chien, de Guerchin.
Une Vierge et plusieurs saints, par Arm. Carrache.

Saint-Paul

Jésus-Christ, saint Paul, sainte Catherine, par Raphaël.

La Stenata

Le Mariage de la Vierge, par Proccacini.

San-Gio

Une descente de Croix, par le Corrège.

Capucins

Un Guerchin, représentant *la Vierge et saint François*.

Saint-Sépulcre

La Madonna della Scodelia, du Corrège.

Saint-Roch

Un tableau de l'Espagnolet, représentant divers saints.
— de Paul Véronèse, représentant *saint Roch*.

San-Quintino

Un tableau de Fremingo, représentant *un baptême*.
Une Assomption, par l'Espagnolet.
Un tableau de Lanfranc, *saint Benoit*.

Saint-André

Un tableau de l'Espagnolet.

Saint-Michel

Un tableau d'un élève du Corrège, représentant *une Vierge*.

Saint-Paul

Une Vierge, d'Augustin Carrache.

Au Dôme de Plaisance

Deux tableaux de Louis Carrache.

Dans le lot de l'Institut, il y avait les douze manuscrits de Léonard de Vinci sur les sciences.

Dans le lot de la Bibliothèque, le Virgile manuscrit ayant appartenu à Pétrarque, avec des notes de la main de l'illustre poète sur Virgile; le manuscrit de Galilée sur les fortifications; le carton des ouvrages de Léonard de Vinci.

COLLATIONNEMENT

DES

TEXTES ET DOCUMENTS

Pages.	N° de la note.	Indication des textes ou renseignements annexes.
3	1	XII, p. 575.
—	2	Idem, p. 541.
—	3	X, p. 276.
—	4	Idem.
4	1	XVII, p. 10.
7	1	Œuvres de Fontanes, Introduction par Sainte-Beuve, p. 92.
8	1	XII, pp. 311 et 312. Napoléon à Sainte-Hélène parlait ainsi des vertus civiles : « Les qualités militaires ne sont nécessaires que dans quelques circonstances ; les vertus civiles qui caractérisent le vrai magistrat ont une influence de tous les moments sur la félicité publique. »
—	2	XII, p. 387.
9	1	XVII, p. 119. — Il est presque inutile de dire combien Napoléon était jaloux de cette autorité civile qu'il avait la prétention d'exercer aussi bien que l'autorité militaire. Voir notamment XXII, p. 141. Voir aussi même volume, p. 149, la manière de redresser les abus d'un préfet. — Ses instructions à Berthier et à Eugène, des 14 février et 6 avril 1806, où il leur re-

Pages.	N° de la note.	Indication des textes ou renseignements annexes.
		commande : « La lune menaçât-elle de tomber », de ne rien faire de ce qui est en dehors de leur autorité. « Moi seul, dit-il à Berthier, je sais ce que je dois faire. »
10	1	XI, pp. 75 et 77, août 1805.
—	2	Cependant, l'esprit de Napoléon est tellement fécond que, si les séditions viennent à se produire, il cherche, du moins, à les utiliser. C'est, comme il l'écrivait à un de ses frères, la petite vérole qui, pourvu qu'elle ne soit pas trop forte, épure et fortifie les constitutions. Voir aussi XXIX, p. 113.
—	3	XI, p. 93.
12	1	Voir notamment les pp. 249, 252, 289, 291 de ce XXIX° vol., et les pp 79, 233, 237 et 345 du XXX°.
15	1	Mémoires de Napoléon.
16	1	C'est dans cette même lettre qu'examinant la Constitution anglaise, Napoléon en donnait cette définition pittoresque : « C'est un plafond tout en noir, mais bordé en or; » et il terminait par cette réflexion étrange sous la plume de celui qui allait bientôt faire le 18 brumaire : « C'est un si grand malheur pour une nation de trente millions d'habitants, et au XVIII° siècle, d'être obligé d'avoir recours aux baïonnettes pour sauver la patrie. Les remèdes violents accusent le législateur ; car, une constitution qui est donnée aux hommes doit être calculée pour des hommes. »
17	1	Voir Thibaudeau, mémoires sur le Consulat, pp. 72 et 73. Cet auteur est très complet sur ce sujet et pour toutes les questions de détail qui touchent à la préparation de la constitution de l'an VIII, nous ne pouvons mieux faire que d'y renvoyer le lecteur.

COLLATIONNEMENT DES TEXTES ET DOCUMENTS

Pages.	N° de la note.	Indication des textes ou renseignements annexes.
25	1	Thibaudeau, *loc. cit.*, p. 99.
—	2	Ce qui montre bien à quel point Napoléon était l'ennemi de toutes les oppositions, c'est la conduite qu'il tient vis-à-vis du du corps législatif italien ; il ne cesse de donner à ce propos des instructions à Eugène (V. XI, pp. 19, 36, 44), et il termine par cet argument qui, avec lui, sera sans réplique : « Quand ces législateurs auront un roi pour eux, ils pourront s'amuser à ces jeux de barres ; mais, comme je n'en ai pas le temps, que tout est passion et faction chez eux, je ne les réunirai plus (XI, p. 64). »
—	3	Thibaudeau, *loc. cit.*, p. 229.
26	1	Thibaudeau, *loc. cit.*, p. 263.
27	1	Pelet de la Lozère. Opinions de Napoléon au Conseil d'État, pp. 63, 64, 65.
29	1	XV, p. 430, 18 juillet 1807, Sainte-Beuve en reproduisant cette phrase prétend que, dans l'arrière-pensée de Napoléon, elle visait directement M. de Châteaubriand. (Châteaubriand et son groupe littéraire sous l'Empire, I, p. 397).
—	2	XI, p. 554.
31	1	XX, p. 107.
—	2	26 avril 1806, au ministre de l'intérieur.
—	3	XVIII, p. 167.
32	1	On consultera encore avec profit sur la liberté civile et sur les abus des préfets, les lettres à Fouché des 15 janvier 1806, 6 mars 1807, 1er janvier 1809 ; celle à Champagny du 26 avril 1806 ; dans une lettre à Regnault, du 6 mars 1807, l'Empereur s'exprime ainsi : « Le repos et la liberté des citoyens ne doivent pas dépendre de l'exagération ou de l'arbitraire d'un simple administrateur. »
33	1	XI, p. 167.
—	2	X, p. 484.

Pages.	N° de la note.	Indication des textes ou renseignements annexes.
34	1	Pelet de la Lozère. Opinions et jugements de Napoléon au Conseil d'État, pp. 277 à 280. — Voir aussi pour les procès entre communes et particuliers, les observations de Napoléon, XXVI, p. 479.
35	1	XI, p. 480. Voir aussi pour ses principes généraux de gouvernement, III, pp. 420-423 et IV, pièces 2691 et suivantes.
36	1	XVI, p. 128.
—	2	XXV, p. 334. D'ailleurs Napoléon aimait à laisser aux Impératrices l'exercice des parties agréables du pouvoir ; cela lui créait des sympathies par ricochet. C'est ainsi qu'en 1808, il écrivait à Joséphine : « Fais des amitiés à tout le monde à Bordeaux ; mes occupations ne m'ont permis d'en faire à personne (XVII, p. 16). »
37	1	VI, p. 454. Le texte de la lettre du comte de Provence qui motiva cette réponse est reproduit dans le XXXI° volume de la correspondance, p. 279.
38	1	XVI, p. 94.
—	2	XIII, p. 116.
—	3	Légère erreur, car c'était un Valois.
—	4	XVI, p. 478. Voir aussi XX, p. 263. Sur la vente de certaines gravures qui représentaient la famille de Bourbon.
—	5	XXVII, p. 206.
39	1	XXI, pp. 86 et 87, p. 221, XXXI°, pp. 105 et 106.
—	2	Napoléon a eu connaissance de ce fait, et il en parle dans le XXXI° volume de ses œuvres, pp. 282 et 283. Voir aussi p. 284, à propos de la lettre écrite de Strasbourg au Premier Consul, par le duc d'Enghien.
40	1	XII, p. 262, 7 avril 1806.
41	1	XII, pp. 221 et 272. Il pousse cet amour des formes jusque dans les détails les plus insignifiants en apparence. Ainsi, il écrit

COLLATIONNEMENT DES TEXTES ET DOCUMENTS

Pages.	N° de la note.	Indication des textes ou renseignements annexes.
		à Eugène le 25 juin 1805 (X, p. 561) : « Le secrétaire d'État ne doit pas dater du jour où il contresigne mes décrets ; c'est une chose absurde. Un décret ne peut pas avoir deux dates, et comme le contreseing du secrétaire d'État ne lui donne aucune valeur, ce n'est qu'une chose inconvenante. »
41	2	XVI, p. 377.
42	1	XVI, p. 1.
43	1	XVIII, p. 32.
—	2	XV, p. 432.
44	1	XXVI, p. 417.
—	2	Cette lettre était inédite jusqu'à sa publication en juillet-août 1880 par la *Nouvelle Presse libre* de Vienne et par le *Temps*.
45	1	Voir Thibaudeau, p. 102 et XXVII, p. 145. Voir aussi XIII, 512 et 581, sur certaines répressions ; XII, p. 547, sur un cocher qui avait écrasé un enfant.
—	2	XI, p. 185.
—	3	XI, p. 546.
—	4	Idem, p. 571.
46	1	XXX, notes sur les prisons d'État, pp. 561-570. Au Conseil d'État, Napoléon avait dit, à propos du sujet qui nous occupe : « Il faut deux pages de considérants qui contiendront des idées libérales ; on revient pour la première fois aux prisons d'État, etc... » Pelet de la Lozère, p. 182.
48	1	XIV, p. 580. Voir aussi XXII, p. 502. Il faut toujours observer la hiérarchie. Voir dans « les rois frères de Napoléon » par Du Casse, p. 365, une lettre inédite, à propos d'une mesure d'étiquette introduite à la cour de Jérôme.
—	2	XVI, p. 155.
49	1	XXIII, p. 208.
50	1	De là, les gardes d'honneur destinés à utiliser les jeunes gens des anciens partis.

TOME II.

Pages.		Indication des textes ou renseignements annexes.
		La première idée est beaucoup plus ancienne que 1813 (V. XIII, p. 260). Mais ce n'est qu'à cette date que Ségur, d'ancienne noblesse, fut mis à leur tête. On remarquera l'adresse de cette mesure. Napoléon disait à Sainte-Hélène qu'il avait voulu s'attacher l'ancienne noblesse, parce qu'elle détenait encore une certaine partie de la fortune publique et parce que son adhésion contribuait à cette fusion tant désirée. Il remarquait que Talleyrand, qui n'en était pas aimé, l'en avait dissuadé. « La vraie marche, disait-il, eût été d'employer les débris de l'aristocratie avec les formes et l'intention de la démocratie. Il fallait surtout recueillir les noms anciens, ceux de notre histoire ; c'est le seul moyen de vieillir tout aussitôt les institutions les plus modernes. »
51	1	XIV, p. 384.
—	2	XIV, p. 500.
—	3	XXV, p. 471.
—	4	XII, p. 400.
52	1	IX, p. 557.
—	2	Voir aussi XXIX, p. 41. Le récit de Napoléon sauvant des émigrés arrivés à Marseille, p. 305. « Exclure les nobles de toutes fonctions publiques serait une injustice révoltante ; vous feriez ce qu'ils ont fait. » XXX, p. 335. Les émigrés à Calais et à Marseille — XIII, p. 11, projet d'effacer les dernières traces de l'émigration. — Voir enfin le chapitre IV, du livre III de l'ouvrage consacré par Saint-René Taillandier au général Philippe de Ségur. On verra combien l'Empereur avait foi dans sa mission providentielle ; combien il comprenait la nécessité d'une réconciliation entre l'ancienne France et la France nouvelle.

COLLATIONNEMENT DES TEXTES ET DOCUMENTS 611

Pages.	N° de la note.	Indication des textes ou renseignements annexes.
52	3	XIV, p. 401.
—	4	XV, p. 190.
53	1	XV, p. 251.
—	2	XVI, p. 63.
—	3	Idem, p. 419.
—	4	XVIII, p. 465.
60	1	Cette conversation est de 1816.
—	2	Rappelons ce mot à Berthier, en février 1806 : « Moi seul, je sais ce que je dois faire. »
—	3	Voir t. XXXII, de la correspondance et des œuvres.
65	1	XI, p. 482.
—	2	XXII, p. 40.
66	1	XVII, pp. 439 à 443. Audience diplomatique. Conversation officielle avec Metternich.
67	1	XI, p. 274.
—	2	XI, p. 352.
68	1	XI, p. 11.
—	2	Thibaudeau, *loc. cit.*, pp. 415 et 416.
69	1	X, p. 476, Napoléon s'est, du reste, occupé du droit des gens et du droit maritime dans ses mémoires; nous y renvoyons.
—	2	X, p. 493.
70	1	Napoléon prenait l'alliance au lendemain de la mort de Louis XVI que l'Angleterre aurait désavouée, il l'admettait, parce que c'était d'une morale publique.
72	1	Il s'agit de l'ouvrage de M. Ernest Daudet sur les Bourbons et la seconde coalition.
—	2	XXX, p. 219.
—	3	XII, p. 571.
—	4	XIV p. 221, au prince de la Paix. Voir aussi XXI, pp. 305 à 311. Le rapport revu et corrigé par Napoléon sur les relations de la France avec l'Angleterre, et XXIII, p. 36, pièce 18290, les deux premiers paragraphes où il cherche à tromper l'Angleterre dans les résultats d'une conven-

Pages.	N° de la note.	Indication des textes ou renseignements annexes.
		tion commerciale qu'il se propose de passer avec elle.
73	1	XXII, p. 16.
—	2	XXVI, p. 429.
—	3	XXX, p. 106.
75	1	XVII, p. 66.
76	1	XVI, pp. 500 et 501. Il recommande la discrétion à Louis : « Il faut, lui dit-il, qu'une chose soit faite pour qu'on avoue y avoir pensé. »
—	2	XVI, p. 497.
—	3	XVII, p. 39.
—	4	Idem, pp. 52 et 64. Voir sur la révolution du 20 mars 1808, les t. XVI et XVII, qui sont pleins de documents, mais particulièrement les passages suivants : XVI, pp. 458 et 487. Les promesses de Napoléon à l'Espagne, XVII, pp. 33 et 83. Rapport important sur la politique française vis-à-vis de l'Espagne. Caractère personnel de ce document ; voir la note qui l'accompagne dans ce volume de la correspondance.
—	5	XVII, p. 71.
78	1	Considérations sur les causes de la grandeur et de la décadence des Romains. Chapitre XVI.
79	1	XXII, p. 17.
81	1	XIV, p. 126.
—	2	Il l'a fait cependant quelquefois ; notamment, dans le décret d'expulsion des Bourbons de Naples.
—	3	XX, p. 147 à 161.
83	1	XI, p. 145.
—	2	XI, p. 543.
84	1	XII, p. 5.
—	2	XII, p. 249.
—	3	XII, p. 66.
—	4	XV, p. 393.
—	5	XV, p. 395.

COLLATIONNEMENT DES TEXTES ET DOCUMENTS 613

Pages.	N° de la note.	Indication des textes ou renseignements annexes.
84	6	XVI, p. 226.
85	1	XV, p. 91. Voir aussi XXIX, p. 504, l'exposition faite par lui de ses moyens de pacification ; qu'on se rappelle aussi cette opinion sur un point de détail qui a bien son importance : « Il n'est pas d'usage de faire des modifications aux ratifications. Rien n'est plus contraire au but de tout traité de paix qui est de rétablir la bonne harmonie. Les ratifications doivent toujours être pures et simples : le traité doit y être transcrit, sans qu'il y soit opéré de changements, afin d'éviter d'embrouiller les questions. »
86	1	Thibaudeau, *loc. cit.*, pp. 390 et 405 408.
87	1	XI, p. 472.
—	2	XI, p. 473.
—	3	XIII, p. 240.
88	1	XVI, p. 187.
—	2	XXVII, p. 191.
89	1	Voir entre autres XII, p. 515.
90	1	XIII, p. 14.
—	2	Idem, p. 39.
—	3	XIII, p. 61.
—	4	XV, p. 91.
91	1	C'est-à-dire l'Italie et non pas, suivant l'expression aujourd'hui si répandue, les régions ultra-religieuses de la France.
—	2	XIII, p. 567.
92	1	XI, p. 36.
93	1	XI, p. 48.
—	2	XII, p. 165.
—	3	XII, p. 284.
94	1	XVII, p. 157.
—	2	XI, p. 567 et XII, pp. 204 et 304, sur les mesures sévères prescrites contre Naples, XII, pp. 430 et 431. Conseils sur la tenue et les discours de Joseph dans son nouveau royaume.

614 COLLATIONNEMENT DES TEXTES ET DOCUMENTS

Pages.	N° de la note.	Indication des textes ou renseignements annexes.
94	3	XII, p. 120.
—	4	XIII, p. 78.
—	5	XII, p. 374.
95	1	XVII, p. 407.
—	2	« Donec eris felix, multos numerabis amicos; Tempora si fuerint nubila, solus eris. »
—	3	XVIII, p. 279.
—	4	XVII, p. 83, voir XVII, 482 à 486. Un rapport de Napoléon sur les affaires d'Espagne ; voir particulièrement la note de la page 482.
—	5	XVII, p. 520.
—	6	XV, p. 115.
96	1	XVI, pp. 166 et 174.
—	2	XII, p. 527.
97	1	XII, p. 284.
103	1	XVII, p. 359.
—	2	XXV, pp. 423-426.
104	1	Voir encore sur le même sujet, t. XII, p. 472, une lettre du 19 juin 1806 à Talleyrand et XIV, p. 192, tout le dernier paragraphe du cinquantième bulletin, relatif aux intérêts de l'Angleterre dans la question d'Orient.
107	1	XVIII, p. 525.
108	1	II, p. 261.
—	2	III, p. 163.
—	3	XII, p. 566.
—	4	XIII, p. 20.
109	1	XIX, p. 362.
110	1	XXX, p. 76, et cependant, il laissait Menou à la tête de cette armée. Voir les sages motifs qu'il en donne à la page 511 de ce même volume. Voir aussi t. XVII, p. 402, sa satisfaction à la nouvelle de la victoire de Bessières, à Medina ; il semble que Napoléon n'avait pas grande confiance.
111	1	XIII, p. 83, défense du rôle de la gendarmerie.
112	1	Thibaudeau, *loc. cit.*, pp. 107 à 112. Sur la procédure de la conscription. Il admet-

COLLATIONNEMENT DES TEXTES ET DOCUMENTS 615

Pages.	N° de la note.	Indication des textes ou renseignements annexes.
		tait le remplacement, afin d'assurer le recrutement des carrières libérales, en disant : « J'ai bien besoin d'aller vexer, mécontenter !... » Dans les mémoires de Napoléon on trouve un projet de recrutement et d'organisation de l'armée française.
112	2	X, p. 486.
—	3	XII, p. 485.
—	4	XXV, p. 191.
113	1	XIII, p. 260.
—	2	XI, p. 50. Voir la longue réglementation à donner à ce collège. Qu'on se rappelle aussi que, dès l'École de Paris, Napoléon avait proposé un projet de règlement égalitaire pour toutes les écoles royales. L'Empereur mettait en pratique les idées de l'enfant.
—	3	XIV, p. 206.
114	1	XI, p. 10. Voir aussi, sur le respect dû à l'habit militaire, XIII, p. 114.
—	2	XIII, p. 118.
—	2	XIV, p. 161.
115	1	XXIX, p. 330. Voir aussi sur ce qu'il pense des obligations de la discipline, même pour les généraux, le cas du général Béker, t. XVIII, p. 251 : « Ces caprices sont indignes d'un honnête homme et la discipline militaire ne les comporte pas. »
—	2	XII, p. 246.
—	3	XI, p. 206.
116	1	XVI, p. 335.
—	2	XII, pp. 55 et 56.
—	3	XXIV, p. 227.
117	1	Cette anecdote est racontée par le duc de Broglie dans ses souvenirs ; l'auteur lui laisse toute la responsabilité du récit du fait, mais il ne recule pas devant celle des conclusions qu'il en tire.
—	2	XI, p. 245.

Pages.	N° de la note.	Indication des textes ou renseignements annexes.
117	3	XXIII, p. 159.
—	4	XXII, p. 431.
118	1	XIII, p. 117.
—	2	XII, p. 419.
119	1	XVIII, p. 26.
—	2	XI, p. 563 et XII, p. 23.
120	1	XVI, p. 455.
—	2	XXIV, 339.
—	3	XII, p. 469.
—	4	XXII, p. 447.
121	1	XII, p. 442.
—	2	XI, pp. 485 et 489.
—	3	XXIX, pp. 93 à 95.
122	1	De là Napoléon passait à l'étude de l'ordre de bataille dans les armées modernes et à la critique de ses propres batailles. — Nous renvoyons pour cela à ses mémoires.
—	2	XIX, p. 570 et XXVII, p. 206.
123	1	XXX, p. 369.
—	2	Voir XII, p. 492, les 2ᵉ et 3ᵉ § de sa lettre à Dejean sur les places fortes et leur but; plusieurs autres parties de cette lettre sont aussi de l'art militaire théorique pur; et t. XIII, p. 131, § 4. Sur ce que les places fortes sont indispensables à la guerre. Il nous semble impossible que des lettres de cette longueur aient été dictées. Napoléon devait se borner à lire et à corriger le travail qu'on lui présentait.
124	1	XIII, p. 287.
—	2	XXXI, pp. 150 et 420.
—	3	XXXII, p. 213.
125	1	XXX, p. 180.
—	2	XVII, pp. 427, 428, 467, 479, 480. Avant de continuer la suite de ce paragraphe, nous renverrons soit au dictionnaire de Damas-Hinard, soit aux mémoires de Napoléon pour certains points techniques

Pages.	N° de la note.	Indication des textes ou renseignements annexes.
		dont voici l'énumération : de la circonvallation : « Il est posé aujourd'hui en principe qu'on ne peut plus élever de lignes » ; — du tambour, des bivouacs, t. XXXI°, pp. 313 et 315 ; — Napoléon n'est pas partisan des armées de réserve; ce qui fait les grands généraux, t. XXXI, p. 365 ; — garnisons ; équipages militaires ; armement des côtes ; fortifications; marches d'armée ; campement ; canons ; bombes ; renforts ; retraites ; retranchements ; sacs ; siège ; soldat. Voir ces mots au dictionnaire de Damas-Hinard ; — de l'utilité des sergents : Thibaudeau, p. 116. La guerre dans les pays de montagnes, XXIX, p. 30 ; sur les approvisionnements, voir les lettres à Daru de mars, avril et mai 1807 : « Tout est là... Ma situation dépend des vivres : Victorieux, si j'en ai ; mal si j'en manque... N'épargnez pas l'argent, etc. »
126	1	XI, p. 573.
—	2	XV, p. 145.
—	3	XIII, pp. 500 et 522.
127	1	XV, p. 64.
—	2	XI, pp. 163 et 463.
129	1	XXVI, p. 435.
—	2	XII, p. 29 et XIII, p. 87.
—	3	XII, pp. 228 à 245.
131	1	XIV, p. 359.
—	2	XV, p. 335, 15 juin 1807.
132	1	XI, p 304.
—	2	X, p. 471.
133	1	XXVII, p. 154.
—	2	XI, p. 502.
—	3	Thibaudeau, p. 112.
—	4	X, p. 483.
—	5	XIII, p. 72.
134	1	XII, p. 247.
—	2	XV, p. 135.

Pages.	N° de la note.	Indication des textes ou renseignements annexes.
135	1	XXXI, p. 383.
138	1	Quatre ouvrages nous ont surtout servi dans la composition de cette partie de notre travail ; ce sont les *procès-verbaux officiels du Conseil d'État* réunis par Locré. — Les ouvrages de Thibaudeau et de Pelet de la Lozère sur les discussions dont ils ont été les auditeurs ; — et, enfin, l'excellent livre de M. Honoré Pérouze sur *Napoléon et les lois du Consulat et de l'Empire.*
142	1	Lacretelle. Consulat et Empire, I, p. 371.
143	1	De Cormenin, de l'éloquence délibérative. *Gazette des tribunaux*, 13 juin 1840.
145	1	X, pp. 605 et 655.
146	1	VII, p. 576.
151	1	Ses paroles sur l'obéissance que la femme doit au mari sont curieuses. Voir Thibaudeau, *loc. cit.*, p. 435.
152	1	Napoléon s'irritait de l'opposition de Portalis : « Si vous étiez le maître, vous le regretteriez. — En effet, répond l'interpellé, si j'avais affaire à un peuple neuf, je ne l'établirais pas. »
—	2	Le 17 juin 1808, à Cambacérès, il se plaint, dans une lettre datée de Bayonne, de ce qu'on parle de son divorce, « ce qui ne peut que déconsidérer le souverain. »
158	1	Montholon. Récits de la Captivité, II, p. 470.
167	1	XVIII, p 288 et XXI, p. 91. A propos de la prévention, Napoléon faisait cette observation très judicieuse qu'en général les mesures de précaution doivent être prises dès le début, sous peine de froisser plus tard.
168	1	XII, p. 74.
—	2	XII, p. 198. Napoléon allait plus loin encore ; il voulait qu'au dépôt, un homme eût toujours le moyen, en prenant une

COLLATIONNEMENT DES TEXTES ET DOCUMENTS

Pages.	N° de la note.	Indication des textes ou renseignements annexes.
		chambre séparée, d'éviter la promiscuité révoltante qui s'y rencontre.
168	3	XIV, p. 362.
169	1	XII, p. 349.
172	1	Sur l'expropriation pour cause d'utilité publique, t. XIX, p. 533.
180	1	XVI, p. 301.
181	1	Voir encore XIII, p. 103.
—	2	XX, pp. 179 à 181.
182	1	XXIII, p. 25.
—	2	13 novembre 1807.
184	1	XI, p. 126.
—	2	XI, 55. Voir aussi pour ce sujet, pour l'industrie, pour les travaux publics, pour tout ce qui est du ressort de l'économie politique en général les divers exposés annuels de la situation de l'Empire. Voir aussi XIV, pp. 140 et 141. Travail à donner aux manufactures : Ordres en conséquence, p. 142, monnaies et blés, p. 163, approvisionnements ; XVI, p. 5 sur la manufacture de Lyon et sa mauvaise marchandise expérimentée par l'Empereur lui-même ; p. 180, sur Venise : « Ce pays, phénomène du pouvoir du commerce. » XVII, 214. Ordres minutieux pour la manufacture de Lyon ; XXI, p. 326. Encouragements au commerce.
—	3	XVI, p. 158.
—	4	XII, p. 87.
187	1	Thibaudeau, p. 347, sur l'exportation des soieries.
—	2	Idem. Voir sur les jurandes et maîtrises, p. 345.
—	3	Idem, p. 340. Du commerce aux Indes par des compagnies libres ou des compagnies privilégiées.
188	1	XI, pp. 570 et 571 et XIX, p. 108.
189	1	XIII, p. 79.
190	1	XIV, p. 27.

Pages.	N° de la note.	Indication des textes ou renseignements annexes.
190	2	XIII, p. 564.
—	3	Voir XXI, p. 487. Au blocus continental on doit le sucre de betterave d'une si grande richesse pour la France. — Voir aussi les considérants et les dispositifs du décret de Berlin du 21 novembre 1806 ; XIII, p. 555 et XIV, p. 8. Sur l'interdiction des communications avec l'Angleterre, même par lettres ; XVI, p. 192, les considérants du décret de réciprocité contre les nouvelles mesures de l'Angleterre.
—	4	XXIII, pp. 167 à 172.
191	1	XX, p. 414.
—	2	XXI, p. 142.
192	1	XXIV, p. 76. — Voir aussi sur le pain à Paris, t. XV, pp. 542 et t. XVI, p. 3.
—	2	XVI, p. 164.
—	3	XI, 570 et sur le même sujet XX, pp. 30 et 37. Voir même vol. p. 504, les motifs qu'il invoque à l'appui de cette opinion que les ponts ne doivent pas être des monuments.
—	4	XII, pp. 265 et 300.
194	1	XII, pp. 410 et 437. Voir aussi sur les idées financières de Napoléon, XXI, pp. 340-342 et XII, p. 342. Son intention d'empêcher le soldat français de dépenser son argent en pays étrangers ; XXIII, p. 119, l'importance qu'il attache à la question des monnaies. Voir aussi Thibaudeau, p. 104, la proposition ingénieuse faite par Napoléon au Conseil d'État d'utiliser les biens non vendus des émigrés à payer leurs dettes.
195	1	Voir les discussions du Conseil d'État sur l'impôt du sel ; sur la prohibition maintenue en faveur des soies françaises ; sur les tabacs, où Napoléon se prononçait pour la liberté de la culture, mais pour le monopole de la fabrication.
198	1	La première maxime fut prononcée au Con-

COLLATIONNEMENT DES TEXTES ET DOCUMENTS

Pages.	N° de la note.	Indication des textes ou renseignements annexes.
		seil d'État ; la seconde se trouve dans une lettre au Directoire du 12 octobre 1796.
200	1	XIII, p. 586 et XXVI, p. 288.
204	1	XII, p. 287 et XV, p. 488. — Voir aussi XII, p. 432 la fin du paragraphe de cette page : explication du système de la noblesse impériale et XIX, p. 345 ; XX, p. 410, et XXI, p. 333, sur la nouvelle noblesse ; sur les dotations, etc. Voir aussi XXII, p. 397. Sur la création d'un nouvel ordre dit de l' « union » qui se rattacherait même à des services rendus à l'ancienne France.
210	1	XXIII, p. 162.
211	1	X, p. 147, note du 16 février 1805, sur les lycées, Napoléon voulait substituer à l'importance reconnue des jésuites, celle de l'Université : « Tout le monde sentait l'importance des jésuites, on ne tarderait pas à sentir celle de la corporation de l'enseignement. » Voir aussi XVI, p. 287, les plans et idées de l'Empereur sur l'organisation universitaire.
212	1	Voir aussi X, p. 148, note du 16 février 1805, sur les lycées.
—	2	« Ils ne seront pas plus déconsidérés par les arrêts que les colonels dans les régiments. »
—	3	Thibaudeau, *loc. cit.*, pp. 128 et suivantes.
214	1	XX, pp. 191 et 475.
215	1	XXVIII, p. 38.
—	2	Il va jusqu'à s'occuper de la nourriture dans les lycées, XXIII, p. 83.
—	3	XII, p. 79.
223	1	XXXII, p. 375. On sait que Napoléon émettait sur les grands écrivains un jugement presque identique.
224	1	XXXI, pp. 416 et 417.
228	1	Voir notamment : Thiers, Ségur et Rapetti.
234	1	Ce sont plutôt des notes qu'un projet de discours. Il n'en est pas moins intéressant de

Pages.	N° de la note.	Indication des textes ou renseignements annexes.
		comparer dans le t. XI (pp. 199 à 202), ces notes avec le texte même du discours qui a été prononcé (pp. 247 et 248).
237	1	XIII, p. 551.
238	1	Voir aussi le message pour la conscription de 1808. Récriminations contre l'Angleterre : « Français, nous bravons tous les périls pour la gloire et pour le repos de nos enfants. » XIV, p. 483 et aussi XV, p. 275, sur les motifs déjà rappelés des donations impériales : belles paroles sur Lefebvre et sa descendance.
239	1	XV, p. 243, notes préparatoires, pp. 515 et suivantes. Exposé.
240	1	XVII, p. 487, XX, p. 37.
—	2	Voir le discours du 7 décembre 1808 aux Espagnols, XVIII, 94, celui aux habitants de Madrid, XVIII, 107, au corégidor de Madrid.
—	3	XVIII, 7-10. Notes préparatoires de l'exposé. Travail personnel de l'Empereur.
241	1	XX, pp. 222-228.
—	2	XX, 354.
245	1	Le 1er janvier 1814.
248	1	Voir Timon. Livre des Orateurs. Napoléon au Conseil d'État, p. 141 ; et aussi les souvenirs du duc de Broglie, ancien auditeur au Conseil d'État de Napoléon ; ainsi que l'ouvrage, plusieurs fois cité déjà, de Thibaudeau, ouvrage qui rend dans leur texte propre les improvisations pleines de vivacité et les réparties originales du Premier Consul ou de l'Empereur.
250	1	Timon (Cormenin). Livre des Orateurs. Edition Pagnerre, p. 271.
251	1	Jung. Bonaparte et son temps, t. III, p. 168.
253	1	Vie d'Agricola, § 5.
—	2	VIII, p. 152 (Histoire la Révolution).
255	1	I, p. 397.
274	1	XXX, p. 235.

Pages.	N° de la note.	Indication des textes ou renseignements annexes.
274	2	Idem, p. 220.
275	1	XIII, p. 521. Une lettre du t. XIV, p. 31, montre quelle importance Napoléon attachait aux moindres faits historiques. A la page 89 du même volume, il donne son opinion sur une histoire de Pologne et fait la commande d'un nouvel ouvrage relatant les trois partages de ce pays.
278	1	Antoine Barbier, bibliothécaire de Napoléon et de son Conseil d'État, est le savant auteur du *Dictionnaire des anonymes*.
281	1	Halma écrivit deux volumes de cette continuation ; il en adressa les manuscrits au ministre de l'intérieur ; mais ils ne furent pas publiés. Halma abandonna ce travail. Les deux volumes faisaient partie, en 1841, de la collection d'autographes de M. de Villenave, qui est l'auteur de l'article sur Halma dans la biographie universelle de Michaud. — Pour toute cette affaire Halma-Crétet, voir le « Spectateur militaire », 32° volume, 15 octobre 1841, et pour le texte de la note de Bordeaux, le t. XVI, de la correspondance, pp. 489 à 491, pièce n° 13735.
282	1	XVI, p. 446 et 468 sur l'histoire de Pologne par Rulhière et la nécessité d'éclaircir un point d'histoire.
—	2	XVIII, p. 164.
283	1	Idem, p. 203.
—	2	XIX, p. 43 ; XXI, pp. 385 et 386, XXVIII, p. 48.
290	1	Le *Précis des guerres de César* a été publié en tête du XXXII° volume de la correspondance. Il avait paru chez Gosselin, en 1836 ; c'est à propos de cet ouvrage qu'Armand Carrel écrivait dans le *National* du 12 mars 1836 : « Toutes les pensées de Napoléon sont le fruit de l'expérience sans égale qu'il acquit pendant

624 COLLATIONNEMENT DES TEXTES ET DOCUMENTS

Pages.	N° de la note.	Indication des textes ou renseignements annexes.
		vingt ans en faisant les affaires de la France dans le Conseil et sur les champs de bataille. »
294	1	Voir aussi XIX, p. 545.
—	2	XXXII, p. 214.
297	1	XXXI, pp. 347 à 354 et 362.
303	1	I, p. 61.
305	1	I, p. 91, pièce 73.
306	1	XXIX, p 21.
—	2	p. 48.
—	3	pp. 298 à 305.
307	1	XXX, pp. 303 à 327.
—	2	p. 340.
—	3	p. 393.
—	4	XXXI, pp. 1 à 11 et 69 à 80. Voir aussi une autre relation du retour de l'île d'Elbe, au t. XXVIII, pp. 9 à 17.
308	1	I, p. 345. Au Directoire, 1ᵉʳ juin 1796.
—	2	XXIX, p. 89.
312	1	XXIX, p. 284.
313-315	1	Vouloir tout citer est impossible. Les renvois suivants donnent une idée de tout ce qui est traité dans cette relation ; XXIX, p. 318. Monge, épisode de ses deux filles ; p. 369. Situation de l'ordre de Malte en 1798 ; p. 379 sur la clé des hyérogliphes ; p. 422, des pigeons messagers en Égypte.
318	1	Huitième Bulletin, XI, p. 342.
319	1	Dixième Bulletin, XI, p. 350.
322	1	V. aussi XI, p. 479. Nouveaux épisodes d'Austerlitz et réception de la Délégation de la Ville de Paris.
326	1	17ᵉ bulletin.
327	1	Dans le 16ᵉ bulletin.
—	2	23ᵉ bulletin, XIII, p. 443.
—	3	24ᵉ bulletin, XIII, p. 451.
—	4	Notamment les 26ᵉ, 27ᵉ et 29ᵉ.
329	1	54ᵉ bulletin, XIV, p. 237. V. aussi 55ᵉ bulletin, p. 262. Episode de l'aigle du 9ᵉ. Enthousiasme que Napoléon savait faire

COLLATIONNEMENT DES TEXTES ET DOCUMENTS

Pages.	N° de la note.	Indication des textes ou renseignements annexes.
		naître... 57ᵉ bulletin, p. 289. « Ces manœuvres (celles qui précèdent Eylau) sont de beaux faits d'armes et font le plus grand honneur à ces intrépides cuirassiers. » 63ᵉ bulletin, p. 355. Episode de la mort du capitaine Auzouy.
333	1	V. Encore le dernier paragraphe du 14ᵉ bulletin (XIX, p. 66), sur la mort de Lannes.
—	2	26ᵉ bulletin, XXIV, p. 290.
334	1	XXIV, pp. 402 à 408.
—	2	XXXI, p. 387.
336	1	XXXI, pp. 182 à 214.
—	2	XXXI, p. 240.
337	1	V. dans la même dictée, ce que Napoléon dit du Nil et de ses inondations.
—	2	20ᵉ bulletin, 17 septembre 1812.
339	1	XXIX, p. 9, sur la vieille couleuvrine de Marseille, et p. 2, « Le vin est tiré... Le Jeanfoutre..., » p. 14. Récit amusant de la prise du général anglais O'Hara.
340	1	XVIII, p. 526.
—	2	XX, p. 537.
—	3	V. cependant sur les corrections de Napoléon le tome I des mémoires de Davoût, pp. 74 et 75.
345	1	Gourgaud l'a publié chez Baudoin en 1826, avec ce sous-titre : Idées de Napoléon sur le droit d'aînesse et le morcellement de la propriété. Une nouvelle édition parut en 1856, chez Dumineray, avec une traduction russe en regard. Dans sa préface, Gourgaud dit que cette publication est la meilleure réponse qu'on puisse faire à ceux qui accusent Napoléon d'égoïsme et de sécheresse de cœur.
348	1	Ce mémoire a été signalé à l'Académie des sciences morales et politiques par M. Blanqui, en 1838.
349	1	Causeries du lundi. Edition de 1857, t. I.
350	1	Cette fable a été publiée, entre autres re-

626 COLLATIONNEMENT DES TEXTES ET DOCUMENTS

Pages.	N° de la note.	Indication des textes ou renseignements annexes.
		cueils, dans la préface des œuvres de Napoléon, parues en un volume, chez Delloye, vers 1840.
352	1	Mémoires de la duchesse d'Abrantès.15° vol., p. 353.
354	1	Coston. Premières années de Napoléon, I, p. 515.
—	2	Publiée dans les pièces justificatives de la brochure intitulée : *Idées Napoléoniennes*.
356	1	Elle se trouve notamment à la fin du 2ᵉ volume des derniers jours de la Grande Armée par le capitaine Maudhuy.
362	1	Préface des œuvres choisies de Napoléon, 1844.
363	1	National du 12 mars 1836.
—	2	Cours de littérature française. Tableau de la littérature au xviiiᵉ siècle, 1852, t. II.
364	1	Causeries du lundi, III, p. 163, article Frédéric le Grand.
365	1	Causeries du lundi, I, p. 179. A propos du récit des campagnes d'Egypte et de Syrie.
369	1	Etablissement des prix décennaux. Exposé de la situation de l'Empire, 27 décembre 1804.
370	1	V. cette lettre à Champagny (XIV, p. 68) : « La littérature a besoin d'encouragement. Vous en êtes le ministre, proposez-moi quelques moyens pour *donner une secousse* à toutes les différentes branches de belles-lettres qui ont, de tout temps, illustré la nation. »
373	1	XV, pp. 101 à 110.
374	1	Plus loin, dans le même document, Napoléon dira encore : « Selon ma propre expérience, les cours de littérature n'apprennent rien de plus que ce que l'on sait à quatorze ans. »
374	2	XX, p. 125. Prix fondé pour le maintien de la pureté de la langue italienne. Napo-

COLLATIONNEMENT DES TEXTES ET DOCUMENTS

Pages.	N° de la note.	Indication des textes ou renseignements annexes.
		léon préférait la poésie à la prose Italienne. — XXI, p. 312. Prix à décerner par l'Institut.
375	1	XIII, p. 560.
376	1	Eugène Despois. Les Lettres et la Liberté. Paris, Charpentier, 1865. Chapitre Napoléon.
377	1	XII, p. 248.
379	1	V. Thibaudeau, pp. 147 à 150 sur la censure, et les anecdotes qu'il cite à propos de l'*Édouard en Écosse* de Duval et l'*Antichambre* d'E. Dupaty.
379	2	XI, p. 539.
380	1	XVII, p. 278.
380	2	XXIV, pp. 261 et 262.
381	1	V. encore XII, pp. 358 et 366. Suppression d'un livre et correction d'un article de journal.
382	1	Cette anecdote est extraite de l'ouvrage très intéressant de M. Henri Welschinger sur la *Censure* sous le Premier Empire.
383	1	XI, p. 150. V. aussi sur cette matière. XII, pp. 96 à 98.
389	1	Cet article, au lendemain de Tilsitt et de Friedland, fut cause de la réunion du *Mercure* (1er octobre 1807) à la *Revue philosophique, littéraire et politique* (ancienne décade).
390	1	Il venait de se compromettre de la façon la plus grave dans une conspiration contre l'Empereur.
393	1	XXX, pp. 346 et 347.
394	1	V. *le Correspondant* du 25 août 1861. Napoléon à Erfurth: l'entrevue avec Goëthe et Wieland, d'après des documents nouveaux par Blaze de Bury.
399	1	Bien que la question ne soit pas d'une très grande importance, il n'en est pas moins intéressant de faire remarquer que Napoléon se déclara partisan de l'emploi de

Pages.	N° de la note.	Indication des textes ou renseignements annexes.
		la langue française pour les inscriptions à mettre sur les monuments. Le motif qu'il en donnait c'est que la langue française est la plus cultivée des langues modernes. V. XIX, p. 345 et aussi XXV, p. 360. Le décret pour le monument à élever au Mont-Cenis et l'inscription à y mettre.
401	1	D'après la note donnée à Brienne par M. de Kéralio, inspecteur des Ecoles militaires, Napoléon ne poussa ses études classiques que jusqu'à la quatrième.
402	1	V. Thibeaudeau, p. 398.
403	1	Dans une des dictées de Sainte-Hélène (XXIX, p. 106), Napoléon parlait ainsi du dernier prince de la maison d'Este, mort à Venise en 1798 : « En lui s'éteignit la maison d'Este si célèbre dans le moyen âge et chantée avec tant d'art et de génie par l'Arioste et par le Tasse. »
406	1	XXV, p. 120.
411	1	XII, p. 102.
419	1	XXIX, p. 308.
420	1	XXXI, p. 288. Lettres du Cap de Bonne-Espérance.
425	1	22 juin 1810, à Saint-Cloud.
426	1	Napoléon n'a jamais parlé de Fontanes comme poète. V. sur les auteurs de cette époque l'ouvrage de Bernard Jullien sur *la poésie française à l'époque impériale*.
427	1	Causeries du lundi, VII, pp. 504 et 505.
428	1	XIV, p. 276.
—	2	XIII, p. 528.
433	1	Michaud, dans sa biographie, indique un certain nombre d'articles qu'il attribue, non sans quelque vraisemblance, à Napoléon.
		Hatin dans sa bibliographie de la Presse Périodique, dit à la page 312 : « Le Mo-

Pages.	N° de la note.	Indication des textes ou renseignements annexes.
		niteur trahissait assez souvent, dans certains articles impétueux, un journaliste extraordinaire qui n'était autre que le Premier Consul. » Paris, Firmin Didot, 1866, article « *Bulletin de Paris* ».
		Le Dictionnaire de la Conversation de Duckett (Paris, Firmin Didot, 1860), à l'article « *Moniteur* » s'exprime ainsi : « N'oublions pas non plus de dire que Napoléon a maintes fois enrichi le *Moniteur* de sa prose toujours nette, précise et énergique. Pour certains articles, semi-officiels, à l'adresse des Potentats étrangers, le grand homme tenait avec raison à ce que sa pensée ne fût pas travestie par quelque scribe inintelligent et trop zélé. Mieux que personne, il savait combien est vrai le proverbe italien : *Tradutore, traditore.* »
		Vapereau dans son Dictionnaire universel des Littératures, admet également la collaboration de Napoléon au *Moniteur*. Enfin, dans le projet la Guéronnière, on trouvait : « Tome VI. Polémique. Notes au *Moniteur*. » Tout un volume.
433	2	L'auteur a pu, grâce à l'extrême obligeance de M. Paul Dalloz, Directeur du *Moniteur Universel*, compulser toutes les pièces qui subsistent aux archives de ce grand recueil, sur l'époque qui fait l'objet de cette étude. Ces documents sont de deux sortes : 1° Communications directes faites par le secrétaire d'Etat, Maret, duc de Bassano ; elles sont écrites par lui, rarement signées et portent sur des insertions ou des suppressions qui doivent être faites dans le *Moniteur* du lendemain. Par exemple, celle-ci : « 13 messidor, an VIII. J'envoie au citoyen Agasse (c'était un des deux directeurs du *Moni-*

teur) un article très piquant du *Courrier de Londres* que le Premier Consul désire voir demain dans le *Moniteur*. »
« 18 Messidor, an IX. N'imprimez pas le discours du citoyen Boulay au Sénat conservateur. *C'est expressément demandé par le Premier Consul.* »
« 18 nivôse, an IX. Il serait très agréable au Premier Consul d'avoir la Rédaction le plus tôt possible. »

2° Notes émanant d'un des deux directeurs du *Moniteur*, les citoyens Agasse ou Sauvo qui envoient au secrétaire d'État le sommaire du numéro du lendemain. En marge, Maret met des annotations de cette nature : « Bon », « inadmissible », « à supprimer ». Le 1er brumaire, an IX, Sauvo soumettait plusieurs articles. Il y en avait un, qui est ainsi indiqué : « Une lettre du citoyen Goetz, médecin, sur la vaccine ; » et, en marge, Maret écrit sous la dictée du Premier Consul (ce qui paraît évident pour qui connaît son caractère) : « Toujours de la vaccine. C'est bien ennuyeux. » L'observation paraîtra juste à tous ceux qui ont lu le *Moniteur* de cette époque, où il est vraiment par trop souvent question de cette nouvelle découverte médicale.

Et tous les jours, pendant le Consulat et les premières années de l'Empire, il y a une note semblable qui indique la participation active de Napoléon à la direction du journal ; de sorte qu'on peut dire que pas un article important ne paraissait sans que le Premier Consul ou l'Empereur, qu'il fût à Paris où à l'armée (car on lui envoyait dans ses campagnes les épreuves des articles principaux), en ait eu connaissance. Napoléon

Pages.	N° de la note.	Indication des textes ou renseignements annexes.
		dirigeait donc réellement le *Moniteur* et l'on a pu dire avec raison qu' « il en était, à cette époque, le rédacteur en chef ».
434	1	Mémorial de Sainte-Hélène, à la date du 13 juin 1816 : «... Napoléon ajoutait qu'il avait fait du *Moniteur* l'âme et la force de son gouvernement, l'intermédiaire de ses communications avec l'opinion publique du dedans et du dehors. »
		« Arrivait-il au-dedans, parmi les hauts fonctionnaires, une faute grave quelconque, aussitôt, disait l'Empereur, trois conseillers d'Etat établissaient une enquête; ils me faisaient un rapport, affirmaient les faits, discutaient les principes : moi je n'avais plus qu'à écrire au bas : « Envoyé pour faire exécuter les lois de la République ou de l'Empire, » et mon ministère était fini ; le résultat public obtenu, l'opinion faisait justice. C'était là le plus redoutable et le plus terrible de mes tribunaux. S'agissait-il, au dehors, de quelques grandes combinaisons politiques ou de quelques points délicats de diplomatie, les objets étaient indirectement jetés dans le *Moniteur* ; ils attiraient aussitôt l'attention universelle, occupaient toutes les discussions ; c'était le mot d'ordre pour les partisans du trône, en même temps qu'un appel à l'opinion pour tous. On a accusé le *Moniteur* pour ses notes tranchantes, trop virulentes contre l'ennemi ; mais, avant de les condamner, il faudrait mettre en ligne de compte le bien qu'elles peuvent avoir produit, l'inquiétude parfois dont elles étaient à l'ennemi, la terreur dont elles frappaient un cabinet incertain, le coup de fouet qu'elles donnaient à ceux qui marchaient avec nous,

Pages.	N° de la note.	Indication des textes ou renseignements annexes.
		la confiance et l'audace qu'elles inspiraient à nos soldats, etc. »
		Dans sa correspondance même, Napoléon a laissé quelques traces de sa collaboration au *Moniteur*. Ainsi, le 5 mars 1814, de Fismes, et le 20 du même mois, de Plancy, l'Empereur joint à ses lettres au roi Joseph des notes qu'il lui ordonne expressément de faire insérer au *Moniteur*. Mémoire et correspondance du roi Joseph, t. X, pp. 168 et 191.
435	1	Vapereau. Dictionnaire des Littératures. — Michaud. Biographie universelle, etc.
—	2	V. encore XII, p. 549. Sur la cruauté de la reine de Naples.
—	3	Le billet suivant, daté de Paris, le 12 mai 1815, montre à quel point Napoléon tenait à exercer une influence directe sur l'opinion publique :
		« Je désirerais que, dans ce moment-ci, il parût un petit récit de ce qui s'est passé à Austerlitz avec l'Empereur Alexandre lorsqu'il fut coupé par Davoût. On y joindrait la copie figurée du billet qu'il écrivit au crayon, et qui doit encore être aux archives de la secrétairerie d'État... Ce sera un bon article, non signé pour le « *Journal de l'Empire*. »
		Il s'agit ici du faux que l'Empereur Alexandre n'hésita pas à commettre au lendemain d'Austerlitz pour sauver les débris de son armée ; il invoquait un armistice qui n'existait pas, il le savait bien, et Davoût ayant exigé un billet écrit par le Czar pour confirmer la parole donnée, celui-ci n'hésita pas.
		V. aussi Eugène Despoix. Les lettres et la liberté Paris, 1865. Charpentier, in-18. Chapitre Napoléon, p. 243.
437	1	Le 15 janvier 1806. Tome XI, p. 538.

Pages.	N° de la note.	Indication des textes ou renseignements annexes.
438	1	Le 10 octobre 1812, de Moscou, à propos des Mémoires de Mme Clarke, dont la publication avait été interdite par la Censure parce qu'ils étaient susceptibles de porter atteinte à la réputation d'un membre de la famille royale d'Angleterre, Napoléon écrit à Montalivet : « Je désapprouve entièrement cette fausse direction donnée à la censure : c'est par là se rendre responsable de ce qu'on imprime. Mon intention est qu'on imprime tout, absolument tout, excepté les ouvrages obscènes et ce qui tendrait à troubler la tranquillité de l'État. La censure ne doit faire aucune attention à tout le reste. » — Dans une lettre datée du lendemain et adressée encore à Montalivet, Napoléon revient sur ces deux exceptions qu'il précise encore plus nettement s'il est possible.
438	2	C'est sans doute dans cette catégorie qu'il faut ranger les « Mémoires de Louis XIV » écrits par lui-même, ainsi que le « 4e volume de Millot » dont Napoléon ordonne à Cambacérès et à Fouché de suspendre la publication jusqu'à plus ample informé sur l'esprit de ces ouvrages (correspondance, t. XII, p. 95 et 358).
441	1	X, p. 466, à Fouché. 1er juin 1805.
—	2	Thibeaudeau. Histoire du Consulat et de l'Empire.
442	1	X, p. 513.
—	2	T. X, p. 466. 1er juin 1805, déjà cité.
444	1	Et non du 19 avril 1807, ainsi que le dit Bignon dans son histoire de France.
445	1	XV, p. 451. Journal dirigé par Legouvé qui soutiendrait et honorerait les gens de lettres. — Même vol., p. 400, note pour le *Publiciste*, sur la tolérance qui doit se trouver « chez l'homme juste et bon ».

Pages.	N° de la note.	Indication des textes ou renseignements annexes.
447	1	XV, p. 19. V. aussi XVI, p. 437. Motifs de la suppression d'un journal; dans le post-scriptum, Napoléon se montre plus indulgent parce que « cette mesure fera des malheureux. » — V. les lettres à Fouché du 31 décembre 1808 et 12 février 1809. XXI, 243. Idées assez curieuses sur la façon dont Napoléon conçoit le plan d'un journal. — Même vol., 294 : « Les rédacteurs de nos journaux sont bien bêtes. » — V. les lettres des 19 et 21 février 1814 à Savary.
—	2	Revue positiviste, septembre-octobre 1869. Le centenaire de Napoléon.
448	1	V. Pelet de la Lozère, p. 274. Idées de Napoléon sur la presse en général.
—	2	Dictées à Bourrienne. Napoléon les corrigeait avec soin de sa propre main. Nous avons déjà dit que M. le comte Rapetti avait vu, au *Moniteur*, avant 1858, des épreuves qui portaient de nombreuses ratures faites par le Premier Consul.
449	1	En ce qui concerne le procédé matériel de la polémique, le *Moniteur*, dans quelques endroits, contient des renseignements très curieux ; ainsi, le *Moniteur* du 20 floréal an IX, reproduit textuellement un article d'un journal anglais qui s'exprimait ainsi à propos d'une affaire qu'avaient eue les troupes françaises et anglaises auprès d'Alexandrie : «... La victoire nous est contestée dans les papiers français. Le *Moniteur* garde le silence, c'est une présomption en notre faveur. » Le *Moniteur* ainsi pris directement à partie, répond en ces termes : « Le silence du *Moniteur*, prouve seulement qu'il n'est pas habitué à se jouer de la croyance publique et à l'abuser par des récits douteux. »

Pages.	N° de la note.	Indication des textes ou renseignements annexes.
		Dans le numéro du 1er germinal, an X, un article intitulé « variétés » et qui attaquait l'Angleterre avec une violence peu commune est indiqué comme extrait du « *Bulletin de Paris* » n° 3. — Cette indication n'avait pour but que de bien montrer (ainsi que l'indique une note, colonne 3, p. 711 du numéro du 28 ventose an VIII) qu'on a soin d'indiquer la source d'où ces morceaux sont tirés, afin de faire connaître qu'ils n'appartiennent pas au rédacteur du *Journal Officiel*. — Qu'il soit permis de faire remarquer ici que le *Moniteur*, journal officiel, les reproduisait ; il semble bien que cela suffit pour leur donner ce fameux caractère officiel.
		Et comme cette querelle n'est pas finie, le *Moniteur* du 11 frimaire, an XI, puise dans le « *Journal de Paris* » la réponse bien caractéristique, dont son rédacteur est en réalité l'unique auteur : « On se plaint chez une nation voisine de quelques-uns des articles que nous avons publiés. C'est moins ce qu'ils contiennent qui excite des plaintes que leur origine. Ils ont été insérés dans le *Journal Officiel*... C'est seulement sur leur caractère officiel que se motive cette plainte étrange... » Et le « *Journal de Paris* » exprime alors cette théorie bizarre, mais dont on comprend l'intérêt aux yeux du Premier Consul, à savoir que les journaux doivent être considérés dans leurs rapports vis-à-vis : 1° des Nationaux ; 2° des Étrangers. Pour les nationaux, la «*Gazette extraordinaire* », en Angleterre, le « *Moniteur* », en France, sont des journaux officiels. Pour les étrangers, tous les papiers anglais sont officiels par rapport

Pages.	N° de la note.	Indication des textes ou renseignements annexes.
		à la France; tous les journaux français le sont vis-à-vis de l'Agleterre, et il conclue ainsi : « Si un journal excite au crime et que le magistrat le laisse paraître ; s'il injurie une nation et que le magistrat permette son cours, on doit croire que le magistrat a ses raisons pour autoriser ces suggestions et ces outrages. Evidemment avoué par l'autorité publique, ce papier est dès lors *Journal officiel*. Lui dénier ce caractère, c'est méconnaître la nature des choses; raisonner autrement, c'est raisonnner contre les droits des nations. »
	A	Sainte-Hélène, Napoléon avait pris son parti des injures que les Anglais avaient écrites et écrivaient encore contre lui. C'est un usage naturel à l'homme: « Les armes et non les paroles font le destin des Empires ; et pour l'ordinaire, la paix, soit qu'on l'accepte, soit qu'on l'impose, ne se détermine pas par la balance des invectives. Nous ne pouvons nier qu'en ce genre les Anglais n'eussent facilement sur nous l'avantage. »
		Napoléon, du reste, n'avait pas attendu l'exil pour donner, même en dehors du *Moniteur*, un chapitre de plus à cette question. Il rappelait au Conseil d'Etat ces paroles de Metternich à l'ambassadeur français : « Le langage des journaux anglais ne saurait justifier les vôtres ; la presse anglaise est libre par la constitution ; le gouvernement lui-même est en butte à ses outrages : on ne peut rendre celui-ci responsable des opinions qu'elle exprime sur les gouvernements étrangers. Chacun sait qu'en France, au contraire, rien ne paraît sans l'autorisation du gouvernement ou plutôt, que tout ce

Pages.	N° de la note.	Indication des textes ou renseignements annexes.
		qui paraît en politique est son ouvrage. Napoléon peut donc mépriser les injures des journaux d'Angleterre. Le gouvernement anglais ne peut voir avec la même indifférence celles des journaux de France. Il est autorisé à y voir l'expression des opinions du gouvernement. » Après avoir cité cette doctrine, Napoléon se révoltait contre une distinction qui le laissait en butte aux outrages de ses ennemis et ne lui permettait pas d'y répondre. Il est certain qu'il avait raison et que l'argument de Metternich n'était qu'un sophisme.
450	1	La connaissance de cet article, écrit en réponse au Morning-Chronicle, est due aux recherches de M. Damas-Hinard qui, dans son « recueil des jugements et opinions de Napoléon Ier, » a signalé plusieurs indices de la collaboration de Napoléon au *Moniteur*.
454	1	Dans un article du 7 floréal, an IX, à propos du bruit qui avait couru en Angleterre d'un attentat contre le Premier Consul, le pseudo-anglais qui correspond toujours avec le *Moniteur* revient sur les vertus de Bonaparte et après avoir parlé de l'émotion produite par la nouvelle dans une certaine classe du public anglais, il termine ainsi : « Tel est l'empire du génie et de la vertu ! »
456	1	Voir encore les articles, datés de Paris, insérés dans les *Moniteurs* des 13 pluviôses, 23 et 26 ventôses, 1er germinal et 20 thermidor an IX.
—	2	Cette théorie est soutenue avec beaucoup de force dans les articles des 23 frimaire, 11 nivôse, 12 ventôse et 4 prairial, an XI. — Il est bien entendu que ces articles sont, comme tous ceux qui sont cités dans

638 COLLATIONNEMENT DES TEXTES ET DOCUMENTS

Pages.	N° de la note.	Indication des textes ou renseignements annexes.
		le cours de ce chapitre, dûs à la plume de Napoléon.
458	1	Cet article, attribué à Napoléon, est extrait d'une brochure intitulée : Les écrivains sur le trône : rois et princes journalistes depuis Louis XIII juqu'à Napoléon, par Edouard Fournier. — Paris, la Mahérie, 1865.
458	2	III, p. 153, juillet 1801.
463	1	Le 5 août, Moniteur du 17 thermidor an XII.
464	1	Moniteur du 10 ventôse an XIII, et du 18 avril 1806.
—	2	Moniteur du 12 thermidor an XI. « Les levées en masse sont le précurseur et le foyer des désordres civils. » V. aussi l'article du 9 novembre 1803 : la levée en masse de l'Angleterre en 1803 y est comparée à celle de 1790 en France. L'article est rempli d'ironie cruelle.
—	3	Moniteur du 10 août 1808.
465	1	Moniteur du 10 pluviôse an XI (30 janvier 1803).
—	2	Moniteur du 26 messidor an XIII (14 juillet 1805).
—	3	Le vers de Lafontaine est celui-ci :

« Rien n'est si dangereux qu'un ignorant ami. »

		Napoléon qui aimait à faire des citations, ne les rapportait presque jamais textuellement.
467	1	Tome I, pp. 323 et 332, sur l'évacuation de Valence. 379, sur la situation des armements.
468	1	Voyez, par exemple, tome XIV, pp. 123 et 489 ; t. XIX, p. 349 ; t. XXII, p. 493 (sept. 1811). V. aussi Jung, Bonaparte et son temps, t. III, pp. 434 et 435, un article que cet auteur prétend avoir été fait dans le cabinet des Consuls, le soir même du 18 brumaire. — Thibaudeau,

Pages.	N° de la note.	Indication des textes ou renseignements annexes.
		p. 189, présume que Napoléon est l'auteur d'un article qui fut inséré au *Moniteur* sur les tribuns de Rome et ceux de France.
468	2	Mém. de Joseph, t. VII, p. 120.
—	3	*Moniteur* du 9 ventôse an X.
471	1	Le t. IVe qui, dans le projet de publication des œuvres de Napoléon pour la Guéronnière, devait être consacré aux travaux scientifiques de Napoléon, reproduit cette erreur assez généralement suivie : M. Maindron l'a réfutée victorieusement.
—	2	La lettre est datée du 6 nivôse an VI (26 décembre 1797).
—	3	Les mathématiques étaient restées chez Napoléon une science de prédilection, et l'on raconte encore aujourd'hui à l'École Polytechnique, — non sans vraisemblance, — que, Consul, Napoléon venait souvent s'asseoir sur les bancs de l'École pour y suivre les cours de physique ou ceux de géométrie descriptive de Monge.
472	1	V. XXIX, p. 493, de l'utilité de l'Institut d'Égypte comme moyen de conquête.
473	1	Thibaudeau, p. 139, proclame cette reconstitution de l'Institut sur de nouvelles bases comme une œuvre qui fait grand honneur à Bonaparte.
474	1	Lettre de Napoléon à Champagny de Schœnbrunn. 13 décembre 1805.
477	1	Recueil par Robert Reboul. Imprimerie Latil. Draguignan, 1875. L'article qui nous intéresse se trouve à la page 117 de cette brochure.
478	1	Il est regrettable qu'un chercheur opiniâtre, M. Jung, se soit laissé séduire par cette théorie, sans l'examiner et sans étudier le peu de vraisemblance qu'elle présente. Il ne paraît, d'ailleurs, y voir attaché qu'un intérêt assez restreint ; car il dési-

Pages.	N° de la note.	Indication des textes ou renseignements annexes.
		gne comme l'auteur de l'article M. Reboul et non M. Jauffret.
481	1	Barbier, sur le désir de l'Empereur, remplit les fonctions de bibliothécaire, simultanément, auprès des deux Impératrices; — c'est lui qui créa les bibliothèques des Tuileries, de Compiègne, de Saint-Cloud, de Trianon et de Rambouillet, sans compter celle de Fontainebleau, dont nous parlerons plus en détail.
481	2	XIV, p 147.
482	1	Souvent M. Barbier était mis à caution par les écrivains qui lui demandaient de présenter leurs ouvrages à l'Empereur et de savoir si la publication convenait à Sa Majesté.
483	1	Napoléon avait un budget pour les grands ouvrages anciens dont la réimpression se faisait par souscription.
485	1	XII, p. 376.
—	2	Les relieurs attitrés de l'Empereur étaient Simier et Bozérian, dont les reliures sont si estimées aujourd'hui par les bibliophiles.
486	1	Voici divers documents auxquels nous renvoyons pour le côté purement matériel des diverses bibliothèques de Napoléon et de ses lectures : IV, 27, ordre d'acquisition d'ouvrages; XIII 589 : « Je lirai avec plaisir le manuscrit de Rulhière sur la Pologne. J'en ai entendu parler avec éloge : cet écrivain s'est déjà montré historien de premier ordre dans sa relation de la mort de Pierre III. » — XV, 177. « Je désirerais savoir s'il existe réellement à la bibliothèque impériale une histoire d'Alexandre en langue persane, qui diffère de celle que nous avons. » XV, 555. Dispositions d'ordres pour les diverses bibliothèques. — XVIII, 374, à Barbier :

COLLATIONNEMENT DES TEXTES ET DOCUMENTS

Pages.	N° de la note.	Indication des textes ou renseignements annexes.
		« Choisir avec attention et y mettre d'excellents livres. Sa Majesté tient à avoir quelque chose de très distingué et par le choix des livres, et par la beauté des éditions et par l'élégance des reliures. Si les Epiques ne s'y trouvaient pas, il ne faudrait pas perdre un moment à les mettre. » XIX, 5, élimination et remplacement de certains livres. — Idem, 237 : « L'Empereur désire être le plus promptement possible au courant de toutes les nouveautés. » XXIII, 95. Demande à Barbier de livres sur la Russie, d'une histoire de Charles XII. Sur les fonctions du bibliothécaire, voici quelques détails : 14 mai 1806. Barbier écrit une note sur les arcs de triomphe sous la dictée de Napoléon ; — 23 décembre 1807, Rapport à Napoléon sur le premier volume de la traduction de Strabon. — En 1808, les *réflexions sur l'Etat de l'Eglise*, par l'abbé de Lamennais, sont présentées à Napoléon.
489	1	Nous devons tous ces détails, aussi précieux qu'intéressants, à M. Louis Barbier, fils du bibliothécaire de l'Empereur.
—	2	Cette note ne figure pas dans la *Correspondance*, c'est une simple omission ; on ne saurait trouver un autre motif plausible à cette lacune.
490	1	Napoléon ne connaissait que cette langue étrangère. Au début de la captivité, il essaya d'apprendre l'anglais, mais il ne réussit pas et abandonna bientôt cette étude.
491	1	La dépense devait monter à six millions cinq cent mille francs environ ; quant au temps nécessaire pour l'exécution des trois mille volumes, Barbier demandait six ans.
493	1	Voir sur ce sujet, l'*Histoire de la Malmaison* par M. de Lescure. A maintes

TOME II.

Pages.	N° de la note.	Indication des textes ou renseignements annexes.
		autres reprises, pendant cette année 1810 comme en 1811, Napoléon continue à correspondre avec son bibliothécaire. En voici quelques exemples ; le 22 février 1810, de Rambouillet, Méneval réclame pour l'Empereur l'histoire des règnes de Henri III et de Henri IV ; les ouvrages de Péréfixe et de Fantin des Odoards. — Le 27 février, l'Empereur fait placer dans sa bibliothèque l'ouvrage de d'Hozier sur les militaires qui s'étaient distingués sous l'ancien régime. Le 12 avril demande de l'*histoire de France* par Toulongeon. — Le 13 mars 1811, l'Empereur renvoie Fantin des Odoards ; mais il demande à la place les histoires particulières de certains règnes. — Le 2 mai, secours de quinze cents francs à l'abbé Guyot et demande du *Génie de Virgile* par Malfilâtre. Barbier continue à mettre sous les yeux de l'Empereur les ouvrages nouvellement parus et c'est ainsi qu'il peut nous dire que Napoléon remarqua, avec complaisance, une *Carte de la Guyenne* de l'ingénieur Belleyme et une *Description générale des différents travaux à exécuter pour la distribution des eaux de l'Ourcq, dans Paris*, par M. Girard, ingénieur en chef des Ponts et chaussées.
498	1	Voir le *Moniteur* du 3 juillet 1815. Chambre des représentants : 1re page, dernière colonne. Le compte rendu commence par ces mots : « M. Polluche prend la parole au nom de la commission chargée de faire un rapport sur les moyens d'assurer le sort de Napoléon Bonaparte, » et se termine par ceux-ci : « Cette résolution est appuyée ; le président la met aux voix et elle est adoptée. »

COLLATIONNEMENT DES TEXTES ET DOCUMENTS

Pages.	N° de la note.	Indication des textes ou renseignements annexes.
499	1	Voir à ce sujet, Méneval : *Napoléon et Marie-Louise*, II, p. 412.
—	2	Sous le second Empire, le gouvernement anglais fit remettre à la France des livres qui avaient appartenu à Napoléon à Sainte-Hélène ; la plus grande partie de ces ouvrages fut remise à la bibliothèque du Louvre, où ils furent brûlés au mois de mai 1871, par l'insurrection communiste. — Ces livres portaient, sur la feuille de titre, une empreinte grossière des armes impériales. Il est impossible d'en donner la liste : M. Louis Barbier, fils du bibliothécaire de Napoléon et lui-même conservateur-administrateur de la bibliothèque du Louvre, en 1871, m'a répété maintes fois que le catalogue a été brûlé en même temps que les ouvrages qui y figuraient.
499	3	Ce Polybe fut donné par Archambault, valet de chambre de Napoléon à Sainte-Hélène, au comte Rapetti.
—	4	Rapportée par Saint-Denis, dit Ali, chasseur de l'Empereur, à Sainte-Hélène et qui en a fait don au musée de Sens, sa ville natale.
504	1	Voir encore comme mesures générales sur les théâtres. *Pelet de la Lozère*, passim et *correspondance* : XII, pp. 96 à 98, 402, 502-529. Troupes ambulantes : la Raucourt, et t. XXI, p. 241, cette note curieuse : « Il est inconvenant et indécent qu'on joue au théâtre Saint-Martin des pièces où il est fait allusion à la personne de l'Empereur. » Voir aussi les *Documents historiques sur la Comédie Française pendant le règne de Napoléon*, etc., par Eugène Laugier. Paris, Firmin-Didot et Tresse, 1853.
505	1	Nous avons signalé dans *Napoléon polé-*

Pages.	N° de la note.	Indication des textes ou renseignements annexes.
		miste la coïncidence qui se produisit entre cette représentation d'Athalie, et l'article publié au *Moniteur* du lendemain.
—	2	Cette représentation rapporta vingt-quatre mille francs. Sur Mlle Contat, voir encore XII, pp. 363 et 364.
508	1	Voir le *Dictionnaire Napoléon*, ouvrage déjà cité de Damas-Hinard, au mot Talma.
508	2	Ce n'est pas tout à fait l'opinion que soutenait Napoléon dans son *Précis des guerres de César*.
—	3	Tissot, *Souvenirs historiques*.
509	1	III, p. 220.
510	1	XXXII, pp. 386 et 387.
511	1	Napoléon ayant entendu chanter *Achille* au théâtre de Dresde, et ayant été satisfait de la facture de cet opéra, attacha Païer à son service. Celui-ci fit avec l'Empereur toute la campagne de 1807. Après Tilsit, il suivit Napoléon à Paris. Directeur de la musique particulière de l'Empereur, Païer devint, en 1810, professeur de chant de Marie-Louise, et, en 1812, directeur du théâtre Italien.
512	1	XI, p. 285 et 286. Voir au *Napoléon polémiste*, la légende d'un prétendu article du *Moniteur* qui contenait la critique de *Don Juan*.
514	1	XIV, p. 203. Voir aussi XXIII, p. 183 sur un recours de six mille francs au compositeur Zingarelli.
515	1	Enfin, dans un rang moins élevé, Dalayrac fut décoré en 1808. Il ne faut pas oublier combien Napoléon était peu prodigue de la croix et qu'aucune promotion n'avait lieu sans que les titres fussent soigneusement examinés par lui.
—	2	XI, p. 33.
516	1	XIII, p. 561.

COLLATIONNEMENT DES TEXTES ET DOCUMENTS 645

Pages.	N° de la note.	Indication des textes ou renseignements annexes.
—	2	XIV, p. 202.
—	3	XV, 57, 58, 83, 177.
—	4	XV, p. 543.
—	5	XX, pp. 194 et 252
517	1	XIII, p. 589.
—	2	Allusion au retour de Kosciusko en Pologne.
517	3	XII, p. 30.
519	1	C'était le Musée du Louvre du temps ; le Muséum devait s'appeler bientôt le Musée Napoléon, pour prendre après l'Empire le nom qu'il porte aujourd'hui.
—	2	XXIX, p. 100.
520	1	Idem, p. 125.
521	1	La lettre qui se termine ainsi prouve bien que le général pensait à tout ce qui pouvait enrichir la France dans tous les genres : « Monge, Berthollet et Thouin sont à Pavie, où ils s'occupent à enrichir notre jardin des Plantes et notre cabinet d'Histoire naturelle. J'imagine qu'ils n'oublieront pas une collection complète de serpents qui m'a paru bien mériter la peine de faire le voyage. »
—	2	XII, p. 504.
522	1	Ces détails sont extraits d'une brochure parue chez Gauthier, en 1808: *Description du tableau exposé au musée Napoléon, représentant le sacre de Leurs Majestés*. C'est une publication officielle et absolument authentique.
523	1	XII, 124. Commande de tableaux. Indication des sujets.
524	1	En 1812, Gros reçut de Napoléon la commande des peintures de la coupole du Panthéon. — Isabey, dès le Consulat, était admis dans l'intimité de Napoléon ; il devint peintre et dessinateur du cabinet de l'Empereur. — Prud'hon, pour son tableau de la *Justice* (1808) fut nommé che-

646 COLLATIONNEMENT DES TEXTES ET DOCUMENTS

Pages.	N° de la note.	Indication des textes ou renseignements annexes.
		valier de la Légion d'honneur et reçut un logement à la Sorbonne. Il devint peintre officiel, professeur de Marie-Louise ; c'est lui qui donna le dessin du berceau du roi de Rome.
524	2	XII, p. 66.
—	3	Idem, p. 102.
—	4	XIII, p. 253.
525	1	XIV, p. 141. Napoléon témoigne de son intention de ne jamais habiter Versailles.
526	1	Sur ce sujet, Voir encore XIV, p. 14. Projet de la Madeleine. Temple de la Gloire ; considérants du décret ; idée grandiose XV, 94 à 97. Observation sur l'aménagement intérieur et extérieur qu'il convient de donner au Temple.
—	2	X, 356.
—	3	Notes biographiques : Œuvres de Sainte-Hélène, XXXII, p. 247.
527	1	XII, p. 372, sur les arcs de triomphe. Encouragement à la sculpture. — Souvenir de Du Guesclin. — Guillaume le Conquérant ; ce que l'art doit représenter, XII, p. 188. Colonne d'Austerlitz. — XII, 55, 112, 116. Colonne Charlemagne ; monument Desaix. XII, 63, Question posée à la première classe de l'Institut, à propos de la construction du Panthéon.
—	2	XI, p. 574.
528	1	Voir encore XI, pp. 13 et 14. Détails des plus minutieux sur l'organisation et l'installation de ses appartements au palais de Milan.
—	2	XI, 408.
—	3	Idem, 491.
—	4	XV, 8.

FIN DU SECOND VOLUME

TABLE DES MATIÈRES

DU SECOND VOLUME

LIVRE II

DE LA POLITIQUE DANS LES ŒUVRES DE NAPOLÉON

	Pages.
Chapitre I. — Politique intérieure	1
Chapitre II. — Politique extérieure	62
Chapitre III. — L'armée et la marine; principes généraux d'art militaire	106
Chapitre IV. — Napoléon législateur	
§ 1. — Préparation et discussion des lois	137
§ 2. — Organisation et administration judiciaires de la France	172
Chapitre V. — Napoléon économiste	183
Chapitre VI. — Les grandes institutions de l'Empire	202

LIVRE III

L'ORATEUR ET L'ÉCRIVAIN

Chapitre I. — L'orateur	219
Chapitre II. — L'écrivain	269
§ 1. — L'historien	271
§ 2. — L'écrivain proprement dit	338
Chapitre III. — Napoléon critique littéraire, polémiste et savant.	
§ 1. — Le critique littéraire	368
§ 2. — Napoléon polémiste.	

TABLE DES MATIÈRES

	Pages.
I. Collaboration de Napoléon à divers journaux et spécialement au *Moniteur*.	430
II. Idées de Napoléon sur la presse en général	435
III. Des articles de Napoléon au *Moniteur*.	448
§ 3. — Napoléon à l'Institut	469

CHAPITRE IV. — Goûts littéraires et artistiques de Napoléon.

§ 1. — Les lectures et les bibliothèques de Napoléon	476
§ 2. — Napoléon et les Arts	499

CONCLUSION 531

APPENDICE :
I. Documents et éclaircissements bibliographiques	533
II. Catalogue de la bibliothèque particulière de l'Empereur aux Tuileries	548
III. Catalogue de la bibliothèque particulière de l'Empereur à Trianon	572
IV. Catalogue de la galerie de la Malmaison.	588
V. Objets d'art rapportés d'Italie par le général Bonaparte	601

Collationnement des textes et documents 607

Tours, imp. Deslis frères.

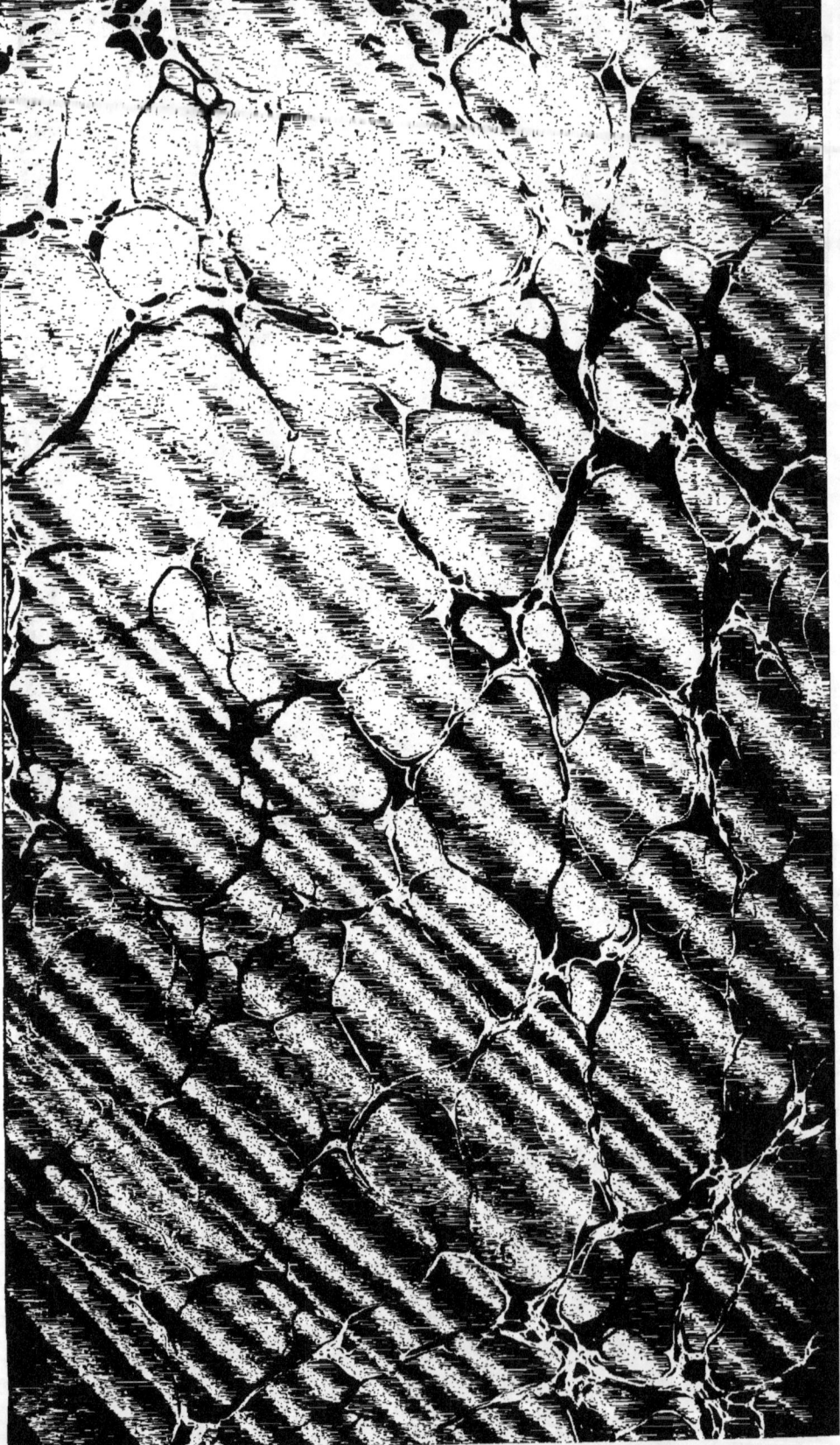

www.ingramcontent.com/pod-product-compliance
Lightning Source LLC
Chambersburg PA
CBHW050318240426
43673CB00042B/1449